beck'sche reihe

bsr

«Überall ist Mittelalter» – nach seiner viel gerühmten «Einladung ins Mittelalter» öffnet uns Horst Fuhrmann in diesem Buch die Augen für die fortdauernde Gegenwart mittelalterlicher Prägungen in uns und um uns: sowohl in den sichtbaren Zeugnissen wie in den inneren Einstellungen, in der Abwendung vom Mittelalter ebenso wie in seinen Verwertungen.

Horst Fuhrmann, langjähriger Präsident der «Monumenta Germaniae Historica» und em. Professor für Geschichte an der Universität Regensburg, war bis 1997 Präsident der Bayerischen Akademie der Wissenschaften. Im Verlag C.H.Beck sind zuletzt von ihm erschienen: *Die Päpste. Von Petrus zu Johannes Paul II.* (1998), *Menschen und Meriten. Eine persönliche Portraitgalerie* (2001) und *Einladung ins Mittelalter* (bsr 1357, ²2002).

Horst Fuhrmann

Überall ist Mittelalter

Von der Gegenwart einer vergangenen Zeit

Verlag C. H. Beck

Mit 37 Abbildungen

Die ersten drei Auflagen dieses Buches erschienen von 1996
bis 1998 in gebundener Form im Verlag C.H.Beck.
Erste Auflage in der Beck'schen Reihe: 2002

Zweite Auflage in der Beck'schen Reihe. 2003

Satz: Fotosatz Otto Gutfreund GmbH, Darmstadt
Druck und Bindearbeiten: Druckerei C.H.Beck, Nördlingen
Umschlagabbildungen: Figurenalphabet, aus dem
«Skizzenbuch des Giovanni dei Grassi»
Ende 14. Jahrhundert. Bergamo, Biblioteca Civica
Umschlagentwurf: +malsy, Bremen
ISBN 3 406 47613 9

www.beck.de

Inhalt

III
Abwendungen

Überall ist Mittelalter

Verehrte Leserin, werter Leser,
übertrieben, werden Sie sagen, ist die Behauptung, überall sei Mittelalter, und sicherlich hat der für sein Mittelalter werbende Historiker den Mund zu voll genommen, wenn man an den modernen Lebensstil denkt mit Fernsehen und Auto, mit elektrischem Strom und Flugzeug, alles Dinge fernab vom Mittelalter.

Aber wer mit offenen Augen durch's europäische Leben geht, kommt an der Feststellung nicht vorbei, daß seine Umgebung und die Daseinsgestaltung vielfach im Mittelalter ihre «Prägung» erhalten haben, um einen Ausdruck der Verhaltensforschung aufzunehmen. An das Mittelalter erinnern nicht nur die himmelstürmenden Dome und die Ruhe ausstrahlenden Klosterbauten – Benediktiner auf der Höhe, Zisterzienser im Tal –, in denen, wenn säkularisiert, auf der Suche nach einem vernünftigen Verwendungszweck häufig «Begegnungs- und Tagungszentren» untergebracht sind. An das Mittelalter erinnern auch die alten Stadtkerne mit ihren Ringmauern, nicht nur die Lorscher Königshalle, das Lübecker Holstentor und das Breslauer Rathaus. Vor allem die katholische Kirche und das Papsttum stellen uns weitgehend mittelalterliche Formen und Rituale vor Augen. Man besehe den Papst in seiner «Paradeuniform»: Geschmückt mit einer Bischofsmütze, der Mitra, die ihm im 12. Jahrhundert um neunzig Grad gedreht wurde, damit sie nicht wie der «Hörner»-Schmuck des jüdischen Hohepriesters aussieht; seit Bonifaz VIII. (1294–1303) bis vor wenigen Jahren angetan mit der monströsen dreikronigen Tiara, dem zugleich irdischen Herrschaftszeichen, das aus diesem Grund Paul VI. (1963–1978) ablegte und das die beiden folgenden Päpste Johannes Paul I. (1978) und Johannes Paul II. (seit 1978) bei der Krönung sich nicht mehr hatten aufsetzen lassen; dafür trägt der Papst jetzt lieber die Mitra und das im 6. Jahrhundert aufgekommene Pallium, ein aus Schafwolle gewebtes, etwa drei Finger breites, mit vier schwarzen Kreuzen verziertes weißes Band, das daran erinnert, der Bischof solle «wie Jesus seine Schäflein auf den Schultern tragen» (Th. Klauser).

Dies alles sind sichtbare Zeugnisse des Mittelalters. Indes auch unsere geistige Ausstattung hat mittelalterliche Züge, angefangen mit dem alltäglichen Gruß vom «Guten Morgen» bis zum «Ciao»; von dem Friedenskuß des mafioso bis zu den Anspielungen einer italienischen politischen Partei, die sich in Erinnerung an den Widerstand gegen den staufischen Kaiser Friedrich I. «Lega Nord» nennt; von dem «moralischen Schatten», der immer noch auf der Zinsnahme liegt (so das Mitglied des Direktoriums der Deutschen Bundesbank O. Issing), bis zu dem Ruf, der den Deutschen anhaftet, «plump» und «brutal» zu sein, denn nicht erst die Untaten des Nationalsozialismus haben das Bild dunkel gefärbt. Manches ist uns gegenwärtig, manches wird gedankenlos hingenommen, und hier liegt das Bemühen dieses Buches, die Augen zu öffnen für historische, für mittelalterliche Hintergründe: die Teile «Gegenwärtigkeiten» (I) und «Rückerinnerungen» (II) des Buches.

Anderes wird als überwundenes Mittelalter begreifbar und erhält aus diesem Gegensatz Kontur. Selbst die Kirche hat ihren im Mittelalter auf vielfache Weise verkündeten und geübten Widerstand gegen Zins und Wucher aufgegeben; das vatikanische Istituto delle Opere Religiose arbeitet wie eine normale Bank – hoffentlich. Die heutige katholische Kirche trägt schwer an der ihr im Mittelalter aufgebürdeten Last des Priesterzölibats; wäre hier nicht ein Verzicht angebracht, im Umfeld der Amtskirche ohnehin schon vielfach praktiziert? Jedes Jahr werden bei uns Ordenskreuze für Verdienste verliehen: im Mittelalter eine Unmöglichkeit, denn die Gnade des Verdienstes liegt in der Hand Gottes, wie kann ein Mensch mit einem prahlerischen Abzeichen sich seiner Verdienste rühmen? Wer hofft heute nicht auf einen raschen schmerzlosen Tod, ungeachtet des damit verbundenen Verlustes der kirchlichen Gnadenmittel, um die der mittelalterliche Mensch – ein plötzlicher Tod galt als schlimmer Tod – immer wieder bat? Darüber in Teil III, «Abwendungen», des Buches.

Von eigener Art sind die «Verwertungen und Verwerfungen des Mittelalters» (Teil IV). Ein Kenner jener Zeit – seiner Quellen, seiner Gedanken, seiner Sehnsüchte – setzt raffiniert nach Art und Rezept einer crimestory eine mittelalterliche Szenerie zusammen und erringt den größten Erfolg eines Romans nach dem Zweiten Weltkrieg: gefährlich echt, gefährlich deshalb, weil neben dem Authentischen manches Irreführende steht. Umberto Eco (*1932) mit seinem Roman «Der Name der Rose» ist nicht der einzige, der sich auf diese Alchemie versteht, die über wirksamere Ingredienzien verfügt als die biedere historisierende Romanküche eines Walter Scott oder eines Victor Hugo. Auch andere zeitgenössische Romanautoren haben sich auf mittelalterlichem Felde versucht, Italo Alighiero Chiusano (1926–1995) mit seinen Geschichten um Otto III. und um Konradin, Ellis Peters (1913–1995) mit ihrem kräuterkundigen Benediktinermönch Cadfael, einer Gestalt ähnlich dem Franziskaner William von Baskerville im «Namen der Rose». Und Sharan Newman ist von ihrem Mittelalterstudium an der University of California in Santa Barbara so angetan, daß sie neben ihrer Dissertation («The Devil's Door», 1994) einen Geschichtsroman um Abaelard und Heloise schrieb: «Death comes as Epiphany» (1993, deutsch 1994), der einigen Erfolg hatte. Aber Eco ist eben doch der kenntnisreichere und vor allem: der raffiniertere. Immer wieder wird der Mittelalter-Historiker gefragt, was denn vom «Namen der Rose» zu halten sei; könne man dem chamäleongleichen Eco trauen, und warum sei das Buch in aller Munde.

Doch mit dem Mittelalter kann auch anders verfahren werden, wie es uns der Dorfschullehrer Wilhelm Kammeier (1887–1959) aus Stadthagen im Lippischen vorführt; er erklärte die Geschichte des deutschen Mittelalters für weitgehend gefälscht, gefälscht durch kirchlich-welsche Bosheit. Er verkündete seine Lehre 1935, und dem Nationalsozialismus kam solcherart Verkündigung gelegen, auch wenn sie nicht direkt aus der Ideologie des Dritten Reiches hervorgegangen war. Kammeier machte Eindruck; selbst ernsthafte Wissenschaftler beschäftigten sich mit seinen Thesen, und sogar jetzt – sechzig Jahre später – ist der Schoß fruchtbar noch, aus dem das kroch.

Gewaltig ist das Bild des Stauferkaisers Friedrich II. (1194–1250), und Stefan George huldigte ihm als «großem Täter». Ernst H. Kantorowicz schrieb die Biographie, deren Manuskript und Druckfahnen der Meister George Seite für Seite mitlas, so daß ein Werk entstand, dem man «Mythenschau» vorgeworfen hat: Verwertung eines großen Sujets? Der vertriebene Jude Kantorowicz mußte erleben, wie Nationalsozialisten und später Menschen, auf deren Beifall er keinen Wert legte, Gefallen an dem Friedrich-Bild fanden, auch als er sich längst von seinen Heldengestalten abgewandt hatte. Den Geist, von ihm heraufbeschworen, wurde er nicht mehr los.

Wenn hier vom Mittelalter die Rede ist, so ist unser europäisches Mittelalter gemeint: unsere Landschaft, unsere Vorfahren, unsere Bräuche; idealtypische Konjekturen und Analogien sind ferngehalten. Diese Schutzbemerkung ist nicht überflüssig. «Mittelalter» ist für viele ein Blankettwort: «Zustände wie im Mittelalter». Der Wiener Kunst- und Kulturhistoriker Josef Strzygowski (1862–1941) hat zum Beispiel dem Begriff «Mittelalter» feste Umrisse zugewiesen und für die Geschichte Chinas behauptet, dort folge das Altertum auf das «Mittelalter». Eine solches bausteinartig verfügbares «Mittelalter» hat etwas Suggestives. Man glaubt zu wissen, in welchem Stadium sich ein Kulturkreis befindet, und manchmal spielen auch biologische Vorstellungen hinein. Der Erfolg von Oswald Spenglers «Untergang des Abendlandes» am Ende des Ersten Weltkriegs, als Deutschland darniederlag und Europas Stern zwischen dem amerikanischen und dem russischen Block verblaßte, ist zu einem guten Teil aus Spenglers Hypothese zu erklären: Es handele sich um eine analoge Situation, wie im altgewordenen römischen Reich am Ende der Kaiserzeit, um eine Auflösung der bis dahin festen Herrschaftsverhältnisse, an deren Ende eine Neuformung stände: eben ein «Mittelalter».

Auch heute ist man schnell bei der Hand mit solcherart Gleichsetzung. Umberto Eco – «Umberto furioso», wie er kürzlich wegen seiner Allgegenwart bei aktuellen Fragen, auf die er stets eine originelle Antwort parat hat, genannt wurde – Eco spricht von einem «neuen Mittelalter», in das wir träten: Wie sich das «alte» Mittelalter in dem Vermögen, sich die Vergangenheit anzueignen, bewährt habe, so müsse sich auch unsere Zeit, eine Epoche ständigen Übergangs vornehmlich im Bereich der Informationstechnik, in der Kunst der Adaption üben, im Aneignen stets neuer Techniken. Und der Franzose Alain Minc setzt in seinem Buch «Das neue Mittelalter» (1994) den Untergang des Kommunismus mit dem Ende des Römischen Reiches gleich, auf das eine diffuse Zeit folgen werde, eben «ein neues Mittelalter». Jacques Delors, bis vor kurzem Chef der Europa-Behörde, applaudiert: Das von Minc kreierte «neue Mittelalter» sei «ein Begriff, der sich in allen politischen Debatten durchsetzen wird». Gottbewahre.

«Überall ist Mittelalter»: Solcherart Mittelalter wird hier nicht entdeckt, kein epochenverschobenes wie bei Strzygowski, kein computerbeflissenes wie bei Eco, nicht eine auf den sowjetischen Totalitarismus folgende Staatenauflösung wie bei Minc. Bei diesem Buch geht der Blick auf noch heute nachwirkendes Mittelalter, auf das süddeutsche «Grüß Gott», das schon Notker der Deutsche († 1022) kannte, auf die Überlegungen des Thomas von Aquin († 1274), der den Fluch vom Zins nahm, auf die «plumpen» und die «ungebärdigen» Deutschen des Johann von Salisbury († 1180), die diese Etikettierung bis heute nicht abgestreift haben.

Dem Buch ließe sich eine gewisse «Theorieferne» vorwerfen, und sein Verfasser würde sich dagegen nicht wehren. Er könnte Theodor Mommsen und dessen harsche Zurückweisung spekulativer Deutungen jenseits der wahrnehmbaren Welt anrufen («das ist Metaphysik und also lächerlich»). Noch besseren Schutz fände er bei Jacob Burckhardt: «Unser Ausgangspunkt ist der vom einzigen bleibenden und für uns möglichen Zentrum, vom duldenden, strebenden und handelnden Menschen, wie er ist und immer war und sein wird.» Der Mensch duldet, strebt und handelt zu verschiedenen Zeiten verschieden, geprägt von seiner Epoche, wie er umgekehrt diese prägt. Wieviel vom Mittelalterlichen sich bis zu uns gehalten hat, davon ist im folgenden die Rede. Aber abstrakte Andeutungen können die konkrete Darbietung nicht ersetzen. Welche Empfehlung hörte der heilige Augustin aus dem Nachbarhaus? Nimm und lies!

I

Gegenwärtigkeiten

«Willkommen und Abschied»
Begrüßungs- und Abschiedsrituale im Mittelalter

Am späten Abend des Ostersamstags des Jahres 1771 galoppierte der Straßburger Student der Rechte Johann Wolfgang Goethe, von dem der Vater hoffte, daß er bald ein handfestes juristisches Examen ablegte, von Straßburg nach Sesenheim zum Hause des dortigen Pfarrers Brion, wo man zu seiner Überraschung nicht überrascht war, daß er zu so später Stunde noch auftauchte. Die Pfarrersfrau begrüßte ihn wie einen alten Bekannten, Friderike, die Tochter, derentwegen er den Ritt unternommen hatte, brach in lautes Gelächter aus, als sie ihn «bei Lichte besah». Als sich der Gast Tage später verabschiedete, fand er sich, wie er wörtlich bemerkte, «recht glücklich, daß sie [d. i. Friderike] mir diesmal beim Abschied öffentlich, wie andern Freunden und Bekannten, einen Kuß gab». Das ist der äußere Hergang, der in eines der schönsten deutschen lyrischen Gedichte umgesetzt wurde. Goethe selbst hat es geschätzt und noch Jahre später, gegen Ende seiner italienischen Reise 1788, an der Form gefeilt: «Willkommen und Abschied. / Es schlug mein Herz, geschwind zu Pferde! / Es war getan, fast eh' gedacht; / Der Abend wiegte schon die Erde, / Und an den Bergen hing die Nacht» usw.

In seiner poetischen Überhöhung nennt das Gedicht keine klaren Grußgesten oder -worte der Ankunft oder des Aufbruchs, und wäre nicht der später hinzugekommene Titel «Willkommen und Abschied», und hätten wir nicht den Bericht in «Dichtung und Wahrheit», so beständen sicherlich Schwierigkeiten, das wirkliche Geschehen auszumachen. Der Reiz des Gedichts liegt im Lyrisch-Schwebenden, im Unbestimmten; in der realen Welt jedoch ist ein Gruß Bekenntnis, ist Festlegung, kann Vergangenheit widerspiegeln und die Zukunft bestimmen.

Aber vielleicht war alles ganz anders; vielleicht sind mit dem unverdächtig klingenden «Willkommen und Abschied» feste, heute vergessene Begrüßungs- und Entlassungsbräuche gemeint, und alle feinsinnigen Erklärungen der Goetheforschung würden dann den wahren Sinn verfehlen, wenn sie den Titel des Gedichts als bloßen Reflex auf den Sesenheimer Besuch begreifen, wie er in «Dichtung und Wahrheit» geschildert ist – ohne jeden Hintersinn. Denn «Willkomm[en] und Abschied» ist eine stehende Begrüßungs- und Entlassungsformel aus dem Wortschatz des Strafvollzugs des 18. Jahrhunderts, die der deutschen Öffentlichkeit bis ins 19. Jahrhundert bekannt war und die dem Juristen Goethe sicherlich geläufig gewesen ist. Es handelt sich um einen kriminalistischen Terminus, der eine Prügelstrafe bei Diebstahlsdelikten, besonders aber bei Unzucht bezeichnet, die dem Delinquenten bei Einlieferung ins Gefängnis (Willkomm[en]) und bei seiner Entlassung (Abschied) verabreicht wurde. Unter diesem Namen fand die Bestrafung Eingang in das Allgemeine Preußische Landrecht von 1794, dessen Sittlichkeitsparagraphen schon 1786, vor Goethes italienischer Reise, im Entwurf publiziert und von Juristen diskutiert wurden. «Willkomm[en] und Abschied» ist die Bezeichnung eines Strafrituals. Wem «Willkomm[en] und Abschied» angeboten wurde, den erwartete eine in diesen Euphemismus gekleidete Begrüßungs- und Entlassungsbastonade. Hat man Goethe abfahren lassen, bei der Ankunft und beim Aufbruch, einen Strafgefangenen der Liebe? Mit «Willkommen und Abschied» hätten wir ein «Begrüßungs- und Abschiedsritual», wie es im Titel dieses Beitrags angesagt ist, aber ein anderes, als man gemeinhin vermutet.

Grußkuß – Begegnungssignal – antike Grußformel

Worauf auch immer Goethe mit dieser Überschrift «Willkommen und Abschied» angespielt haben mag: Bleiben wir naiv, halten wir uns an Friderikes Abschiedskuß, den wir als geziemend und zeitgemäß ansehen dürfen. Mit dem öffentlichen Abschiedskuß war Goethe unter die Freunde und Bekannten des Hauses Brion eingereiht.

Der in der Öffentlichkeit gegebene Kuß, eine Art Freundschafts- oder Bruderkuß, wäre im Früh- und Hochmittelalter nicht möglich gewesen, die Römer vollends nahmen den Kuß in der Öffentlichkeit sehr ernst. Sie sprachen von einem «ius osculi», einem Kußrecht, das keine Beliebigkeit zuließ und das zum Beispiel der sittenstrenge ältere Cato († 149 v. Chr.) sogar für die Familie eingeschränkt wissen wollte: Die Frau des Hauses durfte in Gegenwart der Tochter nicht geküßt werden. Andererseits gab es so etwas wie Kußpflicht: Die Frau des Hauses sollte jeden Morgen die männlichen Verwandten bis zum Vettern küssen – ein Begrüßungskuß, der wohl Ausdruck der Zuneigung oder der Zusammengehörigkeit war, zugleich aber der Kontrolle sittsamen Verhaltens diente. Diese Vorschrift, die ebenfalls von Cato dem Älteren berichtet wird, sollte angeblich sicherstellen, daß die Dame des Hauses sich des Weingenusses enthielt, der römischen Frauen streng verwehrt war, aber was im Hause des mißtrauischen Cato üblich war, brauchte nicht überall zu gelten. Immerhin: Auf dem Kußbrauch ruhte das öffentliche Auge. Kaiser Tiberius († 37), der von der verbindenden Wirkung des Kusses nichts hielt, erließ ein Edikt, um «die täglichen Küsse» der Morgenaufwartung zu unterbinden, und im 4. Jahrhundert regelten Verordnungen, die man der Aufnahme in die Gesetzessammlung des Codex Theodosianus (439) für wert befand, das Vorrecht, Beamte mit einem Kuß begrüßen zu dürfen.

Der Kuß ist nur eine und in der Wertung durch die Zeiten verschieden eingeschätzte Begegnungsform. Jeder Gruß – Willkommens- oder Abschiedsgruß, in gleich welcher Weise dargebracht – kann ein Signal darstellen für eine Verhaltensabsicht, denn eines scheint sicher zu sein: Grußlos, d. h. ohne jede Reaktion, können Menschen einander nicht begegnen. So jedenfalls belehren uns Verhaltensforscher und Ethnologen. Sie haben denn auch nach Zeichen gesucht, die den Menschen bei zwischenmenschlichen Begegnungen gemein sind und sich in allen Kulturkreisen finden, auch in solchen, in denen sich dann sehr spezielle Formen der Begrüßung herausgebildet haben. Ein universelles Muster des wortlosen Grußes sei ein schnelles Brauenheben; bei Erreichen einer «Begrüßungsdistanz» werde, wenn die Blicke sich treffen, der Kopf der Grüßenden kurz hochgerissen; «fast gleichzeitig heben sich die Augenbrauen für 1/6 Sekunde, und ein Lächeln, das anhält, breitet sich aus». Auch bei Mitteleuropäern werde die Begrüßung so eingeleitet, die dann verbal oder durch Gesten weiter ausgebaut werden könne. Ebendiese Brauenbewegung sei instinktiv und nicht steuerbar; die Verhaltensforscher hatten sie erst bei der Auswertung von Zeitlupenaufnahmen ausgemacht (I. Eibl-Eibesfeldt).

Über das animalische Begegnungsverhalten hinaus bauten die verschiedenen Kulturkreise ihre Grußgesten und ihre sprachlichen Grußformen aus. Die klassische Antike, Griechen wie Römer, war bemerkenswert diesseitsbezogen: Man wünschte einander Wohlbefinden. Der griechische Hauptgruß «χαῖρε» (das mit «χάρμα», Freude, zusammenhängt) läßt sich mit «sei der Freude teilhaftig», mit «wohl bekomm's», «leb' wohl» wiedergeben, ähnlich wie das lateinische «salve» von «salvere», «gesund sein», sich herleitet. «Salve, salvete» war meist das Begrüßungs-, seltener das Abschiedswort, das häufiger «vale, valete» oder «ave, avete» hieß – auch dies ein Gesundheitswunsch. Ein Gott oder die Götter wurden nicht angerufen. In der Zeit der römischen Republik und in der frühen Kaiserzeit stellte der gesprochene Gruß die Menschen gleich, eine soziale Differenzierung hatte man bei der Grußformel nicht im Sinn. «Ave, imperator», grüßten die Soldaten ihren Feldherrn, und «Ave, Caesar, morituri te salutant», grüßten die Gladiatoren – häufig Sklaven oder mit der Auflage zu kämpfen Freigelassene, Angehörige der niederen Schichten – den Kaiser: Wenn man so will, sie duzten ihn. Die Reverenz wurde auf andere Art erwiesen: durch Entblößen des Hauptes oder durch Sicherheben von den Sitzen. Der Respekt galt den Magistraten und den Trägern der corona civica, die sich um das Staatswohl oder um das Leben eines freien Bürgers verdient gemacht hatten. Erst im Laufe der Kaiserzeit kam bei den Römern ein Protokoll auf, das am Hofe immer raffinierter ausgebaut wurde bis hin zu dem berüchtigten byzantinischen Unterwürfigkeitszeremoniell.

Der christliche Friedenskuß

Das Christentum brachte einen Wandel. Es verkündete den Frieden des einen Gottes, und wenn Christen einander Gesundheit wünschten, so baten sie Gott um Erfüllung dieses Wunsches. «Gott möge dich unversehrt erhalten» («Deus te incolumem custodiat») oder ähnliches tritt dort auf, wo früher ein schlichtes «χαῖρε» oder «salve» stand, abgeleitet von dem Segensgruß, den Gott, der Herr, Moses geoffenbart hat (4. Moses 6, 23 ff.) und der noch heute in den Kirchen gesprochen wird: «Also sollt ihr sagen ...: Der Herr segne dich und behüte dich; der Herr lasse sein Angesicht leuchten über dir und sei dir gnädig; der Herr hebe sein Angesicht über dich und gebe dir Frieden.»

Neu war auch der liturgisch eingegliederte Friedensgruß und Friedenskuß. Er bezeichnete in der Frühzeit des Christentums die Zugehörigkeit zur Gemeinde und konnte innerhalb wie außerhalb des Gottesdienstes geübt werden, hatte doch der Apostel Paulus angewiesen: «Begrüßet einander mit dem heiligen Kuß.» Immer wieder erinnern die Kirchenväter an die Paulinische Weisung, und man machte sich Gedanken, wie Paulus sich praktisch den Kußvorgang vorgestellt haben mochte. Konkret ist Petrus Abaelard (1079–1142): Weil Paulus nicht alle Gemeindemitglieder einzeln habe küssen können, habe er angewiesen, daß sie an seiner Statt sich gegenseitig küssen und die hochfahrende Streitsucht («superbam contentionem») fahren lassen sollten. Dieser Kuß war so sehr Ausdruck des Friedens in Christus, daß das Wort «pax» allein – ohne Verbindung mit «osculum» – den Kuß bedeuten konnte.

Anfangs verstand sich der Friedenskuß als Begrüßungsgeste, man gab ihn sich zu Beginn der Gemeindeversammlung und des Gottesdienstes. Allmählich rückte er als liturgischer Akt tiefer in das Meßformular an das Ende des Kanongebets vor die Kommunion, die Austeilung des «Leibes Christi», ein und verlor seinen ursprünglichen Grußcharakter. Daß Christus mit einem scheinbaren Begrüßungskuß durch Judas verraten wurde, blieb lebendig: Am Gründonnerstag wurde die Pax in Erinnerung an den Judaskuß unterlassen. Bei aller Verinnerlichung und liturgischen Verbrämung sahen strenge geistliche Sittenwächter im Kuß auch die Gefahr sündhafter Abirrung: Für die Geistlichen ohnehin – Hieronymus († 420) wetterte gegen Kleriker, die sich an der «salutatio» jüngerer Witwen als Küssende beteiligten –, aber auch für Laien. Der zwischen Männern und Frauen zunächst unterschiedslos getauschte Bruderkuß kam allmählich außer Übung; er beschränkte sich auf die Kleriker im Chor und die Konventualen in den Klöstern. Es kam im 13. Jahrhundert die «Kußtafel» auf, das «osculatorium» oder «instrumentum pacis», eine Tafel aus Metall oder Marmor mit dem Bildnis Christi, zuweilen auch mit Reliquien, auf die der Kuß geleistet wurde. Die Kußtafel wurde empfohlen, «damit nicht unter dem Schein des Guten durch teuflischen Einfluß sich heimlich etwas an Fleischlichkeit einschleiche», so der deutsche Augustinermönch Johannes Bechofen um 1500. Der liturgische Bruderkuß zwischen den Geschlechtern, vor dessen «Kitzel begehrender Verführung» (Amalar von Metz, † um 850) immer wieder gewarnt wurde, ja auch innerhalb des gleichen Geschlechts war damit unterbunden, nachdem er allerdings ohnehin seine Unbeschwertheit als Begrüßungsgebärde in der Gemeinde seit geraumer Zeit verloren hatte.

Der «heilige Kuß», wie er in Anlehnung an Paulus zuweilen genannt wird, stifte Wahrheit, Frieden und sei gleichsam ein Gruß der Taube, nicht durch List beschmutzt, wie der Kuß, den Joab benutzt hat, um Amasa zu töten (2. Samuel 20, 9), und Judas, um den Heiland zu verraten, und wie ihn diejenigen erteilen, die vom Frieden mit dem Nächsten reden, Übles aber in ihrem Herzen hegen. Mit diesen Worten umschreibt Beda († 735) den «heiligen Kuß», den man sich ohne Falsch gegenseitig geben solle. Der Bruderkuß sei Zeichen der Zugehörigkeit und Verpflichtung zur Friedfertigkeit. Daher sei er Exkommunizierten zu verweigern und dürfe nicht als List verwendet werden. Als Kaiser Friedrich II. († 1250), wegen seines immer wieder aufgeschobenen Kreuzzugs mit dem Kirchenbann belegt, 1228 endlich ins Heilige Land zog, empfingen ihn in Akkon Klerus und Volk «mit großer Ehre, wie es einem solchen Manne geziemte». Aber als einem Gebannten verweigerten sie dem Kaiser Friedenskuß und

Tischgemeinschaft. Die Templer und Hospitaliter hingegen, wie es im Bericht des Roger von Wendover († 1236) heißt, «verehrten ihn mit gebeugten Knien und küßten seine Knie», aber auch sie scheinen den Friedenskuß nicht gegeben zu haben und huldigten Friedrich nur als dem Kaiser und Befehlshaber des Kreuzfahrerheeres. Aus der Sicht des Bischofs Hinkmar von Laon (871 abgesetzt, † 879) war es konsequent und entsprach der Rechtssitte, daß er bei der Begrüßung seinem Onkel und Erzbischof Hinkmar von Reims († 882) den Friedenskuß auf der Synode von Gondreville im November 869 verweigerte, denn er befand sich mit ihm im Streit, und es wäre prozeßhemmend gewesen, hätte er mit ihm den Frieden anbietenden Kuß gewechselt.

Den Kuß verweigern, um einen Streit am Leben zu erhalten: Ein solches Mittel konnte versagen vor einem entschlossen den Frieden suchenden Mann wie dem heiligen Hugo, Bischof von Lincoln († 1200), dessen Grab in der von ihm begründeten Kathedrale von Lincoln einer der meistbesuchten Wallfahrtsorte in England wurde. Hugo – ein enger Vertrauter König Heinrichs II. († 1189) und seines Sohnes Richard I. Löwenherz († 1199) – geriet in schweren Konflikt mit der angiovinischen Verwaltung, als er sich auf einer in der englischen Verfassungsgeschichte berühmt gewordenen Zusammenkunft der Bischöfe und Magnaten am 7. Dezember 1197 in Oxford weigerte, seine Kirche mit Abgaben zu belasten, die den Krieg des Königs in Frankreich finanzieren sollten. König Richard I. ordnete daraufhin die Konfiskation der «regalia», der Königsrechte, von Lincoln an. Aber die Beamten des Schatzamtes wagten aus Furcht vor dem Fluch des als heiligmäßig verehrten Bischofs nicht, die Anordnungen auszuführen, die der König immer wieder anmahnte; sie baten schließlich Hugo, er selbst möge nach Frankreich zu Richard Löwenherz reisen, um die Aufhebung des Konfiskationsbefehls gegen sein Bistum zu erwirken. Der von einem Vertrauten Hugos verfaßte Quellenbericht über den Zusammenstoß zwischen dem König und dem Bischof, der ohne einen ihn einführenden Mittelsmann unmittelbar bis zum König vordrang und ihm seine Klage vortrug, verdient wegen seiner Lebendigkeit und Eindringlichkeit wörtlich zitiert zu werden: «Als nun der Bischof den König begrüßte, gab dieser ihm keine Antwort, sondern wandte sein Gesicht von ihm ab, nachdem er ihn kurz mit grimmigen Augen angeschaut hatte. Der Bischof sagte ihm: ‹Gib mir den Kuß, Herr König.› Der wandte seinen Blick noch weiter von ihm ab und drehte Gesicht und Haupt in die andere Richtung. Da packte der Bischof ihn kräftig auf der Brust an seinem Gewand, schüttelte ihn noch heftiger und sagte wieder: ‹Den Kuß schuldest Du mir, denn ich bin von weither zu Dir gekommen.› Darauf der König: ‹Du hast nicht verdient, daß ich Dich küsse.› Der Bischof schüttelte ihn noch heftiger als zuvor, diesmal am Umhang, den er fest in der Hand hielt, und sagte zuversichtlich: ‹Ich habe es doch verdient› und er fügte hinzu: ‹Küß mich.› Darauf lächelte der König ganz verstohlen, überwältigt von der Standhaftigkeit und der Zuversicht des Bischofs, und küßte ihn.» Bischof und König waren wieder miteinander versöhnt, und von der Durchführung der Konfiskation ist in den königlichen Schatzlisten nichts überliefert.

Der zum Frieden verpflichtende Gruß

Aber nicht nur der Kuß, schon der bloße Gruß oder die Grußerwiderung verpflichtete zur Friedenswahrung. Der bayerische Landfrieden des 13. Jahrhunderts, der bereits den Charakter einer Polizeiordnung angenommen hat, wies an, daß im Sinne einer spiegelnden Strafe demjenigen die Hand «abzuschlagen» sei, der jemanden beraubt habe, den er «vor gegrüzzet hat». Der Gruß verschafft Sicherheit und Vertrauen, und besonders in der mittelalterlichen Ritterwelt wurde auf die Einhaltung solcher Regeln geachtet. Standen sich zwei Ritter oder zwei Parteien in feindlicher Absicht gegenüber, so grüßten sie einander nicht; taten sie es, so hatte für diesen Tag jede Feindseligkeit zu unterbleiben. Mit dem großen Helden der Artussage Gawein wollte mancher Ritter kämpfen, um mit einem Sieg großen Ruhm zu erlangen. Als Gawein auf einen solchen ehrgeizigen Ritter traf – beide kannten einander nicht – und ihn grüßte, antwortete dieser: «Ich grüße euch nicht.» Dieser Ritter, der ausgezogen war, um gegen den großen und ihm vom Aussehen her unbekannten Gawein zu kämpfen, erwiderte den Gruß eines jeden Ritters, den er traf, nicht eher, als bis er wußte, daß sein Gegenüber nicht Gawein war. Er wäre sonst Gefahr gelaufen, des Verrats oder Wortbruchs angeklagt zu werden, wenn er nach erwidertem Gruße auf einen Zweikampf gedrängt hätte. Für den Tag, an dem der Gruß gewechselt wurde, sollten die Waffen zwischen den beiden ruhen. Wieweit dies alles idealisierte Verhaltensregel oder Realität ist, mag offenbleiben.

Man hat von der «Grußvermeidung als negativem Ritual» gesprochen. Nach Meinung eines «Interaktionsforschers» habe ein Gruß zum Ziele, den fremden Anderen erkennen zu wollen; die Situation sei dadurch gekennzeichnet, «daß sie einen Austausch von Wörtern oder anderen Erkennungsritualen und die Bestätigung wechselseitiger Partizipation an einer offenen Gesprächssituation impliziert». Wird der Gruß, die wechselseitige Anerkennung, verweigert, so wird in der mittelalterlichen Ritterwelt die Ehre angetastet, denn «grucz ist êre» (so der Wanderdichter Helleviur aus der zweiten Hälfte des 13. Jahrhunderts), und Walther von der Vogelweide († um 1230) fordert den Gruß ein, um seine Nachricht vorzutragen: «Ir sult sprechen willekommen: der iu maere bringet, daz bin ich.» Einem weltlichen Oberen oder einem Grüßenden die entsprechende Ehrerbietung zu verweigern, galt als ungehörig, und der Minorit Salimbene von Parma († nach 1287) berichtet empört von seinem Ordensgeneral Elias von Cortona (1253), daß dieser, «wie ich mit eigenen Augen sah», sich nicht von der Stelle gerührt habe, als der Podestà grüßend seine Behausung betreten habe, «das mußte als größte Rüpelhaftigkeit angesehen werden, sagt doch der Herr selbst in der Heiligen Schrift», und nun folgen Zitate aus der Bibel mit dem Grundtenor, daß man den Menschen achtungsvoll und demütig begegnen soll. Am Grüßen bzw. Nichtgrüßen ist die feindliche Einstellung ablesbar: Der Sachsenspiegel kennt den Ausdruck «kemphliches grüezen» und zeigt damit die ambivalente Bedeutung des Wortes an. Im germanischen Wort für «grüßen», «grotjan», stecke, so sagen die Etymologen, die Bedeutung einen «zum Reden bringen»; das altenglische «grêton», das althochdeutsche «gruozan» und selbst das mittelhochdeutsche «grüezen» hätten «noch teilweise diesen feindlichen Sinn». Eigentlich mache die Gegenleistung des Begrüßten aus dem feindlichen Begegnen ein freundliches, und mit der Zunahme des friedfertigen Zusammentreffens habe sich auch der Sinn des Wortes Grüßen gewandelt.

Rechts- und Standesmerkmal

Der Gruß konnte mehr sein als ein unverbindliches Begegnungssignal; er konnte sich zum Rechts- oder Standesmerkmal herausbilden. Hier mußte man sich vorsehen, daß nicht Verpflichtungen eingegangen und Sachverhalte geschaffen wurden, die man gar nicht wollte. Arglistig herbeigeführte Situationen konnten Unrecht festigen. Um es an einem Beispiel aus dem Rechtsleben zu verdeutlichen: Ein Gläubiger bringt seinen Schuldner wegen Zahlungsversäumnis vor Gericht; der Schuldner behauptet, er habe das Geld zurückgezahlt, und bittet seinen klagenden Gläubiger, seinen Stab zu halten; der Stab ist hohl, in ihm steckt das geschuldete Geld, das der Gläubiger während der Eidesleistung vor Gericht zurückfordert. Der Schuldner beschwört nun ohne Bedenken, daß er das geborgte Geld dem Gläubiger gegeben habe, und erbittet anschließend den geldgefüllten Stab vom ahnungslosen Gläubiger zurück. Der Schuldner hat im mittelalterlichen Verständnis keinen Meineid geleistet und wurde, wenn die List aufflog, nicht belangt.

Auch der Gruß – der Willkommens- oder der Abschiedsgruß – konnte rechtstiftend wirken, und man mußte auf der Hut sein. In der politischen Sphäre konnte eine Ritualhandlung – und sei sie auch unbeabsichtigt geleistet – rechtliche Folgen haben. Mit dieser Vorstellung lebte man. 981 pflog der deutsche König und Kaiser Otto II. mit dem französischen Herzog Hugo Capet, dem mächtigsten Mann in Frankreich, Verhandlungen, an deren Ende Otto scheinbar unbeabsichtigt sein Schwert auf dem Stuhl liegen ließ. Beim Abschied bat Otto den Franzosen, das Schwert aufzuheben, aber ein französischer Bischof bemerkte die List; Hugo wäre durch das Aufheben des Schwertes des Kaisers «Schwertträger» geworden, sein Lehensmann, und der Bischof entriß der Hand Hugos das Schwert. Ob sich die Szene in der vom Chronisten geschilderten Form zugetragen hat und ob sie die vom Bischof befürchtete Folge gehabt hätte, mag offenbleiben. Ein skeptischer Quellenforscher (Heinrich Fichtenau) nennt sie «eine jener – meist erfundenen – Lehranekdoten, die zeigen sollte, wie sehr man auf der Hut sein mußte gegenüber Freunden und Feinden, um nicht in eine Falle zu geraten».

Fallen solcher Art gab es allerorten. Menschen verschiedenen Standes begegnete man verschieden, und es konnte standmindernd wirken, sich falsch zu benehmen. Der mittelalterliche Witz war nicht selten bösartig, und man freute sich, wenn man den anderen hereingelegt hatte. Meister in dieser Kunst waren Erzbischof Hatto von Mainz (891–913) und Abt Salomon III. von St. Gallen (890–919); von beiden kursierten, hauptsächlich dank St. Galler Klostertradition, zahlreiche Anekdoten. Eine von ihnen lautet folgendermaßen: König Konrad (†918) weilte Weihnachten 911 zusammen mit Abt Salomon im Kloster St. Gallen, wo sich zur gleichen Zeit auch das gräfliche Bruderpaar Erchanger und Berthold (beide †917) aus dem Geschlecht der Alaholfinger aufhielt. Zwei Oberhirten («magistri pastorum»), Hörige des Klosters, «struppige Waldschrate mit wallenden Bärten», hatten einen Bären und einen Hirsch erlegt, und Salomon stiftete sie an, das Wildpret Berthold und Erchanger vorzulegen. Zugleich machte man den Grafen weis, es seien Freie, Nachbarn, die ihnen die Gabe als Geschenk anboten. Und nun wörtlich: «Wie sie (die unfreien Hirten) nun erschienen, standen die beiden Brüder vor ihnen auf; sie zogen die Hüte, verneigten sich ehrerbietig und dankten den Jägern.» Salomon sah es mit Schadenfreude, denn – Hinterlist hin, Betrug her – die beiden Grafen hatten sich unstandesgemäß benommen, sie hatten sich etwas vergeben, als sie zur Begrüßung vor Knechten aufstanden, und nur die Anwesenheit des Königs soll ihren Wutausbruch verhindert haben.

Standesgemäßes Verhalten galt als hohe Tugend, und ein Held war, wer sie in größter Not bewies. Der Dauerrebell Wichmann II., ein Neffe Hermann Billungs, den er wütend bekämpfte, war 967 von feindlichen Slawen, die unter der Herrschaft Herzog Mieszkos († 992) standen, umzingelt worden; sie forderten ihn auf, die Waffen zu strecken, und versprachen ihm, ihn unverletzt ihrem Herrn Mieszko zu übergeben. Aber die Vereinbarung bedurfte des Handschlags, und den zu vollziehen, weigerte sich Wichmann: «Obgleich sich Wichmann in der schlimmsten Notlage befand, vergaß er doch nicht seinen altererbten Adel und seine Tugend und weigerte sich, solchen Leuten die Hand zu geben»; so lautet der Bericht Widukinds von Corvey. Wichmann forderte die Slawen auf, Mieszko zu benachrichtigen und herbeizuholen, dem er sich ergeben würde. Als einige Slawen weggegangen waren, um Mieszko zu suchen, brach der Kampf wieder aus, denn ohne Handschlag fühlten sich die Slawen an die Vereinbarung nicht gebunden, während es Wichmann weiterhin als unter seiner Würde ansah, solchen Leuten die Hand zu reichen. Wichmann wurde niedergemacht.

Herrscherrangeleien

Aufstehen, sich verbeugen, Hut ziehen, Hand reichen: Man mußte darauf achten, wem gegenüber die Gesten vollzogen wurden, damit Stand und Ehre nicht gemindert wurden. Wie vorsichtig man schon bei Annäherungen war, zeigt sich besonders deutlich im politischen Bereich. 921 wollten der westfränkische König Karl der Einfältige

---

«Mit dem Bild hat es angefangen, das Bild hat sich in der Inschrift fortgesetzt, die Inschrift will Rechtsgültigkeit erlangen» (A pictura cepit, ad scripturam pictura processit, scriptura in auctoritatem prodire conatur), klagte Friedrich I. Barbarossa (1152–1190) 1158 gegenüber den deutschen Bischöfen: «Die Bilder sollen getilgt, die Inschriften zurückgezogen werden.» Die Sätze gehören zu einem Rangstreit zwischen Kaiser und Papst, der sich zuerst 1155 in Sutri vor der Kaiserkrönung Friedrichs entzündet hatte, als Papst Hadrian IV. (1154–1159) vom zukünftigen Kaiser Strator- und Marschalldienst – Steigbü-

gelhalten und Zügelführen des päpstlichen Reittiers – forderte. Friedrich hatte diesen Ehrendienst erst vollzogen, nachdem jede lehnsrechtliche Interpretation des Aktes ausgeschlossen worden war. Friedrichs Vorsicht erklärt sich aus einem Präzedenzfall: sein Vorgänger Lothar III. (1125–1137) hatte bei einem Treffen mit Innozenz II. (1130–1143) in Lüttich 1131 den Marschalldienst geleistet. Die zweite Begegnung der beiden, die Kaiserkrönung Lothars von 1133, war im Lateranpalast in einem Gemälde festgehalten und gab zu weiterem Rangstreit Anlaß. Es war mit zwei Versen kommentiert worden, auf die sich Friedrichs Klage 1158 bezogen hatte: «Der König kommt vor die Tore und schwört zuerst, die Stadt Rom in Ehren zu halten; dann wird er Lehnsmann des Papstes, aus dessen Händen er die Krone entgegennimmt» (Rex venit ante fores, iurans prius Urbis honores, / Post homo fit papae, sumit quo dante coronam). Diese Verse und das Bild hatte der Papst inzwischen zu entfernen versprochen, doch die Anstoß erregende Darstellung war noch bis zur Demolierung des alten Lateranpalastes unter Sixtus V. (1585–1590) zu besichtigen – nur die Bildlegende war inzwischen getilgt – und ist in einer Skizze aus dem 16. Jahrhundert festgehalten; sie zeigt, wie umständlich und durchdacht das Begrüßungs- und Begegnungszeremoniell zwischen Papst und künftigem Kaiser waren. In «kontinuierender Darstellungsweise» wird von links nach rechts zuerst dargestellt, wie Lothar links vor dem Pult stehend mit der Hand auf einem Buch, der Bibel, gegenüber dem Papst und den Römern den Sicherheitseid leistet; die mittlere Szene «bezieht sich wohl auf die Leistung des Krönungseides durch den Kaiser» (G. Ladner) und zeigt, wie der thronende Papst dem Kaiser nach dem Krönungseid die Arme zur Erteilung des Friedenskusses ausbreitet; rechts setzt der erhöht neben dem Altar stehende Papst dem Kaiser die Krone aufs Haupt. – Säurehaltige Tinte hat das Papier teilweise zerstört.

(†929) und sein ostfränkischer Nachbar Heinrich I. (†936) einen Freundschaftsvertrag eingehen, aber wie begegnet man sich, ohne sich etwas zu vergeben? Unterhändler hatten ausgemacht, daß sich die beiden Könige am 4. November bei Bonn an den Ufern des Rheins zeigen und sich gegenseitig anblicken sollten. Soweit ging die eidliche Verpflichtung der Gesandten, der Rest war Ausgestaltung vor Ort. Am dritten Tag erst ließen sich die Könige, jeder von seinem Ufer aus, in die Mitte rudern, wo man ein drittes, dort verankertes Boot bestieg, um den Freundschaftsvertrag auszuhandeln und zu beschließen. «Man geht wohl nicht fehl in der Annahme», so ist die Szene gedeutet worden (G. Althoff), «daß die Blickkontakte Ritualhandlungen darstellen, mit denen man bei der ersten Annäherung seine friedfertigen Absichten beweist».

Herrscherbegegnungen waren immer delikat, denn hier konnten Gesten und Handlungen geradezu staatsrechtliche Bedeutung haben. Die Gefahr bestand hauptsächlich in der Zweideutigkeit mancher Akte. Als das Papsttum in der Mitte des 8. Jahrhunderts wegen der unmittelbaren Bedrohung durch die Langobarden in Bedrängnis geriet und vom oströmischen Kaiser keine Rettung mehr erwarten konnte, zog Papst Stephan II. (†757) im Winter von 753 auf 754, um Hilfe zu erbitten, ins Frankenreich, wo er beziehungsvoll am 6. Januar 754 – der Tag der «Erscheinung des Herrn», war gewiß nicht zufällig der Tag des offiziellen Erscheinens des Papstes – von dem fränkischen Hof, von König Pippin (†768), seiner Familie und den Großen des Reiches, empfangen wurde. Pippin war dem Papst bei der Pfalz Ponthion in der Champagne genau drei Meilen entgegengeritten, vom Pferd gestiegen und hatte sich vor dem zu Pferd sich nähernden Papst «in großer Demut zur Erde geworfen», hatte also die Proskynese geleistet, wie sie z. B. der oströmische Kaiser vor dem Patriarchen von Konstantinopel übte. Damit noch nicht genug: Pippin postierte sich neben den Tragsattel des Papstes und versah eine Wegstrecke den Dienst eines Stallknechts, eines Marschalls.

War es lediglich Ehrerbietung, die Pippin zu solch aufwendiger Begrüßungshandlung bewog, oder war es bereits eine Art Unterordnung, wie sie in einem Dokument vorgeschrieben war, das in zeitlicher Nähe zu den Vorgängen bei Ponthion entstanden ist: in der wohl im 3. Viertel des 8. Jahrhunderts gefälschten Konstantinischen Schenkung? Mag sie 754 auch noch nicht ausformuliert gewesen sein, so deutete sich schon der Geist an, der uns in der Konstantinischen Schenkung, dem Constitutum Constantini, entgegentritt. Hier verspricht der in der Vorstellung des Mittelalters erste christliche Kaiser

Konstantin († 337) «aus Ehrerbietung gegenüber dem seligen Petrus» den Zügel des päpstlichen Pferdes zu ergreifen und das «stratoris officium», den Marschalk-Marschalldienst, zu leisten.

Wir wissen wenig über die Verhandlungen, die in den verschiedenen Zeiten zwischen dem Papst und dem jeweiligen, nach der Kaiserkrone trachtenden König – nach 962, seit der Kaiserkrönung Ottos I. († 973), war es der deutsche König – geführt wurden. Wahrscheinlich mußte der vor der römischen Stadtgrenze, dem «pomerium», anhaltende König einen Sicherheitseid leisten, daß er des Papstes «Leben, Leib und Ehre» respektieren und schützen wolle. Gewiß auch ging es um Rangfragen, die vor der Begegnung geklärt sein mußten, und immer stärker spielte bis zur letzten päpstlichen Kaiserkrönung – der Karls V. 1530 in Bologna – die Konstantinische Schenkung hinein.

Einen Geschmack von diesem Gerangel, bei dem es nicht allein um das Prestige, sondern zugleich um die Sichtbarkeit einer staatsrechtlichen Beziehung ging, vermittelt uns die Zusammenkunft zwischen Papst Hadrian IV. (1154–1159) und König Friedrich I. Barbarossa 1155. Die Kaiserkrönung war lange vereinbart, als sich aber Barbarossa der Heiligen Stadt näherte, kamen dem Papst offenbar Bedenken. Es wurde eine persönliche Zusammenkunft vor Rom vereinbart, die sogleich mit einem Eklat begann. Als der Papst in das deutsche Heerlager bei Sutri einritt, verweigerte ihm der König den Stratordienst: Er lehnte es ab, bei der Begrüßung wie ein Stallknecht dem Papst den Steigbügel zu halten, worauf der Papst den Friedenskuß unterließ. Erst nach längeren Verhandlungen, nachdem sich Barbarossa über frühere Üblichkeiten informiert hatte und ihm Dokumente vorgelegt worden waren, aus denen die staatsrechtliche Ungefährlichkeit des Aktes hervorzugehen schien, willigte er ein, den als Begrüßung gedachten Stratordienst zu erweisen – als Akt der Ehrerbietung, nicht als symbolhaften Dienst, den ein Lehensmann seinem Lehensherrn leistet.

Ähnlich empfindlich, wie sich der deutsche Kaiser und König in Fragen des Begrüßungsprotokolls gegenüber dem Papst verhielt, achtete er auf gebührende Ehrerbietung bei einer Begegnung mit dem byzantinischen Basileus. Während des zweiten Kreuzzugs planten der deutsche König Konrad III. (1138–1152) und Kaiser Manuel I. Komnenos (1143–1180) eine Begegnung in Konstantinopel. Den vor dem byzantinischen Kaiser üblichen Kniefall mit Küssen der Knie – die Proskynese – lehnte Konrad «wegen der Ehre des römischen Reiches» ab, auch wollte er dem sitzenden Kaiser keinen Begrüßungskuß

Herrscherbegegnungen führten häufig zu Rangstreitigkeiten; keiner der Beteiligten wollte eine Minderung seiner Stellung hinnehmen. Erzbischof Balduin von Trier (1285–1354) (rechts) und sein 14jähriger Neffe Johann von Luxemburg (1296–1346) (links), der kurz zuvor zum König von Böhmen erhoben worden war, begegnen sich am 21. September 1310 bei Kolmar, der eine auf dem Weg nach Italien zur Kaiserkrönung seines Bruders König Heinrichs VII. (1308–1313), der andere unterwegs in sein Königreich Böhmen. Beide umarmen sich bei der Begrüßung im Sattel sitzend, um den Friedenskuß auszutauschen, und betonen damit ihre hohe Stellung und ihre Gleichrangigkeit als Reichsfürsten. Auf dieses komplizierte Ritual hatten sich schon 1147 während des zweiten Kreuzzugs der deutsche König Konrad III. (1138–1152) und der byzantinische Kaiser Manuel I. Komnenos (1143–1180) zur Vermeidung der Protokollschwierigkeiten geeinigt. – Die Darstellung stammt aus der Bilderchronik Balduins, die dieser dem seit 1330 geführten großen Urkundenkopialbuch der Trierer Bischofskanzlei vorheften ließ. Sie schildert in fortlaufender Bildfolge die Ereignisse von der Bischofserhebung Balduins 1308 bis zum Tod seines Bruders Heinrichs VII. in Pisa.

gewähren. Man fand einen originellen, wenn auch anstrengenden Ausweg: Beide Herrscher sollten einander entgegenreiten und sich gegenseitig im Sattel sitzend küssen.

Unangenehm konnte es werden, wenn sich ein Partner nicht an die Vorschrift hielt und die Szene ins Unernste zog. Der Normannenherzog Rollo (†932), unter den damaligen Herrschern sicherlich ein Rüpel, ließ 911 im Anschluß an die Lehnshuldigung vor dem westfränkischen König Karl III., dem Einfältigen (†929), den Fußkuß von einem seiner Gefolgsleute ausführen, der, statt sich zum Fuß niederzubeugen, aufrecht stehend den Fuß des Königs zum Munde riß und den König zu Fall brachte – unter dem Gelächter der Umstehenden.

Stratordienst, Entgegenschreiten, Fuß- und Friedenskuß, geleistet oder nicht geleistet, sind selbstverständlich nur Ausschnitte jener ständigen Auseinandersetzung zwischen den Herrschern, vor allem aber zwischen geistlicher und weltlicher Gewalt, zwischen Papst und Kaiser, die auf anderen Feldern mit nicht minderer Empfindlichkeit und Heftigkeit geführt wurde, wenn zum Beispiel Friedrich Barbarossa, ein in diesen Fragen besonders empfindlicher Herrscher, seinem Notar befahl, in der Briefadresse seinen Namen vor den des Papstes zu setzen und den römischen Bischof stets im Singular anzureden, während auf der anderen Seite der Papst und die Kardinäle beanspruchten, in Abhebung vom Kaiser und den weltlichen Großen, «dominus dominus», «Herr, Herr», genannt zu werden: sie waren eben mehr als die weltlichen Herren, denen freilich auch zuweilen mit «Herr, Herr» gehuldigt wurde, ja sogar die Verdoppelung «Frau, Frau» kommt vor. Der physischen Begegnung entsprach hier das briefliche Entgegentreten und die Namensumkleidung, die fraglos ähnliche Signalwirkungen auslösten wie der verweigerte Gruß oder die unstimmige Empfangsgebärde. Auf allen diesen Feldern den verschiedenen Selbstdarstellungsabsichten und den Reaktionen nachzugehen, ist unmöglich, und wir wollen uns auf das Begegnungszeremoniell beschränken.

Herrscherwillkommen

Die Begrüßung und Einholung des Herrschers gestaltete sich zu einem eigenen und zuweilen weit ausgreifenden Ritual, gehen doch deren Anfänge bis in die Antike zurück. Die Epiphaniefeiern der hellenistischen Könige entrückten die Herrscher irdischer Sphäre, und auch römische Feldherren und Kaiser wurden mit göttlichen Ehren empfangen. Der orientalische Pomp konnte lästig werden. So wird von Augustus berichtet, daß er, der sich die Anrede «dominus» verbeten haben soll, Ankunft und Abreise in Rom und in den Provinzen in die Abend- und Nachtstunden gelegt habe, um den zeitraubenden Feierlichkeiten zu entgehen.

Der antike Brauch prägte auch den Empfangsstil für die germanischen Könige. Theoderich wurde im Frühjahr des Jahres 500 von Papst, Geistlichkeit, Senat und Volk in die Stadt Rom eingeholt, und dem Merowingerkönig Guntram kam beim Einzug in die Stadt Orléans am 4. Juli 585, am Tag der Translation des heiligen Martin, des angesehensten Heiligen im fränkischen Reich, eine Volksmenge feierlich entgegen, die Bilder und Fahnen trug und «Laudes», «Loblieder», sang.

Aus solchen Lobgesängen entwickelte sich vom 8. Jahrhundert an die Sonderform der «laudes regiae»: Akklamationen, bei denen Huldigungsrufe auf den jeweiligen Herrscher und Bittrufe an Heilige in kunstvoller Liturgie vereinigt wurden. So wurde Karl der Große begrüßt, und so sind viele der zur Kaiserkrönung in Rom einziehenden Könige begrüßt worden, aber solcherart Huldigungsgesänge wurden den Herrschern auch andernorts – nicht nur in Rom – dargebracht. Man kennt von den «laudes regiae» rund 80 Formulare, die kurzen «Laudes» der Kaiserkrönung nicht mitgerechnet.

Es entstanden, häufig in Klöstern, Anweisungen für den Königsempfang. Seit dem Ende des 9. Jahrhunderts dichtete man im Kloster St. Gallen sogenannte «susceptacula regum», «Gesangsdichtungen liturgischen Charakters, zum Empfang eines königlichen Besuchers im Kloster» (W. Bulst). Autoren hohen Ranges haben sich hier versucht, zum Beispiel Notker Balbulus – wie er sich selbst nannte, oder wie wir ihn mit Wolfram von den Steinen (1892–1967) nennen sollten: Notker der Dichter – mit einem Hymnus «Ad regem suscipiendum» (Zum Empfang des Königs), dessen ambrosianische Strophen mit den Worten schließen: «Haec ipsa gaudent tempora / floreque verno germinant, / adventus omni gaudio / quandó venit optatior.» Zu deutsch etwa: «Die Zeiten selbst im Freudenglanz, sie steh'n im Frühlingsblumenkranz; die Ankunft bringt viel Freude mit, wenn der Erwünschte ein dann tritt.»

Auf das Ende des Mittelalters zu erhalten die Empfangszeremonien für Könige eine größere Vielfalt, zugleich eine festere Gestalt. In römischer Tradition formte Guillelmus Durandus Speculator († 1296) seinen «Ordo ad recipiendum regem vel principem processionaliter», in den das Gebet eingeschlossen war, Gott möge dem König, «diesem deinem Knecht» Wirksamkeit verleihen, «in der er dich stets fürchten und sich bemühen möge, dir fortdauernd zu gefallen». Der König wird zur Gottesfurcht und Demut aufgefordert.

Auch Städte legten sich einen Begrüßungskanon zu. Bei einer Stadt wie Zürich, die innerhalb eines Zeitraums von rund anderthalb Jahrhunderten (von 1353 bis 1493) fünf deutsche Könige in ihren Mauern aufzunehmen hatte, zeigt sich folgendes Bild: «Die Bürgerschaft mit grünen Kränzen auf dem Haupt oder mit brennenden Kerzen empfängt den König vor der Stadt. Die Geistlichkeit empfängt den König in der Stadt mit Reliquien. Der zieht mit ihr, oft unter einem Traghimmel, in ihre Kirchen, wo die bei Königsempfängen üblichen Lesungen und Gesänge ausgeführt werden und man den König segnet. Der König führt Verbannte in die Stadt zurück. Er erhält einen Becher voll Geld und große Naturalleistungen für sich und sein Gefolge» (H. C. Peyer).

Hier wird deutlich, daß es eine teure Angelegenheit sein konnte, einen König zu begrüßen und bei sich aufzunehmen. Es wäre ein eigenes Thema: die Ankunft des Königs als materielle Last, zumal angesichts eines Gefolges von mehreren Hundert bis zu mehreren Tausend Begleitern.

Guter Gast – böser Gast

Aber der gemeine Mann hatte keinen «Adventus», keinen feierlichen Empfang wie der König zu erwarten und hatte auch kein Gastungsrecht, konnte also kein «servitium regis», kein Gastungsrecht, beanspruchen. Bevor kommerzielle Gasthäuser aufkamen, klopfte er bei Privathäusern an oder suchte bei Klöstern Nahrung und Unterkunft. Begrüßung bedeutete hier nicht den Austausch guter Wünsche, sondern Aufnahme und Versorgung.

Das große Vorbild für klösterliches Verhalten war die Benediktinerregel, wo es heißt, daß «alle überraschend ankommenden Gäste gleich wie Christus aufzunehmen seien»; allen sei das gleiche Recht zu gewähren, «am meisten den Glaubensbrüdern und den Pilgern». Vom Prior oder von den Brüdern soll der Gast empfangen werden, und sie sollen sich in Frieden zusammenfinden, doch möge man den begrüßenden «Friedenskuß nicht eher entbieten als bis ein Gebet vorausgeschickt sei», und nun folgt ein merkwürdiger Zusatz: «wegen teuflischer Vorspiegelungen» (propter illusiones diabolicas).

Die Benediktregel ist häufig kommentiert worden. In der Regelerklärung des Abtes Smaragd von St.-Mihiel († ca. 825) finden wir die Begründung für die Forderung, vor dem Friedenskuß ein Gebet zu sprechen: Der Teufel könne – so Smaragd – die Gestalt eines Gastes annehmen; das lehre die Lektüre von Gregors des Großen Dialogi und der Väterlegenden. Der teuflische Spuk vermöge indes nichts, «wenn alsbald ein Gebet aus dem Herzen eines heiligmäßigen Mönchs hervorgeht».

Hier zeigte sich die Gefährdung des Menschen beim Gruß; er mußte sich mit Unheil abwendenden Praktiken versehen – zum Beispiel mit einem frommen Gebet –, um sich bei der freundlichen Zuwendung im Gruß nicht teuflischen Mächten zu öffnen und sein körperliches wie sein seelisches Heil zu gefährden. Es gab auch andere Abwehrhandlungen außer dem Gebet, böse Gewalten zurückzuweisen und den bösen Blick – den malocchio – abzuwehren: kombiniert mit dem gesprochenen Gruß insgeheim ein Kreuz zu schlagen oder ein gegenständliches Kreuz anzufassen, das man an einer Kette um den Hals trägt, oder Christus anzurufen, dessen Invokation der Teufel unweigerlich flieht. Daß der christliche, der mittelalterliche Gruß so gut wie immer den Namen Gottes einschloß, erklärt sich nicht nur aus dem Wunsch nach göttlicher Hilfe, sondern zugleich als Versuch, das Böse zu verscheuchen, als Exorzismus, die «illusiones diabolicas» unwirksam zu machen.

Deutschland ist das Land Max Webers, für den mit der «Intellektualisierung und Rationalisierung» die «Entzauberung» der Welt einhergeht, in der es «prinzipiell keine geheimnisvollen unberechenbare Mächte gebe, die da hineinspielen». Aber vielleicht hat Weber den Rationalisierungsdrang überschätzt; man spricht neuerdings von der «Wiederverzauberung der Welt», so der New-Age-Historiker Morris Berman, und sucht nach einem holistischen, nach einem ganzheitlichen Weltbild, in dem auch unbegriffene Mächte tätig sein können. Und ist der «jettatore» mit dem «malocchio» wirklich ganz unwirksam, gegen dessen bösen Einfluß sich mancher auf nicht ganz anständige Weise schützt? Im Lande der «jettatori» soll, so sagt man, jeder zweite der Magie und den Abwehrkünsten vertrauen.

Manchmal ist es gut, sich des bösen Einflusses des Grüßenden zu erwehren. Mancher Gruß wiederum kann mit Merkmalen ausgestattet sein, die ihn unter Eingeweihten zum Erkennungszeichen machen, wie z. B. den Freimaurern und den Ketzern, den Katharern und den Templern nachgesagt wird, daß ihnen Salutationsformeln eigen seien, durch die sie zu ihresgleichen fänden.

Vom Grußzwang

In einem Gruß kann sich ein neuer Geist ankündigen. Berühmt ist der Gruß, den der heilige Franz von Assisi seinen Brüdern auftrug und in seinem Testament verfügte. Der Herr habe ihm den Gruß «Dominus det tibi pacem» (Der Herr gebe dir Frieden) geoffenbart, den sie üben sollten. Ständig habe Franz von Assisi, so heißt es, auf dem Frieden beharrt, dem Frieden «intus et foris», «innen und außen». Schon das Neue Testament kennt den Gruß «Pax huic domui» (Frieden diesem Hause), aber bei Franz von Assisi ist der Friedensbegriff erweitert; er umfaßt nicht nur das streitfreie Leben, sondern – und das vielleicht noch stärker – den inneren Frieden, den man gewinnt, wenn man den Wünschen der Welt entsagt und arm wie Christus der Liebe zu Gott und den Menschen lebt. Der franziskanische Gruß «Dominus det tibi pacem» ist als erlösend, aber auch als revolutionär empfunden worden.

Der Gruß kann auch Bekenntnis sein. Im Rahmen der katholischen Reform, als Heiligenverehrung und Ablaßwesen neu geregelt wurden, empfahlen Jesuiten als Zeichen guten katholischen Glaubens den Gruß «Gelobt sei Jesus Christus»; Papst Sixtus V. (1585–1590) und nach ihm Benedikt XIII. (1724–1730) verknüpften den Gebrauch dieses Grußes mit einem Ablaß. Den Ablaß jedoch, gerade den vom römischen Papst verkündeten Ablaß, lehnten die Protestanten ab, und so wurde der Gruß «Gelobt sei Jesus Christus», mit dem die Entgegnung «In Ewigkeit, Amen» korrespondierte, zum Schibboleth, zum Erkennungsmerkmal, zwischen den christlichen Religionen. Als die Salzburger Protestanten den Gruß wegen seiner ablaßhaften Bedeutung verweigerten, gaben sie dem Erzbischof Leopold Anton von Firmian (1727–1744), der Jesuiten zur Missionierung in das Land geholt hatte, Grund, ihnen Aufsässigkeit und Rebellion vorzuwerfen, und die Auseinandersetzung mündete schließlich in das Emigrationsedikt von 1731, das 22000 Protestanten auswandern ließ.

Von weiteren Nötigungen zu Gruß und Grußgebärden – weitab vom Mittelalter – sei nicht die Rede, obwohl der verordnete Hitlergruß zum Beispiel («Der Deutsche grüßt Heil Hitler») Anlaß zum Nachdenken geben könnte, wenn es in einem volkskundlichen Aufsatz von 1935 über das Grüßen zum Hitlergruß heißt: «Der Gruß [also Heil Hitler] spiegelt das volkhafte, die Gebärde [das Hochheben der rechten Hand] das rassische Wesen einer Nation wider. Solange Gruß und Gebärde sich mit ihrer völkischen Eigenart dem gleichmachenden Europäertum gegenüber behaupten, solange steht es in staatlicher und kultureller Hinsicht wohl um das betreffende Volk. Unser Vaterland kann in dieser Hinsicht ruhig in die Zukunft sehen: als Herold schreitet seinem Wiederaufstieg voran der deutsche Gruß mit friedevoller, jedoch die Selbstverteidigung nicht preisgebender Gebärde.»

Alltagsgrüße

Was bisher zur Sprache kam, waren Grüße, Anreden, Gesten, viele Begegnungen und wenige Verabschiedungen, Empfangsinszenierungen, Verhaltensweisen, die wegen ihrer Bedeutung aufgezeichnet wurden und in schriftlicher Überlieferung auf uns gekommen sind. Schwer festzustellen aber sind die Alltagsfloskeln, die meist mündlich und zudem häufig in verunstalteter Form getauscht wurden. Abnutzung und Gedankenlosigkeit haben manchen tieferen Sinn eines Grußes verblassen lassen; der Gruß wird banal, er hat fast nur noch Lautwert. Unser Umgangsdeutsch, das manche dieser abgeschliffenen Grußformeln, zumal aus anderen Sprachen, enthält, kennt eine ganze Reihe solcher Ausdrücke: «Tschüs», sagen wir – besonders in Norddeutschland – zum Abschied, auch wenn wir sicher sind, daß wir uns wenig später wiedersehen; ursprünglich wollte man anzeigen, daß man sich vermutlich nicht wiedersieht, denn «Tschüs» ist die depravierte Form von «Adieu», «Addio», das Dante schon kannte, dem «Gott befohlen», das auf den Scheideweg mitgegeben wird. Und das von der deutschen Zunge vereinnahmte italienische «Ciao» ist ein Ergebenheitsgruß, entsprechend unserem «Servus», das – heute auch sinnentleert – die Unterordnung anzeigt. «Ciao» kommt von «schiavo», der Sklave, und wurde zu «schiao», «ciao».

Beide Ausdrücke, so belanglos sie sind, kommen aus Verständnisbereichen, die für den europäisch-abendländischen Raum bezeichnend sind: Mit «Adieu», «Addio» wird Gott angerufen und mit «Ciao» ein soziales Verhältnis von Grüßendem und Begrüßtem angezeigt. Beides hat, wenn nicht seine Anfänge, so doch seine Ausformung im christlichen Mittelalter erfahren. Der häufigste Gruß im süddeutschen Raum dürfte das «Grüß Gott» sein, das vermutlich über ein Jahrtausend entboten wird. Zunächst sei zur Klarstellung gesagt, daß es sich nicht um einen Imperativ an den Gegenüber handelt, er möge Gott grüßen, sondern (wie bei vielen Grußformeln) um eine Kurzform, die voll aufgelöst «Gott grüße dich» oder «Grüß dich Gott» lautet und einen Optativ ausdrückt; man hat es umschrieben mit den Worten: «Gott möge dich freundlich anreden» (K. Prause). Offenbar war es anfangs ein Wunsch, dem eine besondere Feierlichkeit innewohnte, doch habe er «bereits im Mittelhochdeutschen durch häufigen Gebrauch dieses Gepräge verloren». Es ist unklar, ob dieser Gruß originär volkssprachlicher Herkunft ist oder vielleicht aus monastischer Umgebung umgesetzt und vulgarisiert wurde.

Ähnlich steht es mit dem «Guten Morgen», dem Gruß in der Frühe, der im niederdeutschen Sprachraum häufig zu einem «Moin» oder «Moin, Moin» für den ganzen Tag wurde, und mit dem «Guten Tag». Auch dies ist eine Abbreviatur aus «Gott gebe dir einen guten Morgen, einen guten Tag», und dieser Gruß war gleichfalls zunächst «hochfeierlich und stark gefühlsbetont». Bei beiden Grüßen – bei «Grüß Gott» und bei «Guten Morgen», «Guten Tag» – war Gott als Subjekt des Kurzsatzes mitgedacht. Die Gedankenverbindung galt im gesamten deutschen Sprachraum, doch lief die weitere Entwicklung in Nord und Süd bemerkenswert verschieden. Der weitgehend protestantische und von der tridentinischen Reform nicht betroffene Norden bevorzugt das gottlose «Guten Morgen», «Guten Tag», der katholische und der pietistisch-protestantische Süden, bei dem durch Weisung und Brauch die Glaubensübung viel stärker in den Alltag einbezogen ist, das bekennerhafte «Grüß Gott».

Da nutzte es dem von Gott sich entfernenden Protestantismus wenig, daß ein dichterisch sich betätigender Pfarrer Julius Sturm (1816–1896) aus dem Dorf Göschitz bei Schleiz 1876 ein in viele protestantistische Schulbücher aufgenommenes hymnisches Gedicht verfaßt hatte: «Gott grüße dich! Kein andrer Gruß gleicht dem an Innigkeit. / Gott grüße dich! Kein andrer Gruß paßt so zu jeder Zeit. / Gott grüße dich! Wenn dieser Gruß so recht von Herzen geht, / gilt bei dem lieben Gott der Gruß soviel wie ein Gebet.» Keine Landschaft des Deutschen Reiches war nach dem Ersten Weltkrieg so marxistisch-atheistisch geprägt wie Thüringen, zu dem der Landkreis Schleiz gehörte. Hier wütete der radikale Revolutionär Max Hoelz (1889–1933), der seine Autobiographie unter den Titel stellte «Vom Weißen Kreuz zur Roten Fahne» (1929).

Der Süden ließ die Kirche im Dorf; hier gilt neben dem «Grüß Gott» der Abschiedsgruß «Gott behüte dich», meist in volkssprachlicher Intonation mit «pfüet di» oder ähnlich ausgebracht. Das hochdeutsche und im weitgehend protestantischen Norden anzutreffende «Auf Wiedersehn» ist jung und soll sich erst im 19. Jahrhundert, vielleicht über das französische «au revoir», eingebürgert haben.

Der kaleidoskopartige Überblick sei hier beendet; ohnehin entbehrt er des systematischen Erfassens und der kritischen Behandlung der Quellen. Entsprechen zum Beispiel Ritterdichtung und chansons de geste der Wirklichkeit, wo uns auf Schritt und Tritt hierarchisch gestaltete Grußformen vorgeführt werden: Begrüßungen in der Familie, Begrüßungen der Niederen den Höheren gegenüber, der Höheren gegenüber den Niederen, Begrüßung der Gäste, der Fremden usw.? Ist dieses Grußgebaren literarisch überhöht oder ein Spiegel der Wirklichkeit? Hier hülfe so etwas wie ein Kompendium der Grüße, in dem Formeln, Gesten, Verhaltensweisen usw. zusammmengetragen und kritisch gesichtet sind. Es ließe sich zum Beispiel die Merkwürdigkeit registrieren, daß dem französischen König «Noel» (hergeleitet vom lateinischen «natalis») zugerufen wurde, das ihn in Heilandsnähe rückt. Kleiderordnungen, die nach Stand und Anlaß streng geregelt waren, müßten ebenso eingeordnet werden wie Rechtsrituale: daß zum Beispiel der Bischof den Territorialherrn vor der Kirchentür begrüßt und ihn zwingt, ihm Lehen und Besitz zu bestätigen usw. All dies Enzyklopädische bleibe hier beiseite. Es kann und soll bei dieser Betrachtung nicht um Vollständigkeit gehen, sondern um die Frage, welchen Beitrag das christliche Mittelalter an Grußgesinnung und Grußgestaltung eingebracht hat.

Das Mittelalterliche im Gruß

Worin liegt das Wesen des mittelalterlichen Grußes? War – so könnte man sagen – die Antike anthropozentrisch, so vollzog das Mittelalter eine theozentrische Wende. Der Mensch vermag nicht aus sich heraus gesund und heil zu sein und zu bleiben: Gott muß es fügen, und so läuft der Grußwunsch über Gott, der um Erfüllung angegangen wird. Unsere Gegenwart erscheint in diesem Verstande als weitgehend profanisiertes oder trivialisiertes Mittelalter; eine Sinnentleerung ist eingetreten. Wir verwenden manchen Gruß – Guten Tag, Grüß Gott, und sei's auch Tschüs –, ohne die an Gott gerichtete Bitte mitzudenken. Auch die soziale Differenzierung, die im Gruß – in Wort und Geste – sich ausdrückende Einschätzung des Gegenüber, ist in ihrer Vielfalt weitgehend aufgegeben. Das Bezugssystem, in dem sich der mittelalterliche Mensch ebensosehr geborgen wie beengt fühlen konnte, existiert kaum noch. Daß damit eine bis zur Orientierungslosigkeit reichende Beliebigkeit einhergeht, ist der Preis der Freiheit und des Strebens nach einer Selbstverwirklichung, die fast immer ein Eingehen auf die Forderung des Tages, der Mode, der Zeitströmung, des wechselnden politischen Bekenntnisses ist. Wie sagte Jacob Burckhardt, als er die Moderne vom Mittelalter absetzen wollte? «Unser Leben ist ein Geschäft, das damalige war ein Dasein.»

Der Gegenstand gäbe durchaus Veranlassung, über Eigenart und Abgrenzung des Mittelalters nachzudenken und auch darüber, daß die Epochenübergänge nicht einheitlich sind. Verfassungs- und gesellschaftsgeschichtlich betrachtet, läuft die Scheidelinie anders als kirchengeschichtlich. Nikolaus Kopernikus (1473–1543), gläubiger ermländischer Domherr, hat die mit seinem Namen verbundene Wende gar nicht empfunden, und nicht anders als die Scholastiker – «fides quaerens intellectum», der «Glaube, der nach Verständnis trachtet» – suchte Johannes Kepler (1571–1630), «den geheimsten Gedanken des Schöpfers» auf die Spur zu kommen. Selbst in uns steckt noch ein Stück Mittelalter – zum Beispiel in Grußformeln, die auf dem Boden jener allumfassenden mittelalterlichen Gläubigkeit entstanden sind. Nicht minder gibt es Landschaften, die dem Mittelalter näherstehen als andere, wo zum Beispiel das mit dem Mittelalter verwobene «Grüß Gott» und «pfüet di» geläufig ist. Merkwürdig ist, daß sich viele Begrüßungs- und Willkommensrituale finden, aber kaum welche für den Abschied. Es gibt zum Beispiel keinen «Ordo», keine verbindliche Anleitung, der dem Abschied gewidmet ist, und vielleicht ist es ein Indiz für die Lagerung der Gefühle, daß der empfindsame protestantische Liederdichter Paul Gerhardt (1607–1676) auf die Melodie des Abschiedsliedes «Valet will ich dir geben», das er vorfand, eins der schönsten Adventslieder verfaßt hat: «Wie soll ich dich empfangen und wie begegn' ich dir.» Vielleicht auch haben die Segenswünsche die Gestaltung des Abschieds überdeckt, aber das führt auf ein anderes Feld.

Die Lehre vom Haus und das Haus der Gelehrten

VWL oder BWL, diese Kürzel hört man immer wieder, wenn nach der Fachrichtung innerhalb der übergreifenden Wirtschaftswissenschaften gefragt wird, Volkswirtschaftslehre oder Betriebswirtschaftslehre. Wenn man aber in alten Lexika nachschlägt, so findet man allenfalls «Volkswirtschaftslehre» mit dem Verweis «siehe Nationalökonomie»; Betriebswirtschaftslehre gibt es nicht (so im Brockhaus von 1879/80). «Nationalökonomie» steht also am Anfang: die auf einen nationalen Gesellschaftsverband ausgerichtete Ökonomie. Was aber heißt Ökonomie?

Die antiken Ursprünge

Die Ökonomie, das geordnete Wirtschaftsdenken, hat eine lange, über zweitausend Jahre alte Geschichte. Sie gründet in der «Lehre vom Haus». Es gab eine Zeit, als man Leben, Treiben, Handeln vom Hause her begriff. Schon am Wort läßt sich der Begriffsmittelpunkt ablesen, wenn von Ökonomie und Ökonomik die Rede ist: «oikonomia» – spät, erst zu Beginn des 4. Jahrhunderts v. Chr. bezeugt – bedeutet die Hausverwaltung («oikos», das Haus; «nomos», das Angeordnete, die Sitte, das Gesetz), «oikonomike», die Kunst der Hausverwaltung. Es bildete sich eine eigene Literaturgattung aus, die der Ökonomik; sie setzt in der griechischen Antike ein, bei Xenophon (†ca. 354 v. Chr.) und vor allem bei Aristoteles (384–322 v. Chr.) in seiner «Politik», als deren Ergänzung sie aufgefaßt wird. «Die Ökonomik behandelt als Lehre vom Haus alle Tätigkeiten und zwischenmenschlichen Beziehungen in diesem, das Verhältnis von Mann und Frau, Eltern und Kindern, Herrn und Gesinde und die im Hause... nötigen Verrichtungen. Ökonomik als Lehre vom Haus steht daher als Teil der ‹praktischen Philosophie› neben der ‹Ethik› als Lehre vom Einzelmenschen und der ‹Politik› als Lehre von der Polis», vom Gemeinwesen (O. Brunner). Es sind also, indem das Haus als Ausgangspunkt menschlicher Existenz und Sozialisation gedacht ist, überschaubare Verhältnisse, von denen ausgegangen ist, ähnlich wie bei der antiken Demokratie.

Obwohl in der Folgezeit fast alle griechischen Philosophenschulen – denn Philosophie war damals immer zugleich Anleitung zum Handeln – Ratschläge und Lehren rechter Verhaltensweisen anboten, ist von dieser offenbar reichen Literatur nur wenig erhalten. Immerhin läßt sich erkennen, daß die Überlegungen um die Frage kreisten, wie der Mensch vollkommen, wie er autark werden könne. In diesem Zusammenhang kommt dem Haus eine Schlüsselstellung zu. Um das Beispiel des Aristoteles aufzugreifen: Der Mensch ist von Natur ein «zoon politikon», ein notwendig in Gesellschaft lebendes Wesen. Die erste Stufe der Vergesellschaftung findet er im Hause; es bietet ihm den Lebensunterhalt, doch gehört zu dieser Gemeinschaft, die seine materielle Existenz sichert, das aus mehreren Häusern bestehende Dorf, die Großfamilie, der Klan. Aber auch durch sie, die Großfamilie, wird der Mensch noch nicht autark. Er bedarf des Staates, der ihn schützt und ihm die Möglichkeit bietet, sich entsprechend seinen Fähigkeiten zu entwickeln, wobei der Staat aufgefaßt wird als eine Art erweitertes Haus. So entsteht eine Dreistufigkeit: Es wird angestrebt der vollkommene Mensch, der vollkommene Hausherr, der vollkommene Staatsmann, die alle drei im Idealfall als identisch angesehen werden können.

In der Mitte zwischen Einzelwesen und Großverband steht das Haus mit seinen Aufgaben und Funktionen, und hier konzentrieren sich auch die Ratschläge: Verhalten des Mannes; wie die Frau beschaffen sein soll, die er sich zur Gattin nimmt; Kindererziehung; Geldlehre; Sicherung des Vermögens usw. Die Tugend wird an der häuslichen Bewährung gemessen, und die Sophisten lehrten: «Die Tugend des Mannes besteht in der Fähigkeit zu politischer – zu gesellschaftlicher – Tätigkeit, wobei er versuchen wird, seinen Freunden zu nützen, seinen Feinden zu schaden und sich selbst vor Nachteil zu schützen. Auch die Tugend der Frau ist nicht schwer zu bestimmen. Sie besteht darin, daß sie das Hauswesen wohl verwaltet, das vorhandene Gut erhält und ihrem Manne gehorcht», so der Sophist Gorgias (483–375 v. Chr.). Neben dieser schlichten und unkomplizierten Lehre der Sophisten stehen viele Diskurse über die spezifischen Tugenden von Mann und Frau, über die Ehe und die Aufgabenverteilung – der Mann erwirbt, die Frau bewahrt und verwaltet –, stets aber in der Eigentümlichkeit griechischen Denkens, d. h. mit einem stark theoretischen Einschlag.

Wenig genug hat sich von der griechischen Ökonomik, die in einer jüngeren Phase über das Privatwirtschaftliche hinaus das politische Denken in ihr System einbezog, in die lateinische Literatur gerettet, zumal die Römer keine dem Wort «oikos» entsprechende Vokabel kannten. «Seltsamerweise», so hat schon Theodor Mommsen in seinem «Römischen Staatsrecht» festgestellt, «fehlt der lateinischen Terminologie ein mit populus und gens [mit Volk und Stamm] gleichstehendes Wort für das Haus.» Auch verschob sich bei den Römern, praktisch wie sie dachten, der Akzent von der Hauslehre auf die Hauswirtschaft. Der weite Bereich der Landwirtschaft wurde einbezogen, so daß Haus- und Landwirtschaft weitgehend eine Einheit bildeten, und die Ökonomik griechischer Art wurde bei den Römern zu einer Haushaltskunst, zu einer Verwaltungslehre. Das Mittelalter war auf diese Weise ungenügend bedient, denn der direkte Kontakt zum griechischen Schrifttum riß ab. Die Schriften Platons und vor allem des Aristoteles waren hauptsächlich indirekt greifbar, in der Vermittlung lateinischer Autoren, eines Boethius († 524), Chalcidius (4. Jh.), Macrobius (4. Jh.), um einige Namen zu nennen.

Das christliche Haus des Mittelalters

Das Mittelalter hatte noch eine andere «Lehre vom Hause» aufzunehmen: die der Bibel und die der Kirchenväter. Eine zentrale Hauslehre der Bibel waren die «Haustafeln» (z. B. Eph. 5, 22 f.; Col. 4, 1 ff.), wie Luther sie genannt und in seinem Katechismus verarbeitet hat. Die Kirchenväter vermengen zuweilen die aus der griechischen Philosophie kommenden Hauslehren mit christlichen Gedanken. Wohl schließt sich Augustin in seiner Haus- und Staatsordnung an Aristoteles an, aber die Kirche als zum Heil führende Einrichtung tritt hinzu. «Du [die Kirche] unterwirfst die Frauen den Männern nicht zur Lusterfüllung, sondern zum Kindersegen und zur Familienbildung mit keuschem und treuem Gehorsam.» Der Ehemann soll der Gattin «nach den Gesetzen reiner Liebe», die Kinder den Eltern «in freier Knechtschaft» zugetan sein, und in Anbetracht eines gemeinsamen Herrn, des höchsten Gottes, sollen die Herren die Knechte ohne Zwang sich geneigt machen.

Ohne das feste Gerüst der antiken Ökonomik zerflatterten im frühen und hohen Mittelalter die verschiedenen Hauslehren in Einzelempfehlungen. Zwar beschrieb der für das Mittelalter grundlegende Enzyklopädist Isidor von Sevilla († 636), von dem man sagt, er bringe alles «und noch etwas mehr» (P. Kirn), das Haus und seine Struktur, aber es fehlt seiner Aufzählung die Zuordnung zu einem gesellschaftlichen Kosmos. Wegen ihrer Schlichtheit und wegen ihres Bezugs auf die Praxis gelangte eine Schrift angeblich des heiligen Bernhard von

Clairvaux († 1153) zu großem Einfluß, eine «Epistola de cura et modo rei familiaris», die in vielen volkssprachlichen Versionen verbreitet war, u. a. auf englisch, französisch, spanisch, italienisch, ja sogar auf tschechisch, schwedisch, dänisch, und deren deutsche Bearbeitung unter dem Namen «Lehre vom Haushaben» lief. Es sind Empfehlungen einer Lebensregel, einer «regula vivendi», ebenso banal wie richtig – wenn sie nur beherzigt werden: «Wenn du bauen willst, soll dich dazu nur die Notwendigkeit verleiten, nicht das Vergnügen. Die Bausucht hört mit dem Bauen nicht auf.» Und: «Höre denn und paß auf, daß, wenn in deinem Hause Verbrauch und Einnahmen gleich sind, ein unvorhergesehener Fall leicht den ausgewogenen Zustand durcheinander bringen könnte. Wer sich nachlässig benimmt, dessen Haus ist ruiniert.» Nur wer die Sparsamkeit am eigenen Leib gewohnt ist, sollte bauen, denn: «Wer zum Vielfraß geworden ist, ändert sich kaum, außer er stirbt.»

Von ganz anderer Kraft und Systematik ist dann die spätmittelalterliche Ökonomik, die stark an die antike griechische anknüpft, kaum an Bibel, Kirchenväter oder frühmittelalterliche Traditionen. Sie ist meist untergebracht in der Gattung der Tugendspiegel, hier der Fürstenspiegel, und ist nicht denkbar ohne die im 13. Jahrhundert einsetzende Aristotelesrezeption. Der Stoff wird angereichert, so daß die Schriften allmählich ein enzyklopädisches Aussehen erhalten und später, als der Ökonomik-Zusammenhang nicht mehr deutlich war, auch im Sinne von Konversationslexika aufgefaßt wurden. Im 16. Jahrhundert verbindet sich die Ökonomik mit der Agrarkunde zu einer Wirtschaftslehre, von der ein moderner Historiker der Wirtschaftsgeschichte (E. Salin) geringschätzig schreibt, sie sei nichts anderes als «eine Sittenlehre für Hausväter und Hausmütter, Kinder und Gesinde». Doch wird ausführlich auch der Hausbetrieb, die Haus- und Landwirtschaft, behandelt, so daß man dieser Gattung den Namen einer «Lehre vom ganzen Hause» gegeben hat. Das adlige Gut in seiner Differenziertheit bot sich an, den Wirtschaftszusammenhang deutlich zu machen, vom Landgut bis zur Seidenraupe, von der religiösen Erziehung bis zu medizinischen Hilfen. «Keine Tätigkeit und kein Beruf ist umfassender als die Ökonomie», gedacht als «Lehre vom ganzen Haus», verkündet einer der Autoren, Wolf Helmhard von Hohberg (1682), und die Ökonomik bleibt zunächst neben Ethik und Politik Teil des Universitätsunterrichts. Noch Christian Wolff baut die Ökonomik in sein philosophisches System ein (1754).

Von der Lehre vom Haus zur Nationalökonomie

Aber die Betrachtungsweise verschob sich allmählich. Während in der Ökonomik vom Haus als Mittelpunkt her gedacht wurde, nahmen in der modernen Volkswirtschaftslehre die Überlegungen vom Staate und vom Markt ihren Ausgang, und schon der Merkantilismus mit seiner Furcht vor einer passiven Handelsbilanz und seiner Bargeldsucht bereitete die Abkehr von der einerseits kleindimensionierten, andererseits enzyklopädisch überwucherten «Lehre von Hause» vor. Im Durchdenken des Wirtschaftszusammenhangs löste man sich von der Enge der Hauslehre und sprach zum Beispiel von «Landes-Würthschaft» und von «gemeiner Lands-Oeconomie». Letztlich allerdings war es die in der zweiten Hälfte des 18. Jahrhunderts sich etablierende und zur Nationalökonomie überleitende «politische Ökonomie» mit ihren Gesetzen der Marktwirtschaft, die die alten Ökonomiken unbrauchbar erscheinen ließ: die Entdeckung des wirtschaftlichen Kreislaufs durch François Quesnay (1694–1774) und die Lehren von Adam Smith (1723–1790).

Man hat darauf verwiesen, daß in der bäuerlichen Denkweise noch etwas von der alten Ökonomik erhalten geblieben sei, wenn der Bauer von seiner «Wirtschaft» spricht, indem er «den Gesamtkomplex seiner haus- und landwirtschaftlichen Tätigkeit» meint, «den Oikos, der ohne die darin wohnenden Menschen, die Hausfrau, die mitarbeitenden Familienangehörigen, das Gesinde nicht denkbar ist» (O. Brunner). Diese «Wirtschaft» ist nicht oder nicht allein vom Ertrag her gedacht, wie ja auch der Begriff der «Wirtschaftlichkeit» ursprünglich eine Art Pflegschaft bedeutete und später – erst zu Beginn des 20. Jahrhunderts – zum Synonym für Rentabilität wurde. Es geht eine alte Welt unter, wenn die bäuerliche «Wirtschaft» als Produktionsbetrieb angesehen wird, denn bislang hatte sich der Bauer durch alle Zeiten bereit gefunden, auch dann weiterzuarbeiten, wenn der Ertrag seiner Arbeit unter den üblichen Arbeitslöhnen lag. Als Familienwirtschaft behielt die Bauernwirtschaft ein großes Beharrungsvermögen und stand bereit, um bei für sie besseren Zeiten, gerade bei Krisenzeiten, wieder aufzublühen. Dauerhafter Frieden, Überproduktion, gemeinsamer Markt, globale Verfügbarkeit landwirtschaftlicher Erzeugnisse und das Gewinnstreben – der Wunsch nach Teilhabe am allgemeinen Wohlstand – haben das Ethos der bäuerlichen Welt verändert. Selbst in den kümmerlichen Ausläufern der bäuerlichen Wirtschaft gilt im Zeitalter der Hochindustrialisierung die «Lehre vom Haus» nicht mehr.

Der Platz der Gelehrten

Nach dieser Übersicht kann man fragen: Wenn die «Lehre vom Haus» so umfassend, sozusagen der Entwurf eines alle Bereiche berücksichtigenden Wirtschafts- und Lebenssystems war: Wo war dann der Platz der «viri eruditi», der Gelehrten?

Die Antwort ist enttäuschend. Sehen wir von der Antike ab, wo andere gesellschaftliche Voraussetzungen herrschten, so gab es keine Gelehrten, die von ihrer Gelehrsamkeit lebten. Im Früh- und bis weit in das Hochmittelalter hinein war es meist ein Kirchenamt, das den Gelehrten ernährte, denn Bildung und Wissenschaft lagen in den Händen der Geistlichkeit. Frei schweifende Intellektuelle stellten sich erst allmählich ein, im 11. Jahrhundert einige: armselige Gestalten zuweilen, die auch noch den Spott ertragen mußten, wenn ihnen ein Fehler unterlief, wie dem italienischen Wanderlehrer Gunzo, den wegen eines grammatischen Schnitzers ein Sankt Galler Jungmönch verhöhnte. «Dives eram et dilectus / Inter pares preelectus / Modo curvat me senectus / Et etate sum confectus.» («Reich, beliebt bin ich gewesen, / vor den andern auserlesen; / jetzt bin ich zum Greis gebogen / und vom Alter ausgesogen.») Das sang ein berühmter armer Teufel, Hugo Primas von Orléans, im 12. Jahrhundert, der lehrend und dichtend offenbar von Schauplatz zu Schauplatz gezogen war und als alter Mann nicht einmal in einem Kapitelkrankenhaus Aufnahme gefunden hatte, was er in dem Gedicht beklagte.

Mit dem Aufkommen der Hohen Schulen und der Universitäten ergab sich ein neues Bild; Studenten und Professoren mußten untergebracht werden, und es kam zu harten Kämpfen um Mietzinswucher und Mietzinsverweigerung. Eine partielle Lösung waren die Collegia, die an den großen Universitäten wie Bologna, Paris, Padua, Oxford, Cambridge entstanden, und die häufig Stiftungen waren, wie das All Souls College in Oxford, gestiftet «for all souls», zum Gedächtnis der «Seelen aller» in der blutigen Schlacht von Azincourt 1415 Gefallenen, für die englischen Landsleute ebenso wie für die französischen Feinde.

Die Zahl solcher Collegia war recht groß und ihr Charakter verschieden, wobei manche eher als Hospize, als Pensionsunterkünfte, gelten mußten: Neben Ordenshäusern standen landsmannschaftliche Herbergen, städtische Wohnheime, bischöfliche Seminare, Klosterabsteigen usw. und eben auch Stiftungen wie das All Souls College in Oxford. In ihrer reinen Gestalt waren die Collegia zugleich Lehreinrichtungen, und alle hatten ihre festen Statuten. Es wäre von besonderem Reiz, eine Geschichte der Anpassung dieser Statuten an die jeweiligen Zeiterfordernisse zu verfolgen. Man hat zu bedenken, daß die meisten dieser Collegia für Geistliche eingerichtet waren und ihre Vorschriften mit der allmählichen Profanisierung der Wissenschaft und ihrer Träger zu vereinbaren waren. Es sei auch daran erinnert, daß zum Beispiel die Inhaber der fellowships in Oxford und Cambridge bis weit in das vorige Jahrhundert hinein, bis in die achtziger Jahre, unverheiratet sein mußten. Erst ein Parlamentsakt des Jahres 1877 gab den englischen Colleges Gelegenheit, den zölibatären Zwang für ihre fellows aufzuheben. Frauen durften in den meisten alten Colleges in Oxbridge bis vor kurzem nicht aufgenommen werden.

Unter Collegium-College wurde zunächst, analog zum Begriff der Universität, im wesentlichen die Gesellschaft der College-Mitglieder verstanden, die sich festen Regeln zu unterwerfen hatten. Es waren häufig hohe Herren, die in ein College eintraten, und entsprechend waren die Statuten, die in ihren Verboten erkennen lassen, was die Herren sich herausnahmen: So war es nicht gestattet, Hunde und Falken in dem Gebäude zu halten, des weiteren nicht Affen, Bären, Wölfe, Hirsche. Dankbar griffen College-Rektoren unserer Tage auf diese Verbote zurück und erklärten, Hunde seien gleich Grammophonen: beide machten Lärm und seien deshalb verboten, die Gleichsetzung machte ein eigenes Verbot überflüssig.

Bei einer umfassenden «Lehre vom Haus» mußten diese wissenschaftlichen Einrichtungen irgendwo untergebracht werden. Vinzenz von Beauvais († ca. 1264) und Aegidius Romanus († 1316) ignorierten das Phänomen in ihren Ökonomiken. Es war der zuletzt in Regensburg wirkende Konrad von Megenberg († 1374), Magister artium von Paris und einstiger Rektor der Wiener Stephansschule, der in seiner umfassenden «Yconomica», von der man sagt, daß in ihr alles vorkomme, «vom betrunkenen Papagei, der sich am Anblick einer Jungfrau freue, bis zur Definition des höchsten Wesens» (S. Krüger), offenbar als erster ausführlich die «domus scholastica», das Haus der Gelehrten, behandelt. In seiner Definition der «domus scholastica» fließen pragmatische Beschreibung und phantasievoller Entwurf zusammen. Er handelt von den Wissenszweigen, von den Fakultäten und auch «von den Personen und dem Umgang der Personen» im Kolleghaus. Hier herrscht eine strenge hierarchische Ordnung, im Hause der Artisten, der Philosophen, zum Beispiel eine Vierstufigkeit: Magister, Student, Erzieher und Ankläger («Magister, discipulus, pedagogus et accusator»), «der die Ausschweifungen der Studenten vermerkt und deren Regelverletzungen beim Magister zur Anklage bringt». Konrads Traktate «de domibus ecclesiasticis» nehmen innerhalb seiner Ökonomik breiten Raum ein, denn zum «Haus der Gelehrten» gehören für ihn auch deren Irrlehren. So breit wie bei Konrad ist die «domus scholastica», oder welchen Namen sie anderswo trägt, innerhalb der Tradition der «Lehre vom Haus» nirgendwo mehr behandelt, zumal seit dem 16. Jahrhundert die landwirtschaftliche Komponente und das Denken vom Markt her immer energischer in den Vordergrund treten.

Die moderne Nationalökonomie hat mit der alten Ökonomik bis auf die Vokabel wenig gemein, doch macht O. Brunner, der den Bedeutungszusammenhängen wie kein anderer nachgegangen ist, darauf aufmerksam, daß im Gebrauch des Wortes «Wirtschaft» sich der «Gegensatz eines vom Haus und eines vom Markt her kommenden Wirtschaftsdenkens» ausdrücke, zugleich der «geschichtliche Wandel» sichtbar werde, der «von der alteuropäischen Ökonomik zu den modernen Wirtschaftswissenschaften führt».

Fälschungen im Dienste der Wahrheit

In der Münchner «Abendzeitung» vom 28. Oktober 1983 stand folgende Meldung: «Die Bäuerin Kreszentia Deutinger starb im Alter von 85 Jahren ein bißchen zu früh. Als sie am 21. Dezember 1979 im Krankenhaus von Bad Kohlgrub verschied, hatte sie es versäumt, ein Testament zu hinterlassen und so ihren Besitz von rund zwei Millionen Mark nach ihrem letzten Willen aufzuteilen. Dies hat dann der Verwaltungsoberamtmann Hans S. (62) besorgt. Er schrieb selbst ein Testament (zugunsten der Gemeinde) und legte die Fälschung dem Nachlaßgericht in Garmisch vor.» Im Oktober 1983, heißt es weiter in dem Bericht, habe der Verwaltungsoberamtmann Hans S. vor Gericht gestanden; die Fälschung sei aufgeflogen, weil Hans S. einen Kohlgruber Bürger mit einem Legat der Kreszentia Deutinger bedacht habe, mit dem dieser gar nicht gerechnet und der deshalb aus Überraschung eine genaue Untersuchung des Testaments eingeleitet habe. Wegen Urkundenfälschung und Betrugs wurde Oberamtmann S. zu zwei Jahren und sechs Monaten Gefängnis verurteilt.

Das Landgericht München, vor dem der Fall behandelt wurde, sprach die Strafe ungern und unter dem Zwang des Gesetzbuches aus; der Vorsitzende nannte den Urteilsspruch tragisch und leitete die Begründung mit fast entschuldigenden Worten ein, denn das Gericht und sogar der Staatsanwalt zweifelten nicht daran, daß Hans S., der sich persönlich nicht habe bereichern wollen, ganz im Sinne der Erblasserin handelte, zumal er einen früheren Testamentsversuch der Kreszentia Deutinger in das von ihm verfertigte Testament einbezogen hatte. Keine Frage: Das gefälschte Testament enthielt den wahren Willen der Erblasserin.

Wahrheit und Gerechtigkeit

Der Gedanke des Kohlgruber Amtmanns Hans S. ist offensichtlich und einfach. Sollte man der Gemeinde die Erbschaft entgehen lassen, bloß weil das Krankenhauspersonal sich mit der Lebenszeit der Patientin verschätzt hat? «Gestern sagen sie, sie überlebt's, und jetzt ist sie tot», soll der Amtmann beim Leichenschmaus geschimpft haben, und er machte sich ans Werk, die Wahrheit zu fixieren in einem falschen Dokument.

Wer sich im mittelalterlichen Rechtsleben ein wenig umgesehen hat, kennt diesen Typ der Begründung. Der Anspruch bestehe, aber es fehle ein entsprechendes Zeugnis: Ein Brand des Klosters, eine Überschwemmung oder eine Unachtsamkeit hätten die Belege zerstört, oder aber – ohne das angeblich abhanden gekommene Schriftstück – das subjektive Rechtsgefühl läßt es als evident erscheinen, daß dieses Recht zu Recht besteht; es muß eben nur durch ein, am besten von eigener Hand, gefertigtes Dokument gesichert werden – wie es der Amtmann aus Kohlgrub getan hat. Der Fall ist als menschliches Schicksal sicherlich zeitlos, aber er deutet Überlegungen und Motive an, von denen man anzunehmen bereit ist, daß sie im Mittelalter besonders häufig vorkamen, als sich Recht und Rechtausübung stark an einer subjektiven Begründung und an der Billigkeit orientierten und die Feststellung formaler Richtigkeit schwierig war.

Was wäre wohl mit dem Kohlgruber Amtmann, sagen wir im Frühmittelalter, geschehen, vor Eindringen des gelehrten Rechts? Der Inhalt des Testaments wahr und richtig, die Niederschrift eine Fälschung. Nehmen wir an, er wäre – was gar nicht für ausgemacht gelten kann – für schuldig befunden worden, so hätte sich doch der Ausweg des «iudicium aequitatis», der Billigkeitsjustiz, angeboten, die, wie die neuere Forschung herausgearbeitet hat, nicht eigentlich als Milderungsjustiz, sondern als Gerechtigkeitsjustiz aufgefaßt werden muß, auch wenn sie urteilsmildernd wirkte. Als Folge des Grundsatzes der Gleichheit vor dem Gesetz und wegen des Fehlens einer weitgehend ungebundenen Oberinstanz stand das Münchner Landgericht unter unausweichlichem Urteilszwang: Es nannte das Schicksal des Angeklagten tragisch und verurteilte ihn. An diesem Fall wird der Unterschied deutlich zwischen unserer nach dem Gleichheitsprinzip verfahrenden «Zwangsjustiz» und einer mittelalterlichen «Billigkeitsjustiz».

Die «Wahrheit» der Bibel

Lassen wir den Einzelfall des subjektiv empfundenen Rechts, das seine «Wahrheit» in einer Fälschung festschreibt, beiseite. Beiseite bleibe auch ein Versuch, durch das Mittelalter zu verfolgen, was man unter Fälschung verstand. Prägend war hier Augustinus (354–430) mit seiner berühmten Definition, Lüge und Betrug seien eine «falsa significatio cum voluntate fallendi», eine «Falschangabe mit dem Willen zu fälschen». Augustinus unterscheidet deutlich zwischen der «Falschangabe» und dem «Willen zu fälschen». In seinem Sinne konnte man also durchaus Falschangaben begegnen, bei denen ein Wille zur Fälschung nicht vorlag, sondern die Falschangabe von einer Fälschungsabsicht frei war. Fraglos hat es zu allen Zeiten Fälschungen mit handfesten Bereicherungsabsichten und dem Ziel des Rechtsvorteils gegeben – Falschangaben willentlich gefälscht –, und gerade das Mittelalter hat ein ganzes Arsenal zu bieten. Solche Fälschungen mit der Absicht materiellen Gewinns bleiben hier beiseite.

Wir wenden uns jenen Fälschungen zu, die über das Individuelle hinaus sozusagen zur Lebensausstattung des mittelalterlichen Menschen – und nicht nur für ihn – gehören. Zentral für die Gestaltung des Daseins war dem christlichen Europa das Buch der Bücher: die Bibel. Aber was zählt zum biblischen Kanon – was ist echt? Gehen wir formal vor und fragen wir, was nicht von dem angegebenen Autor und in der vorgespiegelten Zeit verfaßt worden ist, so ist in dem neutestamentlichen Kanon, wie er sich bis zum Ende des 2. Jahrhunderts ausgebildet und über bestätigende Konzilien des 4. Jahrhunderts im Kirchenleben bis heute durchgesetzt hat, viel «Unechtes» zu finden. Manche Schriften des neutestamentlichen Kanons oder – von der Gegenseite her gesehen – die neutestamentlichen Apokryphen verdanken es lediglich günstigen oder ungünstigen Umständen, daß sie von der Kirche angenommen oder abgelehnt worden sind. Der Umfang der «untergeschobenen» Werke unter den heute zum Neuen Testament gezählten Schriften ist nicht gering: das Ende des Markusevangeliums dürfte erst im 2. Jahrhundert geschrieben worden sein; die Apostelgeschichte ist ein mixtum compositum verschiedener Autoren und wurde lange Zeit eher als ein literarischer, das Kirchenleben nicht bindender Text angesehen; die unter dem Namen des Johannes laufenden Schriften sind von verschiedenen Verfassern, der Name fingiert; von den paulinischen Episteln sind der 2. Thessalonicherbrief, der Kolosser- und der Epheserbrief Fremdprodukte; schließlich die Pastoralbriefe des Apostels Paulus: sie sind Ende des 1. oder um die Wende des 2. Jahrhunderts aufgesetzt.

Alle diese Schriften gehören zum neutestamentlichen Kern und mögen ihren Ursprung in dem Wunsch der Glaubensorientierung und Glaubensstabilisierung haben. Ein solches Motiv läßt sich an dem im 2. Jahrhundert entstandenen 2. Petrusbrief ablesen, dem jüngsten Stück des neutestamentlichen Kanon. Nach dem Tode Jesu quälte die Christen die Frage, wann der Herr wiederkommen und die Seinen in sein Reich führen würde. Als die Apostel und schließlich auch die Apostelschüler gestorben waren, kamen immer heftigere Zweifel an der Wiederkehr Christi auf: «Um dieser Glaubensanfechtung zu begegnen, verfaßte ein uns unbekannter Christ, vielleicht der Lehrer einer Gemeinde, den 2. Petrusbrief. Er mag sich vorgestellt haben, daß der große Apostel Petrus, wenn er noch lebte, in der nunmehr drängend gewordenen Lage ähnlich gesprochen hätte... diesen Fälschern (wie dem Verfasser des 2. Petrusbriefes, der später für die Ketzerbekämpfung wichtig werden sollte) kam es vor allem darauf an, gehört zu werden». Waren es Fälscher? «Das Motiv, das sie zu der Maske führte, war gewiß moralisch höherstehend als das jener Fälscher, die aus der Sucht nach Gewinn, Macht oder Ehre ihr Handwerk betrieben» (W. Speyer).

Von theologischer Seite ist zur moralischen Entlastung von «positiver» Motivation gesprochen worden: «weil man offenkundig aufrichtiges religiöses Schriftstellertum für unverträglich (halten muß) mit bewußter und beabsichtigter Fälschung» (N. Brox); diese Einstellung gipfelt schließlich in der Behauptung, in der gesamten neutestamentlichen Literatur gebe es keine einzige untergeschobene Schrift, kein einziges Pseudepigraphon (F. Torm). Als Begründung wird genannt: Der Geist der Briefe fordere eine ehrfurchtsvolle Hinnahme ohne Diskussion und Fälschungsvorwurf.

Von der Sicherung des Glaubensguts

Eine solche Forderung weist in vorwissenschaftliche Zeiten zurück. Auch der Alten Kirche und dem Mittelalter lag daran, den Bestand neutestamentlicher Schriften zu festigen und Querelen über die Frage der Echtheit von ihm fernzuhalten. Durch Konzilsbeschluß oder durch Dekret wurde über den Kreis der echten und zugelassenen Schriften verfügt, so daß einer irritierenden Diskussion der Boden entzogen war. Aber selbst hier, bei der Scheidung von als echt Anerkanntem und Nichtanerkanntem, hat eine Manipulation nachgeholfen: Das vielleicht wichtigste Verzeichnis dieser Art – «das Dekret über die aufzunehmenden und nicht aufzunehmenden Bücher» (Decretum de libris recipiendis et non recipiendis) – ist eine Privatarbeit des 6. Jahrhunderts, dem Papste Gelasius I. (492–496) untergeschoben, jedoch in seiner endgültigen Gestalt ein knappes halbes Jahrhundert nach dessen Tod entstanden. Dem anonymen Verfasser hat man eine «recht seichte Literaturkenntnis» bescheinigt (W. Ullmann), aber seine Absicht dürfte ohnehin ungenügend mit dem Wunsche umschrieben sein, er habe schädliches Schrifttum von der Kirche fernhalten wollen. Mindestens ebenso wichtig war ihm, dem römischen Bischof die Kompetenz zuzuerkennen, über Echt und Unecht für die Gesamtkirche bindend zu entscheiden. Dieses Fälscherziel entspricht dem Geist des 6. Jahrhunderts, wie man überhaupt versucht hat, eine Korrespondenz zwischen Fälschungsgattung und dem jeweiligen Zustand der Kirche festzustellen.

Folgende Abfolge wurde vorgeschlagen (W. Speyer): Fälschungen in der Art der Schriften des Neuen Testaments standen am Anfang und liefen nach dem zweiten Jahrhundert aus. Seit dem dritten Jahrhundert fälschten Orthodoxe und Häretiker unter dem Namen anerkannter Kirchenväter, vom vierten Jahrhundert an werden Apostelbeschlüsse und Konzilsakten erfunden. Allmählich kamen Fälschungen zur Glaubenslehre auf, die man in dogmatisch abgesicherte Florilegien einschleuste, um das Glaubensverständnis zu beeinflussen. In dieser Kunst war der griechische Osten führend, und man hat formuliert: «Im griechischen Osten gehörte während des sechsten bis achten Jahrhunderts das Fälschen recht eigentlich zum Beruf der Theologen» (W. Speyer). Allerdings waren mit der «Konstantinischen Wende», mit der Durchsetzung des Christentums als Reichsreligion seit Kaiser Konstantin († 337), neue Fälschungstendenzen hinzugetreten: Es ging jetzt, über das Dogmatische hinaus, um die äußere Gestalt der Kirche und des Staates, um die Organisation und die Machtverhältnisse, und mit dieser Stufe sind wir zeitlich und inhaltlich sozusagen auf der Aktionshöhe des Gelasianischen Dekrets um die Mitte des sechsten Jahrhunderts.

«Betrug der Weltgeschichte»?

Von der generellen Frage, wo überall Fälschungen auf die Ausgestaltung hauptsächlich des kirchlichen Lebens eingewirkt haben – bei der Himmelsvorstellung die mystischen Schriften des angeblichen Paulusschülers Dionysius Areopagita, bei der Sonntagsheiligung ein Himmelsbrief, für die Ursprünge der verschiedenen Bistümer hagiographische Schriften mit einem Apostel oder Apostelschüler an der Spitze usw. –, sei eine spezielle abgetrennt, um den Erfolg ins allgemeine gehender Fälschungen beurteilen zu können. In welcher Weise ist das Papsttum in seiner hierarchischen Verfestigung und seiner Erscheinungsform von Fälschungen gestützt worden? Oder anders ausgedrückt: Haben Fälschungen den Ausbau einer zentralistischen Papstkirche gefördert oder sogar herbeigeführt? Vor über einem Jahrhundert hat diese Frage eine zentrale Rolle gespielt, und München mit Ignaz Döllinger (1799–1890), der den Beschlüssen des Ersten Vatikanischen Konzils von 1870 die Anerkennung verweigerte und deshalb exkommuniziert wurde, ist sozusagen die wissenschaftliche Heimat der These, daß sich der päpstliche Primat und die Papstkirche auf Fälschungen stützen.

Die Actus Silvestri – die Legende um die Wunderkraft des in Wirklichkeit bläßlichen Papstes Silvester I. (314–335), der Kaiser Konstantin (306–337) vom Aussatz heilte und von ihm dafür reich beschenkt wurde, ein mit seinen über 350 Handschriften noch ungenügend durchforschter Komplex, dessen erste Anfänge nach neuesten Forschungen (W. Pohlkamp) in den Pontifikat Papst Damasus' I. (366–384) zurückreichen –, diese Actus Silvestri sind sowohl als Heiligenerzählung, zumal sie Kirchenrechtliches enthalten, wie als Vorlage und Anregung der Konstantinischen Schenkung in die Tradition eingegangen. Die Verleihung der Kaiserkrone und damit der höchsten irdischen Gewalt wie die Begründung des Temporale, des Kirchenstaats, sind mit dieser Fälschung verbunden. Um 500, im Zusammenhang mit der Gefahr, daß über den nicht gerade sittenstrengen Papst Symmachus (498–514), einen ungeschlachten Sarden, geurteilt werden konnte, entstanden die aus mehreren Teilstücken zusammengesetzten sogenannten Symmachianischen Fälschungen mit der zentralen Devise, «daß der erste Sitz von niemandem gerichtet wird» (Prima sedes a nemine iudicatur). Der Grundsatz der Nichtjudizierbarkeit des Papstes begleitete die Kirchengeschichte durch die nächsten Jahrhunderte – man hat von «natürlicher Scheu» gesprochen, den römischen Bischof abzusetzen (H. Zimmermann) –, ohne daß die Symmachianischen Fälschungen wörtlich zitiert sind. Erst das die Überlieferung durchmusternde 11. Jahrhundert hantierte explizit mit den Fälschungen um Symmachus.

Zu diesen recht umfassenden Falsifikaten aus der Zeit der frühen Kirche – Silvesterlegende und Symmachianische Fälschungen – treten andere Fiktionen wie Apostolische Konstitutionen und angebliche Briefe des Papstes Clemens, wonach Petrus ihn als Nachfolger bestimmt und ihm gewisse Grundsätze der in Rom gipfelnden Hierarchie vermittelt habe, Schriften, die in gewisser Weise den fast literarischen Clemens-Roman, die sogenannten Rekognitionen, ergänzen, deren Verbreitung durch die Zurückweisung im «Decretum Gelasianum» offenbar kaum behindert wurde.

Es bleiben kleinere Trugschriften beiseite, um auf das bedeutendste Fälschungswerk des frühen Mittelalters kurz einzugehen: die pseudoisidorischen Fälschungen aus der Mitte des 9. Jahrhunderts, «den größten Betrug der Weltgeschichte» (J. Haller) mit den folgenden Rechtssätzen, die in der Zukunft eine Rolle spielen sollten: der Papst als höchste Gerichtsinstanz, an die vornehmlich angeklagte Bischöfe jederzeit appellieren dürfen; das generelle Bestätigungsrecht des Papstes für Synoden und die Pflicht, diese Bestätigung bei jeder Synode einzuholen; Regelungen des Prozeßrechts wie der Zwang, schriftliche Anklagen nur bei Anwesenheit von Kläger und Angeklagtem zu verhandeln; das Verbot, über Abwesende zu urteilen; das «privilegium fori clericorum» (ein eigener Gerichtsstand für Geistliche); die «exceptio spolii», d. h. die Auflage, einen Angeklagten bis zu einer Verurteilung in allen Rechten zu belassen; Vorschriften zur «vita communis», zum Gemeinschaftsleben, und zur Frage des Eigenbesitzes von Konventualen usw. Es ist deutlich, daß hier ein ganzes Rechtssystem entworfen ist. Pseudoisidor wirkte vor allem im Prozeßrecht, aber auch päpstliche Rechte haben seine Stütze aufgenommen wie das Einberufungs- und Bestätigungsrecht für Synoden.

Silvesterlegende mit Konstantinischer Schenkung, Symmachianische Fälschungen, Pseudo-Clemens-Briefe, pseudoisidorische Fälschungen: Allen diesen Fälschungen ist eigentümlich, daß sie zur Zeit ihrer Entstehung kaum gewirkt haben. Sie hatten, von der Entstehungszeit her gesehen, antizipatorischen Charakter. Der Silvesterlegende wurde vom 8. Jahrhundert an besondere Aufmerksamkeit zugewendet, womit ihre Ergänzung durch die Konstantinische Schenkung zusammenhängt. Die Schenkung Konstantins wiederum zeigte erst vom 11. Jahrhundert ab Wirkung. Die Symmachianischen und die pseudoisidorischen Fälschungen: Auch sie wurden energisch gleichfalls erst vom 11. Jahrhundert an in das Rechtsleben der Kirche aufgenommen. Wenn – und dem Historiker ist es manchmal erlaubt, mit einem «wenn» zu arbeiten, um das Offensein einer historischen Situation für die Zukunft deutlich zu machen – wenn im 11. Jahrhundert nicht jenes Aufwachen und jene vorwärtstreibende Unruhe aufgekommen wäre, die nach einer Orientierung für die Gestaltung eines selbstheiligenden Lebens suchen ließ und deshalb die Überlieferung und den Rechtszustand prüfte, ohne diese Besinnung, die zugleich zu einer Systematisierung der Rechtsquellen und zu einer Diskussion über die normativen Autoritäten führte, ohne diese Hinwendung zur Frage, was von dem Überkommenen beachtenswert sei, hätten alle diese Fälschungen vermutlich weiter ihren Dämmerschlaf gehalten.

«... und indem wir den Zügel des Pferdes ergreifen, leisten wir aus Ehrfurcht gegenüber dem heiligen Petrus den Dienst eines Stallknechts», so heißt es in der berühmten Konstantinischen Schenkung, einer im 8. Jahrhundert im päpstlichen Rom entstandenen Fälschung. In ihr tritt Kaiser Konstantin († 337) dem Papst Silvester I. (314–335) und dessen Nachfolgern, indem er seine Residenz nach Byzanz verlegt, Rom und das Abendland ab und gewährt ihm gewisse Ehrenrechte, zu denen der lehnsrechtlich deutbare Knechtsdienst gehört. Durch Jahrhunderte vollzogen in angeblicher Nachfolge Konstantins Kaiser vor der Krönung dieses Ritual. Das Delikate an dem hier wiedergegebenen Bild im Lateranpalast Sixtus' V. (1585–1590) besteht darin, daß sich Sixtus als ein anderer Silvester darstellen ließ, dem der «allerchristlichste» Kaiser Konstantin als Zügelhalter diente, obwohl die seit langem umstrittene Konstantinische Schenkung sogar in der offiziösen Darstellung des römischen Kirchenhistorikers Cesare Baronio (1538–1607) als Fälschung gewertet wurde. Der Anspruch bleibt, auch wenn das zugrunde liegende Dokument sich als Fälschung herausstellt. Der in seinem Herrschaftsanspruch unbeirrbare Sixtus V., den man den «eisernen Papst» genannt hat, ging sogar noch einen Schritt weiter; in der Beischrift zum Bild wird behauptet, daß Konstantin den Dienst versieht, weil er den Papst als «Vicarius Christi», als Stellvertreter Christi, anerkenne, ein Titel, den sich die Päpste erst um 1200 zugelegt haben.

Die Stunde der Fälschungen

«Was ist Wahrheit?» Die Frage des Pilatus gilt. Allen diesen Trugschriften wird man bescheinigen müssen, daß sie ekklesiologische, vielleicht sogar existentielle «Wahrheiten» angesprochen haben. Das eben ist der Vorteil der Fälscher, daß sie eine Welt nach ihrer Vorstellung entwerfen können, die nicht eingeengt ist von der Wirklichkeit. Man hat deshalb zu Recht die pseudoisidorischen Fälschungen eine «Vision der Kirche im goldenen Zeitalter» (Sch. Williams) genannt.

Noch wichtiger aber ist etwas anderes. Alle diese Schriften haben sozusagen warten müssen, bis ihre Stunde gekommen war. Keine hat im Moment der Entstehung Entscheidendes bewegt. Der zu apodiktischen Sätzen neigende Historiker Johannes Haller hat die Behauptung aufgestellt: «Man fälscht nicht auf Vorrat.» Aber das ist, undifferenziert dahingesagt, nicht richtig. Es sind Fälschungen von gesamtkirchlicher Erheblichkeit bald nach ihrer Entstehung eingeschleust worden – wir können noch heute weit über ein Dutzend Handschriften der pseudoisidorischen Dekretalen nachweisen, die zu Lebzeiten der Fälscher oder unmittelbar danach entstanden sind, und es gibt eine Nachricht, daß damals jede Kathedralkirche das Werk besessen habe –, doch der Erfolg blieb aus, und man versuchte nicht, ihn zu erzwingen. Erst als Jahrhunderte später in einer gewandelten Zeit diese Schriften mit der eigenen Vorstellung übereinstimmten und ihre Argumentationskraft erkannt wurde, sind diese Fälschungen in das Bild von Welt und Kirche eingebaut worden. Die Frage nach der formalen Echtheit ist daher sekundär. Man ist versucht, mit Begriffen und Sätzen der Evolutionstheorie zu arbeiten, die auf die Frage, was sich schließlich durchsetze, die Antwort parat hat: «Das Recht des Geeigneteren gilt uneingeschränkt» (G. Neuweiler). An allen diesen großen Fälschungen hat man offenkundig von einem bestimmten Moment an einen hohen Grad des Geeignetseins entdeckt, und hinter dieser Qualität traten Zweifel an der formalen Echtheit zurück. Der hintergründig weise Georg Christoph Lichtenberg befand: «Der plausible Irrtum findet weniger Widerstand in der Welt als die Wahrheit.»

Es gibt eine ganze Reihe mittelalterlicher Autoren, die auf der einen Seite vermerken, diese oder jene Schrift sei suspekt, um auf der anderen Seite Sätze aus ihr als gültigen Beleg zu zitieren: das «Geeignetere gilt uneingeschränkt». Das Geeignetsein läßt auch das kritische Argument der Humanisten und der modernen Philologie unwirksam erscheinen: als ob es darauf ankäme. War ein Satz durch die Tradition, eine Autorität oder vielleicht nur durch seine evidente Tauglichkeit sanktioniert, so erschien er verwendbar. An dem verzögerten Erfolg der Fälschungen wird auch deutlich, daß erst das Umfeld bestehen muß, um eine Fälschung wirken zu lassen. Es ist ein naiver Positivismus, wenn man meint, Fälschungen der hier vorgeführten Art hätten die Welt verändert. Ein solcher Satz vertauscht Ursache und Wirkung: Vielmehr hat eine entsprechend veränderte Welt die Fälschungen aufgenommen. Oder anders ausgedrückt: Der sich herausbildende Zentralismus des Papsttums hatte die Fälschungen nicht nötig; wohl aber hatten die Fälschungen für ihren Erfolg den Zentralismus des Papsttums nötig.

Wir stehen bei unserer Betrachtung im 11. Jahrhundert vor einer Epoche, für die verschiedene Namen verwendet werden: Zeitalter der Reform, das Ende der archaischen Epoche und der Aufbruch Europas, das alteuropäische Zeitalter, zweiter Feudalismus, alles Bezeichnungen, mit denen die Jahrzehnte des endenden 11. und des beginnenden 12. Jahrhunderts gemeint sind. In langer Diskussion wird damals sozusagen das «geeignete» Glaubens- und Rechtsgut umrissen. Die Zahl und die Art der Sakramente werden festgelegt, die Kirche gliedert die Laien aus und definiert sich als Gemeinschaft der Sakramentsverwalter, das römische Recht wird aufgenommen und wirkt normativ ein, Gratian (um 1140) prüft die kirchlichen Rechtsquellen und faßt sie in seinem Dekret zusammen. Erstaunlich ist die allgemeine Anerkennung, die seine «Concordia discordantium canonum», seine «Harmonisierung widersprüchlicher Rechtssätze», findet. Denn in einem formalrechtlichen Sinne hat das Dekret nicht Gesetzeskraft erhalten, aber seine Wirkung wäre kaum anders ausgefallen, wenn es in einem legislatorischen Akt verkündet worden wäre, zumal es häufig als kirchliches Kodifikationszeugnis analog zum römischen «Corpus Iuris Civilis» angesehen wurde. Da der Gesetzescharakter fehlte, behielt theoretisch jede Quellenstelle, auch jede Fälschung, ihren originalen Charakter: Unter diesem Aspekt war das Werk nichts anderes als eine Zusammenstellung von rund 4000 Kapiteln einschließlich der «dicta Gratiani», der Zusätze Gratians. Darin eben liegt die Leistung der neu aufkommenden kirchlichen Rechtswissenschaft, daß sie sich bereit fand, den gesamten Text des «Decretum Gratiani» ohne Unterscheidung der Herkunft als von gleicher Qualität anzusehen: «Was im Dekret gesammelt ist, gilt... als gleichwertiges Argument» (K. W. Nörr). Spielte die Fälschungsqualität mancher Schriften schon vorher eine untergeordnete Rolle: Hier kam es nur noch auf den Inhalt, nicht auf den Ursprung an. Die Fälschungen waren voll inkorporiert.

Auf den Fälscher folgt der Jurist

Nachdem der Umkreis der überlieferten Rechtsquellen im Dekret Gratians abgesteckt war, die Theologie die Kirchenlehre verfestigte, in der Liturgie eine von Rom bestimmte Uniformität weitgehend sich durchsetzte, die Dekretalengesetzgebung eine gesamtkirchliche Einheitlichkeit herzustellen suchte, war die Zeit der großen und die Weltsicht bestimmenden Fälschungen vorbei. Selbstverständlich wurde eifrig weiter gefälscht, sogar Dekretalen, denen von ihrer Funktion her eine gesamtkirchliche Wirksamkeit zukam. Stephan von Tournai († 1203) klagt in einem immer wieder zitierten Zustandsbericht vom endenden 12. Jahrhundert, daß es einen «undurchdringlichen Wald von Dekretalen» gebe, der die Fähigkeit, Echtes und Unechtes zu unterscheiden, übersteige und daß nach Bedarf und guter Bezahlung in geradezu professionellen Werkstätten Dekretalen Alexanders III. (1159–1181) gefälscht würden, um Prozesse zu beeinflussen. Auch die Zahl der Urkundenfälschungen in dieser Zeit ist groß, doch sollte wenig später – zumal Kriterien zur Echtheitsüberprüfung ausgearbeitet wurden – der Höhepunkt überschritten sein. Aber alle diese Produkte hatten mehr oder minder Gruppen- oder individuelle Vorteile im Auge und drangen nicht in das gesamtkirchliche Leben ein.

Als Umfang und Inhalt des Traditionsgutes festgelegt waren, wurde Fremdes mit ebendiesem Festgelegten verglichen und danach entschieden. Was außerhalb der Norm lag, galt als apokryph, unabhängig von der Frage, ob es wirklich apokryph war: Häretiker oder dem wahren Christentum abträgliche Leute mochten es verfaßt haben. Umgekehrt respektierte man unechte Schriften vom Inhalt her. Jetzt konnte der heilige Bonaventura den souveränen Satz sprechen: Obwohl eine Schrift apokryph sei, enthalte sie doch vieles höchst Wahre. Deutlich wird hier die Hintanstellung des formalen Unechtheitsbefundes. Es sollte daran erinnert werden, daß das Wort «authenticus» nicht eigentlich «originär», sondern «wahr» oder «auctoritate plenus» bedeutet. Ein «liber authenticus» des Augustinus ist nicht unbedingt ein von Augustinus selbst ausgefertigtes Exemplar, sondern ein Buch, das Augustins «wahren» Text enthält, im Geist des Augustinus geschrieben ist und Beachtung verdient. Per definitionem kann es also authentische Texte geben, die gefälscht sind, und von solchen «wahren» Schriften des Augustinus wimmelte es im Mittelalter.

Die Überprüfung mit der Norm führte zur Verschärfung der Strafen. Während früher das Bußelement stärker war, tritt jetzt eher das Strafelement hervor. Im 13. Jahrhundert kam die Inquisition mit ihrem Verfahren auf, das Befragung und Aburteilung zusammenfallen ließ und das den überführten Delinquenten zur Exekution an den weltlichen Arm weiterreichte. Früher waren Abweichler vom rechten Glauben, wie die Gegner des Bonifatius († 754), Clemens und Aldebert, der Adoptianer Felix von Urgel († 818), der Sachse Gottschalk († 867/869), ein Berengar von Tours († 1088) und ein Abaelard zu Haft, meist Klosterhaft, verurteilt worden. Man vergleiche das Schicksal dieser Häretiker mit den Verfolgten der Inquisition. Als Beispiel diene eine böhmische Inquisitionskampagne der Jahre 1335–1355: Etwa 4400 Personen sind «in irgendeiner Form in Mitleidenschaft gezogen» worden; ungefähr 220 Personen dürften den Feuertod erlitten haben (nach A. Patschovsky). Mit anderen Worten: Wahrscheinlich hatte jeder Zwanzigste, der mit der Inquisition in Berührung gekommen war, sterben müssen. Nun gab es gewiß große Unterschiede in der Art des Vorgehens, der verhängten Strafen, der betroffenen Landschaften usw., aber das Motiv und das Ziel der «Inquisition häretischer Schlechtigkeit» blieben gleich: Reinhaltung des von der Amtskirche festgelegten Glaubens. Nicht daß es die harten Strafen gewesen sind, die dogmatische oder kirchenrechtliche Fälscher abgeschreckt hätten. Daß ähnlich große Fälschungsleistungen wie die der Symmachianischen Fälschungen, der Konstantinischen Schenkung oder der pseudoisidorischen Dekretalen nicht mehr zustande kamen und entsprechende Fälschungen in die Lebensgestaltung nicht mehr aufgenommen wurden, hatte seinen Grund in der rigorosen Abschottung des einschlägigen Schriftguts.

Eine eifrige Theologie und Jurisprudenz sorgten für die Unversehrtheit und die Anwendung der festgelegten Grundsätze. Hatte das «Decretum Gratiani» rund zwanzig Prozent Fälschungen aus früheren Zeiten mitgenommen, so finden sich in den anschließenden Teilen des «Corpus Iuris Canonici», vom «Liber Extra» Gregors IX. (1234) bis zu den Dekretalen Sixtus' IV. (1471–1484), so gut wie gar keine Falsifikate mehr. Der Fälscher hatte ausgedient. War er vorher nicht ohne Nützlichkeit, weil er Rechtssätze an die ihm vorschwebende Notwendigkeit adaptierte oder einfach erfand, so übernahm sein Geschäft der gelehrte Jurist mit seinen Kommentaren. Dessen Interpretation oder Anregung zu einem Gesetzesakt füllten die Lücken aus, die früher der Fälscher geschlossen hatte.

Es wäre eine eigene Untersuchung, welche Entwicklung das Strafrecht bei der Ermittlung und Aburteilung von handfesten Fälschern um des persönlichen Vorteils willen durchmachte: «Der bestrafte Fälscher». Hier müßten das territoriale Recht, die Polizeiordnungen, die

Prozeßverfahren usw. mit berücksichtigt werden. Auffällig ist eine höchst ungleichmäßige Behandlung der Fälle, doch sollte man nicht, um Jacob Burckhardt (1818–1897) zu zitieren, das Sittliche mit dem Präzisen verwechseln. Diesen Alltagsfälschungen gilt unsere Aufmerksamkeit nicht.

Daß vom 16. Jahrhundert an die großen Fälschungen aufgedeckt wurden, konnte das überkommene Glaubens- und Rechtsgut nicht zerstören, ja nicht einmal stören. Die Schriften waren wegen ihres «Geeignetseins» eingebaut und wurden von ihrer bewährten Funktion, nicht von der Lauterkeit ihres Ursprungs her begriffen. Die meist von Anhängern der Reformation vorgebrachte Kritik hatte ihren Anstoß von der Überzeugung erhalten, daß der alte Glaube nicht heilsvermittelnd sei. Die in die Tradition eingebauten Fälschungen bestätigten nur deren mindere Qualität. Der neue evangelische Glaube war jedoch ähnlich totalitär – man denke an Flacius Illyricus (1520–1575) und seinen «Catalogus testium veritatis», seinen «Katalog der Wahrheitszeugen» –, auch wenn sich eine allmähliche Emanzipation schon damals ankündigte.

Geglaubte Wahrheit – verordnete Wahrheit

Religiöse Glaubensgemeinschaften sind auf Schutz und Unantastbarkeit ihrer Lehre bedacht und möchten weltanschauliche und wissenschaftliche Toleranz nur so weit gewähren, als sie sich auf das Glaubensgut nicht negativ auswirkt. Die gelehrten Phantastereien eines Athanasius Kircher (1601–1680) gaben sich als mystagogisch gelehrte Möglichkeiten und gefährdeten das Glaubensgut nicht – im Gegensatz zu Galileis (1564–1642) Heliozentrismus, der das alte ptolemäische und von der Kirche übernommene geozentrische Weltbild zerstörte, oder zu Charles Darwins (1809–1882) Evolutionstheorie, die zum biblischen Menschenbild nicht recht paßt. Es wird Übereinstimmung mit der Glaubenstradition erwartet, ganz gleich, ob sie Irrtümer oder Fälschungen enthält oder nicht. «Strenggläubigkeit bedeutet: nicht mehr denken brauchen. Strenggläubigkeit ist Unkenntnis», läßt George Orwell (1903–1950) den Helden Winston in seinem Roman «1984» sagen. Hier setzt das Fragen nach der Herkunft einer Glaubensschrift aus. Es ist nicht schwer, mit philologischen Mitteln die Herkunft des «Book of Mormon» des Joseph Smith (1805–1844) in seinem biblischen Eklektizismus bloßzulegen, aber das Wort «Fälschung» ist in diesem Zusammenhang unangemessen, denn Religion läßt das rationale Argument nicht ohne weiteres zu; Religion bedarf des Mythos, des Glaubens an Wahrheit. Schopenhauer beschreibt die Glaubensblindheit mit radikalen Worten: Die christliche Lehre biete «ein offenbar absurdes Dogma, welches jedoch eine hohe, an sich selbst dem gemeinen Verstande... völlig unfaßliche Wahrheit in sich birgt, die... (der Gläubige) in dieser Verhüllung aufnimmt, auf Treu und Glauben, ohne sich von der, auch ihm augenfälligen Absurdität irre machen zu lassen: dadurch nun wird er des Kerns der Sache, soweit es ihm möglich ist, theilhaftig». Und: «Die solideste Wohltat, welche eine aufrichtig geglaubte Religion gewährt, ist die, daß sie die Leere und Schaalheit des Lebens auf eine vortreffliche Weise ausfüllt.»

Aber es gibt auch verordnete Wahrheit. Im Mittelalter haben sie viele zu spüren bekommen, und auch der Totalitarismus der Neuzeit kennt sie: die Wahrheitsfindung wird gelenkt. Nicht die Frage der Echtheit oder Unechtheit, des Irrtums oder der Richtigkeit entscheidet über Wahrheit und Erheblichkeit einer Schrift, sondern ihre Übereinstimmung mit der Doktrin. In George Orwells «1984» ist eines der nur vier Ministerien des totalitäten Staatsgebildes das «Wahrheitsministerium», das über das Wissensgut wacht und die Wahrheit bestimmt. Die verordnete Wahrheit und die geahndete Abweichung sind Indizien der Unfreiheit. Ein Beispiel aus unfreier Zeit sind die «Protokolle der Weisen von Zion». 1864 veröffentlichte der Pariser Rechtsanwalt Maurice Joly (1821–1878) unter einem seinen Namen andeutenden Pseudonym (Joli) und unter falschem Druckort einen Unterweltsdialog zwischen Montesquieu und Machiavelli, der den Gernegroß-Despotismus Napoleons III. anprangern sollte und wahnwitzige Weltherrschaftsideen entwickelte. Dieser Unterweltsdialog wurde zu Beginn des 20. Jahrhunderts in Rußland zu einem Geheimdokument über jüdisch-sozialistische Weltherrschaftspläne umgegossen und in der Zeit des Nationalsozialismus als Beweis einer jüdischen aggressiven Weltverschwörung immer wieder zitiert – obwohl der Fälschungscharakter durch Prozesse in der Schweiz gerichtsnotorisch war und man im Reichspropagandaministerium die Unechtheit kannte. 1936 hat in München der nationalsozialistische Hauptakteur in dieser Frage, Ulrich Fleischhauer, unter Anwesenheit von Rektoren der beiden Münchner Universitäten als Ehrengäste über die angebliche Demaskierung des Weltzionismus aufgrund der «Protokolle der Weisen von Zion» gesprochen.

Die Frage der Echtheit oder Unechtheit ist der der Verwendbarkeit im totalitären Gedankengebäude untergeordnet, und Beispiele solcher Handlungsweise und Gesinnung lassen sich auch aus anderen Weltanschauungs- und Gesellschaftssystemen zitieren – nicht nur mittelalterlichen. Die zugelassene Fälschung gibt Auskunft über den Geist einer Epoche, und der Satz des gern provozierenden Italo Calvino (1923–1985) erscheint nicht so widersinnig, wie er beim ersten Anhören klingt: «schließlich gibt es keine Wahrheit außer der Fälschung».

II
Rückerinnerungen

«Wer hat die Deutschen zu Richtern über die Völker bestellt?» Die Deutschen als Ärgernis im Mittelalter

Immer wieder waren es die Deutschen, die Unruhe und auch Unglück über Europa und über die Welt brachten: Da war der unbelehrbare Reformator Luther, der Europa spaltete, und da waren die grobschlächtigen Landsknechte Jörg von Frundsbergs, die Rom und das Papsttum 1527 im «sacco di Roma» heimsuchten; das militaristische Preußen – wie man sagte: «eine Armee, die sich einen Staat hielt» – und Friedrich der Große brachen im 18. Jahrhundert Kriege vom Zaun, um Ruhm zu erwerben und Großmacht zu werden; nach der Gründung des Deutschen Reiches 1871 begann ein Muskelspiel der Stärke – Bismarck vor dem Reichstag: «Wir Deutsche fürchten Gott, aber sonst nichts in der Welt» –, das schließlich 1914 in den Ersten Weltkrieg mündete, um von späteren, noch viel schwerwiegenderen und bis in die Gegenwart reichenden Unruhestiftungen – von Hitler und den Folgen – zu schweigen.

Ethnische Stereotypen

Paßt nicht die in den Titel gesetzte Klage des Johann von Salisbury (ca. 1115–1180) zu diesen Vorkommnissen und umschreibt sie nicht zutreffend die penetrante Herrschsucht der Deutschen? «Wer hat denn die Deutschen zu Richtern über die Völker bestellt? Wer hat den plumpen und ungebärdigen Menschen diesen Einfluß gegeben, daß sie nach Gutdünken den Führer über die Häupter der Menschensöhne bestimmen?»

Dieses Zitat ist so etwas wie ein locus classicus, wenn man die Verruchtheit der Deutschen schon im Mittelalter belegen will. «Plump» (bruti) und «ungebärdig» (inpetuosi) seien sie, schreibt Johann von Salisbury im Jahre 1160 an einen englischen Freund, und die den Deutschen zugeschriebenen ethnischen Eigenschaften sind bezeichnend: «Plump», das Adjektiv des Unvernünftigen, wird häufig Tieren beigelegt, und wer denkt nicht an das französische Schimpfwort für den Deutschen, den «boche», den vernunftschwachen Holzkopf («boche» von «tête boche» = harter Schädel)? Johann war stolz auf seine intellektuellen Stationen in Paris und Chartres, als dessen Bischof er 1180 starb; seine Werke und Briefe erweisen ihn, gestützt auf den fleißigen Gebrauch von Anthologien, als einen Mann zwar flacher, aber breiter Bildung, vollgesogen mit den damals umlaufenden Ansichten, so daß man ihn mit Recht einen «Spiegel der damaligen Welt» (Ch. Brooke) genannt hat. «Plump» dürfte im französisch-englischen Raum ebenso ein Schmähwort für die Deutschen gewesen sein wie «ungebärdig», das fast als ein Synonym für den von der Antike überkommenen «furor teutonicus» erscheint: von Lucan und Claudian in der Antike gebraucht, wird es erst auf der Wende vom 11. zum 12. Jahrhundert auf die Deutschen angewendet und blieb ihnen für alle Zukunft treu.

Überhaupt ist es die Zeit des Investiturstreits und der Kirchenreform, der Kreuzzüge und der beginnenden Scholastik, die Jahrzehnte vor und nach 1100, als eine erhöhte Mobilität der Menschen einsetzte, die allmählich ethnische Stereotypen entstehen ließ. Angesichts dieser Beobachtung kann man fragen, ob die häufig vorgebrachte Behauptung richtig ist, Völker fänden zum Frieden, wenn sie einander besser kennenlernten. Was die Deutschen betrifft, so dürfte die Abneigung ihrer Nachbarn größer gewesen sein als die Zuneigung: «Das mittelalterliche Europa liebte die Deutschen nicht», so faßt der amerikanische Mediävist James W. Thompson (1928) seine Forschungen über die Einstellung Europas gegenüber den Deutschen im Mittelalter zusammen, «die Italiener haßten sie, die Franzosen ließen ihren Mut gelten, aber verabscheuten ihre Manieren, die Engländer waren eifersüchtig auf sie, die Slawen empfanden beides, Furcht und Haß, während die Deutschen die Slawen verschmähten und verachteten.» Wenn wir diese Völkerliste betrachten – Thompson belegt die Urteile jeweils mit Zitaten aus mittelalterlichen Quellen –, so wird hier manches heute noch umlaufende Urteil sichtbar. Damals schon, im Hochmittelalter, kam die Redensart von der «perfidia Anglorum» auf, von der Treulosigkeit der Engländer, und für den Italiener Donizo († nach 1136) sind die Deutschen, die «Alemanni», weinselig, ausschweifend, sie sprechen eine unverständliche Sprache und ziehen im Streit das Schwert, das sie in die Eingeweide der Gefährten stoßen. Die Hauptvorwürfe sind eine bis zur Grausamkeit gehende Ungezügeltheit und geistige Plumpheit – von den «stulti Alemanni», so heißt es, von den «tumben Deutschen» sprächen die Römer. Die «unerträglichen Deutschen» (importabiles Alemanni), so Odo von Deuil († 1162), der Berichterstatter des Zweiten Kreuzzugs, «bringen alles durcheinander», wie der gleichfalls im Heiligen Land sich auskennende Jakob von Vitry († 1240) die Deutschen «unbeherrscht» und «anstößig bei ihren Gelagen» nennt. Kennzeichen der Italiener sind Unzuverlässigkeit und Geiz; den Stadtrömern speziell wird Hochnäsigkeit und Raffgier vorgeworfen.

Aber während ein dauernder und unaufhebbarer Nationalhaß zwischen Italienern und Deutschen kaum aufkam, baute sich spätestens vom 12. Jahrhundert an eine, wie man sie genannt hat, «Erbfeindschaft» zwischen den Deutschen und den Franzosen auf – «Ein echter deutscher Mann mag keinen Franzen leiden», heißt es in Goethes Faust –, die bis in die Zeit nach dem Zweiten Weltkrieg anhielt, bis sich beide als Vettern empfanden, die das Rückgrat der Europäischen Gemeinschaft bilden und die ihre frühere Gegnerschaft als überholt ansehen. Die ausgetauschten herabsetzenden Beschreibungen machen ein eigenes Schimpflexikon aus: dem kulturell tiefer stehenden, ungehobelten deutschen Barbaren, dem die Courtoisie abgeht – «roh» und «tölpelhaft», «rudis» und «ineptus» nennt ihn Alexander von Roes († nach 1288); «im Deutschen lügt man, wenn man höflich ist», läßt Goethe den Baccalaureus im Faust tönen –, steht der hochmütige, wenig friedfertige und wenig demütige, zudem unruhige Franzose gegenüber, dem Lüsternheit vorgeworfen wird, so daß spätere deutsche Generationen bei der Syphilis von der «Franzosenkrankheit» sprechen sollten, wie der deutsche Volksmund überhaupt abfällige Wortverbindungen schuf: Franzosenkraut, ein lästiges Unkraut; Franzosenöl, ein stinkendes Öl aus tierischen Knochen.

Staufische Kaiserüberheblichkeit

«Plump» und «ungezügelt» seien die Deutschen: Mit diesen Bezeichnungen bewegt sich Johann von Salisbury innerhalb der damals üblichen Schmähnomenklatur. Beachtenswerter ist seine Zurückweisung des Kaisertums des deutschen Königs, vorgebracht in einer durch biblische Anklänge pathetisch gefärbten Sprache, denn die Formulierung, wer denn «die Deutschen zu den Richtern der Völker bestellt» habe, nimmt eine im Alten Testament wiederholt gestellte Frage auf, die ihre klassische Form in 2. Moses 2, 14 hat: «Wer hat dich zum Fürsten und Richter über uns bestellt?» So wird Moses gefragt, als er den Streit zwischen Juden schlichten will, so fragten auch die Kölner Bürger, als ihnen der heilige Anno zum Erzbischof (1056–1075) bestimmt wird: «Wer hat ihn zum Herrscher und Richter über uns eingesetzt?», und so fuhr der Abt Wibald von Stablo († 1158) einen Priestermönch an, der sich gegenüber seinem Kirchenvolk einiges herausnahm: «Wer hat dich zum Herrscher über das Volk bestimmt?» Auch im nächsten Satz unterlegt Johann seine Sprache mit biblischen Anklängen, wenn er fragt, wie die Deutschen dazu kämen, den «Führer» (princeps) – den Papst – «über die Häupter der Menschensöhne» einzusetzen. Die biblisch getönte Sprache dürfte absichtsvoll gewählt sein; mit dem Richteramt über die Völker und der Frage der Papsteinsetzung ist ein Vorgang der Heilsgeschichte angesprochen, und indem Johann den Deutschen und ihrem König das Verfügungsrecht bestreitet, bezweifelt er die von den Deutschen behauptete Weltordnung.

Gerade damals, um 1160, bauten die Staufer an einer großen Reichs- und Kaiseridee; das Reich erhielt ebenso den Mantel der Sakrosanktität (imperium sacrum) wie die Gesetze der Kaiser (leges sanctae imperatorum); den Kaiser stattete der «Erzpoet» – ein anonymer Dichter aus dem Umkreis des Erzkanzlers Rainald von Dassel († 1167) – in seinem mitreißenden Kaiserhymnus mit christologischen Zügen aus: «Kaiser unser, sei gegrüßt, Herrscher hier auf Erden» (Salve, mundi domine, cesar noster ave, / cuius bonis omnibus iugum est suave); des Kaisers Joch sei sanft, wie Christus von sich gesagt hat: «Mein Joch ist sanft, und meine Last ist leicht» (Matth. 11, 30). Ein szenisches «Spiel vom Antichrist», der «Ludus de antichristo», aufgezeichnet in einer Handschrift aus dem Kloster Tegernsee, läßt den deutschen König als Endkaiser auftreten, der den rebellischen König von Frankreich unterwirft und nur durch die Wunder des Antichrist überwunden wird. Aber nicht nur in der Selbstdarstellung und in der Poesie gilt die Vorrangstellung des Königs der Deutschen; bei einer Zusammenkunft mit dem französischen König spricht, so wird berichtet, der Erzkanzler des deutschen Reiches Rainald von Dassel, den Johann von Salisbury sehr wohl kennt, von den Provinzkönigen, den «reges provinciarum», die unter dem Kaiser ständen, und die Vorstellung wird gepflegt, die anderen Könige seien lediglich «Kleinkönige» (reguli). Zur gleichen Zeit, da diese Reichs- und Kaiseridee blühte, machte Johann von Salisbury den Deutschen den Vorrang streitig: die Deutschen sind in ihrer Anmaßung ein Ärgernis.

Die Begründung des römischen Kaisertums

Wie kamen überhaupt die Deutschen zu ihrem Kaisertum? Das Kaisertum Karls des Großen (768–814) knüpfte an das antike Kaisertum an; «Renovatio Romani Imperii» lautete die Aufschrift auf einer kaiserlichen Bulle, und unter bewußter Vermeidung des Römernamens begegnet im amtlichen Sprachgebrauch die Wendung «der das Römische Reich Lenkende» (Romanum gubernans imperium): Auch wenn es sich um ein römisches Kaisertum handelt, so ist das Kaisertum nicht bei den Römern. Papst Leo III. (795–816) hatte Karl den Großen am Weihnachtstage des Jahres 800 in der römischen Peterskirche zum Kaiser gekrönt, so daß der Papst als Stifter dieses Kaisertums erscheinen konnte, aber Karl der Große hatte jeden Hinweis auf eine Herleitung aus diesem Akt vermieden. Vielleicht ist in diesem Sinne der mysteriöse Satz Karls des Großen zu deuten, den sein Biograph Einhard († 840) überliefert, er – Karl – hätte trotz des hohen Feiertags die Peterskirche in Rom nicht betreten, wenn er vom Vorhaben des Papstes vorher gewußt hätte. Man versuchte, den Anteil des Papstes durch Eigenhandlung zu überdecken. Noch zu Karls Lebzeiten krönte sich sein Sohn Ludwig der Fromme (814–840) 813 selbst zum Kaiser, und Ludwig vollzog bei seinem Sohn Lothar I. (840–855) die Kaiserkrönung. Doch es trat jeweils eine Krönung durch den Papst hinzu, so daß für alle Zukunft die päpstliche Krönung als das konstitutive Element angesehen werden konnte. So verstanden mußte, wer Kaiser werden wollte, nach Rom ziehen und sich vom Papst krönen lassen.

Mit dem Kaisertum war kein realer Machtzuwachs verbunden, wohl aber ein auf das Abendland ausgedehntes Ansehen und je nach hegemonialer Stärke auch Autorität. Jedoch das von den karolingischen Herrschern getragene Kaisertum konnte weder die fränkische Gesamtherrschaft sichern, noch gab es klare Anwartschaften, so daß so etwas wie ein Wettbewerb eintrat und nicht immer der Mächtigste das Kaisertum gewann. Kaiser Lothar I. war lediglich König des Mittelreiches, einer «Kegelbahn», wie man sein Herrschaftsgebilde von Friesland bis Norditalien abschätzig nannte, sein Nachfolger Ludwig II. (855–875) nur Herrscher von Italien, und bei seinem Tod 875 eilte der für das Kaisertum gar nicht vorgesehene Westfranke Karl der Kahle nach Rom, denn der Handstreich, der den ostfränkischen Konkurrenten ausschaltete, war mit dem damaligen Papst, mit Johannes VIII. (872–882), abgesprochen. Als der ostfränkische Kaiser Karl III. (888), der Dicke, 887 von den Großen seines, des ostfränkischen Reiches förmlich abgesetzt wurde, sank das Ansehen des Kaisertums und des Kaisertitels noch weiter. Es schloß sich die Zeit der meist italienischen «Kleinkaiser» an, wie man sie genannt hat. Als der letzte in der Reihe der Unbedeutenden 928 starb, Ludwig III., der Blinde, König der Provence, ein wahrer Schattenkaiser, den ein kaiserlicher Konkurrent im Jahre 901 gefangengenommen und geblendet hatte, nahm kaum jemand Notiz von dessen Tod und von der nun anschließenden «kaiserlosen» Zeit.

Auch wenn das Kaisertum an der Wende vom 9. zum 10. Jahrhundert schwache Repräsentanten hatte, so pflegte man doch zur gleichen Zeit in Rom und Italien die Erinnerung an ein mächtiges Kaisertum, wie an einer eigenen Schrift «Über die Kaisermacht in der Stadt Rom» («Libellus de imperatoria potestate in urbe Roma») oder beim neapolitanischen Priester Auxilius († nach 912) ablesbar ist, der Kaiserrecht anmahnt, wie es der große Konstantin ausgeübt habe. Es hielt sich auch die Vorstellung von der Schutzpflicht des Kaisers gegenüber Rom und dem Papst, für die sich ein reguläres Privilegienformular herausbildete.

Ein Papst, der die Kaiserwürde vergab, hatte mehr zu bieten als einen klingenden Titel, aber er mußte gewärtig sein, sich einen lästigen Konkurrenten in die Stadt zu holen, einen Schutzherrn und Drangsalierer in einer Person. Dieses gegenseitige Mißtrauen ist ein Wesensmerkmal des abendländischen Kaisertums, und es wurde üblich, daß der Papst sein Krönungsversprechen gegen Sicherheitseide des künftigen Kaisers eintauschte. So war es in karolingischer Zeit, und so wurde es 962 neu begründet.

Das Kaisertum der Deutschen

Am Tag Mariae Lichtmeß 962, am 2. Februar, einem Sonntag, krönte, nachdem ein Sicherheitseid geleistet war, Papst Johannes XII. (955–964) den deutschen König Otto I. (936–973) zum Kaiser und stiftete damit eine Tradition, die mit Veränderungen zwar, aber im Bewußtsein einer Kontinuität bis 1806, bis zur Auflösung des Alten Reiches, anhielt. Otto I., dem freilich erst eine spätere Zeit den Namen des «Großen» verlieh, war damals sicherlich der mächtigste Herrscher im Abendland. Er war Schlichter und Richter im französischen Thronstreit, trug die langobardische Königskrone und hatte in der Schlacht auf dem Lechfeld 955 die in jährlichen Beutezügen weit nach Westen vordringenden Ungarn so vernichtend geschlagen, daß diese ihre Überfälle einstellten und in Pannonien seßhaft wurden. Die Antike kannte den Satz «Den Kaiser macht das Heer» (Imperatorem facit exercitus), und Widukind von Corvey tituliert in seiner Sachsengeschichte von 955 an, seit der Lechfeldschlacht, König Otto I. als Kaiser, während er die päpstliche Kaiserkrönung in Rom 962 ignoriert. Man hat daraus geschlossen, daß damals Gedanken eines romfreien Kaisertums umliefen, aber die Idee eines römischen Kaisertums war stärker.

Der Historiker wird sich nicht mit den Tatsachen allein abfinden; er sollte jedoch auch kein «rückwärts gekehrter Prophet» (Friedrich Schlegel) sein, der die Vorbestimmtheit der Ereignisse im nachhinein behauptet. Er hat das Recht, ja die Pflicht zu fragen, ob es nicht auch anders hätte kommen können: Hätte nicht statt des deutschen Königtums zum Beispiel das französische mit der Kaiserwürde verbunden werden können? In der Tat: Zwei Jahrhunderte später hätte ein anderer nach einer Schutzmacht suchender Papst Johannes XII. einen erstarkten König von Frankreich aus dem kapetingischen Hause zu Hilfe rufen können, und die europäische Geschichte wäre anders verlaufen. Der französische, nicht der deutsche König nannte sich «rex christianissimus». In Avignon residierte der Papst im 14. Jahrhundert, nicht in Mainz, Köln oder Trier.

Für die deutsche Geschichte hatte die Kaiserkrönung Ottos I. durch Papst Johannes XII. etwas Unabänderliches. Von nun an war der deutsche König mit seiner Erhebung ein «imperator futurus», ein «künftiger Kaiser», und hatte einen Romzug einzuplanen, um sich vom Papst krönen zu lassen. Es ist kein Zufall, daß der deutsche König – ohne Krondomäne und Residenz, so daß der englische König 1157 ein hier und da aufschlagbares Festzelt für ein passendes Geschenk an den deutschen König ansehen konnte – ein geschlossenes Reich nicht hat zusammenfügen können und die deutsche Geschichte, im Verhältnis zur Geschichte der anderen europäischen Nationen, einen «Sonderweg» beschritt. Jacob Burckhardt umschrieb in seinen sogenannten «Weltgeschichtlichen Betrachtungen» die Situation mit den Worten: «Die deutsche Krone, mit ihrem römischen Kaisertum behaftet, (war) zu schwach zum Leben und zum Sterben (und) aller nationalen Aufgaben ... unfähig.»

Der Zwang der Romfahrt

Hierin lag das Problem: Dem deutschen Königtum wurden durch die Wahrnehmung der Kaiserwürde Kräfte abgezogen. Man bedenke nur die Anstrengungen, die die deutschen Könige der Kaiserkrönung und des «regnum Italiae» wegen, das zum Imperium gehörte, unternommen haben. Alle deutschen Könige von Otto I. bis Friedrich Barbarossa, bis in die Lebenszeit Johanns von Salisbury, von 962 bis 1190, sind – außer Konrad III. (1138–1152), der über der Vorbereitung eines Romzugs starb – nach Rom gezogen und haben sich vom Papst zum Kaiser krönen lassen. Schon der zeitliche Aufwand war überwältigend, vom Kräfteverschleiß ganz abgesehen: In den rund 230 Jahren zwischen jenem ominösen Jahr 962 und dem Tod Friedrich Barbarossas im kleinasiatischen Flusse Saleph 1190, den er in Wahrnehmung der kaiserlichen Aufgabe als Führer der abendländischen Christenheit erlitt, waren die deutschen Könige über fünfzig Jahre auf Romfahrt, in Italien oder in Rom, etwa ein Viertel ihrer Regierungszeit. 27 Italienzüge sind in dieser Zeit unternommen worden, und von den beteiligten zehn Kaisern sind zwei in Rom und Umgebung (Otto II. und Otto III.), einer auf dem Rückmarsch in Tirol (Lothar III.) gestorben, fast ein Drittel also fand bei den mit dem Kaisertum verbundenen Italienfahrten den Tod. Zählt man die Zeiten der Abwesenheit der einzelnen Könige vom deutschen Reich während deren Italienaufenthalten zusammen, so errechnet man bei Otto I. neuneinhalb Jahre, bei Heinrich IV. über zwölf und bei Friedrich Barbarossa, der mit Italien allerdings eigene Pläne hatte, ebenfalls rund zwölf Jahre.

Machen wir die Gegenprobe. Strebten in Konkurrenz andere Könige nach Italien, Rom und dem Kaisertum? Das Ergebnis: Kein einziger englischer oder französischer König hat je in diesen Jahrhunderten Rom aufgesucht, nicht einmal als Pilger, der in Rom sterben wollte, wie es einige angelsächsische Könige des Frühmittelalters gehalten haben. Der französische König war seit 1034 zudem von Italien abgeschnitten, als das Königreich Burgund als Erbe an den deutschen König und Kaiser ging. Knud der Große (1018–1035), König über ein dänisch-englisches Reich, war wohl 1027 in Rom und in der Peterskirche – jedoch als Gast bei der Kaiserkrönung Konrads II., nicht als Konkurrent. Freilich muß auch bedacht werden, daß sich das deutsche Reich mit seinem König für das mit Italien und Rom verbundene Kaisertum anbot. Kein anderes Königreich hatte im Hochmittelalter einen so günstigen Zugang wie das deutsche.

War aber der Papst auf den deutschen König als Kaiser festgelegt? Konnte er nicht einen anderen König als den deutschen zum Kaiser krönen? Es gibt manche Andeutungen, daß solche Gedanken umliefen, aber die Tatsache gilt, daß kein nichtdeutscher König Kaiser wurde. Und weil dem so ist, weil ein Papst stets den deutschen König zum Kaiser krönte, schrieb sich seit Innozenz III., seit etwa 1200, der Papst das Recht zu, die Geeignetheit, die «Idoneität», des deutschen Königs, der ein «imperator futurus» ist, zu prüfen. Die Verbindung des deutschen Königs mit dem Kaisertum und über das Kaisertum mit dem Papsttum wurde als geradezu gottgegeben aufgefaßt.

Die Frage des Johann von Salisbury, wer denn die Deutschen zu Richtern über die Nationen bestellt habe, ist – wenn darunter das Kaisertum zu verstehen ist – klar zu beantworten. Es waren der Zufall und das Papsttum, es waren die hegemoniale Stellung des deutschen Königs im 10. Jahrhundert und der Hilfewunsch des bedrängten Papstes Johannes XII.

Das Kaisertum brachte von der ersten Stunde an dem deutschen König Mißhelligkeiten: Als Gerichtsherr war er den Römern nicht genehm, und schon Otto I. rechnete mit unliebsamen Überraschungen. Von ihm ist ein einziger wörtlicher Ausspruch zur Krönungszeremonie von 962 überliefert, gerichtet an seinen sächsischen Schwertträger, den Grafen Ansfrid: Wenn er – Otto – am Apostelgrab in der römischen Peterskirche bete, solle Ansfrid immer sein Schwert über seinem Haupte halten; er wisse, welche trüben Erfahrungen seine Vorgänger mit der Treue der Römer gemacht hätten; Ansfrid könne nach Rückkehr in das Lager beten, soviel er wolle. Fast alle frisch gekrönten Kaiser hatten mit Verschwörungen und stadtrömischen Aufständen zu tun, und gerade Friedrich I. Barbarossa, gegen den sich die Ausfälle Johanns von Salisbury richten, mußte sich am Krönungstag, am 18. Juni 1155, gegen blutige stadtrömische Überfälle wehren.

Das Kaisertum: eine machtlose Macht?

Was ist ein Kaiser? Die Selbstbezeichnung hilft wenig. Otto I. nannte sich «imperator augustus», bald sprach man vom «Romanorum imperator» und schließlich vom «Romanorum imperator augustus»; unabhängig von einer Kaiserkrönung nannte sich der deutsche König seit dem endenden 12. Jahrhundert in den Urkunden «Romanorum rex et semper augustus»: König der Römer und stets «Mehrer des Reiches», wie es später auf deutsch hieß. An dem Titel werden keine Rechte oder Ansprüche sichtbar, und doch wollte man immer wieder welche ausmachen. Da ist die Verbindung des Kaisertums mit dem Titel und dem Stand eines «patricius Romanorum», mit dem die Schutzpflicht und die Herrschaft über die Stadt Rom angezeigt war. Von hier leitete sich auch die Beteiligung des deutschen Königs und künftigen Kaisers an der Papsterhebung ab, deren selbst das nicht gerade königsfreundliche Papstwahldekret von 1059 gedenkt, auch wenn die Art der Beteiligung offenbleibt. Zur Definition des Kaisers gehört auch, daß er über mehrere Reiche herrsche, und man sah dies erfüllt in der dem deutschen König zugeordneten «Ländertrias» Deutschland, Italien und Burgund. Man erwartete vom Kaiser die Verteidigung des christlichen Glaubens ebenso wie des «Imperium christianum»: der dem römischen Bischof anhängenden lateinischen Christenheit. Auf der Suche nach gewissen Vorrechten fand man die Formel, daß es zwar einen rechtlich gesicherten kaiserlichen Weltherrschaftsanspruch nicht gegeben habe, die Könige des Abendlandes hätten sich aber seiner «auctoritas» – nicht seiner «potestas» – gefügt (R. Holtzmann). Aber gerade das, die freiwillige Unterstellung unter das Kaisertum, fand nicht statt, und wo kaiserlich gesinnte Schriftsteller Führungsansprüche anmeldeten, fanden sie außerhalb des Reiches keine Resonanz.

Aber das gilt es festzuhalten: Trotz aller vagen Umschreibung der kaiserlichen Stellung – eine andere lautet: das Kaisertum sei eine «nicht ausgeübte soziale Macht» (D. Berg) – erschien das Kaisertum unverzichtbar. Es gehörte zur geistig-geistlichen Ausstattung des Mittelalters, und die hierarchische Ordnung war so fest in den Gehirnen verankert, daß Papst Gregor VII. (1073–1085) – wahrlich kein Kaiserfreund – von Gott als dem «summus imperator» und vom Teufel als dem «König» («rex super omnes filios superbie») spricht. Zur festen Überzeugung gehörte auch, daß das «Imperium ohne Ende», ein «imperium sine fine» sei. Papias im 11. Jahrhundert, Verfasser eines Glossars, erklärt «imperium» mit den Worten «perpetuum regnum», «ständige Herrschaft».

Das Kaisertum war angelegt, Ärger zu erregen, und der deutsche König, künftiger oder wirklicher Kaiser, mußte den Ärger austragen. Er war seiner Würde nach der höchste Laie, und wenn das Papsttum seine Überlegenheit durchsetzen wollte, so mußte es seine Superiorität gegenüber dem deutschen König aufzeigen: daß er zum Beispiel nicht das Recht habe, Geistliche in ihr Amt einzuführen. Nirgendwo tobte der Kampf um die Investitur so heftig wie in Deutschland, und nirgendwo gab es ein vom Papsttum gefördertes Gegenkönigtum, das sogleich dem römischen Bischof einen Obödienzeid schwören mußte, wie ihn Gregor VII. einforderte. Die päpstliche Partei fand Rückhalt bei Gegnern König Heinrichs IV., so daß der deutsche König kaum sein Hausgut vermehren konnte, während der französische König seine Krondomäne in der Ile de France zusammenfügte und einen Verwaltungsmittelpunkt einrichtete. Der deutsche Herrscher hatte seine Pfalzen, blieb aber ohne Residenz ein archaischer Wanderkönig, ein Herrscher im Sattel.

Fraglos erlitt die Kraft des deutschen Königtums Einbuße durch die imperiale Belastung, und immer wieder gab es in der Neuzeit Diskussionen um Sinn und Unsinn deutscher Kaiserpolitik. Berühmt ist die Stellungnahme des politisierenden Historikers Heinrich von Sybel (1817–1895), der das mittelalterliche Kaisertum für einen unheilvollen Irrtum erklärte, der dem Reich die besten Kräfte geraubt habe.

Deutschnationale Kreise, die in der Zeit des Nationalsozialismus Auftrieb erhielten, feierten im Gegensatz dazu Herzog Heinrich den Löwen als «deutschen» Politiker, weil er sich geweigert habe, nach Italien zu ziehen und lieber eine ausgreifende Ostpolitik betrieben habe. Hitler selbst sah sich in der Rolle des Fortsetzers dieser Ostpolitik: «Wir stoppen den ewigen Germanenzug nach dem Süden... Europas und weisen den Blick nach dem Land im Osten», schrieb er in «Mein Kampf». Dies alles sind – von der Verstiegenheit abgesehen – anachronistische Einwände und Überlegungen, als könnte man die Geschichte vom Ende her korrigieren und die auf das Kaisertum verwendete Energie des deutschen Königs auf den Ausbau des Reiches umlenken. Für das Mittelalter jedenfalls war eine Welt ohne Kaisertum unvollkommen, und der deutsche König war als Kaiser die für die Weltordnung notwendige Ergänzung.

Deutscher Kaiser – Römischer Papst

Immer Ärger mit den Deutschen. Der Hauptärger bestand zwischen Kaiser und Papst. Heinrich III. (1039–1056), ein König von tiefer, fast finsterer Gläubigkeit, leitete die Kirchenreform ein, indem er drei Päpste, die in ihrer Lebens- und Amtsführung den Reformvorstellungen nicht entsprachen, 1046 in Sutri und in Rom absetzen ließ und aus seinem Gefolge den Bischof von Bamberg zum Papst bestimmte. Aber diese auf Besserung bedachte Aktion wurde in kirchlichen Kreisen sogleich als Übergriff des deutschen Herrschers angesehen: Als «nichtswürdigster Kaiser» wird Heinrich III. beschimpft und in Gegensatz gebracht zum «allerfrömmsten Kaiser Konstantin», der die Unabsetzbarkeit der Bischöfe und damit auch des Bischofs von Rom respektiert habe. Fünf Deutsche kamen in der kurzen Zeit zwischen 1046 und 1058 auf den Papstthron, alle bis auf Leo IX. (1049–1054) mit auffällig kurzen Pontifikaten, so daß der fromme und arglose Petrus Damiani († 1072) es als Merkmal des Papstamtes ansah, daß seine Inhaber märtyrerhaft schnell ihr Leben verlören. In Rom indes liefen damals Gerüchte um, man habe beim Ableben der deutschen Päpste mit Gift ein wenig nachgeholfen. Als man den Sarkophag des in seiner Heimatkathedrale Bamberg beigesetzten Papstes Clemens II. (1046–1047) vor einigen Jahrzehnten öffnete und das Skelett untersuchte, stellte sich ein den Giftmord nicht ausschließender hoher Bleigehalt der Knochen heraus.

Es mögen die vielen Ärgernisse zwischen dem Papst und dem deutschen König und Kaiser in den Jahrzehnten vor Friedrich Barbarossa beiseite bleiben: der Streit Heinrichs V. mit Paschal II. 1111 bei Ponte Mammolo, als der Papst gefangengehalten wurde; die Auseinandersetzung um die Mathildischen Güter nach 1115; die vom deutschen König bis 1121 ständig neu aufgestellten Gegenpäpste usw. In diesen Auseinandersetzungen ging es jeweils um reale Macht: um Besitz oder um Durchsetzung von Interessen.

Die Aushöhlung des Kaisertums

Wesentlich schwerer als die politischen Zusammenstöße wogen die Versuche, das Ansehen des Kaisertums herabzusetzen, denn es lebte von seiner Würde, von seiner Reputation. Sein übergreifender, sein universaler Charakter wurde zurückgewiesen, und das sowohl von den Inhabern weltlicher Gewalt wie vom Papsttum. Um jeden Anspruch einer Überordnung auszuschalten, verkündete man den Grundsatz «Rex est imperator in regno suo» (Der König ist Kaiser in seinem Reich), und die aufblühende Jurisprudenz im anglo-französischen Raum errichtete auf diesem Satz im 12. und 13. Jahrhundert ein eigenes Gedankengebäude. Jeder König sei höchster Souverän in seinem Reich und habe keinen Herrn – auch nicht im Sinne höherer Dignität – über sich.

Aber auch das Bild von der höchsten irdischen Gewalt wurde in jener Zeit durch neue Lehren gestört. Die Allegorie von den zwei Schwertern, die Christus beim letzten Abendmahl den Jüngern reicht, in Lukas 22, 38, wurde im Umkreis Bernhards von Clairvaux so gedeutet, daß nicht nur der «gladius spiritualis», das geistliche Schwert, sondern auch der «gladius materialis», das weltliche Schwert, dem Papst zusteht, der es dem Kaiser weiterreicht, und dieser habe seine irdische Gewalt «ad nutum», auf Wink des Papstes einzusetzen. Das allegorische Bild fand weite Verbreitung.

In der päpstlichen Hauskapelle war in den dreißiger Jahren des 12. Jahrhunderts ein Gemälde angebracht, das den Kaiser in devoter Haltung als Lehnsmann des Papstes zeigte, und Friedrich I. Barbarossa forderte in den fünfziger Jahren die Tilgung: Mit dem Bild habe es angefangen und schreite fort zur Verminderung der kaiserlichen Autorität (siehe oben S. 26f.).

Die Entmachtung, die «Entkleidung» des Kaisers ging noch weiter: Es wurden ihm die Insignien bestritten. Gregor VII. (1073–1085), der den deutschen König und künftigen Kaiser in den Bann tat und ihm den Titel eines «rex Romanorum» verweigerte, forderte in seinem «Dictatus Papae», in den «Leitsätzen» seines Pontifikats, allen Ernstes, daß allein der Papst die kaiserlichen Insignien tragen dürfe, und in kirchenrechtlichen Sammlungen der Zeit Johanns von Salisbury (in der «Summa Parisiensis» und der «Summa Coloniensis») tauchte die Sentenz auf: «Der wahre Kaiser ist der Papst» (papa est verus imperator).

Der Kaiser: eine heilsgeschichtliche Figur

»Wer hat die Deutschen zu Richtern über die Völker bestellt?» Dieser empörte Ausruf Johanns von Salisbury richtete sich gegen den deutschen Kaiser Friedrich I., der auf dem von ihm einberufenen Konzil von Pavia im Februar 1160 «seinen» Papst Viktor IV. bestätigen ließ, entsprechend dem von ihm beanspruchten und vom antiken Kaisertum abgeleiteten Recht, eine Kirchenversammlung einzuberufen. Barbarossa befand sich auf dem Höhepunkt seiner Macht und seines Ansehens: Er verstand sich als Nachfolger der antiken römischen Kaiser, an deren Recht und Gesetzgebung er anknüpfte; Bologna und das Studium der Jurisprudenz standen unter seinem Schutz; er war dabei, den norditalienischen Widerstand zu brechen und die Regalien einzufordern usw.

Johanns von Salisbury Zurückweisung einer supranationalen Stellung des deutschen Kaisers war nicht die einzige Stimme des Protestes. Herbert von Bosham, Thomas Beckets Sekretär, verweigerte dem deutschen König den Kaisertitel, da er lediglich «rex Alemannorum» sei. Es deutet sich eine Entwicklung an, bei der der Kaisertitel mit dem Königstitel verbunden wurde und dabei seine imperiale Ausstrahlung verlor. Wie es die Goldene Bulle 1356 formuliert: Mit seiner Wahl ist der deutsche König automatisch und ohne päpstliches Zutun «rex Romanorum in imperatorem promovendus», ein König der Römer, der zum Kaiser befördert werden muß; von außerdeutschen Rechten ist nicht die Rede. 1530 krönte zum letzten Mal ein Papst den deutschen König zum Kaiser; danach wurde der deutsche König bereits mit seiner Wahl «römischer Kaiser», ein unbedeutendes Kaisertum, das allerdings der päpstlichen Bestätigung und Krönung nicht bedurfte. Kaum jemand stieß sich daran.

Wenn man unter dem «Ärger mit den Deutschen» jene Auseinandersetzungen um das Verhältnis zwischen geistlicher und weltlicher Gewalt versteht, die ständigen Reibereien zwischen dem Papst und dem deutschen König und Kaiser, so liegt der Grund für den Streit nicht unbedingt und nicht allein im deutschen Wesen, mag es auch damals schon als «plump» und «ungebärdig» empfunden worden sein.

Die historische Situation fügte es, daß der deutsche Herrscher mit dem Kaisertum, das seiner Qualität nach stets römisch, nicht deutsch war, eine übergreifende, eine heilsgeschichtliche Rolle spielte, denn nach der eschatologischen Lehre von den vier Weltreichen war das römische das letzte vor dem Jüngsten Gericht; der römische Kaiser war der Endkaiser. Die Welt war eingeteilt: Das Papsttum den Italienern, die Wissenschaft den Franzosen; das Kaisertum aber den Deutschen, so sah es ein Jahrhundert später der Kölner Kanoniker Alexander von Roes († nach 1288). In Gottes Weltplan erfüllte der deutsche König als Kaiser der Römer eine Sendung, und von daher besaß er eine gewisse Legitimation, Ärgernisse zu erregen.

Was später geschah: dafür kann Barbarossa nichts.

Überall ist Mittelalter

Der Satz, für das spätere Geschehen könne Barbarossa nichts, sollte ursprünglich am Ende dieses Beitrags stehen, doch da gibt es das Wort Winston Churchills, über das sich nachzudenken lohnt: «Je weiter man zurückblicken kann, desto weiter wird man vorausschauen.» Den Briten selbst könnte das Wort – seine Weisheit vorausgesetzt – zu schaffen machen, hat doch kürzlich in einer Nummer des «Figaro» vom Januar 1994 der ehemalige Direktor der Bibliothèque Nationale Emmanuel Le Roy Ladurie, ein Mittelalterkenner mit einem Blick für Zusammenhänge, die Rechnung aufgemacht, daß sich aus weit zurückliegender Geschichte belegen ließe, wie schlecht die Inselbewohner in das europäische Haus paßten. Schon der römische Dichter Vergil habe die Britannier als vom Weltkreis abgeschnitten angesehen, Karl der Große verzichtete darauf, sie in sein europäisches Großreich einzubeziehen, Frankreich mußte einen Hundertjährigen Krieg führen und eine Johanna hervorbringen, um die störenden Engländer vom Festland zu vertreiben usw. Die zu einer Europäischen Union hindrängenden Verträge von Maastricht und die Tunnelanbindung der Insel an den Kontinent haben Erinnerungen solcher Art provoziert.

Auch für uns wirken Erinnerungen nach. Nicht wenige Deutsche sind oder waren erstaunt über die Stimmen und Urteile, die angesichts der Wende und der Wiedervereinigung Deutschlands aus dem Munde unserer europäischen Nachbarn hie und da zu vernehmen waren. Manche empfanden die Lage vor 1989 mit zwei deutschen Staaten als beruhigend: «Es gibt zwei Deutschland, und zwei sollen es auch bleiben» (Due sono le Germanie e due devono rimanere), sagte

1984 der damalige Ministerpräsident Giulio Andreotti, und er sagte es nicht privat, sondern auf der «Festa dell'amicizia» der Kommunistischen Partei Italiens. An anderer Stelle sprach er vom «Pangermanismus», den man fürchten müsse, und weckte sicherlich Assoziationen an ein Bild des Deutschen und Deutschlands, das bei unseren europäischen Nachbarn Argwohn erregt und alte Vorurteile aufkommen läßt.

Bis zu Tacitus ging man zurück, um das Bild des für Italien gefährlichen Deutschen menetekelhaft sichtbar werden zu lassen. Filippo Tommaso Marinetti (1876–1944), nicht gerade ein Nobody unter den politisierenden italienischen Schriftstellern in der ersten Hälfte dieses Jahrhunderts, sondern der Begründer des Futurismus und Wegbereiter einer mit dem Faschismus verbundenen nationalen Idee, gab 1928 Text und Übersetzung von Tacitus' Germania heraus. Als Grund für sein Unterfangen gab er an, daß Tacitus derjenige lateinische Schriftsteller gewesen sei, «der von allen am stärksten die Zukunft einbezog» (lo scrittore latino più futurista di tutti) und weil – so wörtlich – «die Vorstellung vom Kaisertum Germaniens, wie Tacitus sie festgehalten hat, noch immer politisches Leit- und Mahnbild ist» (La visione imperiale della Germania fissata da Tacito è tuttora politicamente istruttiva e ammonitrice). Nun, so wird mancher sagen, das sei 1928 geschehen, aber immerhin seien jetzt Jahrzehnte vergangen, Hitler überwunden, die «Europäische Union» in römischen Verträgen begründet: Vor wenigen Monaten ist ein Nachdruck dieser Schrift Marinettis erschienen; das kleine Buch ist auf dem Markt.

Deutlicher noch ist der Rückgriff auf das «ärgerliche» deutsche Kaisertum bei der Lega Nord, bei jener politisch oszillierenden, dem rechten Spektrum zuzuordnenden Partei um Umberto Bossi, die ihren Namen von der antideutschen lombardischen Städteliga im 12. Jahrhundert bezieht. Nach der Katastrophe der deutschen Truppen vor Rom – einer verheerenden Ruhrepidemie erlag im August 1167 ein großer Teil des ohnehin malariageschwächten deutschen Heeres, und Friedrich Barbarossa konnte sich nur mit wenigen Resten nach Norden durchschlagen – hatten sich unter Führung Mailands kaiserfeindliche Städte zu einer lombardischen Liga zusammengeschlossen. Diesen siegreichen Widerstand gegen die Zentralgewalt – damals des Kaisers, heute Roms oder irgendwelcher dunkler Mächte – nimmt die Partei um Umberto Bossi zum Symbol ihres Programms, das der gelehrte und assoziationsfreudige Professor Gianfranco Miglio (*1918) entworfen hat. Ihr Emblem ist der das Schwert gegen den Himmel streckende Alberto da Giussano, der Held der Schlacht von

Geschichtsverwertung: «Die beiden bedeutendsten Ereignisse in der Geschichte Legnanos: die Schlacht, in der am 29. Mai 1176 die lombardischen Städte der kaiserlichen Schlachtreihe entgegentraten; die Entstehung und Entwicklung der Baumwollindustrie in der Moderne», so der Guida d'Italia des Touring Club Italiano in seiner letzten Ausgabe. Doch auch nach der Verlagerung der Textilindustrie feiern die Bürger von Legnano Jahr für Jahr die «Sagra del Carroccio», das Fest des Fahnenwagens, den die Lombarden als Feldzeichen in die Schlacht führten, und auf dem 1900 von Enrico Butti (1847–1932) errichteten Denkmal der Schlacht von Legnano reckt ihnen Alberto da Giussano sein Schwert entgegen. Alberto sei der Anführer der aus 900 ausgewählten Männern bestehenden «Compagnia della morte» gewesen und habe durch seinen verzweifelten Mut den Carroccio der Lombarden und zugleich die Schlacht gerettet, wie die Mailänder Geschichtsschreibung 140 Jahre nach dem Ereignis fabulierte und wie Giosuè Carducci (1835–1907) ihn in seiner «Canzone di Legnano» besang, Der Alberto des Schlachtendenkmals von Legnano (oben) wurde Markenzeichen der Lega Nord (unten), die in Erinnerung an die Lega lombarda der Stauferzeit die reiche, konservative Industrielandschaft Norditaliens gegen den römischen Zentralismus und den Süden ins Feld führen will zum «Wechsel des politischen Systems».

Legnano, in der Friedrich Barbarossa 1176 vernichtend geschlagen wurde – Alberto: wahrscheinlich eine Phantasiegestalt ähnlich dem Wilhelm Tell.

Die deutsche Wiedervereinigung hat die Bundesrepublik von ca. 58 Millionen auf ca. 75 Millionen Einwohner größer werden lassen, und hat es nicht diesen deutschen Expansionswillen gegeben, angefangen mit der Ostsiedlung und endend mit der Forderung nach «Lebensraum»? Es gibt mancherlei Ängste, die aus der deutschen Geschichte, auch aus der frühen deutschen Geschichte, kommen und die unseren Nachbarn Sorge bereiten. Es wäre schön, wenn der scharfsichtige Niklas Luhmann recht hätte, daß Geschichte sich «mit vergangenen Gegenwarten, nicht mit der Gegenwart von Vergangenheit» befasse. Die vergangene Gegenwart: das ist das in die Heilsgeschichte eingebaute und von den Deutschen wahrgenommene Kaisertum, die Gegenwart der Vergangenheit ist die Furcht, daß der herrschsüchtige, expansive Geist der Deutschen, der in jüngster Zeit furchtbares Unglück über die Menschen gebracht hat, unberechenbar wie er ist, wieder aufbricht: ein Ärgernis.

Aber wie gesagt: Was nachher geschah, dafür kann Barbarossa nichts, auch wenn das Losungswort für den Überfall auf Rußland 1941 «Barbarossa» lautete.

Friedrich I. Barbarossa – ein Kaiser lobesam? «Historische Größe» eines Gescheiterten

Am 10. Juni 1190 ertrank im südanatolischen Flusse Saleph – in der Antike Kalykadnos, heute Göksu – nördlich Silifke bei einem Versuch, den Weg, den das schwerfällige Kreuzfahrerheer nahm, durch Benützung einer wenig erkundeten Furt abzukürzen, der deutsche König und römische Kaiser Friedrich I. (1152–1190), dem die Italiener wegen seines rotblonden Haupthaares und Bartes den Beinamen «Barbarossa» gegeben haben. Der Kreuzzug – die Konvention zählt ihn als dritten – hatte sich gut angelassen; auch die Könige von Frankreich und von England, Philipp II. August (1180–1223) und Richard Löwenherz (1189–1199), hatten das Kreuz genommen, galt es doch, das 1187 von Sultan Saladin (1169–1193) eroberte Jerusalem, das rund neunzig Jahre in christlicher Hand gewesen war, zurückzugewinnen. Es sollte nie mehr den Christen gehören.

Der Kaiser, weltlicher Führer der abendländischen Christenheit, war angesichts der verzweifelten Lage im Heiligen Land gefordert, und Friedrich hatte sich dieser Pflicht gestellt; ein englischer Kreuzzugschronist pries Friedrich als einen «großartigen Kaiser», als den «größten der Menschen». Im Mai 1189 war das deutsche Heer – etwa 12000 bis 15000 Mann, davon 3000 Ritter – von Regensburg aus aufgebrochen, hatte die Gebiete des feindseligen griechischen Kaisers durchquert, wobei man das widerspenstige Adrianopel kurzerhand eroberte, und bewegte sich auf der gleichen Route durch Kleinasien, die einst der legendäre Gottfried von Bouillon auf dem Ersten Kreuzzug 1097 genommen hatte, dem überhaupt einzigen erfolgreichen Kreuzzug ins Heilige Land.

Die Türken waren von der Schlagkraft des deutschen Heeres unter Barbarossas Führung beeindruckt; sie hatten die Grenzfesten geräumt und den Fall Iconiums (Konya) hingenommen, als das Unternehmen durch den Tod Friedrichs stockte und schließlich kläglich zusammenbrach. «Hätte Allah nicht die Gnade gehabt, den Mohammedanern seine Güte dadurch zu zeigen, daß er den König der Deutschen in dem Augenblick zugrunde gehen ließ, als er im Begriffe stand, in Syrien einzudringen, schriebe man heute: Syrien und Ägypten haben einst dem Islam gehört», so der zeitgenössische arabische

Friedrich I. Barbarossa (1152–1190, * um 1122) schenkte seinem Taufpaten Otto von Cappenberg († 1171) die Schale, die bei seiner eigenen Taufe verwendet wurde, und die hier abgebildete Bronzebüste, von der Otto in seinem Testament bezeugte, sie sei «nach dem Ebenbild des Kaisers geformt». Die Porträtdarstellung, in der man den Versuch sieht, «das allgemein Typische durch charakteristische Eigenheiten des Antlitzes Friedrich Barbarossas zu einem Porträt des Herrschers zu machen» (H. Fillitz), zeigt den Kaiser mit der Stirnbinde der römischen Imperatoren – sie kommt hier erstmals im Mittelalter vor –; die Büste wird getragen von einem doppelten Mauerkranz, Symbol der Stadt Rom. Das Bild des Kaisers bringt sein imperiales Bewußtsein auf gänzlich neue Art zum Ausdruck, als «ein erster Versuch eines kaiserlichen Denkmals en miniature im Mittelalter».

Schriftsteller Abu et-Athïr. Im Westen, zumal in Deutschland, herrschte Trauer, und der Autor der Kölner Königschronik hält inne: «Bei dieser Stelle und bei diesem Bericht versagt unser Griffel und verstummt unsere Rede.»

Etwa 68 Jahre ist Friedrich alt geworden, so alt wie kein deutscher König vor ihm, und als einziger deutscher Herrscher des Früh- und Hochmittelalters hat er den Tod auf einem Feldzug gefunden; alle anderen waren den «Strohtod» gestorben. 38 Jahre hat er regiert, von 1152 bis 1190, länger als die meisten seiner Vorgänger. Sein Bild hat sich in Sage und Erinnerung der Deutschen tief eingeprägt.

Kaum eine andere Ballade ist in deutschen Lesebüchern bis zum Zweiten Weltkrieg häufiger abgedruckt gewesen als Ludwig Uhlands 1814 entstandene «Schwäbische Kunde», deren vorgegebene Handlung in ebendiesem unglücklichen Dritten Kreuzzug spielt: «Als Kaiser Rotbart lobesam / Zum Heil'gen Land gezogen kam, / Da mußt' er mit dem frommen Heer / Durch ein Gebirge wüst und leer.» Das Gedicht, das nichts von der Tragik des wirklichen Geschehens erkennen läßt, ist von jener Herz und Gemüt anrührenden heiteren Trivialität, die Heine genußvoll verhöhnte: Der «Herr Uhland» sei gänzlich unoriginell, biete jedoch «eine Menge Vortrefflichkeiten, die ebenso herrlich wie selten sind. Er ist der Stolz des glücklichen Schwabenlandes, und alle Genossen deutscher Zunge erfreuen sich des edlen Sängergemütes.»

Wer zur Leistung und zur Gestalt Friedrichs I. vordringen will, hat viel Traditionsschutt wegzuräumen. Nach Karl dem Großen dürfte Friedrich in Deutschland der populärste Herrscher des Mittelalters sein, und von keinem deutschen König kursieren so viele Sagen wie von ihm. Mit ihm verbindet sich – ursprünglich auf den in den Ätna entrückten Enkel Friedrich II. gemünzt – die Sage vom Kaiser, der im rabenumflogenen Kyffhäuser der deutschen Einheit entgegenharrt: «Der alte Barbarossa, / Der Kaiser Friederich, / Im unterirdschen Schlosse / Hält er verzaubert sich», reimte Friedrich Rückert 1817, enttäuscht vom politischen Ausgang der Befreiungskriege, und Barden der Reichsgründung von 1871 besangen den neuen Kaiser Wilhelm I. als «Barbablanca»: das Gegenstück zu «Barbarossa».

Wer war Friedrich I. Barbarossa?

Beim Regierungsantritt lagen auf Friedrich aus dem Geschlecht der Staufer viele Hoffnungen, empfahl er sich doch den Wählern wegen seiner Stellung zwischen den beiden rivalisierenden Familien der hochadligen Welfen und der erst seit zwei Generationen im Königsdienst hochgekommenen Staufer: Seine Mutter war eine Welfin. Er sei, so hat es damals der mit Friedrich verwandte Geschichtsschreiber Otto von Freising (†1158) formuliert, der «friedebringende Eckstein, der die Feindschaft beider Häuser überbrücken könnte».

Vom Aussehen Friedrichs und von seiner Wirkung auf Menschen – bei seiner Wahl 1152 war er ungefähr dreißig Jahre alt – können wir uns ein besseres Bild machen als von den meisten anderen deutschen Königen des Hochmittelalters. Hinter aller bis in die Antike zurückreichenden Herrschertypik werden individuelle Züge sichtbar. Nicht seine körperliche Erscheinung machte Eindruck – im Gegensatz etwa zu Karl dem Großen, der schon durch seine Größe von über 1,90 Meter imponierte –, sondern seine strahlende Heiterkeit, man könnte sagen: sein Charme. «Sein Blick war heiter, so daß es schien, als ob er ständig lachen wollte», so schildert ein kaiserlicher Hofrichter aus Lodi sein Auftreten. Das Bild wird bestätigt durch den «Cappenberger Barbarossakopf», ein dem Grafen Otto von Cappenberg, dem Taufpaten Friedrichs, um 1160 geschenkter und als Reliquiar benutzter Bronzekopf, von dem ein urkundliches Zeugnis angibt, er sei «nach dem Ebenbild des Kaiser geformt» (siehe Abbildung): «die erste Portraitdarstellung der abendländischen Kunst seit karolingischer Zeit» (H. Fillitz).

Barbarossas Bildung war die eines im Waffendienst erzogenen hohen Adligen der Zeit, das heißt, er war ungebildet, ein «illitteratus», konnte weder lesen noch schreiben, doch wird immer wieder von der hinreißenden Beredsamkeit in seiner Muttersprache berichtet, und seine Leistungen lagen in der Tat weniger auf militärischem als auf politischem Felde. Er verstand es, mit Menschen umzugehen, beeindruckte seine Umgebung durch seine Ausgeglichenheit (constantia animi), die der ritterlichen Tugend der «mâze» entsprach, und war empfänglich für Ratschläge und Hinweise anderer. In einer bei der damaligen Männergesellschaft unüblichen Weise gab er etwas auf das Urteil und den Willen seiner über zwanzig Jahre jüngeren Frau Beatrix – Alleinerbin der Freigrafschaft Burgund –, die er 1156 als Zwölfjährige heiratete und die ihm von 1160 bis 1171 Jahr für Jahr Kind auf Kind gebar, zwölf an der Zahl. «Uxorius» nannte man Friedrich: den seiner Frau Hörigen.

Der italienische Weg: ein Versuch

Die ersten Jahre seiner Regierung dürfte Barbarossa stark unter dem Einfluß seiner Ratgeber, vornehmlich des Rainald von Dassel († 1167), erwählten Erzbischofs von Köln, gestanden haben, eines hochgebildeten und skrupellosen Kirchenfürsten, der vom Kaisertum und vom Reich eine hohe Meinung hatte und diese auch laut verkündete. Den Herrscher Frankreichs, der in vermessener Weise dasselbe Vorrecht anstrebe wie der Kaiser, behandelte er verächtlich; dem Papst warf er in einer berühmten Szene auf dem Reichstag von Besançon 1157 durch eine bewußt provozierende Übersetzung aus dem Lateinischen vor, er behandle das Kaisertum als ein aus seiner Hand zu empfangendes Lehen, was eine kaum eindämmbare Empörung der deutschen Fürsten zur Folge hatte; der Kaiser, so hielt er dagegen, sei ein «Gesalbter des Herrn» und die Krone von Gott verliehen, nicht durch einen gnadenhaften Bewilligungsakt vom Papst übertragen. In der Umgebung dieses eleganten und weltoffenen, für Gaben und Pfründen empfänglichen Erzkanzlers Rainald, der in Frankreich studiert und sich an Cicero geschult hatte, entstand eine Reichsidee, ebenso strahlend wie arrogant, die sich auf verschiedene Weise äußerte, in der Dichtung ebenso wie in der bildenden Kunst, und selbstverständlich auch im politischen Anspruch.

In der ersten Phase seiner Regierung ging es Friedrich darum, die Reichsrechte wiederherzustellen. Damals wurde der Weg eingeschlagen, der zu einer staufischen Herrschaft südlich der Alpen führte – zum Untergang des Geschlechts ein Jahrhundert später. Nachdem Friedrich 1153 in einem eigenen Vertrag mit dem Papst übereingekommen war, daß sie gegenseitig ihren «honor», ihre Stellung und ihre Rechte, respektieren wollten, brach Friedrich nach Italien auf, nicht nur um die Kaiserkrone zu holen, sondern um sich in Italien eine Machtbasis zu schaffen. Im Verhältnis zu den Königen von Frankreich und England, die über reiches Krongut verfügten, aber auch im Vergleich zu anderen deutschen Fürsten war der Rückhalt der Staufer an Eigengut nicht groß, und nicht wenig Reichsgut war entfremdet.

Hier setzte Friedrich an: in Italien, nicht in Deutschland. Zunächst wurde definiert, was die Regalien, was die Rechte des deutschen Königs sind – Ämter wie Herzogtümer, Markgrafschaften und so weiter, aber auch Wegerechte und Wegezölle, Münzrecht und anderes mehr –, und Herren wie Städte waren aufgefordert, die Rechtmäßigkeit ihres Besitzes von Regalien nachzuweisen. Nach über zwei Menschenaltern, in denen sich Italien der Reichsgewalt entzogen hatte, setzte sich ein deutscher König wieder für längere Zeit südlich der Alpen fest und betrachtete «Reichsitalien» als seine angestammte Herrschaft. 12 seiner 38 Regierungsjahre sollte Friedrich in Italien zubringen.

Zunächst galt es, die weithin entfremdeten Regalien zurückzuholen, und Friedrich trachtete danach, die Ansprüche juristisch abzustützen. Bei Bologna war Friedrich mit einigen Gelehrten des römischen Rechts zusammengetroffen, das sich als «Kaiserrecht» zur Anwendung anbot. Über ein halbes Jahrtausend hatte die Beschäftigung mit dem klassischen römischen Recht geruht, und mit dem neu einsetzenden Studium seit dem Beginn des 12. Jahrhunderts ging eine Überführung des römischen Rechts in das «gemeine Recht» einher. Das römische Recht wurde Bestandteil der Rechtsordnung. Barbarossa stellte sich in die Tradition der antiken Gesetzgeber Konstantin, Valentinian und Justinian und sprach von «unseren Vorgängern, den vergöttlichten Kaisern». Die Urkundenkanzlei Friedrichs I. schlug einen überhöhten Sprachton an; das «Reich» erhielt sakralen Charakter (sacrum imperium) und der Kaiser das Epitheton «invictissimus» (der gänzlich Unbesiegbare), wie in der Antike. Die Juristen zumal wußten, wie sie sich Friedrich gegenüber zu verhalten hatten. Auf Befragen bestätigte ihm ein berühmter Rechtsgelehrter aus Bologna, er sei «der Herr der Welt».

Aber nicht alle wollten diese Überhöhung gelten lassen und sprachen von Friedrich I. als dem «deutschen Kaiser» – nicht dem römischen, wie es Friedrich zukam – und vom «deutschen Tyrannen». Mit dem Anknüpfen an das antike Kaisertum und der Hinwendung zum römischen Recht als einem juristischen Strukturelement des Reiches hängt zusammen, daß Barbarossa ein Gesetz erließ, das an der Spitze der Geschichte der europäischen Universitäten steht; es enthält hochgestimmte Worte. Der Kaiser nimmt alle «aus Liebe zur Wissenschaft heimatlos gewordenen Scholaren, besonders die Rechtsgelehrten», auf der Reise und an ihren Studienorten in seinen Schutz.

Einnahmen von 100000 Pfund Silber: eine Illusion

Barbarossa erhoffte sich von den Kennern des römischen Rechts eine Stützung seiner Rechtsposition; zur Klärung der Regalienfrage stellte er eine Kommission aus vier Bologneser Juristen zusammen, die, zusammen mit Vertretern der Städte, die Regalienlage prüfen sollten. Die kaiserliche Seite versprach sich reichen Zufluß, und in der Tat werden phantastische Zahlen gemeldet:

Ein deutscher Zeitgenosse, Rahewin aus Freising († 1177), nennt eine jährliche Regalieneinnahme von 30000 Pfund Silber, und eine englische Quelle beziffert den Fiskalzufluß in Italien allein für das Jahr 1164 auf 84000 Pfund Silber, so daß sich die Jahreseinnahme des deutschen Königs in Italien auf über 100000 Pfund Silber belaufen haben könnte. Zum Vergleich: Die Jahreseinkünfte des über ein straffes Steuersystem verfügenden englischen Königs lagen bei 90000 Pfund, die des ebenfalls sich auf eine stabile Administration stützenden französischen Königs bei etwa 60000 Pfund. Ludwig VII. von Frankreich (1137–1180) scherzte: «Wir in Frankreich besitzen nur Brot, Wein – und Vergnügen.»

Vergnügen hatte Friedrich an den italienischen Regalieneinkünften nicht. Die Haupteinnahmen kamen von den oberitalienischen Städten, deren Handwerker einen hohen Produktionsstandard hatten und deren Fernhandelsmärkte Zulieferungen aus ganz Europa erhielten, von der Seide aus dem Fernen Osten bis zu Sklaven aus Osteuropa. Manche Städte arrangierten sich mit dem Kaiser, wie Pavia, Lodi, Piacenza und vor allem Bologna, aber auf der Gegenseite formte sich eine kaiserfeindliche lombardische Liga, an deren Spitze das mächtige und reiche Mailand stand, das nach Bevölkerungszahl größer war als jede deutsche Stadt. Alle diese Städte hatten so etwas wie eine Selbstverwaltung mit Ämtern, deren Inhaber die Bürgerschaft wählte, mit einem eigenen Steueraufkommen, mit Liegenschaften im Umland und einer entsprechenden abhängigen Klientel.

Die selbstbewußten Bürger dieser Städte konnten die rechtlichen und finanziellen Forderungen des Kaisers, dessen Existenz man durch Jahrzehnte gar nicht gespürt hatte, nur mit Murren, vielleicht sogar mit ablehnender Verwunderung entgegennehmen. Und der Kaiser befand sich im Irrtum, wenn er meinte, er könne diesen Städten ihre kommunale Selbstverwaltung nehmen und durch kaiserliche Amtsträger – durch einen *podestà* – den Regalienfluß sichern. Die Zumutung des Kaisers traf die Städte an ihrem Lebensnerv, und es kam zu einem Dauerstreit – für Friedrich nicht der einzige in Italien. Noch sichtbarer als der Kampf mit der lombardischen Städteliga war die Auseinandersetzung mit dem Papsttum.

Der Papst über dem Kaiser: der Herr über dem Knecht?

Was die Auseinandersetzung zwischen Kaiser und Papst, zwischen weltlicher und geistlicher Gewalt, betrifft – ein durch die Jahrhunderte sich hinziehendes Ringen –, so gibt es berühmte Streitpaare:

Karl der Große († 814) mit seinem Leo III. († 816); Otto der Große († 973) gegen den lasterhaften Johannes XII. († 964); Heinrich IV. († 1106) und Gregor VII. († 1085); und häufig waren die Gegner einander nicht ebenbürtig. Bei so viel Selbstbewußtsein, wie es Friedrich I. und seine Umgebung an den Tag legten, konnte es leicht zu Fehleinschätzungen kommen, und sicherlich hielt die kaiserliche Seite es für günstig, daß es bei der Papsterhebung 1159 zu einer Doppelwahl kam. Man hatte seinen eigenen Papst. Die meisten Kardinäle hatten zwar dem Kanzler der römischen Kirche, dem Sieneser Orlando Bandinelli, ihre Stimme gegeben, aber zwei von ihnen wählten den erklärt kaisertreuen Octavian von Monticello.

Im Wahllokal der Peterskirche vollzog sich eine groteske Szene: Als sich Bandinelli, der den Namen Alexander III. annahm, mit dem wichtigsten Amtszeichen, dem Mantel, hatte bekleiden wollen, sei – so berichtete Alexander später – Octavian, der sich Viktor IV. nannte, «zu solcher Unverschämtheit ... aufgestiegen, daß er den Mantel von unserem Nacken mit eigenen Händen brutal herunterriß und unter lautem Getöse mit sich schleppte». Daß Viktor IV. nur eine Marionette des Kaisers war, zeigte sich bald, und er verlor von Monat zu Monat an Autorität. Nicht nur England, Frankreich und die meisten italienischen Städte hingen Alexander III. an. Bis in die nächste Umgebung Friedrichs reichte die Hinneigung zu diesem Papst.

Obwohl bei seiner Wahl schon knapp sechzig Jahre alt, hatte Alexander einen der längsten Pontifikate der Papstgeschichte vor sich: 22 Jahre (1159–1181), so lang, wie kein Papst vor ihm, und er nutzte seine Zeit. Es gelang ihm allmählich, Friedrich zu isolieren. Hier standen auch zwei Herrschaftsmechanismen gegeneinander. Auf der einen Seite der sozusagen aus dem Sattel regierende staufische Wanderkönig, auf der anderen der Papst mit seinen administrativen und legislativen Möglichkeiten.

Es ist erstaunlich, wie dieser Papst, der Jahre von Rom und Umgebung abwesend war – in Frankreich, in Benevent, eine Zeit in dem Nest Veroli –, sein Instrumentarium ausspielte und auf diese Weise die rechtlichen Strukturen der auf Rom ausgerichteten Kirche stabilisierte. Rund 4000 Briefe und Dekretalen aus Alexanders Kanzlei sind in Text und Inhalt heute noch faßbar, knapp ein Fünftel aller uns bekannten Briefe und Urkunden von der frühen Kirche bis zum Jahre 1200. So mochte sich Friedrich nach dem Tode Viktors IV. († 1164) einen neuen Gegenpapst zulegen, der ihm im Jahre 1165 sogar Karl den Großen heilig sprach, doch der Kaiser blieb machtlos gegen den ordnenden und bis in das moderne Kirchenrecht einwirkenden Zentralismus des Papstes, der immer mehr zum Symbol des Widerstands gegen den rechthaberischen und geldeintreibenden deutschen Kaiser aufstieg, dessen Geldgier, sein «amor pecuniae», berüchtigt war.

Remis in Italien

Die anfänglichen Erfolge Friedrichs in Italien mochten sein weiteres rigoroses Vorgehen rechtfertigen. Das stets widerspenstige Mailand war 1162 nach einjähriger Belagerung niedergerungen worden, und was Mailand der stets kaisertreuen Stadt Lodi Jahrzehnte vorher angetan hatte, wurde nun an ihm vollstreckt. Die Mauern wurden niedergerissen, die Stadt zerstört, die Gemeinde aufgelöst. Auf vier Dörfer verteilt, zu Bauern herabgedrückt, wurden die Bürger ausgesiedelt. Um seine Pläne endgültig durchsetzen zu können, bot Friedrich 1166 ein großes Heer auf, angeblich 10000 Ritter, ergänzt durch Brabanzonen (Söldner aus Brabant), und zog nach Italien – in die Katastrophe, zur Wende nicht nur dieses Italienzuges, sondern der ganzen Regierung Barbarossas.

Nach glänzenden Siegen und Festen – Beatrix war in der römischen Peterskirche vom Gegenpapst zur Kaiserin gekrönt worden, während sich Alexander III. als Pilger verkleidet aus der Stadt hatte schleichen müssen – wurde das in der sumpfigen Tiberebene lagernde Heer von einer verheerenden Ruhrepidemie erfaßt. Innerhalb weniger Tage sollen mehr als 2000 Ritter dahingerafft worden sein, unter ihnen Rainald von Dassel. Das dezimierte Heer war aktionsunfähig; in Knechtstracht soll sich der Kaiser durch Norditalien nach Deutschland durchgeschlagen haben. Die Gegenseite, die lombardische Städteliga und Papst Alexander III., sahen in dem Zusammenbruch der militärischen Macht Friedrichs ein Gottesurteil, und sie gründeten in strategisch günstiger Lage am Tanaro in Piemont eine Bundesfeste, die sie nach dem Papst, der Symbolfigur des kaiserfeindlichen Widerstands, Alessandria benannten.

Friedrich war durch die Ereignisse vor Rom zwar seiner Hauptratgeber beraubt, zugleich aber von der Scharfmacherei dieser Männer befreit. Sieben Jahre brauchte Barbarossa, um sich von diesem Aderlaß zu erholen, und der neue Italienzug, 1174 begonnen, wurde wiederum kein voller Erfolg. Die ärgerliche Feste des lombardischen Bundes, Alessandria – noch heute eine blühende Stadt, die in der Kuppel ihres Domes die Statuen der Patrone jener 24 Städte stehen hat, die sich damals zusammengeschlossen haben –, wurde nicht genommen, das Restheer – Friedrich hatte den größten Teil der teuren Truppen nach einem Waffenstillstand und in der Hoffnung auf einen endgültigen Friedensschluß entlassen – bei Legnano 1176 geschlagen. Die Schlacht war auch ein kriegsgeschichtliches Ereignis: Die zu Fuß kämpfende Mailänder Ritterschaft widerstand, um ihren Fahnenwagen geschart, den zu Pferd anstürmenden deutschen Rittern; sie hatte den bis dahin geltenden militärischen Grundsatz widerlegt: «Hundert Rosse sind soviel wert wie tausend Mann zu Fuß.»

Friedrich lenkte ein. Bei den anschließenden diplomatischen Verhandlungen bewies Friedrich Geschick. Es gelang ihm, die geschlossene Front von Papst und Lombardenbund zu sprengen und zunächst nur mit dem Papst zu einem Ausgleich zu kommen. Seinen Stolz allerdings mußte er unterdrücken. Als 1177 in Venedig der Friedensschluß mit großem Zeremoniell gefeiert wurde, huldigte der Kaiser dem Papst mit dem Fußkuß und führte das Pferd des Papstes ein Stück des Weges – wie ein Lehnsmann, der symbolhaft Knechtsdienst versah.

Seine großen Forderungen mußte Friedrich zurückstellen, und auch bei dem mit dem Lombardenbund getrennt geschlossenen Waffenstillstand ließ sich wenig für den kaiserlichen Fiskus herausholen. 1183 trat er den italienischen Städten die innerstädtischen Regalien endgültig ab – es blieb ihm wohl auch nichts anderes übrig.

Der Rückhalt in Deutschland

Es könnte der Eindruck entstehen, als habe Friedrich in Deutschland leichtfertig manche Rechte aufgegeben, hauptsächlich um für die italienischen Unternehmungen freien Rücken zu haben. Herzog Heinrich dem Löwen übertrug er 1154 zusätzlich zu Sachsen noch das Herzogtum Bayern, auf das Friedrichs I. naher Babenberger Verwandter Heinrich Jasomirgott berechtigte Ansprüche erhob. Zum Ausgleich gab er 1156 dem Babenberger in einem berühmten Privileg das von einer bayerischen Mark in ein Herzogtum umgewandelte Österreich, das er mit besonderen Vorrechten – zum Beispiel mit dem Erbgang in weiblicher Linie – versah. Mancher Österreicher unserer Tage sieht – wie eine kürzlich aufgeflammte Diskussion sichtbar werden ließ – in der Schaffung eines eigenen Herzogtums Österreich den Beginn der eigenen Staatswerdung, getrennt von einem deutschen Reich und dessen unheilvoller Geschichte, mit der man nichts zu tun haben möchte.

Friedrich verlor, trotz großzügiger Privilegienerteilung, seine Herrschaftsstützen in Deutschland durchaus nicht aus dem Auge. Er stärkte die Bischofskirchen, schon um ihnen die Pflichten und Kosten des Königsdienstes abfordern zu können, und die Lasten für die Reichskirche stiegen so hoch, daß sich manche Äbte und Bischöfe tief in Schulden stürzen mußten. Hatte man sich ein wenig erholt, stellte der König neue Forderungen. Dreimal war der Abt von Lorsch, Heinrich von Sinsheim, ausgenommen worden, und für ein viertes Mal lag eine beträchtliche Summe bereit, als er starb. Die zwei reichsten Erzsitze, die von Köln und von Mainz, waren verschuldet, als ihre beiden Inhaber, Rainald von Dassel († 1167) und Christian von Buch († 1183), starben, die sich mit besonderer Hingabe in den Dienst des Königs gestellt hatten.

Auch wenn Barbarossa die meisten Münzstätten, deren Zahl er sprunghaft vermehrte, den Bischofskirchen überließ, blieb die drükkende Last, zumal er später zu einer eigenen aggressiven Münzpolitik überging. In der württembergischen Salzstadt Schwäbisch Hall gründete er eine Münzstätte für Massenproduktion, und diese minderwertigen «Heller» (daher der Name) verdrängten im Laufe der Zeit das Geld aus nichtköniglicher Münze. Zugleich förderte Friedrich den freien Handel, indem er einerseits auf die Neueinrichtung königlicher Zollstellen verzichtete und andrerseits die Kaufleute der Reichsorte durch Privilegien schützte.

Das Fehlen einer festen Residenz behinderte die Administration. Zwar kennen wir etwa 1200 Urkunden Friedrichs I., aber viele von ihnen scheinen Empfängerausfertigungen zu sein, das heißt, ein Schreiber des Empfängers hat sie geschrieben, und die königliche Kanzlei hat das Stück mit den Merkmalen der Echtheit und der Gültigkeit versehen. Man vergleiche mit der Kanzlei Friedrichs die des englischen Königs Heinrich II. (1154–1189), von der sich 3500 bis 4500 Stücke in Original oder in Kopie erhalten haben, und dies scheint nur ein Teil der Kanzleileistung gewesen zu sein.

Man hat von Barbarossa gesagt, daß er – so schon die Zeitgenossen – wie ein Hausvater über das Reich gewaltet habe. In der Tat hielt er auf überschaubare Verhältnisse, und es ist schon auffällig, daß es wohl Verdichtungen königlicher Rechte und Besitzungen zu «Königslandschaften» gab, hier und da eine mehr oder minder bescheidene Pfalz, aber es fehlte die Organisation auf ein Zentrum hin. Der Herrschaftsform haftet etwas Improvisiertes an.

Einen anderen Weg war Friedrichs ständiger Rivale Heinrich der Löwe gegangen, der sich vor allem in Norddeutschland eine starke

Herrschaft aufgebaut hatte, in die auf dem Wege der Usurpation auch königliche Rechte, wie die Bischofsinvestitur und das Münzregal, einbezogen waren. Daß sich Heinrich der Löwe wie ein König gab, gehört zum welfischen Selbstverständnis. Schon die um die Jahrhundertmitte in Regensburg entstandene welfenfreundliche deutschsprachige Kaiserchronik dichtete: «Welf hête mêror craft.»

Welfischer Reichtum und staufischer Ruhm

Königsgleich heiratete Heinrich der Löwe 1168 Mathilde, die Tochter des englischen Königs Heinrich II. – Friedrichs Beatrix war zwar reich, aber Tochter nur eines Pfalzgrafen –, und das im Kloster Helmarshausen in Auftrag gegebene berühmte Evangeliar für den Braunschweiger Blasius-«Dom», Heinrichs Stiftung, zeigt ein Bild Heinrichs und Mathildes, auf deren Häupter jeweils eine aus dem Himmel kommende Hand eine Krone niedersenkt. Braunschweig selbst erhielt den Charakter eines Königshofes, und das Gesamtensemble seiner Gebäude war mächtiger und reicher als alle von Barbarossa angelegten und ausgestatteten Pfalzen. Die herzogliche Pfalz Dankwarderode hatte unverkennbar die großen Kaiserpfalzen Aachen und Goslar zum Vorbild.

Wie wenig sich der «Übervasall» Heinrich der Löwe um die Bedürfnisse des staufischen Königtums scherte, wurde Friedrich 1176 vor der Schlacht von Legnano deutlich, als er sich des größten Teils seiner Truppen entblößt hatte. Friedrich brauchte umgehend militärische Hilfe und wandte sich an den reichsten deutschen Fürsten, den durch seine Huld mit zwei Herzogtümern ausgestatteten Heinrich den Löwen, der seit 1161 an keinem Italienzug mehr teilgenommen hatte.

In Chiavenna, nördlich des Comer Sees, trafen sich Friedrich und sein vornehmster Vasall; Friedrich bat Heinrich, vielleicht sogar in der demütigenden Geste eines Kniefalls, um Unterstützung. Heinrich war zu einer Hilfeleistung rechtlich nicht verpflichtet, und er schlug dem Rettung suchenden Kaiser einen an Erpressung grenzenden Handel vor: Man möge ihm die Reichsstadt Goslar samt ihren reichen Silbergruben überlassen. Friedrich lehnte ab. Aus seiner Sicht bestand für Heinrich zwar keine rechtliche, wohl aber eine moralische Pflicht zum Beistand. Von nun an entzog der Kaiser dem Doppelherzog, dessen brutales Vorgehen ihn selbst bei seinen Standesgenossen höchst unbeliebt gemacht hatte, seine schützende Hand.

Barbarossa ließ die mit Heinrich dem Löwen konkurrierenden Fürsten für sich arbeiten. Hatte er früher Klagen über die Rechtsbrüche des Welfen unbeachtet gelassen, so griff er sie nach seiner Rückkehr aus Italien 1178 auf. Selbstverständlich war es ein politischer Prozeß, der in Szene gesetzt wurde. Gemäß Landrecht erhielt Heinrich auf den Januar 1179 eine Ladung nach Worms, um sich wegen des Vorwurfs des Landfriedensbruchs zu verantworten. Wie zu erwarten, erschien Heinrich nicht, und als er weitere Termine verstreichen ließ, wurde im Juni 1179 die Acht über ihn verkündet.

Nun setzte der König das lehnsrechtliche Verfahren in Gang: Der Lehnsmann Heinrich, Herzog von Sachsen und Bayern, war, trotz ordnungsgemäßer Aufforderung, auf Hoftagen nicht erschienen. Nach erneuter Ladung wurde Heinrich im April 1180 auf dem Reichstag von Gelnhausen wegen «Kontumaz», wegen Nichtachtung des Gerichts, verurteilt und der Reichslehen für verlustig erklärt. Das Herzogtum Bayern ging an Friedrichs treuen Gefolgsmann Otto von Wittelsbach, dessen Geschlecht bis 1918 regierte, während Sachsen zwischen dem Kölner Erzbischof, Heinrichs erbittertem Gegner, und dem Grafen von Anhalt geteilt wurde. Über den Verlauf des Prozesses und sein Ende in Gelnhausen wurde eine Urkunde ausgestellt, die im Original auf uns gekommen war, jedoch in den Wirren des Kriegsendes 1945 verlorenging.

Es hat schon immer Verwunderung ausgelöst, daß Friedrich aus dem Sturz Heinrichs des Löwen so wenig Gewinn gezogen hatte. Lediglich zwei bisher landesherrliche Städte – Perlen allerdings der deutschen Städtelandschaft –, Lübeck und Regensburg, gingen in das Reichsregiment über. Daß Friedrich die beiden Herzogtümer sogleich wieder ausgab, hat man mit einem für den König geltenden «Leihezwang» begründet, der aber, wie sich bei näherer Analyse herausstellte, damals als Rechtsinstitut nicht bestand. Friedrich kam lediglich einer auch für Reichsfürstentümer geltenden lehnsrechtlichen Gewohnheit nach, und man kann fragen, ob sich aus der Situation nicht mehr hätte herausholen lassen.

Erstaunlich ist auch die milde, die «ritterliche» Behandlung Heinrichs des Löwen. Nachdem sich der Welfe Ende 1181 unterworfen hatte, mußte er zwar auf die Herzogtümer und Reichslehen verzichten, erhielt aber das Eigengut Braunschweig und Lüneburg zurück. Ihm war auferlegt, für drei Jahre das Land zu verlassen, doch erschien er bereits 1184 vorübergehend zum Mainzer Hoffest, um im nächsten Jahr endgültig nach Deutschland zurückzukehren und seinen Landesausbau nahezu ungebrochen weiterzubetreiben, zumal er nach Fried-

Nachdem im Oktober 1187 der ägyptische Sultan Saladin in die Stadt Jerusalem eingezogen war, folgte Friedrich I. Barbarossa am 27. März 1188 in Mainz dem päpstlichen Aufruf zur Befreiung Jerusalems und des Heiligen Landes und nahm das Kreuz, am 11. Mai 1189 brach das kaiserliche Heer von Regensburg auf. Zur Unterrichtung des Kaisers, gewissermaßen als «historisches Memorandum», ließ Propst Heinrich I. (1164–1200) des Prämonstratenserklosters Schäftlarn die 1120 entstandene «Geschichte von Jerusalem» des Robert von St. Remi abschreiben, die die Eroberung Jerusalems durch die Christen 1099 beschreibt: ein Appell der Rückeroberung. Das Widmungsbild zeigt den «Kaiser Roms Friedrich», den «unbesiegten Bannerträger und Freund des Himmelskönigs», mit Krone und Reichsapfel geschmückt, das Kreuz des Kreuzfahrers auf Mantel und Schild. Propst Heinrich fliegt dem Kaiser mit dem Buch entgegen, das den «keinem Sarazenen friedfertigen Friedrich an den Ort leiten möge, der frei ist von Tod» – gemeint ist das himmlische Jerusalem. Am 10. Juni 1190 ertrank Friedrich im Fluß Saleph (heute: Göksu) im heißen Anatolien, fern seinem irdischen Ziel.

richs Tod weitgehend freie Hand hatte. Wenige Jahre später brach der staufisch-welfische Gegensatz wieder auf.

Nach dem Frieden von Venedig und dem Sturz Heinrichs des Löwen stand Friedrich auf dem Höhepunkt seiner Macht. Ausdruck dieses Hochgefühls war das Hoffest von Mainz, Pfingsten 1184, auf dem die Schwertleite seiner beiden ältesten Söhne gefeiert wurde. Von 40000, ja 70000 Teilnehmern sprechen die Quellen. Zum Fest gehörten Turniere, Musikdarbietungen, Tanz: Rituale einer neu aufgekommenen höfisch-ritterlichen Kultur, in der das Laienelement selbstbewußter und stärker hervortrat als früher.

Als man im März 1188 wiederum in Mainz zu einem Reichstag zusammentrat, lag über der Versammlung ein großer Ernst. Friedrich gelobte den Kreuzzug, und auf diesem «Hoftag Jesu Christi», wie er genannt wurde, besprach man die Maßnahmen, wie man die Ungläubigen aus Jerusalem und aus den heiligen Stätten vertreiben könnte. In der Dichtung Friedrichs von Hausen, der ein Opfer des Kreuzzugs werden sollte, und Hartmanns von Aue fand dieses Bekenntnis zu den Pflichten eines christlichen Ritters seinen Niederschlag.

Friedrich mußte damit rechnen, daß er vom Kreuzzug nicht mehr zurückkehrte: Er durfte wenigstens hoffen, an der heiligsten Stätte der Christenheit, in Jerusalem, beigesetzt zu werden. Aber auch diese Hoffnung erfüllte sich nicht. Nach mittelalterlichem Brauch wurden die Eingeweide dem Leichnam Barbarossas entnommen und in der Nähe des Sterbeorts beigesetzt: in Tarsos, der Heimatstadt des Apostels Paulus. Die Gebeine, die man vom Fleisch getrennt hatte, nahm Barbarossas Sohn Friedrich mit, um sie in Jerusalem zu bestatten. Aber man erreichte Jerusalem nicht. Friedrich starb im Januar 1191 in Akkon, und irgendwo zwischen Tarsos und Akkon dürfte er die Gebeine seines Vaters zur letzten Ruhe gebettet haben – wahrscheinlich nicht einmal in geweihter Erde: Auch hier ist Barbarossa ein Gescheiterter, im Leben wie im Tode.

«Er wird einst wiederkommen ...»: Größe nicht nach «historischer Wichtigkeit», sondern nach «Persönlichkeit»

Der Reimkünstler Rückert verkündet in seinem Barbarossa-Gedicht: «Er hat hinabgenommen / Des Reiches Herrlichkeit / Und wird einst wiederkommen / Mit ihr, zu seiner Zeit.» Zwar ist es nicht des «Reiches Herrlichkeit», an die sich zur Zeit Barbarossas Name knüpft, und es wäre ein nicht ungefährlicher Ausrutscher, wenn mit der neuen deutschen Einheit nationalistische Kyffhäuserträume aufkämen. Aber die Anrufung Barbarossas hat europaweite Dimensionen angenommen.

Schon vor fünfzehn Jahren (1980) fanden sich in Trient bei einer Tagung des Istituto storico italo-germanico deutsche und italienische Historiker zusammen, um «Friedrich Barbarossa in der Diskussion der italienischen und deutschen Geschichtsschreibung» zu behandeln. Es war die italienische Seite, die die kreative Rolle des Wirkens Friedrich Barbarossas in Italien herausstellte, nicht nur den mit dem Namen der lombardischen Liga verbundenen Einigungsprozeß, an den heute mit dem Begriff der «Lega Nord» erinnert wird.

Des Todes Barbarossas vor acht Jahrhunderten war 1990 auf vielfache Weise gedacht worden, und die Fachwissenschaft hat ihre Aufmerksamkeit auf die Frage konzentriert, welche Entscheidungsmöglichkeiten für Barbarossa bestanden hatten. Denn häufig wird seine Regierungszeit als Beginn des «deutschen Sonderwegs» angesprochen, der Deutschland zu einer «verspäteten Nation» (Helmuth Plessner) habe werden lassen, der die Reichseinheit bis in das 19. Jahrhundert versagt gewesen sei. Außer mehreren Kongressen – so in Rom, wo man den Beziehungen Barbarossas zu Italien nachging – gab es ein Gedächtnis besonderer Art: Als hätte Barbarossa beim Deutschen Reich eine Stiftung für sein Seelenheil errichtet, war am Jahrestag des Todes vom Botschafter der Bundesrepublik in der Türkei an der Stelle, wo ein Denkmal an das Unglück erinnert, ein Kranz niedergelegt worden.

Merkwürdig. Als Jakob Burckhardt über «historische Größe» nachdachte, war ihm gerade die Gestalt Barbarossas ein Lehrbeispiel: «Der Begriff der historischen Größe ... richtet sich ... nicht ausschließlich nach dem gehabten Verdienst ..., auch nicht nach genauer Messung der Fähigkeit, ja nicht einmal nach der historischen Wichtigkeit, sondern das Entscheidende ist am Ende doch die ‹Persönlichkeit›, deren Bild sich magisch weiterverbreitet. Dieß [ist] zum Beispiel recht gut nachzuweisen bei den Hohenstaufen, wo ... der Held Friedrich I. mit dem in der Ferne verschwundenen Friedrich II. zusammengeschmolzen und dessen Wiederkommen erwartet wurde, womit doch eigentlich nur Friedrich I. gemeint war. Diesem war sein Hauptlebensziel, die Unterwerfung Italiens, mißrathen; sein Regierungssystem im Reich von sehr zweifelhaftem Werth; die Persönlichkeit muß die Resultate weit überwogen haben.» Der Gedanke, daß die «Rückerinnerung» eine eigene und gar nicht von der Bedeutsamkeit eines Menschen abhängige Wertung finden kann, dieser Gedanke beschäftigte Burckhardt immer wieder, und er wiederholte in anderem Zusammenhang: «Merkwürdiges Verhalten der Tradition ... in Betreff des Größenmaßes. Der Begriff der Größe richtet sich nicht nach dem gehabten Verdienst um das Volk, auch nicht nach der Fähigkeit, auch nicht nach der historischen Wichtigkeit, sondern am Ende doch meist nach der ‹Persönlichkeit›.» Und er setzt hinzu: «Alles recht gut nachzuweisen z. B.: bei den Hohenstaufen». Bei Barbarossa also.

Vom einstigen Glanze Quedlinburgs: Ein Kapitel Frauenleben im Mittelalter

«Zu und enttäuscht wie ein Postamt am Sonntag», so erschien Rainer Maria Rilke eine Kirche, die zur Tröstung nicht geöffnet ist, und «zu» fand früher häufig der enttäuschte Besucher auf dem Quedlinburger Schloßberg die ehemalige Stiftskirche St. Servatius, geöffnet nur zu wenigen Führungen und zu knappen Gottesdiensten. Die Wiedervereinigung hat den Zugang zur Kirche und ihren Schätzen weit geöffnet und zugleich ins Gedächtnis gerufen, was in den Jahrzehnten des Abgeschnittenseins geschwunden war: das Bewußtsein, daß hier in diesem Raum südlich Magdeburg in und um solche Orte wie Halberstadt, Gernrode, Merseburg, Querfurt, Naumburg ein Zentrum frühmittelalterlicher Macht und Größe bestanden hat. Gegenwärtiger war dem damals durch die DDR Reisenden, der seine genehmigte Route nicht verlassen durfte, der Geruch und der Dunstschleier der Fabriken um Leuna, Wolfen und Bitterfeld und die allerorten zu lesende Anpreisung von «Plaste und Elaste aus Schkopau». Auch der westdeutsche Historiker, der als Büchergelehrter seine Vorlesungen und Seminare über die Ottonen- und Salierzeit – über das 10. und 11. Jahrhundert – brav abgehalten hat, kann sein Überwältigtsein nicht verhehlen, wenn er vor die Dome und Burgen dieser Orte tritt, die ihm aus den Schriften eines Widukind von Corvey oder eines Thietmar von Merseburg vertraut sind und doch ohne Anschauung waren. Quedlinburg, um das es hier geht, ist ein Juwel dieser Königslandschaft, das auch von der Weltöffentlichkeit entdeckt wurde. Im März 1995 wurde Quedlinburg mit dem Servatiusstift offiziell in die UNESCO-Liste der schützenswerten Objekte des «Weltkulturerbes der Menschheit» aufgenommen: als erste Stadt der neuen Bundesländer.

Das Harzvorland als Klosterlandschaft

Zunächst eine Ortsbestimmung: Quedlinburg liegt im nordöstlichen Harzvorland an der Bode, deren Lauf heute durch Talsperren gestört ist, in einer Kernlandschaft der Könige aus sächsischem Hause, kirchenorganisatorisch zur Diözese Halberstadt gehörig, die als Suffraganbistum dem Erzbischof von Mainz unterstand. In welcher Dichte im 10. und 11. Jahrhundert hier geistliche Konvente entstanden sind, lehrt ein Vergleich. In der Diözese Freising, zu der damals der historisch noch nicht wahrnehmbare Flecken München gehörte, zählt man zehn, in der Diözese Regensburg elf Gründungen von Stiftern und Klöstern in der Zeit von Konrad I. bis zum Wormser Konkordat, von 911 bis 1122, im Bistum Halberstadt dagegen über fünfunddreißig: Der sächsische Adel sorgte für sein Seelenheil. Da war das Kloster Gröningen, von Graf Sigfried, einem Vertrauten der königlichen Familie, 936 eingerichtet; das Kanonikerstift Walbeck bei Helmstedt hatte Graf Liuthar, der Großvater des Chronisten Thietmar von Merseburg, als Sühne für einen erfolglosen Aufstand gegründet.

So ließe sich fortfahren. Ein besonders großzügiger Stifter war Markgraf Gero, der ab 960 die Klosterkirche Gernrode errichten ließ, den einzigen Bau unter den vielen damals entstandenen, der in originaler Gestalt auf uns gekommen ist und der uns eine Vorstellung gibt von der Schönheit vorromanischer Baukunst. In seinem Kampf gegen die Slaven war Gero skrupellos und raffgierig vorgegangen. Dreißig wendische Große, die er einer Verschwörung verdächtigte, lud er zu einem Friedensmahl, um sie bei Tisch umzubringen. Als 959 sein einziger Sohn Siegfried starb, zog er wallfahrend nach Rom, legte seine siegreichen Waffen am Altar des Apostelfürsten Petrus nieder und kaufte einen Arm des Märtyrers Cyriakus als wertvolle Reliquie, die er nach seiner Rückkehr dem Nonnenkloster Gernrode übergab, dem als Äbtissin Hadwig, die Witwe seines Sohnes, vorstand. In der Klosterkirche Gernrode, die ohne den Reichtum aus slavischen Raubzügen und Tributzahlungen und ohne zweifelhafte Erbaneignungen kaum hätte errichtet werden können, ließ sich Gero († 20. Mai 965) auch beisetzen, in der Hoffnung auf die heilswirksamen Gebete der Nonnen.

Die Welt der Frauenklöster

Mit der Gründung eines Nonnenklosters entsprach Gero einer Gepflogenheit der damaligen sächsischen Adelsgesellschaft. In der Diözese Halberstadt, in der Quedlinburg liegt, wurden von 936 bis 1025 vierzehn Nonnen-, aber nur sieben Männerklöster gegründet. Man hat für dieses Phänomen verschiedene Erklärungen angeführt: Wie die noch nicht lange christianisierten Sachsen hätten auch andere germanische Völker – die Franken und die Angelsachsen – unmittelbar

Auf dem Pfalzareal des Quedlinburger Schloßberges gründete nach dem Tod ihres Gemahls König Heinrichs I. († 936) die Königinwitwe Mathilde ein Kanonissenstift, das ein Zentrum der ottonischen und der salischen Königsherrschaft wurde: der königliche Hof feierte dort häufig das Osterfest, und von 973 bis 978 regierten von Quedlinburg aus die Kaiserinnen Adelheid und Theophanu. Die Kirche in ihrer heutigen Gestalt ist bereits die vierte Anlage; sie ist nach einem großen Brand in der Zeit von 1070 bis 1129 errichtet worden, der Chor wurde 1320 erweitert. Vom 16. Jahrhundert an wurde die stattliche Schloßanlage für die Stiftsdamen angelegt (auf dem Bild: der hintere Teil), die die Kirche im Westen und Norden umgibt.

---

nach ihrer Bekehrung bevorzugt geistliche Frauengemeinschaften eingerichtet. Bereits in vorchristlicher Zeit hätte die Überzahl unverheirateter Mädchen ein Problem dargestellt: So wären wegen der Versorgungsnöte Kindstötungen selbst bei Adligen vorgekommen. Auch seien unverheiratete Frauen nicht selten «blutschänderischen Angriffen ihrer eigenen Verwandten ausgesetzt» gewesen, und die Kinder aus solchen inzestuösen Verbindungen hätten die ohnehin angespannte Versorgungslage der großen Familien noch schwerwiegender gefährdet. Alle Kinder zählten nämlich bei Vermögensteilungen mit, und unheilgeladen sei die Situation geworden, wenn der Vater des Kindes nicht ebenbürtig war, ein Unfreier, auf den, wie auf die geschändete Frau, harte Strafen warteten.

Dies alles sind mehr oder minder spekulative Erklärungsversuche, da bei einer solchen, nahezu schriftlosen Laiengesellschaft kaum Nachrichten existieren. Schandtaten und standesschädigende Übergriffe gehörten sicherlich nicht zu den bevorzugten Themen der häufig geschlechtergebundenen geistlichen Berichterstatter. Auf jeden Fall entspannten Nonnenklöster die materielle und rechtliche Konkurrenzsituation in den Familien; die Klöster wurden wichtige Versorgungseinrichtungen für unverheiratete Mädchen.

Zugleich ist zu bedenken, daß Ehefrauen in jenen rauhen Zeiten ihre Männer häufig um viele Jahre überlebten, waren sie doch gewöhnlich in kindlichem Alter – nicht selten erst zwölf- bis fünfzehnjährig – verheiratet worden. Königin Mathilde († 968) überlebte ihren Gemahl Heinrich I. um zweiunddreißig Jahre, ihre Tochter Gerberga ihren ersten Gemahl um dreißig, ihren zweiten um fünfzehn Jahre, und beide Ehemänner waren keinen natürlichen Tod gestorben. Gerbergas Schwester Hadwig, verheiratet mit dem vornehmsten Kapetinger, dem Herzog Hugo dem Großen († 956), lebte noch neun Jahre nach dessen Tod. Man hat ausgerechnet, daß, trotz der Gefahr eines frühen Todes im Wochenbett, die Ehefrauen ihre Männer im Verhältnis 3:1 überlebten. Der Erbgang hat diese Witwen häufig reich werden lassen. Die Lex Saxonum, das alte Sachsenrecht, schrieb vor, daß die «hereditas» eines Vaters oder einer Mutter an den Sohn, nicht an die Tochter zu gehen habe; wenn jedoch nur noch Töchter am Leben waren, dann erbten diese alles; die Brüder der Eltern, die in manchen Germanenrechten ein Mundschaftsvorrecht genossen, blieben ausgeschlossen. Durch das Überleben der Frauen kamen häufig erhebliche Erbmassen zusammen, die zu großen Teilen an geistliche Stiftungen weiterflossen.

Die Zeit der Königswitwe Mathilde († 968)

In diese Rechts- und Vorstellungswelt gehört das Nonnenkloster und spätere Damenstift Quedlinburg. Seine Gründung ist eng mit dem Namen des ersten deutschen Königs Heinrich I. aus sächsischem Hause (919–936) und seiner zweiten Gemahlin Mathilde, einer Urenkelin des berühmten Sachsenherzogs Widukind, verbunden. Quedlinburg als befestigter und mit einer Kirche ausgestatteter Ort ist älter; er scheint ein bevorzugter Aufenthaltsort Heinrichs I. gewesen zu sein, einbezogen in das von Heinrich gegen die ständigen Ungarnstürme errichtete Burgensystem. Es ist der in Quedlinburg als Sohn eines Stiftsadvokaten geborene Klopstock, der Dichter der viel gelobten, aber wenig gelesenen Oden, der in Erinnerung an Heinrichs nicht weit von Quedlinburg errungenen Ungarnsieg bei Riade 933 die Verse fand: «Der Feind ist da. Die Schlacht beginnt. / Wohlauf, zum Sieg herbei! / Es führet uns der beste Mann / im ganzen Vaterland.» Heinrich war auch für Mathilde «der beste Mann». 929 hatte er, wie es in der Urkunde heißt, «unserer allersüßesten Gemahlin Mathilde» reiche Besitzungen als Wittum, als Witwenversorgung, übergeben, an der Spitze Quedlinburg, und als Heinrich am 2. Juli 936 in der Pfalz zu Memleben an der Unstrut starb, wurde sein Leichnam sogleich nach Quedlinburg überführt und hier «auf der Burg» beigesetzt.

Mathilde als Eigentümerin des Burgbergs beschloß, in Aufnahme früherer Pläne, über dem Grab Heinrichs ein Frauenstift zu errichten, und in der ersten Urkunde, die der neue König Otto I., Heinrichs und Mathildes ältester Sohn, nach Regierungsantritt ausstellte – am 13. September 936 in Quedlinburg –, wurden die Gründung und die Eigentumsrechte des neu gestifteten Frauenklosters bestätigt. Das Stift erhielt einen außergewöhnlichen Rechtsstatus: Wenn ein Mitglied der ottonischen Familie den Thron im Reich innehabe, solle dieses Macht und Schutz über das Kloster ausüben; werde «ein anderer König aus dem Volk gewählt», so solle dieser die Macht, der Mächtigste der ottonischen Verwandtschaft aber den Schutz, das Vogtamt, innehaben. Mit dieser engen Bindung an die Familie der Ottonen beginnt Quedlinburgs große Zeit.

Nicht daß die Königswitwe Mathilde den Quedlinburger Burgberg von Grund auf neu gestaltet hätte: Neben dem Königshof mit seiner festen Ummauerung bestand eine mit Kanonikern besetzte Burgkirche St. Jacobi und Wiperti, deren Stift, vom Nonnenkloster verdrängt, samt dem Hauptpatrozinium St. Wiperti an den Bergfuß verlegt wurde. Bevorzugter Patron der neuen Stiftskirche wurde, wie es heißt, auf Wunsch der Königin der heilige Servatius, ein aus dem oströmischen Reich stammender Bischof von Tongern des 4. Jahrhunderts, dem wegen seiner unbeirrten Rechtgläubigkeit der Legende nach der Apostel Petrus selbst einen silbernen Schlüssel, den Himmelsschlüssel, geschenkt haben soll. Sein Verehrungsgebiet war zunächst Tongern selbst, sodann die Gegend um Maastricht, später auch der Mittelrhein und der Moselraum. Im Harzvorland war seine Verehrung auf dem Altar eine Ausnahme, ebenso wie die des heiligen

Dionysius, des Beschützers der Grablege der fränkischen Könige, dessen Reliquie in Form eines Armes der französische König Karl III. der Einfältige Heinrich I. geschenkt hatte, der sie Quedlinburg übergab.

Nicht so sehr das Nonnenkloster, wo, wie es in jener noch im Original erhaltenen Stiftungsurkunde Ottos des Großen steht, «das Lob des allmächtigen Gottes und seiner Erwählten ständig (in perpetuum) gepflegt werden soll», auch nicht die Altaranlage mit dem Grab Heinrichs I. verlangten eine bauliche Neugestaltung mit entsprechender Personalvermehrung: Vielmehr wurde Quedlinburg so etwas wie die Familienpfalz der ottonischen Könige. Der König, der sein Amt im Umherziehen ausübte, pflegte in manchen Pfalzen zu bestimmten Zeiten abzusteigen, und Quedlinburg war die Pfalz, wo der königliche Hof Ostern, das höchste Fest der Christenheit, feierte und wo der König bei der Ostermesse abermals gekrönt wurde, indem er, um den Quellenausdruck zu gebrauchen, «unter der Krone ging». Schon Heinrich I. hatte Quedlinburg bevorzugt; hier richtete er 929 die Hochzeit Ottos I. mit der englischen Königstochter Edith aus, und man war des Osteraufenthaltes Ottos I. so sicher, daß sich Verschwörer 941 darauf einrichteten, ihn hier beim Auferstehungsfest zu ermorden. Dem Komplott, das durch Verrat aufflog, gehörte auch der etwa zehn Jahre jüngere Bruder Heinrich an, der von seiner Mutter, der Königswitwe Mathilde, unterstützt, Anspruch auf den Thron erhob, weil er zu einer Zeit geboren war, als sein Vater Heinrich bereits die Königswürde besaß, während Otto I. abwertend als Herzogssohn betrachtet werden konnte. Reuevoll suchte Heinrich Weihnachten 941 die Vergebung seines Bruders Otto I., und eine in der Zeit vor dem Ersten Weltkrieg häufig zitierte Ballade schildert die Rührszene, für die das Ottolied der Hrotsvit von Gandersheim die Vorlage abgab. «Zu Quedlinburg im Dome ertönet Glockenklang, / der Orgel Stimmen brausen zum ernsten Chorgesang; / es sitzt der Kaiser drinnen mit seiner Ritter Macht, / voll Andacht zu begehen die heil'ge Weihenacht!» Otto vergab seinem Bruder, der sich in Büßertracht vor ihm niedergeworfen hatte: «Nie schöner ward begangen die heil'ge Weihenacht.» Die Erinnerung an die frühere Größe Quedlinburgs scheint so überwältigend gewesen zu sein, daß der Reimeschmied Heinrich von Mühler (1813–1874) – kein anderer als der spätere, auf Bismarck eingeschworene Kultusminister, der in seiner Jugend als Jurist in Naumburg tätig war – die für Frankfurt überlieferte Szene hierher nach Quedlinburg verlegt hat.

Wie eng wirklich sich Otto I. mit Quedlinburg verbunden fühlte, läßt sich daran ablesen, daß er auf seiner Romfahrt zur Kaiserkrönung 962 zahlreiche Reliquien erwarb und sie der in dieser Beziehung etwas mangelhaft ausgestatteten Stiftskirche seiner Mutter Mathilde zukommen ließ. Es waren darunter Reliquien des Papstes Fabian, des Jägerheiligen Eustachius, des Märtyrers Pantaleon, aus dessen Wunde Milch geflossen sein soll, als er enthauptet wurde, und auch der vollständige Leichnam der heiligen Laurentia; zwei Jahre später wurde die Reliquiensammlung durch den Leib der heiligen Stephana ergänzt: Quedlinburg besaß auf das Ende des 10. Jahrhunderts zu eine stattliche, wenn auch etwas bunte heiltumskräftige Reliquiensammlung.

Die Königin Mathilde, über deren Lebensführung zwei Biographen Auskunft geben, vergaß nicht die Verantwortung für das Seelenheil ihrer Familie. Eine ihrer letzten Handlungen war die Übergabe eines Kalendars an ihre Nachfolgerin, ihre dreizehnjährige Enkelin Mathilde; in diesem Kalendar waren die Namen und Todesdaten sächsischer Fürsten eingetragen, und sie bat die neue Äbtissin, sie möge nicht nur ihrer, Mathildes, und ihres Großvaters Heinrich im Gebet gedenken, sondern auch aller im Kalendar verzeichneten sächsischen Adligen.

Quedlinburg als Bildungs- und Reichszentrale

Es dürfte ein kleiner Kreis von hocharistokratischen Frauen gewesen sein, die sich hier zu einer geistlichen Gemeinschaft zusammengefunden hatten – in späterer Zeit, dem 13. Jahrhundert, spricht man von vierzig Kanonissen, andere Quellen nennen eine viel geringere Zahl –, und manche Frau dürfte sich dem Konvent ohne Schleier und Gelübde angeschlossen haben. Aber mit Almosengeben, dem Verrichten frommer Werke und dem Sprechen von Fürbittgebeten war das Dasein dieser Frauen nicht ausgefüllt; sie hatten häufig eine gute Erziehung genossen und nahmen am geistigen und kulturellen Leben der Zeit teil. Die adlige Kanonisse Hrotsvit im Stift Gandersheim ist mit ihrem hohen Bildungsstand keine Ausnahme. Widukind, Benediktiner des Klosters Corvey, widmete seine Sachsengeschichte Mathilde, der ersten Quedlinburger Äbtissin, und Quedlinburg selbst hatte ein Scriptorium, ein Schreibatelier, aus dem eine ganze Reihe vornehmlich liturgischer Handschriften hoher Qualität hervorgegangen ist. Im Stift Quedlinburg, bei einer Tante seines Vaters, hat der aus dem Grafengeschlecht der Walbecker stammende Geschichtsschreiber

Thietmar von Merseburg (975–1018) seine erste Erziehung erhalten; hier hat er, dessen Chronik im Original auf uns gekommen ist, schreiben gelernt.

Auch in den nächsten Jahrzehnten bewahrte das Stift Quedlinburg seinen Rang und seine Exklusivität. 968 war Königin Mathilde etwa 73jährig gestorben; unter ihrer Nachfolgerin Mathilde, ihrer Enkelin, die als erste Äbtissin gezählt wird, wurde Quedlinburg noch stärker in das politische Geschehen im Reich einbezogen: Otto I. hielt hier 973 seinen letzten Reichstag ab; die Kaiserinnen Adelheid und Theophanu – Mutter und Schwägerin der regierenden Äbtissin – residierten von 973 bis 978 in Quedlinburg; Quedlinburg erhielt Münz-, Zoll- und Marktregal, Reichsversammlungen fanden statt, und als der junge Kaiser Otto III. achtzehnjährig 998–999 nach Rom zog, um dort Ruhe zu stiften und seine ausgreifenden imperialen Ideen zu verwirklichen, setzte er die Quedlinburger Äbtissin, seine Tante, als Reichsverweserin ein.

Diese jüngere Mathilde hatte mit einem neuen Kirchenbau begonnen, dem dritten nach der Kirche aus der Zeit Heinrichs I. und der von dessen Witwe errichteten Grabeskirche. 999 starb Mathilde, und Adelheid, Kaiser Ottos III. älteste Schwester, wurde ihre Nachfolgerin. Während ihrer langen Amtszeit (bis 1043) wurde der dritte Kirchenbau vollendet und vor allem die alte Grablege verändert. Eine neue Altaranlage empfahl sich schon deshalb, weil die Kirche wert-

---

Auf die erste Äbtissin Mathilde (966–999; * 955), Schwester Kaiser Ottos II. (973–983), folgt Adelheid I. (999–1043; * 977), die ihre Mutter Theophanu «Gott als Zehnten der Frucht ihres Leibes» – so der Chronist Thietmar von Merseburg – zur Erziehung ins Stift Quedlinburg gab und die der jüngere Bruder Kaiser Otto III. (983–1002) als Äbtissin einsetzte. Bis zu seinem Tod 1002 begleitete Adelheid den Bruder häufig und trat als Interventin in dessen Urkunden auf. Während ihrer Zeit wurde 1021 der dritte Kirchenbau mit großem Prunk geweiht, aus diesem Anlaß machte «der hervorragende König der Römer [Heinrich II.] ... diese ausgezeichnete Basilika so reich, wie er nur konnte, durch mehrfache Geschenke von Gold und Seidenstoffen und durch ererbten Grundbesitz». Der Grabstein Adelheids I. in der Domkrypta, der zusammen mit denen für ihre Nachfolgerinnen Beatrix und Adelheid II. – auch sie Königstöchter – Anfang des 12. Jahrhunderts geschaffen wurde, zeigt die Äbtissin mit Redegestus und Buch; die Umschrift verkündet: «Ist doch der Mensch gleich wie nichts, seine Zeit fährt dahin wie ein Schatten» (Homo vanitati similis factus est, dies eius sicut umbra pretereunt; Psalm 143, 4), «am 23. Januar verstarb die Äbtissin Adelheid».

volle und auf einen würdigen Platz wartende Reliquien besaß, darunter die erwähnten Corpora zweier Märtyrerinnen. Die Quedlinburger Annalen melden zum Jahre 1021, im Zusammenhang mit der Weihe der Stiftskirche, bei der König Heinrich II. und seine Gemahlin Kunigunde zugegen waren, die Errichtung von fünf Altären zum Gedächtnis von mehr als hundert Heiligen. An bevorzugter Stelle wurde damals der Leichnam der Königin Mathilde gebettet, denn die bereits im Geruch der Heiligkeit gestorbene Königin hatte allmählich – in einer Zeit, als die Kanonisation als förmliches und dem Papst reserviertes Verfahren noch nicht ausgebildet war – das Ansehen einer hilfreichen Heiligen erworben; ihr Andenken hat sogar die radikalen Säuberungen des römischen Heiligenkalenders in der jüngsten Zeit, denen Volksheilige wie Georg, Barbara und Christophorus zum Opfer gefallen sind, überstanden: Mathildes Name steht dort noch heute unter dem 14. März.

Waren ursprünglich (968) Heinrich und Mathilde, vielleicht in Sarkophagen, nebeneinander beigesetzt gewesen, so erhielt bei einer neu eingerichteten Confessio Mathilde einen an Altar und Confessio angrenzenden Platz, während Heinrich in die zweite Reihe rückte. Zu den archäologischen Kostbarkeiten der Stiftskirche gehören der Steinsarkophag der Königin Mathilde und die beiden Bleisärge ihrer Nachfolgerinnen: der namensgleichen Mathilde († 999) und Adelheids I. († 1043), der letzten Vorsteherin aus ottonischem Hause. Alle Särge sind mit Inschriften versehen. Von der Grablege Heinrichs I. gibt es keine sichere Spur: vielleicht ruhen seine Gebeine in einem kleinen beiseite gestellten unbeschrifteten Bleisarg, vielleicht auch wurden sie einem anderen Sarkophag zugelegt.

Blaß an Glanz, doch reich an Heiltümern

Nach der ottonischen Blütezeit übernahmen salische Damen die Leitung des Stiftes, zwei Töchter Kaiser Heinrichs III. nacheinander, aber bei aller noch respektierten Bedeutung Quedlinburgs löste sich die bis dahin selbstverständliche Klammer zum Herrscherhaus, zumal die Kämpfe im sächsischen Raum während des Investiturstreits – im endenden 11. und im beginnenden 12. Jahrhundert – besonders blutig waren und entfremdend wirkten: In der Kirchenprovinz Köln waren Volkmar von Minden (1080–1096) und Konrad von Utrecht (1076–1099) umgekommen, in Trier der erwählte Erzbischof Konrad. In Magdeburg waren die beiden aufeinanderfolgenden Erzbischöfe Werner (1063–1078) und Hartwig (1079–1102) ermordet worden;

den energischen Diözesanbischof Burchard II. von Halberstadt (1059–1088) durchbohrte in Goslar der Pfeil eines Bürgers, und auch Burchards Nachfolger Thietmar I. starb (1089) keines natürlichen Todes; man sprach von Selbstmord. In keinem Raum des deutschen Reiches waren so viele Bischöfe zu Tode gekommen wie in Magdeburg und Umgebung. In Süddeutschland ging es trotz allem publizistischen und politischen Kampf vergleichsweise ruhig zu; nur der Bischof Gebhard IV. von Regensburg (1089–1105) erlag einem Anschlag, aber es dürfte sich um einen privaten Racheakt gehandelt haben.

Quedlinburg mußte hinnehmen, daß es im Wechsel von der einen wie von der anderen Partei – von der päpstlichen wie von der kaiserlichen – aufgesucht wurde. Der Gegenkönig Rudolf von Rheinfelden feierte 1079 hier das Osterfest; 1085 trat im Beisein des päpstlichen Legaten Otto von Ostia, des späteren Papstes Urban II., eine Kirchenversammlung zusammen, an der auch der neue Gegenkönig Hermann von Salm teilnahm, doch konnte im Gegenzug König Heinrich IV. 1088 einen Fürstentag in Quedlinburg abhalten. Die größte Einbuße jedoch, die das Stift erlitt, kam durch eine große Feuersbrunst im Jahre 1070, die viele Gebäude und auch die Stiftskirche vernichtete. Die sofort begonnene Wiedererrichtung zog sich bezeichnenderweise durch Jahrzehnte hin, und erst 1129 konnte dieser vierte Kirchenbau, der sich im großen und ganzen bis heute erhalten hat, unter Anwesenheit des deutschen Königs Lothar von Supplinburg geweiht werden. Den alten Glanz hat das Stift Quedlinburg, bei aller herausgekehrten Vornehmheit, nicht mehr erreicht. Die neuen, das Reichsgeschehen bestimmenden Geschlechter, die Welfen und die Staufer, wandten ihre fördernde Aufmerksamkeit anderen Reichsteilen zu, und vom 13. Jahrhundert an traten wirtschaftliche Schwierigkeiten hinzu.

Den Reichtum des Domschatzes am Ende der Ottonenzeit, für dessen Betreuung das Stift frühzeitig offenbar eigens das Amt einer «cimiliarcha», einer Schatzbewahrerin, einrichtete, bezeugt ein Verzeichnis, das sich in einem Evangeliar Ottos III. in einer Schrift des beginnenden 11. Jahrhunderts eingetragen findet: «8 emaillierte, 5 goldene und 6 silberne Kreuze, 12 mit Edelsteinen geschmückte Reliquienflaschen, ein teilweise vergoldetes Christuskind aus Silber, ein Elfenbeinmedaillon (?) in Gold gefaßt, drei silberne Gießgefäße (?), eine goldgefaßte Krebsschere, eine emaillierte Kapsel, drei elfenbeinerne Schreine mit Heiligenreliquien, 2 vergoldete Silbereimer, ein Silberbecher, eine vergoldete Silberplatte, ein vergoldeter Silberadler,

Zu den bei Kriegsende mit Hilfe der US-Feldpost nach Whitewright/Texas verbrachten Stücken des Quedlinburger Domschatzes gehörten besonders die Bergkristallgefäße, die der Oberleutnant Joe Tom Meador «in der Gosse gefunden» hatte, wie er seinen Freunden erzählte. Geschnittene Bergkristalle aus der Fatimidenzeit (10.–12. Jahrhundert) wurden wegen ihrer Unzerbrechlichkeit und Klarheit besonders geschätzt und waren deshalb als Reliquienbehälter hochbegehrt. Sie kamen im Frühmittelalter zumeist als Herrschergeschenke in die Kirchenschätze; in Norddeutschland waren sie nirgends in so großer Zahl zu finden wie in Quedlinburg. Der zu einem Reliquienostensorium umgearbeitete fischförmige Flakon, ursprünglich zum Aufbewahren von Schminke hergestellt, enthält ein Haar der Gottesmutter Maria; beide Teile, Reliquie und Gefäß, gehen auf Kaiser Otto III. zurück, der die Kostbarkeit am ehesten bei seinem Osteraufenthalt im Jahre 1000 dem Stift geschenkt haben könnte, als er seine im Jahr zuvor als Äbtissin eingesetzte Schwester Adelheid besuchte.

5 Kristalle (beziehungsweise Kristallbehälter), eine Goldschale, 53 Goldkapseln.»

Manche Kuriosität wurde aufbewahrt und verehrt, die vor den Augen heutiger Altarpuristen kaum bestehen könnte: ein Haar der Jungfrau Maria, gestiftet von Kaiser Otto III. – so steht es auf einem Bergkristallbehälter in Fischgestalt –, ein Tropfen der Muttermilch Mariens, ein fast einen halben Meter hoher Alabasterkrug, der auf der Hochzeit von Kanaan Verwendung gefunden habe, und andere Absonderlichkeiten mehr.

Alle diese hochgeschätzten Reliquien waren schon im 11. Jahrhundert Stiftsbesitz; in den folgenden Jahrhunderten ließ offenkundig die Spendefreudigkeit nach, und bereits daran läßt sich ablesen, daß Quedlinburg seine größte Zeit hinter sich hatte. Zu den Besonderheiten des Heiltumschatzes ließen sich auch die corpora der Heiligen Stephana und Laurentia zählen, die wahrscheinlich aus den Katakomben geborgen und im damaligen Verständnis als Märtyrer angesehen wurden. Einen Namen für die anonymen Gerippe zu erfinden, war eine Kleinigkeit, ähnlich wie im 12. Jahrhundert Köln einen emsigen Export von Reliquien der angeblich in Köln von den Hunnen niedergemetzelten 11000 Jungfrauen betrieb, als man auf einen Friedhof aus heidnisch-römischer Zeit stieß. Otto dem Großen werden die bereits mit Namen versehenen corpora angeboten worden sein. Die Quedlinburger Stephana und Laurentia stehen nicht in den gängigen Heiligenkalendern, und offenbar existieren auch keine Legenden oder Translationsberichte über sie, wie bei den Heiligen Digna und Emerita, von denen Sigebert von Gembloux in seiner Vita des Bischofs Dietrich von Metz (965–984) berichtet. Sie waren zusammen mit anderen corpora in der Vorhalle der Kirche des heiligen Marcellus in Rom gefunden worden und nahmen als frisch kreierte Märtyrerinnen während der Romreise Ottos I. von 972 ihren Weg nach Deutschland.

Untergebracht war und ist der Domschatz auch heute noch zum größeren Teil im sogenannten Zitter, einem ummauerten Raum, sprachlich wahrscheinlich abzuleiten von «sanctuarium» oder «secretarium», nach dem Grimmschen Wörterbuch eines jener seltenen Wörter, die in allen Geschlechtern vorkommen: der, die oder das Zitter. Zitter sei überdies ein Ausdruck, der, im Mittelniederdeutschen seit dem 14. Jahrhundert belegt, «nur im nördlichen Harzvorland» begegnet, also reines Harzidiom darstellt. In Quedlinburger Kirchenbesitz befanden sich auch wertvolle Stücke, die älter sind als das Stift selbst und die in der Glanzzeit der ersten Jahrzehnte in das Stift gekommen sein dürften: zum Beispiel ein im französischen Nonnenkloster Chelles um 800 geschriebener Codex von Hieronymusbriefen; vor allem eine um 420 angelegte, mit herrlichen Illustrationen versehene lateinische Bibelhandschrift in der sogenannten Itala-Version, die 1618 bis 1628 in der Quedlinburger Buchbinderwerkstätte des treuherzigen Asmus Reitel zu Dekkelversteifungen verarbeitet worden ist und von der gerade noch sechs Blätter existieren. Das wertvollste Stück jedoch dürfte das nach dem Namen des Schreibers benannte «Samuhel-Evangeliar» sein, ein in goldener Tinte im zweiten Viertel des 9. Jahrhunderts möglicherweise in Augsburg geschriebener Codex, geschmückt mit Bildern der Evangelisten und gefaßt in einem kostbaren Einband der Zeit um 1230. Über dieses Evangeliar, das seit Kriegsende bis in die achtziger Jahre als «Kriegsverlust» galt, bahnte sich die spektakuläre Rückgewinnung der in die USA gelangten Teile des Domschatzes an.

«Quedlinburg – Texas und zurück»

Unter diesem Titel erschien 1994 ein Buch, ein «Kunst-Krimi», wie es in einer Besprechung heißt, der die Rückführung oder besser: den Rückerwerb der 1945 nach Texas verschleppten Stücke des Quedlinburger Domschatzes beschreibt. Der mit mancherlei Mystifizierung umwobene Vorgang hat folgenden Kern: Der Quedlinburger Domschatz wurde 1942 in Kisten verpackt und vor den drohenden Luftangriffen in die sogenannte Altenberg-Höhle vor der Stadt geschafft. Der amerikanische Artillerie-Oberleutnant Joe Meador entwendete aus den aufgebrochenen Kisten ein Dutzend Preziosen, die er in Feldpostpäckchen in seine texanische Heimat Whitewright schickte, einen kleinen Farmerort an der Grenze zu Oklahoma, und erfreute sich nach seiner Ausmusterung an diesem Besitz, den er Freunden zeigte, nicht ohne daß sich die Zahl der Stücke verminderte. Nicht Joe Meador, der 1980 starb, wohl aber seine in Finanznöte geratenen Erben versuchten den Schatz in Geld umzusetzen, und es bahnten sich Kontakte und Verhandlungen an, in die bald deutsche Stellen eingeschaltet wurden. Als erstes wurde das Samuhelevangeliar auf teilweise abenteuerliche Weise transferiert, dann allmählich die übrigen noch erhaltenen Stücke für eine Gesamtsumme von 6370000 DM: hoch und anrüchig, wenn man bedenkt, daß es sich um erwiesenes Diebesgut handelt, das zum Eigentümer zurückkehrt; erträglich angesichts der anstehenden und gewiß sich lang hinziehenden Rechtsstreitigkeiten mit durchaus nicht sicherem Ausgang und preisgünstig geradezu im Vergleich zum hinterlegten Betrag des Evangeliars Heinrichs des Löwen, das alles in allem gegen 38 Millionen gekostet hat.

Wie auch immer: In der renovierten Quedlinburger Stiftskirche St. Servatius im gründlich überholten und mit Sicherheitsvorrichtungen versehenen «Zitter» ist der bis auf wenige Stücke wieder vollständige und eigentlich durch seine Schicksale berühmt gewordene «Domschatz» seit September 1993 zu sehen.

Vom Stift zum Salon: die evangelischen hochadligen Damen

Nicht vom «Domschatz», sondern von «Kunstschätzen» wird gesprochen, die ihre angestammte Heimat gefunden hätten, obwohl es sich um heiliges Gerät handelt: um Reliquiare, Tragaltäre, Bibeln, denen ein hoher religiöser Wert anhaften sollte. Den freilich haben die Gegenstände in einer evangelischen Kirche eingebüßt, wo Heilige nicht mehr angerufen und Reliquien nicht mehr verehrt werden. Mit der Reformation verlor das numinose Potential, das die Sachsenherrscher für ihr und anderer Menschen Seelenheil mit Eifer aufgehäuft hatten, seinen Wert – und auch das Quedlinburger Stift büßte seine Bedeutung ein. Nun war Quedlinburg niemals gerade ein Ort religiöser Inbrunst gewesen. Man lebte bequem nach der für ihre Großzügigkeit bekannten Aachener Kanoniker-Regel von 816, die Fleischgenuß und lässige Kleidung erlaubte, und nahm weiter, um unter sich zu sein und den Besitzstand zu halten, nur Adlige auf. 1514 war die dreizehnjährige Anna von Stolberg zur Äbtissin erhoben worden, Papst Leo X. und Kaiser Maximilian I. bestätigten ihre Wahl. Unter dem Einfluß städtischer Prediger neigte Anna bald dem neuen Glauben zu, und sie nutzte den Tod des unerschütterlich an der alten Kirche festhaltenden Georg des Bärtigen von Sachsen († 1539), der eine geradezu persönliche Feindschaft gegen Luther, den nach seiner Meinung «meineidigen Mönch», hegte, um 1540 mit allen Stiftsdamen zum protestantischen Glauben überzutreten. Als evangelisches Damenstift und als reichsunmittelbare Fürstabtei – die Äbtissin galt als vornehmste unter den Reichsfürstinnen und hatte bei Reichstagen Sitz und Stimme auf der rheinischen Prälatenbank – bestand der Konvent bis zur Säkularisation, während die Stiftskirche zur protestantischen Pfarrkirche umgestaltet wurde.

In einer eigenen Welt bewegte sich das Stiftsleben der protestantischen hochadligen Damen, selten durch Aufregungen gestört, wie

etwa durch den Entschluß eines Stiftsfräuleins, in den Stand der Ehe zu treten. August der Starke brachte seine in die Jahre gekommene Geliebte, die Gräfin von Königsmarck (1662–1728), 1698 hier unter, und über das Propstamt war ihr der Rang der Äbtissin in Aussicht gestellt. Dagegen wehrten sich zwei Gräfinnen von Schwarzburg – fünfundzwanzig Jahre länger im Stift –, so daß eine bis 1718 währende Vakanz eintrat. Was nicht einmal die tief einschneidende Reformation gebracht hatte, war durch Neid und Mißgunst eingetreten. 1755 wurde die preußische Prinzessin Anna Amalia (1755–1787), eine Schwester Friedrichs des Großen, als Äbtissin eingeführt, doch bezog sie, obwohl das Kapitelstatut das Verlassen des Konvents verbot, Residenz in Berlin, und ihre Nachfolgerin, die schwedische Prinzessin Sophia Albertina (1787–1802), die sechsunddreißigste und letzte Äbtissin, hielt es wenig anders. Als auch die Pröpstin ihren Sitz zu verlegen pflegte, lebten häufig nur noch zwei ‹Kapitularinnen› im Stift. 1803, mit dem Inkrafttreten des Reichsdeputationshauptschlusses, wurde das säkularisierte Stift als ‹Fürstentum› Quedlinburg dem preußischen Staate einverleibt.

Anna Amalie von Preußen, 1723 als zwölftes Kind des «Soldatenkönigs» Friedrich Wilhelms I. (1713–1740) geboren und elf Jahre jünger als ihr Bruder Friedrich II. (1712–1786), wurde 1744 als Einundzwanzigjährige vom Kapitel zur Koadjutorin des Quedlinburger Stiftes gewählt. Zuvor jedoch mußten ernste Bedenken aus dem Weg geräumt werden: das Stift war streng lutherisch, und es bedurfte eines eigenen Gutachtens, bis die reformiert protestantische Prinzessin aufgenommen werden konnte. 1755 wurde Anna Amalie Äbtissin, und zweiunddreißig Jahre, bis zu ihrem Tod 1787, stand sie dem Stift vor. Sie bewährte sich sowohl als Organisatorin in den Zeiten des Siebenjährigen Kriegs wie auch bei der Reform des üppigen Quedlinburger Festkalenders. Die musikalisch Hochbegabte, die Voltaire für die klügste Frau am preußischen Hof hielt, hat ihr vielleicht schönstes, wenn auch nicht ihretwegen beachtetes Denkmal in Adolph Menzels (1815–1905) «Flötenkonzert in Sanssouci» (1852) erhalten, wo sie, den Fächer in der Hand, als mittlere in der Damengruppe zu sehen ist. Menzel stellt sie in einem reichen, höfischen Seidenkleid dar, ohne sie als Stiftsfräulein zu kennzeichnen; obwohl die Konventsordnungen den Kleiderluxus des Rokoko von den Klöstern fernhalten wollten, wurden die an monastische Vorbilder anknüpfenden Trachten zunehmend auf die Gottesdienste beschränkt und die Zugehörigkeit zum Konvent seit dem 18. Jahrhundert häufig nur durch ein ordensähnliches Zeichen ausgedrückt.

Von Heinrich I. zu Heinrich Himmler

Die Stiftskirche führte als Pfarrkirche ein eigenes Dasein; vom 18. Jahrhundert an versuchte man, durch Ausgrabungen Genaueres über ihre frühere Geschichte zu ermitteln; die Anstrengungen galten vor allem dem Grab Heinrichs I. Man grub 1756 den Boden der Krypta unter den als Grababdeckungen geltenden Platten auf, fand jedoch unter dem vermeintlichen Heinrichsgrab nur ein Bohlenstück und unter der zweiten Platte den inschriftlich bezeugten Sarkophag der Königin Mathilde, in dem allerdings über «einige(n) ganz dünne(n) und schwarze(n) Rippen» noch «zweierlei Gattung von Beinknochen» lagen. Man begnügte sich mit einer einfachen Feststellung des Fundes und verzichtete auf eine Deutung. Erst als 1862 eine durchgreifende Erneuerung der Kirche nötig wurde, wurden neue Ansichten von der Krypta gewonnen: Man ergrub 1869 eine vertiefte Confessio, die offenbar nach dem Tod der Königin Mathilde (968) angelegt worden war, und fand 1878 bei weiteren Grabungen – an der Stelle, wo man schon 1756 nach dem Heinrichsgrab geforscht hatte – einen zentral gelegenen tiefen Schacht, doch von den Gebeinen des Königs gab es auch diesmal keine Spur.

Von eigener Art waren die Versuche des Reichsführers-SS Heinrich Himmler, in der Quedlinburger Stiftskirche an der «Gruft König Heinrichs I.» eine Art Weihestätte einzurichten. Am 2. Juli 1936 legte Himmler in SS-Parade-Montur mit umgeschnalltem Degen an der –

In der Vorstellungswelt Heinrich Himmlers (1900–1945) spielte König Heinrich I. eine überragende Rolle; der Reichsführer SS verstieg sich sogar zu dem Gedanken, eine Reinkarnation dieser «germanischen Persönlichkeit» zu sein, die den Grundsatz der Gefolgschaftstreue «in schärfstem Gegensatz zu den karolingischen kirchlich-christlichen Regierungsmethoden wiedereingeführt» habe. Die Photographie von der Kranzniederlegung Himmlers am Grab König Heinrichs I. (919–936) aus Anlaß von dessen tausendstem Todestag am 2. Juli 1936 mit ihrer schaurig-düsternen Atmosphäre legt eine Sicherheit nahe, die der Hauptakteur der Feier am wenigsten hatte, der in der Sondernummer der Zeitschrift «Germanien» zu diesem Ereignis schrieb: «Die Gebeine von ihm, dem vielleicht größten König der Deutschen, sind heute nicht mehr aufzufinden – eine Schmach für das gesamte deutsche Volk. Wo sie sind, weiß niemand.» Um diese Schmach zu tilgen, grub die SS in der Quedlinburger Krypta und glaubte ein Jahr später, den Fund der Gebeine Heinrichs I. vermelden zu können, doch hielten solcherlei Schlüsse der wissenschaftlichen Kritik nicht stand.

wie er selbst zugeben mußte – leeren Gruft Heinrichs I., des «Gründers des ersten deutschen Volksreiches», zu dessen tausendjährigem Todestag einen Eichenlaubkranz nieder. Ein Ehrenposten der Waffen-SS mit Gewehr und aufgepflanztem Bajonett hielt Wache. Ein Jahr später, im Jahre 1937, wurde in der nationalsozialistischen Parteipresse die Nachricht verbreitet, man habe die Gebeine Heinrichs I. gefunden, dessen Schädel «ein Stirnband mit Schmuckbesatz» getragen habe, was als «Unterteil der Hasenfellkappe» zu deuten sei.

In der Nacht zum 2. Juli 1937 wurden in Anwesenheit eines kleinen, ausgewählten Personenkreises, hauptsächlich von SS-Größen im Gefolge Himmlers, «die in wissenschaftlicher Forschung nachgewiesenen Gebeine Heinrichs I.» in der Quedlinburger Gruft «wiederbeigesetzt. ... Unter ergriffenem Schweigen der Anwesenden [war] in feierlicher Form die Einsargung vorgenommen und der Sarkophag geschlossen und versiegelt [worden]. Als Zeugen dieser geschichtlichen Stunde unterzeichneten alle Anwesenden die Wiederbeisetzungsurkunde.»

Die überzogene Veranstaltung hatte für Himmler, der innerhalb der SS den Spitznamen «König Heinrich» trug, seinen besonderen Grund. Himmler glaubte an Karma und Wiedergeburt, und «besonders liebte [er] die Bhagavad-Gita», die «er ... immer mit sich führte» (J. Ackermann). Nach dem Bericht seines Leibarztes Felix Kersten hielt sich Himmler für eine Reinkarnation Heinrichs des Löwen, und zu Heinrich I. mag er ähnlich empfunden haben. Es heißt, als er «im Dom von Quedlinburg vor der Gruft König Heinrichs I. stand, soll er sich gelobt haben, die Ostmission, die dieser begonnen und Heinrich der Löwe weitergeführt hatte, zu vollenden ... Heinrich I. war ihm einer seiner stillen Ratgeber, er glaubte seine Sprache zu verstehen, wenn er sich in ihn vertiefte.»

Aber die Annahme Himmlers, am Grabe Heinrichs I. zu stehen, war ein Hirngespinst. Eine seriöse Analyse der Quellen und der Grabungsnachrichten, an der sich auch der unbestechliche Mittelalterforscher Carl Erdmann (1898–1945) mit dem berühmt gewordenen und mehrfach nachgedruckten Aufsatz «Das Grab Heinrichs I.» beteiligte, wies nach, daß es sich bei der Grabanlage um nicht näher bestimmbare Gebeine, wahrscheinlich die eines Heiligen, handle. Auf jeden Fall müssen die Überreste Heinrichs I., im Gegensatz zu denen der Königin Mathilde, als verschollen gelten. Der SS-Posten wurde stillschweigend abgezogen. Vielleicht sind die Gebeine Heinrichs I. im 18. Jahrhundert, wie die jüngere Forschung nach Erdmann anzunehmen bereit ist, in einem Bleischrein geborgen worden, zusammen mit anderen Skelettüberresten. Immerhin konnten die Grabungen ohne ideologische Zwänge bis 1942 fortgeführt und nach dem Kriege ausgewertet und veröffentlicht werden. Die Stiftskirche selbst, die in den letzten Kriegstagen unter Artilleriebeschuß gelitten hatte, ist bald nach Kriegsende instand gesetzt worden, das zerstörte Turmpaar wurde wieder aufgebaut. Den Schatzraum hat man 1959 bis 1962 überholt und ergänzt. Der fast wieder vollständige Domschatz bedingte eine weitere bauliche Veränderung, und seit 1993 sind die Stücke, die nicht zuletzt den «Glanz» der Quedlinburger Stiftskirche ausmachten, im «Zitter» zu sehen.

III
Abwendungen

Der «schnöde Gewinn» oder das Zinsverbot im Mittelalter

«Was ist der Einbruch in eine Bank gegen die Gründung einer Bank?» So fragt der Londoner Straßenbandenchef Macheath, genannt Mackie Messer, in Bertolt Brechts (1898–1956) Dreigroschenoper bei seinem Gang zum Galgen, vor dem er selbstverständlich gerettet wird: «Was ist ein Dietrich gegen eine Aktie? Was ist der Einbruch in eine Bank gegen die Gründung einer Bank?» Die Provokation ist deutlich: im kapitalistischen, auf Gewinnmaximierung abzielenden und sich heuchlerisch rechtsstaatlich gebenden System stecke mehr Ausbeutung als im Verbrechen eines Bankeinbruchs; eine Bank schaffe auf vordergründig legale Weise mehr beiseite als ein Einbrecher, und Brecht treibt seinen Zynismus so weit, daß er Mackie Messer die Absicht äußern läßt, «ins Bankfach überzugehen», sozusagen in das zum Straßenraub benachbarte Gewerbe. Banken schröpfen in großem Stil, und nicht Einbrecher, wohl aber Banken haben die Macht, politische Verhältnisse zu verändern. Thomas Jefferson (1743–1826), dritter Präsident der Vereinigten Staaten, faßte seine Erfahrung in dem Satz zusammen: Banken seien gefährlicher als stehende Armeen.

Daß Banken in unserem Staats- und Gesellschaftssystem Zins nehmen und gewähren, ist uns völlig selbstverständlich, und der hier zuweilen bemühte Paragraph 138 des Bürgerlichen Gesetzbuches über die Sittenwidrigkeit betrifft nur «wucherähnliche Geschäfte», nur die Relation zwischen Vertragszins und dem von der Deutschen Bundesbank festgelegten Marktzins, die nicht «in auffälligem Mißverhältnisse» (so das Gesetz) stehen dürfen, etwa – wie jüngst entschieden worden ist – wenn bei einem Teilzahlungskredit der Marktzins um mehr als 100 Prozent überschritten wird. Der Zins als solcher gehört zu unserer Gesellschaftsordnung.

Angesichts dieser Selbstverständlichkeit erscheine es «fremdartig und fast widersinnig», wie die Kirche des Mittelalters «ein Verbot des Zinsnehmens erlassen und an dem Lehrsatz, welcher die Zinslosigkeit des Darlehens ausspricht, Jahrhunderte hindurch mit Zähigkeit festhalten konnte», bis sie «schließlich gegen die Rechtmäßigkeit des Zinses nichts einzuwenden hatte» (M. Austen). Diese Verwunderung ist in einer modernen «Zeitschrift für den katholischen Klerus» ausgesprochen und zeigt, wie die scheinbar unveränderte christliche Morallehre sich den Gegebenheiten anpaßt. Man hält die Behandlung des Zinses während der mittelalterlichen Jahrhunderte zugleich für ein «social paradigma» dafür, wie sich das Rechtsleben und die Rechtswissenschaft unbeeindruckt von strengen religiösen Grundsätzen entwickeln können (B. Clavero).

Antiker Zinsrahmen und biblisches Zinsverbot

Schon die Antike – von Aristoteles (384–322 v. Chr.) an – hat den Kapitalgewinn und das Zinsnehmen als Verstoß gegen die Natur, die vor jeden Gewinn Leistung setze, theoretisch häufig abgelehnt, und die Geldverleiher mußten sich den Geruch der Unanständigkeit gefallen lassen. Plautus (ca. 250–184 v. Chr.) fand sie schlimmer als die Zuhälter, die «wenigstens an dunklen Orten ihre Dienste anbieten», während die Geldverleiher «sogar auf dem Marktplatz» ihr Geschäft betrieben. Cicero urteilte ähnlich. Wie die Zöllner fielen sie dem Haß der Menschen anheim.

Offenbar war in der Frühzeit der römischen Republik der Zinsfuß frei, doch pendelte sich bald ein Normalzins von $^1/_{12}$ des geliehenen Kapitals ein, 8 $^1/_3$ Prozent jährlich, wobei als Maximalzins 12 Prozent jährlich angegeben wurde, monatlich zu entrichten, 1 Prozent also im Monat. Kaiser Diokletian (284–305) hatte nicht nur sein berühmtes Preisedikt erlassen, in welchem die jeweilige Preishöchstgrenze für verschiedene Waren festgelegt war; er schrieb auch eine Zinsgrenze von 12 Prozent vor und begründete die Lehre der «laesio enormis», der «ungeheuren Verletzung» eines Vertrages, sei es daß ein Grundstücksverkäufer nicht einmal die Hälfte des wahren Wertes erhalten hatte oder der Zinsfuß unangemessen hoch war. Die «laesio enormis» entspricht dem «auffälligen Mißverhältnis», das unser Bürgerliches Gesetzbuch nicht zuläßt. Konstantin der Große (306–337) übernahm denselben Ansatz von 12 Prozent, Justinian I. (526–565) – im Gegensatz zu Konstantin ein betont christlicher und dogmatisch interessierter Kaiser – bestimmte als Limit 6 Prozent Zins für Geld- und 8 Prozent für Handelsdarlehen. Die Wirkung solcher staatlichen Eingriffe war allerdings gering, denn es konnte ein Privatvertrag vorbei an der staatlichen Ordnung getroffen werden.

Daß überhaupt ein Zins in einer christlichen Gemeinschaft zugelassen wurde, steht im Widerspruch zu zentralen Aussagen der Bibel. Zinsnehmen in jeder Höhe wurde als Wucher und als Heilsgefährdung angesehen, und diese Ablehnung findet sich in beiden Testamenten. Im Alten Testament wurde auf Psalm 14, 5 verwiesen, daß nur derjenige «im Haus des Herrn wohnen» werde, der «sein Geld nicht auf Wucher gebe». Wichtig ist eine Stelle aus dem 5. Buch Moses 23, 19f., deren Differenzierung später Gegenstand vieler Deutungen wurde: «Du sollst von deinem Bruder nicht Zins nehmen, weder mit Geld noch mit Speise noch mit allem, womit man wuchern kann. Von den Fremden magst du Zinsen nehmen, aber nicht von deinem Bruder, auf daß dich der Herr, dein Gott, segne in allem ...» Auch das Neue Testament ist in der Zurückweisung eindeutig. Die Seligpreisungen Christi beim Evangelisten Lukas 6, 34f. münden in die Worte ein: «Und wenn ihr leihet, von denen ihr hoffet zu nehmen, was für Dank habt ihr davon? ... Leihet, daß ihr nichts dafür hoffet, so wird euer Lohn groß sein.»

Insgesamt genommen ist die Zahl solcher das Zinsnehmen ablehnender Bibelstellen nicht groß, aber ihre Wirkung wurde gewaltig gesteigert durch die Exegese, die sich an sie knüpfte. Die Kirchenväter haben durchweg das Zinsnehmen geradezu wütend bekämpft und sogar den gewinnbringenden Handel für heilsgefährdend gehalten: «weil es ja schwierig ist, daß ein Handel zwischen Käufer und Verkäufer ohne Sünde abläuft», so Papst Leo I. (440–461), dessen Kaufmannsverdikt nahezu alle bedeutenden Kirchenrechtssammlungen des Mittelalters aufgenommen haben, auch im 12. Jahrhundert Gratian in seinem Dekret, so daß es bis 1918 Bestandteil des Kirchenrechts war. Ein solches Urteil steht nicht allein. Einer der einflußreichsten Kommentare zum Matthäus-Evangelium, das mit seinen rund 200 Handschriften ganz ungewöhnlich verbreitete sogenannte «Opus imperfectum» aus dem 6. Jahrhundert – das Werk lief im Mittelalter unter dem Namen des Kirchenvaters Johannes Chrysostomus; erst Erasmus hat es ihm abgesprochen –, gibt der Austreibung der Wechsler aus dem Tempel folgende Auslegung: Jesu Tun bedeute, «daß ein Mensch, der Kaufmann ist, kaum oder niemals Gott gefallen kann. Und daher darf kein Christ Kaufmann sein, oder wenn er es sein will, soll er aus der Kirche hinausgeworfen werden.» Die Sünde, die Lüge eines Kaufmanns, entsteht dadurch, daß der Verkäufer den Wert einer Ware hoch ansetzt, der Käufer aber niedrig, daher gehe es nie ohne Lug und Trug ab. Verpachten oder Vermieten allerdings sei erlaubt. Über ein Dutzend Kapitel des Pseudo-Chrysostomus galten gleichfalls bis 1918 für beachtenswert.

Wucherverbote und soziale Macht

Neben die Aussagen der Kirchenväter und Exegeten traten früh massive kirchliche Verbote. Das angesehenste Konzil der Christenheit, das 1. Ökumenische Konzil, die Kirchenversammlung von Nikäa (325), bestimmte ausdrücklich (Kanon 17), daß alle «Geistlichen, die aus Habsucht schnödem Gewinn (turpia lucra) nachjagen» und Zinsen nehmen, degradiert und aus dem geistlichen Stand ausgeschlossen werden sollen. Papst Leo I., dessen böse Aversion gegen den Kaufmann wir schon kennengelernt haben, dehnte das Verbot auf die Laien und damit auf alle Christen aus. Nikäa und Papst Leo I. sind die Kardinalzeugen für das Verbot, und sie sind im Mittelalter tausendfach angerufen worden.

Die Zahl und die Verschiedenheit solcher Verbote ist groß. Manchmal wird das Zinsnehmen grundsätzlich verboten, manchmal nur das Zinsnehmen jenseits des sittlichen Maßes. Es besteht aber kein Zweifel, daß man sich bemühte, ein Bewußtsein aufrechtzuerhalten, daß «eigentlich» die Geldleihe gegen Zins unerlaubt und der Wucher – meist handelt es sich um Getreidewucher – unbedingt verwerflich sei, und selbst die Mönchsregel des heiligen Benedikt gibt hier Verhaltensvorschriften. Im 57. Kapitel heißt es: Bei der Festsetzung des Preises solle sich nicht Habsucht einschleichen, ja, man solle sogar noch etwas billiger verkaufen als es die Weltleute tun können.

Karl der Große (768–814) erließ Antiwuchergesetze, und Konzilien schritten gegen Zins und Wucher ein; besonders sein Sohn Ludwig der Fromme (814–840), der mit Eifer auf die Einhaltung kirchlicher Vorschriften achtete, bekämpfte das Übel – mit kümmerlichem Erfolg. Ergreifend ist ein Kapitel der Pariser Reformsynode von 829, wo das Protokoll plötzlich ausbricht zu einer Klage über die damalige Wucherpraxis: «Da kommt ein Armer zur Zeit des Hungers, ohnehin durch allseitigen Mangel schon geschwächt, zu einem Wucherer, gleich wie ein Bruder zu einem Bruder ... und bittet ihn, ihm das zu leihen, was er zur Linderung seiner Notlage brauche. Vom Wucherer pflegt er folgende Antwort zu empfangen: ‹Ich habe kein Getreide oder sonst Eßbares zum Verleihen, sondern eher zum Verkaufen. Wenn du kaufen willst, dann bring' das Geld und nimm's.› Darauf der Arme: ‹Ich habe kein Geld, mit dem ich das, was ich brauche, kaufen könnte, aber ich bitte dich, erbarme dich meiner und leih' mir, wie immer du willst, was ich brauche, damit ich nicht Hungers sterbe.› Dem entgegnet der Wucherer: ‹So viele Denare, wie ich jetzt für einen Scheffel meines Getreides bekommen kann, gibst du mir zur Zeit der neuen Ernte, oder du ersetzt mir den Wert vollständig in Getreide, Wein und anderen Früchten.› So kommt es, daß sie für einen solchermaßen geliehenen Scheffel Getreide zur Zeit der Ernte drei oder gar vier gewaltsam aus den Armen herauspressen.» Die Bischöfe fügen hinzu, daß die Armen auf diese Art und Weise in immer größere Not gerieten. Man hat zu bedenken, daß wegen der hohen Rückforderung häufig auf Saatgut zurückgegriffen werden mußte, so daß die Schere von Forderung und geerntetem Gut immer weiter auseinanderklaffte. Am Ende konnte der Druck so groß sein, daß sich die bäuerlichen Schuldner den Forderungen durch Flucht entzogen, zu Banden zusammenrotteten und durch Raub den Lebensunterhalt verschafften.

Ungehemmtes Gewinnstreben und konziliare Zinsverbote

Die Wirklichkeit widersprach kraß den bibelfrommen Vorsätzen. «Potentes», mächtige Grundbesitzer – ein fester Begriff –, horteten nicht selten Getreide, um es in Zeiten von Knappheit oder Hungersnot zu überhöhten Preisen zu verkaufen. Auch geistliche Einrichtungen – vielfach Klöster – trieben üblen Wucher. In aller Unschuld lobte der Klosterchronist von Saint-André bei Brügge seinen Abt: Er habe so tüchtig gewirtschaftet, daß der «Mangel der Nachbarn ihm zur Fülle gereichte». Mit anderen Worten: Er hatte Vorräte angelegt, die er in Zeiten der Not überteuert verkaufte, wie es die Reformsynode von 829 beklagt hatte. Da ist auch der Diakon Wilhelm in Katalonien, der trotz seines geistlichen Standes offenbar ungehemmt Wuchergeschäfte betrieben und bei seinem Tod 1018 in seinem Testament die Außenstände beschrieben hatte, um mit den Worten zu schließen, man möge den zahlungsunfähigen Armen die Schulden erlassen «wegen Gott und zur Rettung meiner Seele».

Die Unbekümmertheit dieses offen und mit Eifer Geld verleihenden katalonischen Diakons Wilhelm kann als Beleg für die Wirkungslosigkeit aller kirchlichen und weltlichen Ermahnungen gelten. Ihm machte es offenbar nichts aus, von Verboten umstellt und von Absetzung bedroht zu sein. Außer den Kirchenväterschriften, den Papstdekretalen, den Konzilsbeschlüssen, den Herrschererlassen waren es nicht minder Bischofskapitularien – Anweisungen des Bischofs an die Geistlichkeit seiner Diözese –, die sich gegen Zins und Wucher wendeten. Frühmittelalterliche Bußbücher hatten feste Taxen für jemanden, der «Wucher ganz gleich woraus zog»: drei Jahre Wasser und Brot.

Mit diesen ganzen Vorschriften hatte es freilich zuweilen noch eine eigene Bewandtnis. Bei uns sorgte früher die Reichs- und sorgt jetzt die Bundesdruckerei für einwandfreie Gesetzes- und Verordnungstexte, streng überwacht, so daß wohl über die Interpretation eines Textes, nie aber über den Wortlaut Unsicherheit besteht. Der Mönch in seiner Schreibstube, der normative oder ähnlich geartete Texte abschrieb, konnte durch Unaufmerksamkeit, aber auch willentlich manche Veränderung herbeiführen. Ein aus dem römischen Recht überkommener Satz (Codex Theodosianus II 33, 1) lautete, es sei untersagt (vetatur), mehr als ein Prozent Zins zu nehmen, jene Regel, der wir bei den Kaisern Diokletian und Konstantin begegnet sind. Ein Prozent im Monat, 12 Prozent im Jahr erschien unserem fränkischen Schreiber offenbar zu wenig, und er setzte kurzerhand ein «nicht» davor: es sei nicht untersagt (non vetatur), mehr als ein Prozent zu nehmen. Aber nicht nur durch Hinzusetzen, auch durch Weglassen wurde manches reguliert. Benedictus Levita im 9. Jahrhundert unterschlug in einem laufenden Text einfach den Satz, daß es «keinem Geistlichen erlaubt ist, aus irgendeiner Sache Wuchergewinn zu ziehen». Diese «kleinen Täter» haben die ablehnende Grundeinstellung gegenüber Zins und Wucher sicher nicht verändert, aber ihr leicht duckmäuserisches Tun zeigt an, daß man gegen den Stachel zu löcken bereit war, wie eben der unverfroren auftretende Diakon Wilhelm aus Katalonien.

Man hat dabei die Wirtschaftsform der Zeit zu bedenken. Im Früh- und Hochmittelalter war die Natural- und Tauschwirtschaft vorherrschend, aber fraglos gab es schon Geldverkehr und Edelmetallhortung, und fraglos ist auch für das Früh- und Hochmittelalter die in älteren Wirtschaftsgeschichten aufgestellte Behauptung nicht zutreffend, es habe nur eine statische «Idee der Nahrung» gegeben. Die These von dem auf Saturierung der Lebensbedürfnisse örtlich beschränkten Handel ist längst durch Quellenbelege korrigiert. Der über die Grenzen wandernde Kaufmann begegnet bereits in der karolingischen Gesetzgebung; es gab so etwas wie Ausfuhrverbote z. B. für manche Gegenstände der Bewaffnung: ein Indiz für einen weitreichenden Handel. Marktorte und Markttage wurden eingerichtet, durch Privilegien gesichert, und viele Niederlassungen – besonders im deutsch-französischen Grenzraum – sind über eine Marktsiedlung zur Stadt aufgestiegen. Umgekehrt haben Herrschaftsträger und Territorialherren Fernhändler zur Ansiedlung durch Vorrechte angelockt; sie gaben ihnen Grundbesitz und Sicherheitsgarantien wie die Zähringer in Freiburg und der Graf von Schauenburg und Heinrich der Löwe (1142–1180) in Lübeck.

Die Causa XIV des «Decretum Gratiani» hat die Teilnahme und Mitwirkung von Klerikern an ökonomischen Verträgen zum Gegenstand, wobei außer dem Problem der Zeugnisleistung vor allem das des Wuchers behandelt wird («Es sündigt, wer mehr als das Geschuldete fordert»). Die Initiale zur Causa XIV in dieser Handschrift des zwölften Jahrhunderts aus dem oberbayerischen Prämonstratenserkloster Schäftlarn (München, Bayerische Staatsbibliothek, clm 17161 fol. 91r, geschrieben über einen Zeitraum von zwei Jahren von einem «Adalbertus presbiter») zeigt, wie ein von drei confratres umgebener Kleriker, alle tonsuriert, einem am Spitzhut erkennbaren jüdischen Geldverleiher einen Haufen Münzen in die offenen Hände gibt. Diese Darstellung eines Klerikers und eines jüdischen Wucherers weicht als einzige unter den illustrierten Gratian-Handschriften vom Dekorationstyp der Causa XIV ab. Üblicherweise ist dargestellt, wie der Bischof den nicht als Zeugen bei weltlichen Geschäften zugelassenen Klerikern die Erlaubnis zur Zeugenschaft gibt.

Keine Frage: Im profanen Bereich und in der realen Welt ist der Kaufmann geschätzt, und seine Tätigkeit wird als notwendig angesehen. Auch der Geldverkehr nahm sprunghaft zu; in Italien – in Mailand, Florenz, Prato – wurden Geldverleihinstitute eingerichtet, und der mittelalterliche Reichtum mancher dieser Städte – besonders sichtbar in Prato – geht auf ein kreditgebendes Bankgewerbe zurück.

Dennoch bleibt jene religiös-theologische Distanz, daß leichter ein Kamel durchs Nadelöhr gehe als daß ein Reicher – und zur Figur des Kaufmanns gehört der Reichtum – in den Himmel käme (Matth. 19, 24). Härter als der Kaufmann wurde der Geldverleiher angefaßt, und es ist bezeichnend, daß die theologische und kirchenrechtliche Diskussion vom 12. Jahrhundert an, angeregt einerseits von einem städtisch-wirtschaftlichen Aufschwung, andererseits von den aufkommenden Wissenschaften einer Jurisprudenz und einer scholastischen Theologie, immer heftiger wurde.

Die kirchlichen Verordnungen halten an der Ablehnung des Zinsnehmens fest, mögen auch Grad und Art der Zurückweisung verschieden sein. Als Beispiele amtskirchlicher Haltung seien einige Beschlüsse von Konzilien angeführt, die später als ökumenisch gezählt und gewertet wurden, in der Autoritätenskala also sehr hoch standen. Das zweite Laterankonzil von 1139 – das 10. ökumenische – bestrafte die Zinsnehmer mit der Infamie, mit dem Verlust der bürgerlichen Ehrenrechte, um einen modernen Ausdruck zu verwenden, und verweigerte ihnen das kirchliche Begräbnis, es sei denn, sie hätten sich vor ihrem Tode bekehrt, d.h. den Zinsgewinn dem Schuldner zurückgegeben. Das dritte Lateranum von 1179 – das nächste ökumenische – verschärfte die Strafe. Selbst wenn auf dem Totenbett der Wucherer dem Schuldner den Zinsgewinn zurückgezahlt oder eine sichere Bürgschaft abgegeben hatte, sollte ihm das Begräbnis in geweihter Erde verwehrt bleiben. Diese Kirchenversammlungen griffen auch in das öffentliche Leben ein. Das Konzil von Lyon von 1274 – auch ein ökumenisches – bedrohte jede Rechtsgemeinschaft, jedes Kollegium, mit dem Interdikt, das Wucherer in seine Reihen aufnahm; ihm, dem Wucherer, wurde die Fähigkeit abgesprochen, vor Gericht als Zeuge aufzutreten oder ein Testament zu errichten, und innerhalb eines Vierteljahres sei er aus der Gemeinschaft auszuschließen. Einen Höhepunkt der Ausgliederung des Wucherers aus der menschlich-kirchlichen Gemeinschaft stellt das Konzil von Vienne (1311) – das 15. ökumenische – dar: Die Statuten derjenigen Städte seien nichtig, die einen Darlehenszins zuließen, und jeder Richter, der einem Gläubiger Zins zuerkenne, sei zu exkommunizieren; wer es wage, gegen das Zinsverbot aufzutreten, oder wer Zweifel an seiner Berechtigung vorbringe, sei als Ketzer zu betrachten und als solcher zu behandeln. Der überführte Ketzer aber – so lautete seit dem 13. Jahrhundert die Vorschrift – war dem weltlichen Arm zu übergeben, der ihn dem Scheiterhaufen überantwortete.

Nicht ganz so heftig, aber auch ablehnend standen die weltlichen Gesetze und Rechtsbücher dem Zinsnehmen gegenüber. Die Glosse zum Sachsenspiegel nennt denjenigen Wucherer, der mehr nimmt, als er gegeben hat, und der den mit Zins belasteten Rückfluß vorher vereinbarte. Der Schwabenspiegel, um in der deutschen Rechtslandschaft zu bleiben, beruft sich auf das Kirchenrecht und verbietet das Zinsnehmen grundsätzlich.

Überlegungen zum «widernatürlichen» Zins

Die mittelalterliche Rechtswissenschaft nahm sich seit dem 12. Jahrhundert der Frage des Erlaubtseins von Zins und Gewinn an, wobei es auffällt, daß die Kanonistik, die kirchliche Rechtswissenschaft, eingebunden in die theologische Diskussion, zurückhaltender war, während die Legistik, anknüpfend an die Lehren des klassischen Römischen Rechts, einen wesentlich stärkeren Praxisbezug aufwies und den angemessenen Gewinn eher für notwendig hielt, um Handel und Gewerbe in Gang zu halten. Schließlich hantierte man hier mit Texten, in denen der Zins als selbstverständlich behandelt wurde.

Ausführlich hat sich die scholastische Theologie mit dem Zins- und Gewinnproblem befaßt und dabei manche Gedankengänge eingeschlagen, die einem heutigen Betrachter fremd vorkommen. So spielte die Überlegung eine Rolle, daß im Darlehensvertrag das Geld in das Eigentum des Schuldners übergeht, während zum Beispiel bei einem Miet- oder Pachtvertrag die Sache im Eigentum des Vermieters oder Verpächters bleibt und er aus seinem Eigentum den Zins erhält. Im Darlehensfalle aber erhalte der Gläubiger Zins von einer Sache, die ihm nicht mehr gehöre; als dem Proprietär des Geldes stände der Zins eigentlich eher dem Schuldner zu. Die Anschauung, daß das Zinsnehmen vom übereigneten Kapital verboten sei, blieb nicht ohne Folgen in der Darlehenspraxis. Man nahm einfach einen Betrag als Risikoprämie vorweg. Papst Clemens IV. (1265–68), der sich im Vernichtungskampf gegen die Staufer stark verschulden mußte, klagte, daß Darlehensgeber hohe Zinsen von der Kapitalsumme im vorhinein abzögen; so habe er einen Schuldschein über 100000 Pfund unterschrieben, jedoch nur die Hälfte dieses Darlehens erhalten, während die andere Hälfte für Zinsen – auch wenn es nicht so gemeint war – im voraus einbehalten wurde.

Ein anderer Einwand kam aus der biblisch-christlichen Vorstellung, daß jeder Ertrag Arbeit voraussetze. Geld sei unfruchtbar, aber

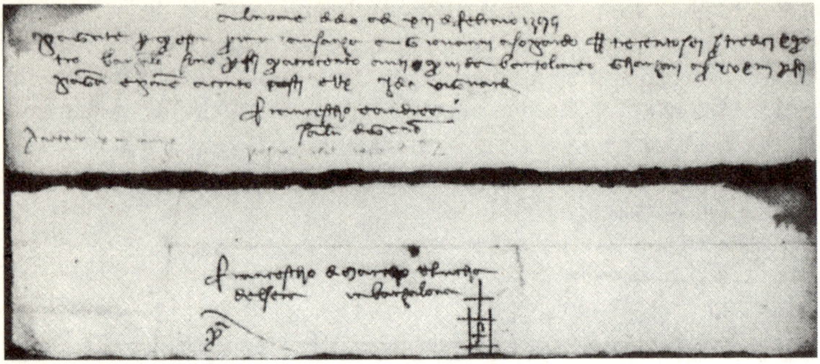

Francesco di Marco Datini (ca. 1335–1410) aus Prato baute nach einer Lehrzeit in Avignon, einem Zentrum der italienisch-mittelmeerischen Handels- und Finanzwelt während der päpstlichen Hofhaltung ebendort, den Prototyp einer «Holding» auf mit Alleininhaberfirmen und Kompanien, bestehend aus Handelsgesellschaften, Banken und Produktionsbetrieben. Fast das gesamte Geschäftsarchiv blieb zusammen mit einer frommen Stiftung von 70000 fl. nach seinem Tod erhalten; er war kinderlos gestorben. – Der Wechsel mit einer Laufzeit von einem Monat ist von den Genueser Kompagnons zur Auszahlung an die Filiale Datinis in Barcelona bestimmt (auf der Rückseite, dort auch F[rancescos] Firmensignet). Der Zins an den Einzahler versteckt sich in der Differenz des Ankaufspreises des florentinischen Goldgulden, der internationalen Währungseinheit, mit 15 s(olidi) 4 d(enarii) und dem jeweiligen Marktwert.

---

der Wucherer will, daß es sich ohne Arbeit vermehrt. «Geld gebiert nicht Geld», heißt es in einer dem Thomas von Aquin (1225–1274) zugeschriebenen Formulierung; das Geld sei für Tauschgeschäfte da, man gebe es aus, um etwas zu erhalten, oder empfange es für eine Sache; es sei jedoch «unerlaubt, für den Gebrauch geliehenen Geldes eine Belohnung zu nehmen, die man Zins nennt». Daß Geld sich unaufhörlich ohne Arbeit vermehrt, sei gegen die natürliche Ordnung Gottes. Dieser Vorwurf war Gegenstand vieler Predigten, zumal auf manchen Kirchenversammlungen – zum Beispiel auf einer Synode von Avignon (1209) – angeordnet wurde, daß über den Wucher und die Wucherer Sonntag für Sonntag gepredigt werden sollte und daß die notorischen Wucherer namentlich zu exkommunizieren seien.

Es sind gewaltige Predigten gegen Zins und Wucher gehalten worden; Berthold von Regensburg († 1272) zum Beispiel, den man den «größten Volksprediger des Mittelalters» genannt hat, machte es zu seinem Thema, hatte er doch als Franziskaner, der der Armut verpflichtet ist, besonderen Grund, gegen jegliches Gewinnstreben aufzutreten. In Predigtsammlungen ist die Verwerfung von Zins und Wucher eines der Hauptthemen. «Meine Brüder», so hebt ein Predigttext an, «kennt ihr eine Sünde, die niemals ruht, die ununterbrochen zu jeder Zeit begangen wird?... Es ist der Wucher. Das mit Zinsen verliehene Geld hört nicht auf zu arbeiten, es erzeugt ohne Unterlaß Geld, unrechtes, schändliches, verachtenswertes Geld zwar, aber Geld. Der Wucher ist ein unermüdlicher Arbeiter. Kennt ihr, meine Brüder, einen Arbeiter, der weder an Sonn- und Feiertagen, noch während des Schlafs die Arbeit ruhen läßt? Nein? Nun, der Wucher arbeitet in einem fort... Im Schlaf arbeiten! Dieses teuflische Wunder vollbringt, vom Satan angestachelt, der Wucher. Darin ist der Wucher auch die Lästerung Gottes und der Ordnung, die er schuf.» Für Zins geliehenes Geld ist wider die Natur, denn es vermehrt sich ohne eigene Leistung und ohne den von Gott gegebenen Rhythmus von Arbeit und Ruhe. Der Gewinn, sagt Bonaventura († 1274), kommt von anderswoher, nicht aus dem Geld selbst.

Der Priester sollte nicht nur gegen den Wucher predigen: Er war im Beichtstuhl mit dem Phänomen des Zinswuchers in vielerlei Gestalt konfrontiert und hatte die Frage zu beantworten: «Welche Buße sollte welcher Sünde auferlegt werden?» Es entstanden seit dem endenden 12. Jahrhundert verschiedene «Bußsummen», in denen eine weitgefächerte Kasuistik dem Priester die Beurteilung der Sünde erleichterte. Ein solches pastoraltheologisches Handbuch hat auch der Subdekan von Salisbury Thomas von Chobham († nach 1233) verfaßt, dessen Ausführungen zur «usura», zum Wucher, besonders weitgefaßt und interessant sind. In seine Fallsammlung hat er auch die Frage aufgenommen, «ob es erlaubt sei, von Heiden Wucherzins zu erheben» (Utrum liceat usuram exigere a paganis). Die Antwort zeigt das Christentum von seiner inhumanen Seite. Wird es getan, um sich zu bereichern, so ist es Wucher und sündhaft; geschieht es «zur Ehre und zur Verbreitung göttlicher Verehrung», indem der Heide so sehr geschwächt wird, daß er Gläubigen nicht mehr schaden kann, so liegt kein Wucher vor. Thomas steht hier in ehrenwerter Tradition, denn diese Anschauung geht auf den Kirchenlehrer Ambrosius († 397) zurück, der allen Ernstes verkündet hat, man dürfe Wucherzins von demjenigen nehmen, den umzubringen kein Verbrechen sei: «Wo Kriegsrecht besteht, besteht auch Wucherrecht»

Der heilige Antonius von Padua (1195–1231) erwarb sich nicht nur einen Ruf als Prediger gegen Katharer und Albigenser, sondern zog auch energisch – als Gefährte des heiligen Franz von Assisi (1185/86–1226) ganz auf das apostolische Armutsideal eingeschworen – gegen den Wucher zu Felde. Eines der am häufigsten dargestellten Wunder des Antonius ist, wie er eine Leichenpredigt über einen reichen Wucherer hält und dazu das Wort aus dem Lukasevangelium (12, 34 Matth. 6, 21) zum Motto wählt: «Wo dein Schatz ist, da wird auch dein Herz sein». Und in der Tat findet man, während der Wucherer tot auf der Bahre liegt, sein Herz nicht in seiner Brust, sondern in einer randvollen Geldtruhe auf den Münzen liegen. Die Darstellung aus dem Jahr 1525 stammt von Tullio Lombardo (ca. 1455–1532) und gehört zu den Reliefs, die die Wunder des Heiligen im Umgang der Grabkapelle in S. Antonio, Padua, zeigen.

(ubi ius belli, ibi etiam ius usurae). Es ehrt immerhin manchen mittelalterlichen Autor, daß er die Urheberschaft des heiligen Ambrosius anzweifelte und eher einem abseitigen karolingischen Ambrosius Autpertus (†784) zuweisen wollte. Auch Thomas von Chobham hat seine Zweifel an der Autorschaft des Kirchenvaters, aber wer sich hier von seiner unerbittlich unmenschlichen Seite zeigt, ist zweifelsfrei der zur Ehre der Altäre erhobene Bischof Ambrosius von Mailand.

Die Legitimation des Kapitalertrags durch Thomas von Aquin

Je stärker der Geldverkehr zunahm, vom 12. und 13. Jahrhundert an, und je mehr über die Kapitalverleiher hergezogen wurde, um so intensiver wurde darüber nachgedacht, wie man ohne Heilsverlust das Darlehensgeschäft betreiben könne. Es ist keine Frage, daß – so hat es der Wirtschaftshistoriker Franz Steinbach (1895–1964) formuliert – die teilweise durch Gesetze abgestützte Zinsablehnung «im Mittelalter viele wirtschaftende Menschen in harte seelische Bedrängnis gebracht» hat. Die Grenzen der für das Seelenheil ungefährlichen Möglichkeiten waren eng gezogen. Befreiend wirkte, daß Thomas von Aquin die Produktivität auch des Kapitals anerkannte. Allerdings dürfe kein simpler Darlehenszins erhoben werden, sondern der Kapitalgewinn müsse in anderer Form zum Gläubiger zurückfließen, etwa durch Gewinnbeteiligung an einem Gesellschaftsvertrag, bei dem der Gläubiger auch das Risiko mittrüge, oder durch Rentenkauf oder durch Betreiben eines Geschäfts. Verboten für Thomas war der «reine Zins».

In den Umkreis dieser Überlegungen gehören auch die Ausführungen des Aquinaten über den «gerechten Preis», denn auch hier bestand das Problem, daß durch einen überhöhten Preis ein Gewinn entstand, der als «turpe lucrum», als «schnöder Gewinn», durch Leistung nicht abgedeckt ist. Thomas geht geradezu modern von der Relation von Angebot und Nachfrage aus. Er unterscheidet das «iustum pretium», den statischen, den objektiven Wert einer Sache, und den schwankenden, von Angebot und Nachfrage abhängigen Marktwert, das «pretium datum». Der «gerechte Preis» im Sinne des zu entrichtenden Preises könne also gewissen Schwankungen unterworfen sein gemäß den Verschiedenheiten von Ort und Zeit, aber stets sei der Preis, in den ein Gewinn für spätere Investitionen durchaus einbezogen werden könne, so zu bemessen, daß Menschen, die der Sache zur eigenen Nutzung bedürfen, sie erwerben können. Deutlich ist hier der Wunsch des Aquinaten, ebenso wie beim Darlehensgeschäft, den Käufer vor Ausbeutung zu schützen.

Am Zinsverbot vorbei zum Seelenheil

Man wollte beides: einen gehörigen Zinsgewinn und das Paradies, und suchte Schleichwege, um den zutage liegenden reinen Zins zu vermeiden und dennoch auf seine Kosten zu kommen. Da wurde ein Kapital kurzfristig zinslos gewährt, sagen wir, auf 20 Tage, und der Gläubiger konnte von der Gewißheit ausgehen, daß der Schuldner innerhalb dieser Frist nicht zurückzahlen konnte; zugleich wurde eine Konventionalstrafe bei Verzug vereinbart, zeitlich gestaffelt, so daß der Gläubiger zwar keinen Zins erhob, aber durch die Konventionalstrafe laufend einen ähnlichen Abschlag erhielt. Wie weit überhaupt das Zinsverbot durchgesetzt wurde, ist ohnehin schwer und nur örtlich beschränkt auszumachen. Striktes Einhalten des Zinsverbots behinderte die wirtschaftliche Dynamik, und so konnten kirchliche Instanzen sich häufig nur gegen extreme Auswüchse durchsetzen. Um 1300 erzwang der Erzbischof von Bourges von 35 Wucherern die Herausgabe des Zinsgewinns, und 70 Jahre später nahm ein Inquisitor in Florenz Wucherern 7000 Florin ab.

Die Kirche redete den Wucherern ins Gewissen, und ein französischer Historiker, Jacques Le Goff (*1924), hat die Vermutung vorgetragen, daß sich damals ein Wandel in der religiösen Beurteilung des Zinsnehmers vollzogen haben könnte; es sei ihm die Pforte zum Paradies, das ihm bislang fest verschlossen gewesen sei, ein klein wenig geöffnet worden. Er hat die Frage der Einschätzung der Wuchersünde im 13. und 14. Jahrhundert zum Gegenstand einer geistvollen Untersuchung gemacht. Aus verschiedenen Zeugnissen versucht er zu belegen, daß der Wucherer im Jenseits zunächst seinen festen Platz in der Hölle hatte, unrettbar und für die Ewigkeit verdammt. Allmählich jedoch – Predigttexte und Mirakelberichte machen es deutlich – wird mit dem Wucherer milder verfahren; zeigt er vor seinem Verscheiden Reue und erstattet den Zinsgewinn zurück – möglicherweise durch eine Kirchenstiftung –, so ist sein Platz das Fegefeuer, durch dessen Läuterung der Weg zum Paradies führen kann. Denn «jeder Mensch, gerechter oder Sünder, der auch nur mit einer Spur von Bußfertigkeit (in contritione etiam minima) stirbt, wird Gott schauen», sagt Caesarius von Heisterbach († 1240) belehrend. Le Goff beschließt seine Quellendurchsicht mit dem Satz: «Die Hoffnung, der Hölle zu entkommen, erlaubte es dem Wucherer, Wirtschaft und Gesellschaft des 13. Jahrhunderts auf ihrem Weg zum Kapitalismus voranzutreiben.» In der von Le Goff vorgetragenen Form dürfte die These kaum richtig sein. Im Gegenteil: Der Wucherer wurde, dem Buchstaben der Rechtsverordnungen nach, härter angefaßt, und den Höllenstrafen war er nicht entrückt. Man vergleiche die Strafe der karolingischen Bußbücher, drei Jahre bei Wasser und Brot zu verbringen, mit dem angedrohten Scheiterhaufen seit dem 13. Jahrhundert. Fraglos richtig ist die Zunahme der Möglichkeiten für den Zinsnehmer, sich auf vielerlei und manchmal abenteuerliche Arten den Weg in ein gutes Jenseits zu bereiten.

Das Jüngste Gericht vom Fürstenportal des Bamberger Doms aus dem 13. Jahrhundert zeigt auf der rechten Seite die Verdammten: Papst, König und Bischof als Vertreter der Stände, Typen, die zum Teil auch auf der Seite der Seligen Platz nehmen. Zwischen dem zur Hölle verdammten Papst und dem König lugt jedoch eine Person hervor, deren Platz unmöglich unter den Geretteten zu finden wäre: ein Wucherer, mit einem von runden Geldstücken prallen Geldsack bewehrt, den er auf der Kette des Teufels absetzt.

«Von den Wuchergesetzen nehmen wir die Juden aus»

Die bisherigen Andeutungen sind höchst fragmentarisch, aber sie wären geradezu falsch, wenn nicht eine Gruppe von Darlehensgebern und Zinsnehmern eigens beachtet würde: die Juden. Karl Lamprecht (1856–1915) hat die These aufgestellt, die Darlehensgeschäfte in Deutschland bis zum 12. Jahrhundert seien von der Geistlichkeit, im 13. von den Bürgern und dem Adel, im 14. Jahrhundert von den Juden betrieben worden. In dieser Zuspitzung dürfte die Abfolge kaum richtig sein, zumal zu diesen innerhalb des deutschen Reiches auftretenden Geldgebern ausländische Kapitalverleiher hinzutraten, so die hauptsächlich aus dem Piemontesischen kommenden «Lombarden» und die berüchtigten «Kawerschen» oder «Kaverzen» (benannt nach dem südfranzösischen Bankenort Cahors), die sich vom Papst Dispens für ihre Wuchergeschäfte erkauft hatten und zuweilen sogar als «päpstliche Kaufleute» auftraten. Der wegen seiner Geldgier berüch-

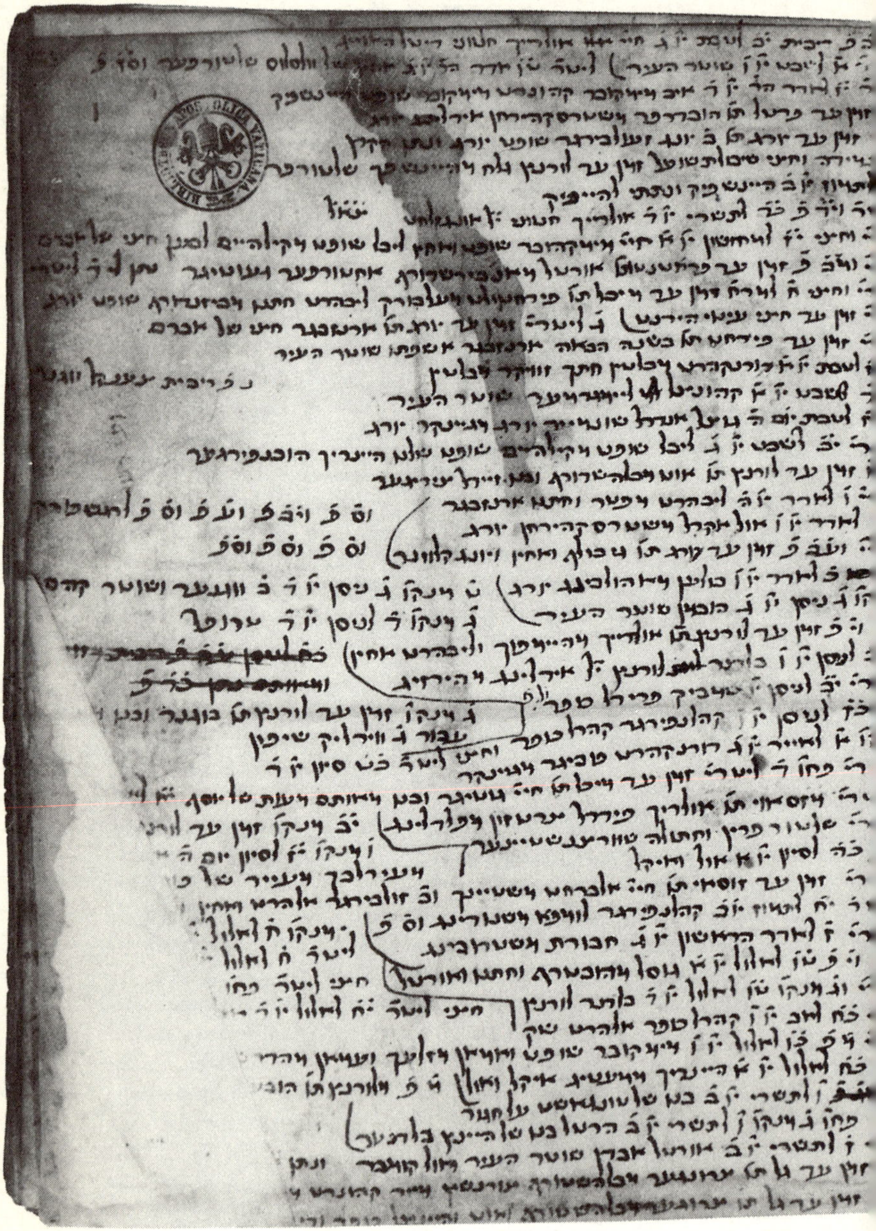

tigte Papst Johannes XXII., ein Sohn der Stadt Cahors, bewährte hier sein Finanzgeschick, mußte er doch seine avignonesische Residenz und Kurialverwaltung ohne die Einkünfte aus dem römischen Kirchenstaat verwalten. Wie stark die wandernden Geldverleiher auf dem Finanzmarkt vertreten waren, lehrt eine kürzlich aufgefundene Strafliste der Jahre 1400 bis 1404 im Frankreich Karls VI. (1380–1422); eine königliche Kommission hatte knapp 500 «Wucherer», hauptsächlich Lombarden, zu empfindlichen Geldstrafen verurteilt, weil sie gegen gängige Konditionen verstoßen hatten. Das war allerdings zu einer Zeit, als die Juden weitgehend aus dem Geldgeschäft verdrängt waren.

Wie kamen die Juden in die Rolle der offen Zins fordernden Geldverleiher? Zunächst sei an jenes Wort aus dem Pentateuch (5. Buch Moses 23, 19f.) erinnert, daß ein Jude von seinem Bruder nicht Zins nehmen dürfe: Jedoch «von den Fremden magst du Zins nehmen, aber nicht von deinem Bruder, auf daß dich der Herr, dein Gott, segne in allem ...» Ihre Religion erlaubte es den Juden, von Christen Zins zu nehmen, in den Augen der Christen standen sie außerhalb der Christenheit, waren also des Heils der Kirche und des Himmels ohnehin nicht teilhaftig. Daß auf sie das von den Kirchenvätern immer wieder vorgebrachte christliche Zinsverbot nicht zuträfe, bestätigte ihnen sogar die weltliche Gesetzgebung. Kaiser Friedrich II. (1212–1250) verkündete in den Konstitutionen von Melfi (1231):

Das «bis heute älteste erhaltene hebräische Geschäftsschriftgut aus dem deutschen Raum» (M. Toch) ist ein Schuldenverzeichnis von einem Blatt aus der Straubinger Gegend, überliefert in der Vatikanischen Bibliothek (Rom, Vat. Ebr. 148 fol. 1r–v). Die Darlehenseintragungen für die Zeit vom 5. Dezember 1329 bis zum 9. September 1332 umfassen alle Schichten: niederen Adel, die Straubinger Oberschicht, Bauern und Landhandwerker. Die Anleihesummen sind mit unter 2 Pfund Pfennigen bei mehr als zwei Dritteln der feststellbaren Darlehnsnehmer niedrig und dienten bei den bäuerlichen Kunden wohl in der Regel zur Abgeltung des nach der Erntezeit fälligen Geldzinses an den Grundherrn. Kreditabsicherungen durch Pfand, Schuldverschreibung o.a. fehlen fast ganz; üblich scheint hier die ältere, mündliche Form der Zahlungsversprechung gewesen zu sein. Das Dokument zeigt den jüdischen Geldhandel vor den Verfolgungswellen der Jahrhundertmitte als nötiges und allgemein akzeptiertes Regulativ in einer prosperierenden agrarischen Region mit großem Geldbedarf, bei jedoch ungenügender monetärer Mobilität und Versorgung.

«Von der Verbindlichkeit dieses unseres Wuchergesetzes nehmen wir allein die Juden aus, die des unerlaubten Zinsnehmens, durch Gottes Gesetz verboten, nicht zu zeihen sind, da sie – wie bekannt – nicht unter dem Gesetze der seligen Kirchenväter stehen.»

Es ist allerdings nur mit Einschränkungen richtig, daß der Geldverleih die einzige Existenzmöglichkeit für die Juden gewesen sei – es gab durchaus jüdische Bauern und Viehhändler, vor allem aber Ärzte –, aber es gab auch harte Beschränkungen. Durch den Zunftzwang zum Beispiel waren die Juden von der Ausübung eines Handwerks weitgehend ausgeschlossen. Als Kaufleute, die hauptsächlich mit Luxusgütern handelten, durchstreiften Juden Europa seit der Karolingerzeit. Im 10. und vor allem im 11. Jahrhundert ergab sich mit den jüdischen Niederlassungen eine neue Situation durch den Schutz, den der König oder ein Bischof ihnen bot. Eine besonders enge Bindung der Juden an den König stellte sich seit Friedrich I. Barbarossa (1152–1190) ein; unter seinem Enkel Friedrich II. wurden die Juden «Kammerknechte» des Königs oder Kaisers («servi camerae imperialis», zum ersten Male 1236 belegt, der deutsche Ausdruck begegnet erst 1323): Sie standen in einem verpflichtenden Schutzverhältnis zum König. Ihre Handelsgeschäfte genossen den königlichen Schutz, das Eigentum wurde ihnen garantiert; im Prozeßrecht war ein Zeugenbeweis gegen sie nur zu führen, wenn mindestens ein Zeuge Jude war. Aber der König ließ sich den Schutz von den Juden auch teuer bezahlen – und verfügte über sie. Die Juden waren «herrscherliches Eigentum» (A. Patschovsky).

Die jüdische Geldleihe unterschied sich in manchen Punkten von der christlichen. So hatten die Juden, bis im Italien des 15. Jahrhunderts die ersten öffentlichen Leihhäuser aufkamen, das Vorrecht der Pfandleihe, also der Beleihung eines Faustpfandes, das nach zehn Jahren in ihr Eigentum übergehen konnte. Die Möglichkeit der Pfandleihe machte die Juden zu Kreditgebern kleiner Leute, der Bürger, Handwerker, Bauern. Wegen der hohen Besteuerung und wegen der mit dem Leihgeschäft verbundenen Gefahren, worüber noch zu sprechen sein wird, nahmen die Juden bei Geldkrediten hohe Zinsen bis 83 Prozent, ja bis 173 Prozent, später, als auch bei den Christen ein Zinsfuß von 5 Prozent bis 10 Prozent sich einpendelte, das Doppelte: 10 Prozent bis 20 Prozent.

Hinzu kommt die soziale Struktur der Schuldner der Juden. Es waren, neben den kleinen Leuten, häufig Adlige, die ihre Wertsachen bei Juden verpfändeten. Berühmt ist die Hinterlegung der Krone des badischen Markgrafen Rudolf IV. († 1348) bei Straßburger Juden, und nicht selten wird berichtet, daß Adlige Judenpogrome angestiftet haben oder daran beteiligt waren. Ein berühmt-berüchtigtes Beispiel ist die Verfolgung der jüdischen Gläubiger in der englischen Stadt York. Bevor die Ritter, die Richard Löwenherz (1189–1199) beim dritten Kreuzzug 1188 begleiten wollten, aufbrachen, durchzogen sie mit Namenlisten die Straßen, um ihre jüdischen Gläubiger in den Wohnungen umzubringen und die Schuldscheine zu vernichten.

Die provozierende und durch Wucher erlangte Geldhäufung bei Juden wird wiederholt von mittelalterlichen Chronisten als Grund für deren Verfolgung angegeben: «Das war auch das Gift, das die Juden tötete», schreibt der Straßburger Stadtchronist Fritsche Closener († vor 1373) nach dem Pogrom um die Mitte des 14. Jahrhunderts. Der Reichtum – vermuteter oder wirklicher – reizte ebenso wie der Wunsch, die Schulden loszuwerden. Die Vertreibungen der Juden aus den verschiedenen europäischen Ländern waren zu guten Teilen auch Bereicherungsaktionen: 1182 mußten sie die Ile de France verlassen, 1306 ganz Frankreich, 1290 England, 1370 manche Territorien der heutigen Niederlande.

Schuldentilgung: ein «Mordgeschäft»

Im deutschen Reich konnte für die Juden die königliche «Kammerknechtschaft» sowohl Schutz wie auch furchtbare Drangsal bedeuten, zumal sich das Schutzverhältnis im Laufe der Zeit zu einem disponiblen Nutzungsrecht wandelte. Eine Zeit blutiger Judenverfolgung waren die Jahre 1348 bis 1352, die Zeit der Großen Pest. Als Brunnenvergifter, die die Seuche ausgelöst hätten, wurden die Juden verfolgt und ganze Judenviertel niedergelegt. Zuweilen waren es spontane Ausbrüche des Volkes, aber es gab auch kalkulierte Geschäfte des Stadtregiments mit dem König, der seine jüdischen «Kammerknechte» zur Ermordung und Plünderung freigab. Beispiele liefert das Verhalten Karls IV. (1346–1378) gegenüber den Juden in Nürnberg und in Frankfurt am Main. Karl IV. hatte sich nach dem Tode des Gegenkönigs Ludwig des Bayern (1314–1347) im Süden des Reiches noch nicht überall durchgesetzt, und so erhielt im Juni 1349 Markgraf Ludwig von Brandenburg aus dem Hause Wittelsbach für Karls Anerkennung als römischer König in Nürnberg «der besten Juden haeuser dreu ..., wann die Juden da selbes nu nehst werden geslagen». Es ist also eine Verfügung über das Gut von Todgeweihten, deren Ermordung der König offenkundig ohne Strafverfolgung hinnehmen will («wann die Juden ... nu nehst werden geslagen»).

Dies ist aber nur ein Teil des Unheils. Im Oktober 1349 sprach Karl IV. auch den Rat der Reichsstadt Nürnberg gegen eine Abstandssumme von aller Verantwortung frei, falls die Juden gegen den Willen des Rates – wie er sich scheinheilig ausdrückte – «beschedigt» würden. Am 16. November 1349 erfolgt der nächste Schritt. Karl erteilte der Stadt Nürnberg die Erlaubnis, das Judenviertel niederzureißen und an dessen Stelle eine Marienkirche und einen Markt anzulegen. Am 5. Dezember 1349 erfolgte der vom König erkaufte Pogrom, für den Karl IV. Straffreiheit im voraus erteilt hatte; 560 Nürnberger Juden wurden ermordet. An der Stelle des Judenviertels in Nürnberg erstand die Frauenkirche (1350–1358), der Hauptmarkt, der «schöne Brunnen», und hier auch wird jedes Jahr seit 1639 zum Christkindlesmarkt eingeladen: «Siehe, ich verkünde euch eine große Freude.»

Es dürfte kaum Zufall sein, daß von den 350 Orten, in denen zwischen 1348 und 1352 die Juden verfolgt wurden und um ihren Besitz kamen, knapp 100 Freie oder Reichsstädte waren. Hier war Kalkül im Spiel: Der Mord an den Gläubigern und die Übernahme ihrer Habe. Karl IV. dürfte auf seine Art Gewinn aus den Pogromen gezogen haben: durch vorausbezahlte Sühnegelder für den Judenmord wie in Nürnberg oder durch Satisfaktionsgelder.

Die Juden waren, wie gesagt, «Kammerknechte» des Königs, der sie wie eine Sache verpfänden konnte. Anfang Juli 1349, wenige Monate vor den hier geschilderten Nürnberger Vorgängen also, hatte Karl IV. die Juden Frankfurts für 15 200 Pfund Heller der Stadt verpfändet, d.h. gegen Barzahlung dieser Summe war die Judengemeinde der erpresserischen Willkür des Rats überlassen, der sich natürlich durch Schröpfung ein noch höheres Einkommen erhoffte. Aber die Rechnung ging nicht auf. Als sich die christlichen Mitbürger vor den Häusern der Juden zusammenrotteten und die aus der Verpfändung kommende Drangsal offenbar wurde, zündeten die Juden ihre Häuser über ihren Köpfen an und kamen in den Flammen um. Damit hatten die Frankfurter nicht gerechnet, sie verloren ihr Pfand, und der Brand legte mehr als das Judenviertel in Asche; die Hauptkirche St. Bartholomäus zum Beispiel, der sogenannte «Kaiserdom», wurde stark beschädigt. Später wollten es die Frankfurter nicht gewesen sein, die die Juden zu dieser Verzweiflungstat getrieben hatten, und schoben die Schuld auf fremde umherstreunende Geißler.

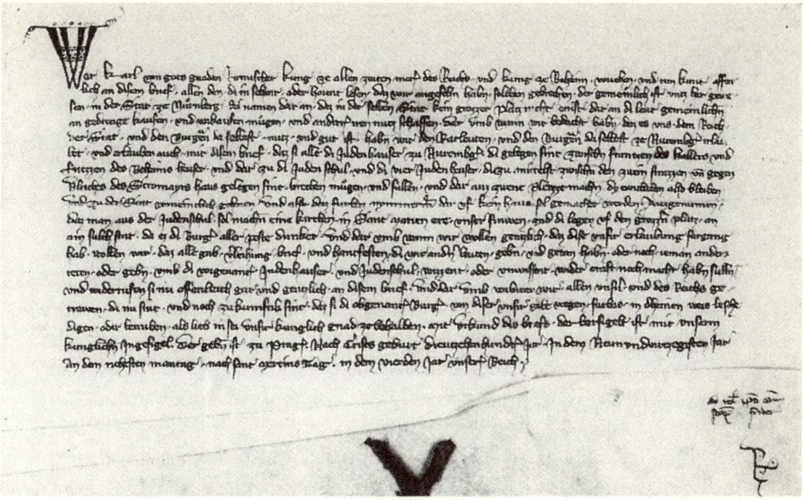

Beim Ausbruch der Schwarzen Pest von 1348 kam es besonders in den Rheinlanden und Franken zu schweren Judenpogromen, die von den Zunftregierungen der Reichsstädte, die soeben die Patrizier entmachtet hatten, gefördert wurden. In Nürnberg bestand eine der größten Ansiedlungen von Juden in Mitteleuropa: 212 Juden hatten im Jahr 1338 das Bürgerrecht, zusammen mit den Familienangehörigen, ca. 1000 jüdischen Dienstboten und Armen ohne Bürgerrecht eine Gemeinde von über 2000 Mitgliedern. Als die Patrizier den Rat wieder übernahmen, ließen sie sich für den Fall eines nicht von ihnen herbeigeführten Pogroms Straffreiheit vom König zusichern, der beim Rat hoch verschuldet war; darüber hinaus ersuchte der städtische Gesandte Ulrich Stromer der Jüngere die Erlaubnis zum Abbruch der Judenhäuser, Schaffung des Marktplatzes und Bau der Marienkirche anstelle der Synagoge, was am 16. November 1349 gewährt wurde. Auf die Enteignung folgte die Vernichtung. Am 2. Dezember erwirkten die Nürnberger Burggrafen das Recht, die Nürnberger Juden «bei ihrem Leben oder nach ihrem Tod zu schatzen»; drei Tage später, am 5. Dezember, wurden die Juden erschlagen; man zählte 560 Ermordete. Die Hinterlassenschaft teilten sich der Bischof von Bamberg, die Burggrafen von Nürnberg, die Stadt Nürnberg – und Karl IV. zur Tilgung seiner Schulden. Die Urkunde Karls IV. vom 16. November 1349 (Nürnberg, Staatsarchiv, R.St. Nürnberg U 760, Reg. Imp. VIII Nr. 1192) gibt keine Vorstellung von den Verhandlungen und dem daraus fließenden umfassenden Tauschgeschäft. Der König verkündet, «daz es uns, dem Reich, der stat und den burgeren da selbst nutz und gut ist ..., daz si alle die Judenhauser zu Nuremberg ... und dar zu die Judenschul ... brechen muegen und sullen und darauz zwene pletzze machen, dy ewiclichen also bleiben und zu der stat gemeintlich gehoren ...»

Judenvertreibung – Judenduldung

Diese Andeutungen mögen genügen. Die Juden als Gläubiger, die Juden als Kreditgeber wären ein eigenes und ernstes Kapitel. Wie sich Stadt auf Stadt der Juden entledigte, die Juden vertrieb, die Habe kassierte, das Wohnviertel vielleicht, die Synagoge sicherlich zerstörte, an deren Stelle so gut wie immer eine Marienkirche entstand, nicht nur in Nürnberg, sondern auch in Bamberg, Rothenburg, Heidelberg, Ingolstadt, Eger, Amberg, Würzburg, Regensburg. Bis auf wenige Ausnahmen – wie Frankfurt am Main und Prag – wurden die Städte Mitteleuropas bis zum beginnenden 16. Jahrhundert «judenfrei». Die Vertreibungen hatten manchmal allerdings nur teilweise ökonomische Gründe. Es hatte sich unter dem demagogischen Einfluß christlicher Prediger aus Ignoranz und Bösartigkeit ein Bild des Juden aufgebaut, das ihn für jeden Christenmenschen als Ausbund der Verworfenheit erscheinen ließ: Christusmörder, Hostienschänder, Brunnenvergifter, Kinderschlächter, und auf nicht wenigen Altarbildern und Memorientafeln für angebliche Märtyrer, die von Judenhand ermordet worden seien, konnte man die üblen Taten dieser Unmenschen betrachten. Bis heute hat «kein Fall der Nachprüfung» standgehalten (J. Kirmeier).

In Deutschland setzte die Zuwanderung zahlreicher Juden erst wieder im 18. und 19. Jahrhundert ein, als der Toleranzgedanke der Aufklärung stärker wurde und Konturen eines «weisen» Juden aufkamen, eines Baruch Spinoza (1632–1677) in der Wirklichkeit und eines Na-

---

Nach dem Pogrom von 1349 hatte Nürnberg Ende des 15. Jahrhunderts wieder die drittgrößte Judengemeinde unter den Reichsstädten, zugleich wuchs erneut der Judenhaß in allen Bevölkerungsschichten bis zur erneuten Austreibung von 1498 durch Kaiser und Rat. – In einem gereimten, mit einem Holzschnitt versehenen Pamphlet von 1480 warnt der Nürnberger Barbier, Meister der Wundarzneikunst und Mitglied der Meistersingergesellschaft Hans Folz (ca. 1450–1513) vor dem jüdischen Wucher. In einer Modellrechnung setzt er in Anspielung auf Judas' Verrat Christi für dreißig Silberlinge 30 Denare bei einem Zins von über 100% ein; nach zwanzig Jahren würde die Schuld – bei Zins und Zinseszins – auf die ungeheure Summe von 243 397 Gulden, 5 Pfund und 3 Denare anwachsen – nur drei Nürnberger Bürger besaßen damals ein Vermögen von 100 000 fl.; der Bildhauer Adam Kraft erhielt für sein 18,7 m hohes Sakramentshaus in St. Lorenz auf drei Jahre 700 fl., ein städtischer Nachtwächter für eine Nacht nicht einmal den Gegenwert von

Dye rechnũg Ruprecht Kolpergers võ dem gesuch der iuden auf 30 dñ

1 Jar	61	dñ
2 Jar	124	dñ
3 Jar	244	dñ
4 Jar	423	dñ
5 Jar	1082	dñ
6 Jar	2241	dñ
7 Jar	4644	dñ
8 Jar	9630	dñ
9 Jar	19968	dñ
10 Jar	41403	dñ
11 Jar	84840	dñ
12 Jar	178017	dñ
13 Jar	369134	dñ
14 Jar	764434	dñ
15 Jar	1487201	dñ
16 Jar	3291218	dñ
17 Jar	6824667	dñ
18 Jar	14141628	dñ
19 Jar	29334813	dñ
20 Jar	60849403	dñ
Suma	243397 fl 4 lb 3	dñ

Etwas zu sagẽ von den iüdẽ
vñ den vfluchtẽ teüfels rüden
so merckt wie trot ir eim ei kit
geporn wirt ist er drauff besint
das er im xxx pfenig leihen dut
doch anders nit dan in dem mut
vnd eigendlich der meinung nach
das es aln cristen sei ein schmach
dar vm das vnser schöpfer zart
vm xxx pfening verkauffet wart
des halber mer noch minder nimpt
dar auff vns dan hin wider zimpt
zu sagen das xxx iüden plüt
vm einen pfenig verkauffet sint
des halb ich plüt sie nenen mag
wan sie nie hant erkant den tag
dar in sie got do selbst der straffen
vnd hant die bitten pfeiff vschlaffẽ
iros messias halben die narn
dar auff sie ye seit lautn vnd harn
Nun das be stee nach seiner war
die xxx pfening leicht er ym dar
all virteil iars vm sechs gesuch
vnd im zu eim ewigen fluch
wan yn das zehend pot dut lern
du solt nit frendes guts begern
Nun slecht er vier mol vm das wist
ym iar als über al sit ist
vnd ist geslissen tag vnd nacht
gar zu verderben cristlich macht
praucht doch dar pei des forteils sich
er sagt dem cristẽ wie freüntlich
ym in der rechnung sol gescheen
er well ym gar vil übersehen
lest im gleich wol nit wenig nach
das man desmindẽ merck sein rach
war aber es die xx iar raichet
stet in den ziffern klar verzaichet
vnd nimãt glaupt d sim auff erdẽ
des halb es offenbar mus werden
So aber nü nit ider man
sich noch den ziffern richtten kan
hab ich das auch von iar zu iar
zu reym gesatzt gantz offenbar
Das erst iar ein vñ sechtzg .dñ.macht
das and hundert xxiiii sacht
das drit ccl vnd fir
funffhundert xxiii mir
das fird nach worer rechnũg stipt
dẽ funfften .m. zwei vñachtzig zipt
so macht das .vi. nach rechtẽ schik
zwei .m. zwei c ein vnd firtzick
Fier .m. vnd vi hundert wist
vñ fünf vnd xxx pringend ist
das sibẽd iar Das acht merck fleisig
neün.m. sechs.c.vnd treissig
das neünd neünzehen tausent hot
neün.c.acht vnd sechtzig von not
Das.x.ein vnd virtzig tausent
do fier hundert vnd treü pei hausent
Fünf vñ achtzig tausent achthüdt
vñ.l.das eylft iar macht nit wüdt
Hüdt tausent das .xii.iar misst
mit acht vñ sibentzig tausentẽ wisst
vnd sibenzehen auch dar pei
Merckt was das.xiii. iar aus schrei
wol trei mol hüdt tausent ich
mit nein vñ sechtzg tausentẽ sprich
dar pei hüdert vñ fier vnd treissig
sint auch dar zu bestimet fleisig
Das fierzhent iar zu siben moln
hundert tausent pfeng dut holn
mit fünf vnd sechzig tausent der
fierhundert fier vnd treisg sint mer
Das fünfzend iar ist dar bestimpt
dem zu tausent moln tausent zimpt
vnd fünf mol hundert tausent me

zwei Eiern. Die Übertreibung steckt in der Zinshöhe und in der Laufzeit: nur für kurzfristige Kredite wurden wegen des hohen Risikos bisweilen 40 bis 80% Zinsen gefordert. Der Holzschnitt zeigt einen jüdischen Pfandleiher mit seiner Familie und zwei Kunden; auf dem mit einem Rechenbrett versehenen Wechseltisch sieht man Geldhaufen und ein verpfändetes Hostien-Ciborium – Bestandteil antijüdischer Polemik: Ende des 15. Jahrhunderts war die noch im 13. Jahrhundert geläufige Praxis, kirchliche Gegenstände zu versetzen, weitgehend abgestellt.

than des Weisen im Idealbild. Bald konnten Juden das Bürgerrecht erwerben. Was die Geldleihe betrifft, so hielten sich, verbunden mit Fürstenhöfen und Adelshäusern, einzelne Judenfamilien als Bankiers, als Hofjuden: Die Rothschilds, die Oppenheimers, die Bleichröders, die durch ihre internationalen Geschäftsverbindungen, durch geschickte und zuweilen riskante Transaktionen geldzehrende Hofhaltungen und Kriege finanzierten: Ohne jüdische Geldbeschaffung hätte zum Beispiel Wien 1683 möglicherweise nicht entsetzt werden können. Aber das Leben dieser Hofjudenfamilien war riskant; sie waren auf ihre Art «Kammerknechte» geblieben, und ihr Schicksal hing von der Gunst des Beschützers ab, deren Entzug den Tod bedeuten konnte wie im Falle Joseph Süß-Oppenheimer, der wenige Monate nach dem Tod seines Schutzherrn, des Herzogs Karl Alexander von Württemberg († 1737), am 4. Februar 1738 als Hochverräter gehängt wurde.

Der Sieg des Kapitalismus über die biblische Moral

Aber wir sind damit in einer anderen Zeit, als der Kapitalismus in Blüte kam und der einst verfluchte Darlehenszins längst als erlaubt und nicht mehr als heilsgefährdend galt. Theologie und kirchliche Gesetzgebung haben vom 15. Jahrhundert an ihre unrealistische Haltung der Ablehnung jeglichen Geldzinses allmählich aufgegeben. Die Reformation ließ die Frage noch einmal akut werden. Martin Luther (1483–1546) bekämpfte mit dem Ablaß auch den Wucher und das Zinsnehmen. Er holte die Lehren der Kirchenväter hervor und nannte alle diejenigen Wucherer, die Wein, Korn oder Geld ihrem Nächsten unter der Bedingung abtreten, daß er ihnen nach einer bestimmten Zeit mehr oder Besseres zurückgebe. Er weist die Pfarrer an, unaufhörlich gegen den Wucher zu predigen, und war in seiner Einstellung antiquierter als sein altgläubiger Gegner Johannes Eck (1486–1543), der sich für das Erlaubtsein des Zinsnehmens aussprach, wie auch Konrad Peutinger (1465–1547) die Darlehenspraxis der Fugger verteidigte. Weniger radikal als Luther waren Philipp Melanchthon (1497–1560) und Huldreich Zwingli (1484–1531), aber den Weg in die Zukunft des Kapitalismus aus dem Geiste protestantischer Frömmigkeit, um jenen berühmten Grundgedanken Max Webers (1864–1920) aufzunehmen, wies Jean Calvin (1509–1564). Er kannte die Geschäftsbräuche und Handlungszwänge der Kaufleute innerhalb der städtischen Gesellschaft Genfs und erklärte als erster, daß das Geld in nicht minderer Weise einen Produktionsfaktor darstelle wie ein Haus oder ein Acker, und wie diese Erträge hervorbrächten, so könne dies auch das Geld tun. Ein allgemeines Zinsverbot sei schon aus wirtschaftlichen Gründen unangebracht, weil die Kapitalbesitzer den Kreditsuchenden das Geld entzögen; allerdings sei die Festsetzung eines Höchstzinses zuweilen geboten.

Nach Calvin fanden alle christlichen Konfessionen eine zunehmend positive Einstellung zur Zinsnahme. Auf katholischer Seite sprachen sich spanische Spätscholastiker wie Ludwig Lopez († um 1595) und Ludwig Molina († 1600), auf protestantischer Seite Gelehrte wie Claudius Salmasius († 1653) und Hugo Grotius († 1645) für die Zinsnahme aus. Es trat auch ein Wandel in der Auffassung vom rechten menschlichen Handeln ein. Man begann den Eigennutz als dynamisches Element zu schätzen, das der Konkurrenz durchaus förderlich sei. Die weltliche Gesetzgebung stellte sich auf die Wirtschaftswirklichkeit ein und gab ihre Distanz zum Zinsnehmen auf. König und Parlament in England haben zeitig das Zinsnehmen gestattet und nur einen Höchstzins festgesetzt; in Deutschland folgten die einzelnen Territorien. Die Reichsgesetzgebung war langsam; erst der enorme Kreditbedarf nach dem Dreißigjährigen Krieg veranlaßte den Reichstag, in seinen jüngsten Abschied von 1654 die Bestimmung aufzunehmen, daß von Schuldnern nicht mehr als 5 Prozent Zins verlangt werden dürften. Das Reichskammergericht billigte entsprechend den Gläubigern 5 Prozent Zins zu. Zins und Wucher, die früher begrifflich häufig zusammenflossen, wurden jetzt strikt getrennt. Zins war das legitime Mehr am Darlehnsrückfluß, Wucher war das, was darüber hinausging, war sittenwidrig.

Manche Moraltheologen, denen die Bibel als strikte Richtschnur gilt, hielten an der grundsätzlichen Ablehnung des Zinses weiterhin fest, aber die Praxis kümmerte sich nicht um diese Stimmen, und selbst das frühere Gesetzbuch der katholischen Kirche, der Codex Iuris Canonici von 1917 – im Codex Iuris Canonici von 1983 ist die Sache nicht behandelt –, enthielt einen eigenen Kanon, der den Bedürfnissen des Geldverkehrs Rechnung tragen wollte und die Zinsforderung erlaubte (c. 1543). Die Wirklichkeit hat hier die von der Moral geleitete Theorie überholt, aber es bleibt doch ein Stück Sehnsucht, daß es anders sein sollte. Eine der gängigen Abhandlungen über das kanonische Zinsverbot schließt mit den Worten: «Die Bestrebungen [eines Zinsverbots] waren rein, aber für die menschliche Gesellschaft nur teilweise erreichbar» (M. Austen).

Ideologisch gefärbte Einlassungen – von Manifesten bis zu Dichtwerken – nehmen gern die «Zinsknechtschaft», um den Ausdruck eines Parteiprogramms zu verwenden, in ihre Sprache auf, nicht nur Brecht und Dürrenmatt. Auch andere Religionen als die christliche halten den Zins für etwas Böses: «Diejenigen, die Zins (riba) verzehren, werden nicht anders dastehen als wie einer, der vom Satan erfaßt und geschlagen ist ... Gott hat ... die Zinsleihe verboten», heißt es im Koran, und islamistische Fundamentalisten fordern ihre Glaubensgenossen auf, Banken zu meiden, vor denen sie Sprengsätze zünden. Der amerikanische Dichter Ezra Pound (1885–1972), der in seinen Vorstellungen der Vision einer vorkapitalistischen Welt verhaftet ist und in seiner Sprache Erinnerungen, Augenblickseindrücke und Zitate aus verschiedenen Sprachen und Zeiten ohne logische Folge aneinanderreiht, hat in seinen «Cantos» und in seinen «Letzten Texten» den Zins und den Wucher, die Usura, als hemmendes und zerstörerisches Phänomen «contra naturam», wider die Natur, gebrandmarkt. Es sei zum Abschluß auszugsweise der Canto XLV (Bei Usura) in der adäquaten und sprachstarken Übersetzung von Eva Hesse (1964) zitiert.

Ezra Pound, Canto XLV

Usura

Bei Usura
Bei Usura hat keiner ein Haus von gutem Werkstein
die Quadern wohlbehauen, fugenrecht,
daß die Stirnfläche sich zum Muster gliedert
Bei Usura
hat keiner ein Paradies auf seine Kirchenwand gemalt
harpes et luz ...
BEI USURA
kommt Wolle nicht zu Markt
Schaf wirft nichts ab bei Usura
Usura ist die Räude, Usura
macht stumpf die Nadel in der Näherin Hand
legt still der Spinnerin Rocken. Pietro Lombardo
nicht aus Usuras Kraft ...
Und keine Kirche von behaunem Stein, gezeichnet: Adamo
me fecit.
Nicht kraft Usura Saint Trophime
Nicht kraft Usura Saint Hilaire

Usura setzt an den Meißel Rost
Und legt den Handwerkern das Handwerk
Nagt an des Webstuhls Werft
Kein Mensch weiß Gold zu wirken in ihr Muster;
Azur krebskrank an Usura, cramoisi wird nicht bestickt
Smaragd hat keinen Memling
Usura metzt das Kind im Mutterleib
Und wehrt des jungen Mannes Werben
Hat Schlagfluß in das Bett gebracht und liegt
zwischen der jungen Braut und ihrem Mann
CONTRA NATURAM…

«Edle Pfarrersfrau» – arme Pfarrersfrau

Bereits in der ersten Ausgabe der «Kinder- und Hausmärchen» der Brüder Grimm von 1812 bis 1814 steht die Geschichte vom «Bürle», vom einfältig-verschmitzten armen «Bäuerlein», das dem heimgekehrten Müller mit Hilfe einer angeblich hellseherischen Kuhhaut weismacht, im Schrank säße der Leibhaftige, und als der Müller die Schranktür öffnet, stürzt der Dorfpfarrer heraus und davon. Der zu einem Schäferstündchen Erschienene war von der Müllersfrau vor dem zurückkehrenden Ehemann dort versteckt worden – was das «Bürle» beobachtet hatte und nun als Auskunft des knarzenden Kuhfells ausgab. Die Fabel hatte eine weite Verbreitung; auch Christian Andersen verwertete sie in seinem Märchen vom «kleinen und vom großen Klaus»: der genasführte Pfarrer.

Die älteste Version steht in einem Märchenepos des 11. Jahrhunderts aus dem deutsch-niederländischen Raum, im «Einochs» (Unibos), benannt nach einem armen Bauern, der nur einen einzigen Ochsen sein eigen nennt. Der Pfarrer im «Einochs» braucht einer Müllerin nicht nachzustellen, er hat eine rechtmäßige Ehefrau, die er (so die «Einochs»-Version), empfänglich für körperliche Schönheit, verjüngen will, eine «Edle» sogar, worunter wohl eine Freie zu verstehen ist, denn wer eine Unfreie heimführte, verlor seinen Stand «nach der ärgeren Hand».

Der allmähliche Wandel der Fabel ist bezeichnend: geblieben ist der Typ der «Pfaffen-Anekdote». Aus dem mit einer Frau in selbstverständlicher Ehe verbundenen Pfarrer wird der lüsterne Zölibatär, der in zahllosen Geschichten auftritt – «Der Pfaff liebt seine Herde, doch die Schafe mehr als die Widder» –, literarisch veredelt im Decameron des Boccaccio.

Der Dichter des «Einochs» fand offenbar an der «edlen Pfarrersfrau» nichts Besonderes. Aufgenommen in die Gesellschaft ohne Abwertung begegnen Pfarrersfrauen bis zum 11. und 12. Jahrhundert häufig, jedoch nach Zahl und Duldung zeit- und regionsweise unterschiedlich. In einer Bruderschaftsmatrikel aus Tours etwa aus der Mitte des 11. Jahrhunderts – der Zeit des «Einochs» – sind unter den rund 150 Namen die Tochter eines Bischofs und zwei Klerikerfrauen eingetragen, ohne jede Rechts- und Standesminderung.

Die Unbefangenheit der Frühzeit

«Frau Priesterin, Frau Bischöfin» (presbytera, presbyterissa; episcopa, episcopissa) – diese Bezeichnungen kommen durchaus vor, und man hat sich gemeinhin auf die Annahme geeinigt, daß in diesen Fällen die Ehe vor der Weihe des Priester- bzw. Bischofgemahls bestanden hatte, die beiden Partner sich später entweder getrennt oder keusch in «Josefsehe» miteinander gelebt hätten wie die Heiligen Kaiser Heinrich II. und seine Frau Kunigunde. Aber manche Merkwürdigkeiten sind nicht leicht zu erklären. Als Archäologen die Basilika des antiken Hippo, der Bischofsstadt des heiligen Augustinus in Nordafrika, freilegten, fand man im Hauptschiff ein Mosaik des 5. Jahrhunderts, das die Ruhestätte einer im Alter von 50 Jahren verstorbenen «Guilia Runa presbiterissa» anzeigte; nur ihr Name ist genannt, kein die Bezeichnung legitimierender «Presbyter». Aus der gleichen Zeit gibt es eine süditalienische Inschrift, in der ein «Ehemann» (maritus) kundtut, er setze den Stein der «Priesterin Leta»; daß der «Ehemann» Priester ist, ist nicht gesagt. Ein umbrischer Stein meldet sogar eine «ehrwürdige Frau Bischöfin» (venerabilis femina... episcopa), und der kunstsinnige Papst Paschalis I. (817–824) ließ in der Seitenkapelle S. Zeno der Kirche S. Prassede über dem Grab seiner Mutter deren Mosaikbild mit der Inschrift «Theodora episcopa» anbringen. Was ist von diesen Fällen zu halten? Zumindest dies: daß es bis zum Hochmittelalter keine Schande war, in aller Öffentlichkeit Frau eines Geistlichen zu sein oder gewesen zu sein.

Sexuelle Enthaltsamkeit für höhere Weihegrade

Zahlreich und widersprüchlich sind die Anweisungen, wie sich Geistliche Frauen gegenüber verhalten sollen. Gemäß der Paulinischen Forderung, daß ein Kirchendienst nur für «*eines* Weibes Mann» sein solle, verbot Papst Siricius (384–399) Geistlichen, eine Witwe zu heiraten, und wenn ein Laie eine Witwe geheiratet habe, sei er von vornherein von einem geistlichen Amt fernzuhalten. Eheliche Enthaltsamkeit wurde von Siricius für die höheren Weihegrade bis hinunter zum Diakon erwartet, und Papst Leo der Große (440–461) dehnte die Bestimmung weiter auf den Subdiakon aus, so daß nur noch die vier unteren Weihestufen von der Forderung nicht betroffen waren (Ostiarius, Lektor, Exorzista, Akolyth; zu deutsch: Pförtner, Vorleser, Dämonenaustreiber, der dem Diakon Folgeleistende). Leo gibt als Grund für seine Bestimmung an: Es sollten nur diejenigen im

Altardienst – vor allem bei der Sakramentserteilung und beim Hantieren mit den heiligen Gefäßen – tätig sein, die nicht durch ehelichen Umgang «befleckt» seien.

Es ist die Frage, wie sehr dieser Anspruch eingefordert wurde, auch von Leo dem Großen selbst. Jedenfalls nahm er einen Bischof von Besançon in Schutz, den ein sittenstrenger Metropolit abgesetzt hatte, weil er angeblich mit einer Witwe verheiratet war; als sich das Gerücht als falsch erwies – die Dame war offenbar keine Witwe –, hob Leo das Urteil auf. Auch die Frau eines Priesters oder Diakons hatte über den Tod des Geistlichen hinaus, mit dem sie einmal verbunden war, ehelos zu bleiben. Vielleicht trugen «Priesterinnen» sogar eine besondere Tracht, denn wir wissen von einer selbstbewußten Äbtissin der Zeit Gregors des Großen (590–604), die den Nonnenhabit ablehnte und lieber die am Orte – auf Sardinien – übliche «Priesterin-

---

Papst Paschalis I. (817–824) ließ in der Zeno-Kapelle, die er an S. Prassede in Rom unweit S. Maria Maggiore anbaute, seine Mutter Theodora beisetzen; ihr zeitgenössisches Mosaikbild trägt die Aufschrift «Theodo[ra] episcopa». Die feministische Historikerin Karen Jo Torjesen, die in ihrem Buch «Als Frauen noch Priesterinnen waren» (deutsch 1995) den Nachweis führen will, daß «vom 1. bis zum 13. Jahrhundert Kirchenfrauen die Ämter von Diakoninnen, Priesterinnen, Kirchenältesten und sogar Bischöfinnen inne» hatten, schloß aus dem unvollständigen Zustand der Mosaikinschrift: «Das *a* von Theodora ist durch Kratzer auf den Mosaiksteinen teilweise ausgelöscht worden, was zu dem beunruhigenden Schluß führt, daß vielleicht schon im Altertum der Versuch gemacht wurde, die weibliche Endung auszulöschen.» Eher noch hätte jedoch eine Tilgung des weiblichen Endungs-*a* im Wort «episcopa» den Zweck der Geschichtsfälschung erfüllt. Ein Studium der archivalischen Überlieferung, wie sie der Begründer der christlichen Archäologie Giovanni Battista De Rossi (1822–1894) in seinen «Musaici cristiani» (1872–1899) vorgenommen hat, gibt allerdings Auskunft über den prekären Erhaltungszustand: Der Papsthistoriker Alfonso Ciacconio (1540–1599) sah das Mosaikbild mit rundem Nimbus und ohne Namen, eine Zeichnung aus der ersten Hälfte des 17. Jahrhunderts zeigt nur die Buchstaben «dora», und der Erforscher der römischen Wandmosaiken Giovanni Giustino Ciampini (1633–1698) bemerkte ausdrücklich, der Name der Person sei unbekannt. Die Buchstaben sind also später eingefügt worden, «indem man vielleicht den alten Spuren nachging» (G. B. De Rossi) und indem man den Text einer alten Inschrift verwendete, wo von dem «Leichnam seiner Mutter, d. h. der Herrin Theodora, der Bischöfin» (genetricis scilicet domnae Theodorae Episcopae corpus) die Rede ist.

nenkleidung» bevorzugte. Immer wieder wird der Fall behandelt, daß ein Priester, Diakon oder Subdiakon eine Zeitlang in keuscher Zweisamkeit mit seiner vor der Weihe ihm angetrauten Frau zusammenlebte – indem «aus dem Gatten ein Bruder» wurde. Wenn er schließlich doch wieder ehelichen Umgang pflegte, wird fast formelhaft eines der derbsten Worte des Alten Testaments auf ihn angewandt, im allgemeinen nur für rückfällige Ketzer gebräuchlich. Er handle «wie ein Hund, der sein Gespeites wieder frißt» (Sprüche 26,11).

Die Sorge um den guten Ruf

Ein Bischof zumal – so heißt es auf Konzilien – solle «seine Gemahlin wie eine Schwester» behandeln, und es solle keine «Weiberschar» (turba mulierum) einen Bischof verfolgen, der keine «Bischöfin» habe, der also noch ungebunden sei. Ein Bischof war offenbar eine gute, den Lebensunterhalt garantierende Partie, auch wenn sexuelle Enthaltsamkeit gefordert werden sollte. Weibliche Zudringlichkeiten gegenüber höheren Weiheträgern sollten die «Diener der Kirche», die Geistlichen seiner Umgebung, abwehren; diese hätten das Recht, so heißt es in einem Konzilsdekret, «auswärtige Weiber» von häufigem Besuch auszuschließen.

Geistliche mußten um ihren guten Ruf besorgt sein, und so wird immer wieder vorgeschrieben, «daß die Erzpriester, Diakone und Subdiakone stets in größerer Zahl beieinander bleiben», um sich gegenseitig zu kontrollieren und ihre keusche Lebensweise zu bestätigen, und wenn einer von ihnen an einen anderen Ort gehe, möge ein Lektor bei ihm sein. Versäume ein Priester diese rufsichernde Vorsichtsmaßregel, solle er 30 Tage von der Kommunion ausgeschlossen bleiben. Erzpriester werden ausdrücklich angehalten, diejenigen Priester, Diakone und Subdiakone dem Bischof oder Archidiakon zu melden, die ein Kind zeugen oder «Ehebruch begehen» (was immer darunter zu verstehen ist); ein Jahr Ausschluß von der Eucharistie war die Strafe. Bei dem engen Zusammenleben in spärlich geheizten Holzhütten und dem Umstand, daß mehrere Personen in einem Bett lagen – die Bußbücher lassen den häufigen Fall erkennen, daß trunkene Männer oder eine Mutter eines der Kinder im Schlaf erstickt –, ist die Mahnung der Konzilien nicht überflüssig, der Priester möge nicht in einem Bette mit der Priesterin schlafen (manchmal ist auch der gemeinsame Raum genannt) und sich nicht mit ihr «in fleischlicher Sünde vereinigen» (in peccato carnali miscere).

Welche Frauenspersonen mit einem Bischof, Priester oder Diakon zusammenwohnen dürfen, ist eine seit der frühen Kirche immer wieder behandelte Frage. Bereits das erste Ökumenische Konzil von Nikäa (325) befindet, daß es nur Mutter, Schwester oder Tante sein dürfen – keine fremde Frau, so ist eingeschärft, keine «angenommene Schwester» (soror adoptiva) und kein «eingeschleustes Weib» (subintroducta mulier). Außer den engen weiblichen Verwandten – Mutter, Schwester, Tante – war anderen Frauen der Zugang nicht gestattet, und Rigoristen wie der heilige Augustinus duldeten auch die eigene Schwester nicht neben sich, denn über sie kämen fremde Frauen ins Haus: «Diejenigen, die mit meiner Schwester zusammen sind, sind nicht meine Schwestern.» Und von ihnen könnte eine Versuchung, zumindest eine Rufschädigung ausgehen.

Weibliche Zudringlichkeit konnte in der Tat zuweilen recht weit gehen, zumal sich manche getrennt lebende Klerikerfrau nicht «wie eine Schwester» aufführte. Gregor von Tours († 594), selbst Bischof, weiß von einem Bischof von Clermont, Gregors Geburtsort, zu berichten, dessen Frau klösterlich getrennt lebte, jedoch: Der altböse Feind ließ sie, «die in Gier nach dem Manne entbrannte, zu einer neuen Eva» werden. In der Nacht eilte sie zum Haus des Bischofs, und da sie es verschlossen fand, fing sie an zu poltern und zu rufen: «Wie lange schläfst du, Bischof? Willst du denn nicht die geschlossene Tür entriegeln? Warum verachtest du deine Gefährtin? Warum... vernimmst du nicht die Gebote des Paulus: ‹Kommt wieder zusammen, auf daß euch der Satan nicht versuche›. Sieh', ich komme wieder und nehme Zuflucht nicht zu einem fremden, sondern zum eigenen Gefäß.» – Frau Bischöfin war eine schriftgelehrte Dame; sie spielte auf das Pauluswort an, man möge die Hurerei vermeiden: «ein jeglicher... möge sein eigen Gefäß behalten in Heiligung und in Ehren» (1. Thess. 4, 4). – Der Bischof öffnete der Zudringlichen die Tür und gab seine Keuschheit auf. Anschließend büßte er in einem Kloster. Die Frucht der Begegnung war eine Tochter, die ihr Leben gleichfalls «klösterlich» verbrachte. Alle drei, der Bischof, seine Frau und die gemeinsame Tochter, seien, so der Bericht Gregors, gemeinsam in einer Gruft beigesetzt worden.

Die Zurückweisung der Frau, mit der ein Geistlicher verheiratet war, konnte über die Trennung hinaus grotesk-unmenschliche Züge annehmen. Papst Gregor der Große erzählt in seinen «Dialogen» – der Hauptquelle über das Leben des Mönchsvaters Benedikt von Nursia –, in eben jener Provinz Nursia habe ein Abt Stephan gelebt, der verheiratet gewesen sei, doch vom Zeitpunkt der Weihe an «seine

Priesterin» wie «eine Schwester» geliebt und sie nie, «wie einem Feinde ausweichend», näher an sich herangelassen habe. Als dieser Abt Stephan ans Sterben gekommen und wie tot darniedergelegen sei, habe «seine Priesterin» geprüft, ob noch Leben in ihm sei, indem sie sich über ihn beugte; der Sterbende sei hochgefahren und habe gescholten: «Hau ab, Weib, solange noch ein Funken Feuer glüht», und er habe statt des Zuspruchs seiner Frau die Vision von Petrus und Paulus gehabt, die ihn in den Himmel geholt hätten. Der mönchs- und wundersüchtige Papst Gregor leitet die Schilderung mit dem Satz ein, heilige Männer würden sich nicht nur von Unerlaubtem fernhalten, sondern sogar Erlaubtes zurückweisen.

Sie sollen die Frauen halten, «als hätten sie sie nicht»

Aus diesen frühmittelalterlichen Beispielen wird deutlich, daß nicht eigentlich der Zölibat – die Ehelosigkeit – gefordert wird, sondern die Enthaltsamkeit des geweihten Mannes. Verheiratete waren nach der Ordination gehalten, im Ehestand zu bleiben, jedoch ihre «Frauen fortan zu haben und zu behandeln, als hätten sie sie nicht», so das Konzil von Tours 567. Der Geschlechtsverkehr nehme dem Gottesdiener die für die sakramentalen Handlungen nötige Reinheit. Das römische Recht half den kirchlichen Verordnungen nach. Kaiser Justinian (527–565) erklärte jede nach der Amtsweihe geschlossene Ehe eines höheren Klerikers für ungültig und die daraus hervorgegangenen Kinder für illegitim, infam – d.h. jeder Rechtshandlung unfähig – und des Erbrechts verlustig. In den germanischen Nachfolgereichen verhielt man sich verschieden, doch blieb die Grundtendenz, die Klerikerehe zu verhindern. Im Westgotenreich ermächtigte König Rekkesswinta in seinem wahrscheinlich 654 erlassenen Gesetzbuch die Bischöfe und die Richter, Klerikerehen gewaltsam zu scheiden und die stets schuldige Frau zur Prügelstrafe zu verurteilen. Fast gleichzeitig beschloß ein unter dem Vorsitz desselben Königs tagendes Konzil von Toledo, daß solche Frauen, die sich mit Geistlichen eingelassen haben – «seien sie Freie oder Mägde» –, «ausgesondert und verkauft werden sollen»; die Männer sollen bis zum Ende ihrer Tage einem Kloster zur Buße überantwortet werden.

Sicherlich sind diese Vorschriften kaum befolgt worden; wir hören auf den Konzilien und aus der Literatur von keinem Fall, daß ein Bischof, dessen Vergehen auf einer Kirchenversammlung von den Mitbischöfen hätten geahndet werden müssen, oder ein Priester samt der schuldig gesprochenen Frau in der angedrohten Weise behandelt worden wären.

Aber die Töne wurden schriller, und die weltlichen Instanzen unterstützten weiter die Enthaltsamkeitsforderung gegenüber Geistlichen. Papst Benedikt VIII. und Kaiser Heinrich II. hielten August 1022 in Pavia ein Konzil ab, das der Papst mit einer langen Rede einleitet. Die päpstliche Ansprache ist sicherlich ein Kunstprodukt, rhetorisch überhöht und mit dem Stilmittel der Reimprosa abgefaßt: «Gemeinsam ist die Ehre, / gemein die Schmerzensschwere. / Durch Gottes Gnad' errichtet, / durch Menschensünd' vernichtet (Communis honor, communis dolor. Quia unde per Dei gratiam erigimur, inde promerentibus peccatis nostris deiicimur), so der Anfang. Aber gerade dadurch läßt sich der Verfasser zu Formulierungen jenseits einer Verordnungssprache hinreißen. Er wettert gegen die «Priester Gottes, die wie Deckhengste sich auf Frauen stürzen» und dies als höchsten Lebensgenuß betrachten «wie Epikur, das Schwein der Philosophen». Und «nicht vorsichtig treiben sie's»; «sie schämen sich nicht, öffentlich und protzig sich der Lust hinzugeben, geiler gar als weltliche Herumtreiber Hurerei zu begehen».

Über das Deklamatorische hinaus, das die moralische Entrüstung anzeigt, werden jedoch auch wirtschaftliche Gründe angeführt: die Entfremdung des Kirchengutes wird beklagt. Die Leiter der Kirchen trügen zu deren Verarmung bei. So ließen sie unerlaubt Knechte frei – «Kirchensklaven» (servi ecclesiae), die also Hörige der Kirche waren –, und diebisch und frech verliehen sie alles ihren Kindern. Geistliche, die zu den unfreien Dienstleuten der Kirche gehörten und die kraft Gesetz von der Gemeinschaft mit einer Frau ausgeschlossen seien, zeugten Kinder mit freien Frauen: Sie wollten erreichen, daß die Kinder dem freien Stande der Mutter folgen und erbberechtigt sind. «So erwerben ruchlose Väter für ruchlose Kinder weiteren Güterbesitz und reichliches Vermögen» aus dem Besitz der jeweiligen Kirche.

Bei dem hier geschilderten Mißstand ist das Recht verdreht. Der unfreie Geistliche verfügt über kein Erbrecht und hätte auch keinen Bund mit einer Freien eingehen dürfen; und wo sich eine Freie mit einem Kirchensklaven zusammentut, verliert sie ihren Stand und wären die Kinder unfrei. Daher wird in Pavia ausdrücklich erklärt, daß eine Freie, die eine solche Verbindung mit einem Kirchenhörigen eingeht, zur Magd der Kirche absinkt, was den Verlust des Erbrechts für die Kinder bedeutet.

Den Kern des Übels sieht der Papst in den Klerikerfrauen selbst, die Gottes Natur verdürben. Aber man sei ja milde, man wolle solche

Frauen nicht übers Meer verschicken, wie es ein strenger afrikanischer Konzilsbeschluß vorschreibe – der sich übrigens nicht nachweisen läßt –, sondern lediglich außer Landes weisen. Doch nicht aus humanitärer Regung wird das Urteil abgeschwächt. Der Grund: In abgelegenen und gesundheitsschädlichen Landschaften – so führt der Papst aus – schlaffe der Mensch ab und stürbe eher; diese Frauen aber sollten ausreichend Gelegenheit zur Buße erhalten; sie seien sonst «eher zum Tode bestimmt als der Buße zugewiesen» (potius morti destinata, quam poenitentiae putaretur deputata), wenn man sie übers Meer verschicke.

Diese lediglich in einer einzigen Handschrift überlieferte Synode von Pavia – für die Historiker ein wichtiges Indiz für die Zeitstimmung und die Härte der Auseinandersetzung – blieb ohne Folgen, ihre Beschlüsse wurden, soweit wir sehen, nicht verwirklicht. Auf sie ist nirgendwo verwiesen, und so dürften auch die Klerikerfrauen von dem Los verschont geblieben sein, das ihnen angedroht war. Der Vorwurf des verschleuderten und durch Priestergenerationen weitergereichten Kirchenguts scheint zumal in Oberitalien zu Recht bestanden zu haben. Schon Kaiser Otto III. klagte über die «beweibten Bischöfe», die der Kirche den Besitz nehmen, und von einem Bischof Ingo hören wir, daß er «um des Ehebruchs willen» eine Grafschaft und Kirchengut in fremde Hände gegeben habe. Manche Pfründen sind durch Generationen im Besitz einer einzigen Familie gewesen. In Stadt und Diözese Mailand, so wird berichtet, habe bis zur Mitte des 11. Jahrhunderts die Ehelosigkeit eines Geistlichen als seltene Ausnahme gegolten, und die eheliche Sicherung war geradezu ein Karrieremerkmal. Den Kirchenmaler Johannes – ein Italiener und seines Standes Geistlicher, der die Wände der Aachener Pfalzkapelle ausgeschmückt hatte – wollte Otto III. mit einem norditalienischen Bistum belohnen, doch vor Ort stellte sich heraus, daß Johannes zunächst die Tochter eines Ortsadligen heiraten und dann erst zum Bischof geweiht werden sollte. Johannes, von Deutschland an strengere Sitten gewöhnt, winkte ab und kehrte unordiniert zurück, um in Lüttich zu wirken.

Vom Lob des «Eunuchen»

«Euch rede ich an, ihr Liebchen der Geistlichen, ihr Lockspeise des Teufels, ihr Auswurf des Paradieses, ihr Gift der Geister, Mordwerkzeug für die Seelen, Wolfswurz für die Trinkenden, Giftspeise für die Essenden, Quelle der Sünde, Anlaß des Verderbens.» Als müsse der Autor Atem holen bei dieser im Original lateinischen Schimpfkanonade, zugleich daran erinnern, an wen er sich wendet, setzt er neu ein: «Euch, sag' ich, rede ich an: Ihr Lusthäuser des altbösen Feindes, ihr Wiedehopfe, Eulen, Nachtkäuze, Wölfinnen, Blutegel, die ‹herbei, herbei› rufen, ohn' Unterlaß'.» So geht es über Zeilen fort, und man hat schon ein etwas größeres Lexikon nötig, um alle Vokabeln zu begreifen, die «lüsternen Kußmündchen» (savia), die «das Blut schöner Jünglinge aussaugenden Vampire» (lamiae), die «Lustkoben fetter Schweine» (voluptabra porcorum pinguium) usw. Der Mann kannte sich in der ans Pornographische grenzenden Wortwelt aus, und er weiß fraglos auch um die laszive Zweideutigkeit mancher Ausdrücke, wie zum Beispiel «lupa», das «Wölfin» und zugleich «Buhldirne» heißen kann. Jenes «herbei, herbei», das die «Buhldirnen» rufen, hat er der Bibel entnommen, und er erweitert das Zitat um die Wendung, dies würde von den lüsternen Damen «ohn' Unterlaß» (sine cessatione) gerufen. Der Verfasser dieser rüden Schmähsequenz auf die Klerikerfrauen, deren Text bei gleichgesinnten Zeitgenossen Gefallen fand und von diesen wortgleich zitiert wurde, war der Kardinal und Prior des Reformklosters Fonte Avellana Petrus Damiani († 1072), ein eifriger Asket von besonderer Leibfeindlichkeit, der «Jungfräulichkeit» für Frau und Mann als Beitrag zur Selbstheiligung besonders schätzte. Dabei berichtet sein Biograph Johannes von Lodi, daß die Pflege einer Priesterfrau ihn als Kleinkind am Leben erhalten hätte. Damianis Briefe fanden weite Verbreitung, und es ist keine Frage, daß sie damals zur Meinungsbildung beitrugen und die religiöse Haltung der Menschen beeinflußten, zumal Petrus Damiani, 1828 unter die vorbildhaften Kirchenlehrer erhoben, trotz seiner Sehnsucht nach dem Einsiedlertum dem inneren römischen Reformzirkel angehörte.

In einer weitverbreiteten Klageschrift, dem «Liber Gomorrhianus», einer nach der Stadt der Gottlosen im Lande Kanaan (1. Moses 19) benannten Schrift, die den Beifall des damaligen Papstes Leo IX. (1049–1054) fand, singt er das Lob der Eunuchen, gestützt auf das Jesaja-Wort, daß der Herr den Verschnittenen, den Eunuchen, einen Ort in seinem Hause einräumen werde, und einen Namen, «besser als den von Söhnen und Töchtern» (Jesaja 56, 4f.). Daran knüpft Damiani die Erklärung, was Eunuchen seien, denen man nacheifern solle und denen das Himmelreich gehöre: Es sind solche, die die Fleischeslust unterdrücken und «den Bewirker übler Handlungsweise von sich abtrennen» (effectum a se pravae operationis abscidunt). Was heißt das? Damiani hat den Text so gehalten, daß man herauslesen kann, er befürworte die Entmannung mit dem Ziel, sich von dieser Quelle der Sündhaftigkeit zu befreien.

Selbstkastrationen hat es in der Tat seit der frühen Kirche gegeben. Ein herausragendes Beispiel ist der Kirchenvater Origenes († um 254), der kein Einzelfall gewesen sein dürfte. Denn das erste ökumenische Konzil von Nikäa (325) setzt an die Spitze seiner Beschlüsse eine Bestimmung über Kastraten: Daß den geistlichen Stand verlassen müsse oder in ihn nicht aufgenommen werden dürfe, wer sich selbst in dieser Weise verstümmelt habe. Verwirrung hat wegen seiner scheinbar klaren Anempfehlung das bei Matthäus 19,12 aufgezeichnete Jesus-Wort von den drei Arten von «Verschnittenen» gestiftet: von den als «Eunuchen» Geborenen, den von fremder Hand Verstümmelten und von denjenigen, «die sich selbst verschnitten haben um des Himmelreichs willen. Wer es fassen kann, der fasse es.» Das Wort fand Befolgung – Origenes soll sich darauf berufen haben: «Wer es fassen kann, der fasse es» –, und eine ausufernde Exegese schloß sich an. Im Laufe der Zeit setzte sich die Anschauung durch, daß Christus das Wort in einem spirituellen Sinne gemeint habe. Eunuchen seien diejenigen, sagt die klassische Bibelerklärung des 12. Jahrhunderts (Glossa ordinaria), «die, obwohl sie ihre Männlichkeit ausüben könnten, Christus wegen sich sexuell enthalten» (... qui, cum possent esse viri, propter Christum continent). In der Tat gab es offenbar nicht wenige, die sich außerhalb von Klöstern und frommen Gemeinschaften einem solchen Gelübde unterwarfen. Wir kennen sogenannte «Hausmönche» (asceti domestici), die in ihrer Wohnung ein frommes, enthaltsames Leben führten, und wir wissen, daß manche ihre geschlechtliche Enthaltsamkeit mit dem Zusatz «Eunuchus» zu ihrem Namen anzeigten.

Aber es gab, wenn auch im Laufe der Jahrhunderte immer seltener, Glaubenseiferer, die Hand an sich legten. Berühmt ist der Fall des heiligen Ulrich von Zell († 1093), eines aus Regensburg kommenden Reformers vornehmer Abkunft, der, im Klosterverband von Cluny aufgestiegen, Prior im ersten cluniazensischen Frauenkloster Marcigny-sur-Loire wurde, doch auf einem letztlich kümmerlichen Priorat im südlichen Schwarzwald, das später nach ihm benannt wurde (St. Ulrich, südlich Freiburg i. Br.), sein asketisches Leben beschloß. Eine bald nach seinem Tode niedergeschriebene Biographie meldet, Ulrich habe in seiner Jugend gegen seine aufkommende Sexualität angekämpft, doch habe er trotz äußerster körperlicher Enthaltsamkeit die «Fleischesglut» nicht besänftigen können: «Zornig auf sich... habe er, der sich die Geschlechtsteile mit einem glühenden Eisen durchbohrt und eine Schnur eingeführt hätte, die Wunde (der Wollust) mit der Körperwunde geheilt und die Wollust zu Schmerz verwandelt.» Ob der Vorgang ganz konkret und körperhaft gemeint ist, möge offenbleiben. Literarisch schimmert das Vorbild des heiligen Mönchsvaters Benedikt durch, der, wie seine Lebensbeschreibung meldet, die Begierde mit einem Sprung in einen Dornbusch vertrieben haben soll und auf diese Weise die «Wollust in Schmerz» vertauschte.

Ulrich kam aus Regensburg wie eine ganze Reihe Reformer durchaus europäischen Formats. Da war Gerald († 1077), einst Domscholaster in Regensburg, der seinen Weg über Cluny nahm und schließlich Kardinalbischof von Ostia wurde, Nachfolger des Petrus Damiani. Und da war der bedeutende und musisch begabte Abt Wilhelm von Hirsau; auch er hatte, als Kind dem Kloster übergeben, in St. Emmeram begonnen wie Ulrich von Zell. Fragen sexueller Verhaltensweisen und sexueller Not scheinen in monastischen Kreisen Regensburgs um die Mitte des 11. Jahrhunderts erörtert worden zu sein. Als ein Zeuge solcher Diskussionen darf der Emmeramer Mönch Otloh († nach 1070) gelten, dessen Geistes- und Seelenlage man mit «psychopathologischen» und «psycho-historischen» Interpretationen zu ergründen sucht. Otloh berichtet in seinem «Buch der Versuchungen» (Liber de tentationibus) aus den Dialogen des Papstes Gregor des Großen von dem Frauenerlebnis eines Heiligen, der sich in seiner Fleischesnot im Gebet an Gott gewandt habe und «in einer bestimmten Nacht sah, daß er unter Mithilfe eines Engels entmannt wurde». Von Stund' an sei er von solcher Art Versuchungen verschont geblieben. Und Otloh schließt das Traumerlebnis eines Abtes an, das er aus einer Schrift des Kirchenvaters Johannes Cassianus († 430/435) nahm. Einem erotisch Geplagten habe ein Engel «eine glühende Fleischdrüse» aus den Eingeweiden herausoperiert und verkündet, nun besäße er die körperliche Reinheit, «nach der er gläubig verlangt habe».

Zurück zu Ulrich von Zell. Man wird zweifeln dürfen, ob es sich um eine wirkliche Selbstentmannung gehandelt hat oder um das Niederkämpfen der Begierde durch Zufügung von Schmerz. Die Nähe zu literarischen Vorbildern spricht für Letzteres. Ulrich von Zell hat mit seiner wirklichen oder spirituellen Kastration – «die heilige Kastration ist nicht fleischlich, sondern geistig zu verstehen», schreibt ein Jurist des 12. Jahrhunderts (Summa Coloniensis) – wenig bewirkt. Er sorgte in seinem Sinne für sein Seelenheil, und Petrus Damianis Briefe dürften für Gläubige Anempfehlungen dargestellt haben, nicht Anweisungen.

Der vom Papsttum «befohlene» Zölibat

Reform ist nur möglich, wenn sie nicht nur gepredigt und angewiesen, sondern von der Gesellschaft auch getragen wird. Dieser Wille zur Umsetzung bestehender und erneuerter Gesetze nahm von der Mitte des 11. Jahrhunderts stetig zu, bis schließlich in der ersten Hälfte des 12. Jahrhunderts die da und dort anzutreffende Beliebigkeit der Lebensführung durch strikte und überwachte Regeln eingeengt war. Es begann unter Leo IX. (1049–1054) und endete unter Innozenz II. (1130–1143) mit dem zweiten Laterankonzil von 1139, dem zehnten ökumenischen, wie man später zählte. Leo IX. war ein Papst voller Aktivität und Verkündungseifer, der umherreiste – auch nördlich der Alpen – und schon durch seine Gegenwart demonstrierte, daß es ihm mit seinen Mahnungen zur Kirchenzucht ernst war. Auf seinem ersten römischen Konzil 1049 wurden sämtliche Priesterfrauen und Priestersöhne für Hörige der Kirche erklärt. Auf diese Weise war – die sittliche Frage beiseite gelassen – der gerade in Italien häufige Erbgang unterbunden, bei dem Söhne Pfründen und Stellung des Vaters übernahmen, so daß allmählich eine Verarmung der Kirchen einzutreten drohte. Der reformeifrige deutsche König Heinrich III., auch zuständig für das Königreich Italien, billigte den Beschluß, der französische König wollte jedoch Unruhe von seinem Reich fernhalten und rief seine Prälaten zur gleichen Zeit zu einer Heerfahrt auf, so daß sie in Rom auf dem Konzil nicht erscheinen konnten.

Keiner der folgenden Päpste hat die Keuschheitsforderung für Geistliche so unerbittlich und wirkungsvoll vertreten wie Gregor VII. (1073–1085). Sofort nach seinem Regierungsantritt mahnte er die Ehelosigkeit der höheren Weihegrade bis zum Subdiakon an, und von 1074 an benutzte er die in der Fastenzeit stattfindenden römischen Synoden – ein von ihm eingeführter Brauch –, um seine Forderungen öffentlich bekanntzugeben. Auf dieser ersten von ihm einberufenen Fastensynode 1074 ist das Gebot priesterlicher Enthaltsamkeit der zentrale Punkt, und er wirbt in Briefen um Befolgung des Beschlusses. Aus den Evangelien und den Apostelbriefen kann Gregor das Keuschheitsgebot nicht nachweisen; die Forderung, so schreibt er, sei von den Vätern festgelegt, die sie «nicht nach Gutdünken», sondern «unter dem Anflug des heiligen Geistes verkündet haben».

Überall, vor allem aber im deutschen Reich, regte sich Widerstand. In der Diözese Konstanz wiesen 3600 Geistliche das Ansinnen der Ehelosigkeit zurück, auf Kirchenversammlungen in Erfurt und Mainz geriet der Erzbischof bei seiner Ankündigung in ernste Gefahr, in Passau vertrieb man den Bischof aus der Stadt. Was die Geistlichen besonders aufbrachte, war die Aufforderung an das Kirchenvolk, sich gegen verheiratete Priester zu wenden und deren Messe zu boykottieren. Man sprach von einem «Aufruhrkanon», den Gregor erlassen habe, in dem es heißt: Wer die Gebote der Väter mißachte, dessen Dienste dürfe das Volk keinesfalls in Anspruch nehmen, damit diejenigen, die sich offensichtlich nicht bessern wollten, «aus Bloßstellung vor der Welt und durch die tadelnde Haltung des Volkes zur Besinnung kämen».

Es war ein offener Aufruf zum Ungehorsam, und er wurde an manchen Orten auch befolgt. In Mailand rottete sich das Volk, meist Angehörige unterer Schichten, auf dem Trödlermarkt zusammen – vom Markt ist der Name dieser Bewegung «Pataria» genommen; die Patarener selbst nannten sich sendungs- und selbstbewußt «Gottesplan» (placitum dei). Man beobachtete das Privatleben der Priester, und wo man Unregelmäßigkeiten wahrnahm, drang man in die Wohnungen ein, plünderte und vertrieb die Priesterfrauen als «Kebsweiber». Rom befürwortete diesen Aufruhr, und Gregor VII. dachte wohl auf ähnliche Weise, die Geistlichkeit nördlich der Alpen zur Räson zu bringen. Seine Legaten – auch dies ein neues Instrument zur Durchsetzung der von Rom getragenen Reform – gingen überall auf Synoden gegen verheiratete Priester und gegen Priestersöhne vor.

Jetzt setzte ein bis dahin nicht gesehener Schriftenkampf ein mit Traktaten gegen die Priesterehe und Briefen zu deren Befürwortung, die größere Zahl gehörte zur ersten Kategorie. Am wirkungsvollsten unter den wenigen Verteidigungsschriften der Priesterehe war der angebliche Brief eines seligen Bischofs Ulrich an einen Papst Nikolaus, der den Gregorianern zu schaffen machte, kam doch in dessen Text ein Glaubenszeuge, ein Märtyrer mit Namen Paphnutius, zu Wort, dem Christenverfolger ein Auge geblendet und die Kniesehnen durchgeschnitten hätten, und der, obwohl selbst unverheiratet, vor dem berühmten ökumenischen Konzil von Nikäa (325) dafür eingetreten sei, daß die Ehen der Kleriker, selbst der Bischöfe, aufrechterhalten werden sollten, wenn sie schon vor der Weihe bestanden hätten; auch dies sei Keuschheit. Bei einem Verbot der Priesterehe wären der Hurerei Tür und Tor geöffnet. Die Konzilsväter von Nikäa hätten, beeindruckt von der Rede des Paphnutius, von einem Verbot der Priesterehe Abstand genommen. In der beschriebenen Form ist der Ulrich-Brief und die ganze Paphnutius-Szene eine Fiktion, aber sie zwang doch die Anhänger Papst Gregors VII., sich mit den Argumenten zu beschäftigen: Auf einer römischen Fastensynode 1079 wurde der Ulrich-Brief verworfen und verdammt.

Die feindselige Einstellung Gregors VII. gegenüber den Priesterehen löste schon unter den Zeitgenossen Gerüchte aus. Man bezichtigte ihn «unzüchtiger Liebe» (Lampert von Hersfeld) zur Markgräfin Mathilde von Tuszien (1052–1115), und in der Tat pflegte er eine offenbar intensive private Korrespondenz mit Mathilde, wie er auch der nach Rom übergesiedelten Kaiserinwitwe Agnes († 1077) als Seelenführer diente. Welcher Grad an Sensibilität in der Frage der Beziehung von Geistlichen, hier Gregors VII., zu Frauen damals herrschte, zeigen einige Kapitel aus der Lebensbeschreibung dieses Papstes. Gregor, der die Gottesmutter Maria besonders verehrte, habe diese angerufen, weil ihm plötzlich die «Gabe der Reue» abhanden gekommen sei: er hatte die Fähigkeit zu weinen verloren. Nach Fasten und Bußübungen ließ ihm die Gottesmutter offenbaren, er habe, als er einmal mit dem Halsband seiner Nichte hantierte, «gleichsam deren Körper bestrichen» (quasi corpus eius perungens) und sei deshalb aus dem «Chor der Keuschen» ausgeschlossen, doch wegen seiner Bußübungen werde ihm das «Geschenk der Tränen» wiedergegeben. Die Lehre aus diesem wundersamen Erlebnis des heiligmäßigen Mannes – Vermeidung jeder körperlichen Berührung einer Frau – hielt man für so wertvoll, daß der Bericht in eine Sammlung von Marienmirakeln aufgenommen wurde – die einzigen Exzerpte, die aus der Biographie Gregors Verbreitung fanden.

Das von Gregor VII. energisch betriebene Verbot der Priesterehe fand seinen formalen Abschluß auf der von Innozenz II. anberaumten Lateransynode von 1139. Unter Anteilnahme von über 500 Bischöfen aus ganz Europa wurde beschlossen, daß alle Weihegrade oberhalb des Subdiakonats – Diakone, Priester, Bischöfe –, die «Frauen heimführen oder Konkubinen halten», ihr Amt und ihre Pfründe verlieren; auf der anderen Seite wurde verboten, die Messe bei Priestern zu hören, die «Frauen oder Konkubinen» haben. Die Wirkung dieser Kanones, die wegen der großen Zahl der Konzilsteilnehmer bereits zum Zeitpunkt ihres Beschlusses weit verbreitet waren, wurde noch dadurch erhöht, daß der Magister Gratian aus Bologna, den man den Vater der kirchlichen Rechtswissenschaft nennt, sie als die jüngsten Stücke in sein damals – um 1140 – entstehendes «Dekret» aufnahm; als Teil des Kirchlichen Gesetzbuches, des Corpus Iuris Canonici, hatten sie Geltung bis 1918; auch der neue Codex Iuris Canonici enthält das Zölibatsgebot.

Warum Zölibat?

Dem mittelalterlichen Menschen mit seinem festen Glauben an den von Gott gegebenen allegorischen Sinn der Wörter schien schon die Sprache zu suggerieren, daß das Alleinsein, zumal das religiöse Alleinsein, eine Hingabe an den Himmel bedeute: Das lateinische «caelebs», das mit dem indogermanischen «Sich selbst eigen» zusammenhängt, wurde in etymologischer Mißdeutung als «caelo aptus» – so der Lexikograph Papias des 11. Jahrhunderts –, «für den Himmel passend», ausgelegt, und dementsprechend hatte das Wort «caelibatus»-Zölibat, das im klassischen Latein nicht vorkommt, die Bedeutung «Zuwendung zum Himmel».

Aber nicht die Vokabel «Zölibat» hat die römische Kirche das Keuschheitsgebot aufstellen lassen. Sein tieferer Sinn wird häufig nicht bedacht. Gratian aus Bologna setzt in seinem «Dekret» zu den einschlägigen Zölibatstexten die Erklärung (D. 31 c.1 dict. p.): «Der Grund für diese Einrichtung (die Ehelosigkeit) ist die Reinheit der Priester gewesen, damit sie frei sind zum täglichen Gottesdienst.» Das Keuschheitsgebot mit Rücksicht auf die gottesdienstlichen Handlungen findet sich in vielen Religionen. Wer dem Göttlichen dient, hat rein zu sein, und wenn täglich Gottesdienste zu halten sind, worauf Gratian ausdrücklich hinweist, stört die Praxis der Ehe die dauernde Reinheitsverpflichtung. Daher hat die Kirche schon früh von den Altardienern ständige Enthaltsamkeit verlangt. Wer unrein ist, so die Überzeugung, von dem ist nicht zu hoffen, daß Gott sein Gebet erhört und sein Opfer annimmt. Der Erfolg der kultischen Handlung hängt von der Keuschheit des Kultusdieners ab: «der Beischlaf macht kultusunfähig» (H. Böhmer).

Die Forderung der Enthaltsamkeit galt nur für Altardiener; wer die heiligen Gefäße nicht berührte, brauchte sich nicht zu enthalten. Besonders energisch mußte beim Umgang mit dem Leib Christi in der Eucharistiefeier auf die Reinheit geachtet werden. Im frühen Christentum scheint die Eucharistie nicht täglich gereicht worden zu sein, und so wurde von den Altardienern auch nicht Dauerenthaltsamkeit verlangt. Erst als sich im Laufe des 4. Jahrhunderts der Brauch der täglichen Gnadengabe im ganzen römischen Reich eingebürgert hatte, wuchs die Erwartung, einen zu aller Zeit keuschen und zur Eucharistie fähigen Altardiener wirken zu sehen. Das römische Papsttum achtete auf die Dauerreinheit seiner Altardiener. Die Ostkirche hielt und hält es anders. Hier wurden nicht tägliche eucharistische Gottesdienste angeboten, und so bestand auch kein Anlaß, von den Altardienern ständige Enthaltsamkeit zu fordern, der Beischlaf war nur für die Tage des Altardienstes untersagt. Dem orthodoxen Popen steht deshalb die Ehe frei, dem katholischen Priester nicht.

«Wenn schon nicht keusch, dann wenigstens vorsichtig»?

Der sogenannte «Zwangszölibat» setzte sich durch. Daß ein Bischof offen mit einer Frau zusammenlebte, die sogar an seinen Entscheidungen Anteil hatte, wie es bei Bischof Hildebrand von Florenz (ca. 1008 – ca. 1025) der Fall war, dessen «Gemahlin» Alberga sozusagen «episkopal» auftrat, solche Fälle gab es vom 12. Jahrhundert ab kaum noch. Allerdings bestanden erhebliche regionale Unterschiede. Cosmas von Prag († 1125) spricht in seiner einflußreichen «Chronik der Böhmen» von seiner Ehefrau Bezeteha († 1117), deren Tod er beklagt und mit der er, selbst Priestersohn, in fast zwanzig Jahren seines Priestertums zusammengelebt hatte. Die Selbstverständlichkeit, mit der Cosmas von seiner Verbindung spricht («die ständige Begleiterin meines Lebens», heißt es in dem der Toten gewidmeten Epitaph), legt die Vermutung nahe, daß Cosmas in seinem Tun landschaftlicher Üblichkeit entsprach. In der Normandie und in England waren Klerikerehen offenbar gang und gäbe – wir haben ganze Listen verheirateter Geistlicher für England –, aber bei den Hochkirchen – von den Archidiakonaten bis zu den Bistümern – wurde im allgemeinen, zumindest äußerlich, die Einhaltung des Zölibats beachtet. Ein neues Moment kam mit dem Ausbau des Dispenswesens auf: daß Rom für einen Mißstand Dispens und Absolution erteilte, und daß im Rechtsleben zwischen «offener» und «verborgener» Anstößigkeit (scandalum apertum, scandalum occultum) unterschieden werden konnte.

Manche Kirchenfürsten versuchten in der Umbruchzeit des 11. Jahrhunderts, in ihrem Kirchenbezirk Ruhe zu bewahren, und tolerierten Klerikerehen. Jene maßlose Beschimpfung der Geistlichenfrauen aus der Feder des Petrus Damiani (siehe oben S. 158f.) steht in einem Brief an Bischof Kunibert von Turin (1046–1082); der zelotische Damiani wollte dem Turiner Bischof vor Augen halten, wie anstößig es sei, Klerikern die Ehe zu erlauben, wie Kunibert es tat. Berühmt ist der Ausspruch des Bremer Erzbischofs Adalbert von Bremen (1043–1072): «Wenn schon nicht keusch, dann wenigstens rechtens» (Si non caste, tamen caute), der häufig falsch mit den Worten: «Wenn schon nicht keusch, dann wenigstens vorsichtig» wiedergegeben wird. Um den Bremer Dombezirk war ein Stadtviertel leichter Mädchen entstanden, eine Versuchung für die in der Nachbarschaft wohnenden Kleriker. Diese Geistlichen habe Adalbert, so berichtet sein Biograph Adam von Bremen, ermahnt: Sie sollten sich von den Fängen der «verderbenbringenden Weiber» fernhalten, und wer sich nicht zu vollkommener Keuschheit zwingen könne, möge wenigstens das Band der Ehe achten, gemäß dem Spruch: «Wenn schon nicht keusch, dann wenigstens in rechtlichen Formen.» Der Satz ist bald umgemünzt worden, und der durchtriebene Petrus Abaelard (1079–1142), dessen Verhältnis mit Heloïse seinerzeit einen Skandal ausgelöst hatte, gab seinem Sohn Astralabius, der aus dieser anstößigen Verbindung hervorgegangen war, den Rat: «Wenn du es nicht vermagst, keusch zu sein, dann achte drauf, mit Vorsicht zu leben, vor dem Volk ist dir der Ruf mehr wert als die Lebensweise» (Si nequeas caste, ne spernas vivere caute: / in populo vita plus tibi fama valet).

In diesem Sinne erschien der Satz so recht durchtränkt von «jesuitischem» Geist, und man hat behauptet, die Gesellschaft Jesu habe ihn aufgebracht, aber in der Bedeutung, die Adalbert den Worten gegeben hat, heißt er nichts anderes, als daß die Kleriker die einmal eingegangene eheliche Bindung achten sollen, und die Societas Jesu hat mit dem Wort, zumal in seiner zynischen Bedeutung, nichts zu tun.

Hiltigund, die «Priesterin», und Froibirgis, die Buchschenkerin

Fraglos bestand bei der priesterlichen Lebensführung ein Unterschied zwischen Stadt und Land. «In fast allen Ländern lebten die Landpriester mit Frauen zusammen, entweder im Konkubinat oder in einer regelrechten Ehe ... Das Konkubinat eines Bischofs, Mönches oder Stiftsherrn hat man wohl ziemlich allgemein als untragbar empfunden, bei den Landpriestern dagegen weitgehend geduldet. Ihre niedere Herkunft, unzulängliche theologische und spirituelle Ausbildung, eine sehr begrenzte Aufsicht durch die kirchlichen Oberen, die bäuerliche, ohne frauliche Hilfe schwer durchführbare Lebensweise – alle diese Umstände hatten dazu beigetragen, die Landpriester der Zölibatsidee zu entfremden» (F. Kempf). So richtig diese Beobachtung erscheint, so schwer ist die Wirklichkeit nachzuweisen.

Einen Blick in das bäuerliche Alltagsleben, das ungestört von den schneidigen Aufrufen der Eiferer ruhig dahinfloß, bieten die von Klöstern und geistlichen Einrichtungen geführten Traditionsbücher, in die Schenkungen und Eigentumsveränderungen eingetragen wurden. Vor allem in Süddeutschland ist die Zahl solcher Traditionsbücher, die sich bis ins 12. Jahrhundert als Rechtsinstrumente gehalten haben, groß, doch ist zu bedenken, daß nur ein Bruchteil der Bevölkerung in den Notizen faßbar ist, nur diejenigen, die mit den Rechts- und Besitzverhältnissen der Klöster und Stifte etwas zu tun hatten: Schenkungen machten, Hörige in Nießnutz nahmen, Ländereien tauschten u. a. m. Wer in kein Rechtsgeschäft mit einem Kloster trat, taucht nicht auf. Meist sind es natürlich Laien, die ihre Schenkungen darbringen, aber es gibt eine ganze Reihe von Eintragungen, aus denen das Zusammenleben von Priestern mit Frauen deutlich wird.

Nehmen wir den bayerisch-österreichischen Raum, so sind in Traditionsbüchern folgender Klöster und Stifte Kleriker mit Frauen verzeichnet: Benediktbeuern, Brixen, Ebersberg, Formbach, Freising, St. Emmeram, Regensburg, Reichersberg, Salzburg, Weihenstephan. Klerikerkinder sind genannt in Au am Inn, Augsburg, Baumburg, Benediktbeuern, Brixen, Formbach, Freising, Gars, Moosburg, Neustift bei Freising, Passau, Salzburg, Schäftlarn, Weihenstephan, Weltenburg. Unverhüllt lassen sich hier Priesterdynastien feststellen. Im Salzburg des 10. Jahrhunderts hat der Priester Engilperht einen Sohn, den Domdekan Luitfried, der wiederum seinen Sohn Reginfrid ausstattet. Am meisten wird für das Seelenheil gesorgt, doch auffallend, wenn auch einleuchtend, ist die Tendenz, daß die Eltern versuchen, den Kindern Vorteile zu sichern: den Nießnutz zu Lebzeiten oder eine Verbesserung der Rechtsstellung, z. B. eine Tochter von einer Kirchenmagd auf den Stand einer Censualin zu heben. Die Frauen, mit denen die Kleriker verbunden sind, tragen verschiedene Namen: Ehefrau, Gattin, Mitbewohnerin unter demselben Dach, Gefährtin, Konkubine, aber auch Priesterin (uxor, coniux, contectalis, socia, concubina, presbyterissa).

In hohem Ansehen stand im oberbayerischen Ebersberg die «Priesterin Hiltigund», eine Freigeborene, von der man wegen ihres ungewöhnlich umfangreichen Besitzes, über den sie verfügte, vermutet, daß sie eine Tochter des letzten Grafen Adalbero II. von Ebersberg († 1045) war. Sie lebte zusammen mit dem Priester Gunduni, dem Hausgeistlichen der Ebersberger Grafen, möglicherweise unfreier Geburt, denn es geschah häufig, daß ein Höriger freigelassen wurde, um die Weihe zu empfangen und dem Eigenkirchenherrn als «Hauspriester» zu dienen. 1047 machen Hiltigund und Gunduni eine Schenkung an das Kloster Ebersberg, doch behalten sie sich eine gemeinsame Wohnung neben der Kirche vor, zusammen mit einer Pfründe für den Unterhalt eines Mönchs, eines «Hausmönches» also, am selben Ort, eine damals nicht unübliche Praxis – die adlige Mutter des späteren Abtes Wibert von Nogent (1053–1124) bezog Unterkunft neben einem Kloster, wo auch ihr Hauslehrer Wohnung nahm.

Mehrmals tauchen Hiltigund und Gunduni im Traditionsbuch von Ebersberg auf, das der gelehrte Abt Williram (1048–1085) angelegt hatte, und Williram, ein dem König Heinrich IV. zugeneigter Mann, scheint gegen die Verbindung Hiltigunds keine Einwände erhoben zu haben, trotz der Zölibatsgebote Papst Gregors VII. Als Witwe übergibt die «Priesterin Hiltigund» ca. 1080 dem Abt Williram eine letzte Stiftung «für ihre Seele und die ihres geliebten, bereits verstorbenen Priesters Gunduni».

Merkwürdiges wird aus dem Kloster Benediktbeuern gemeldet. 1055 schenkt ein Priester Richolt mit seinem gleichnamigen Sohn dem Kloster Benediktbeuern eine halbe Hufe; als Zeugin tritt auf «Froibirgis, Ehefrau vorbenannten Priesters», und es ist hinzugesetzt: «die auch selbst ein Buch des Ambrosius übergeben hat». Die Handschrift, die Erklärung des Ambrosius von Psalm 118, ist heute noch vorhanden. Sie kam bei der Säkularisation mit Benediktbeurer Beständen in die Bayerische Staatsbibliothek und enthält den Eintrag (clm. 4535 fol. 201^{v}): «Dieses Buch hat eine Frau der Augsburger Domgemeinschaft namens Froypirch» usw. übergeben. Daß Frauen als Buchschenkerinnen auftreten, ist äußerst selten, und hier handelt es sich um eine Dame, die als «Frau» (uxor) eines Priesters bezeichnet wird, als Mutter sogar. Ob man sie als «litterata», als lese- und schreibfähig – oder eins von beidem, denn im Mittelalter waren es zwei verschiedene Fertigkeiten – ansprechen darf, mag offenbleiben; immerhin war gerade die Lektüre des Psalters den Laien – und damit auch den Frauen – gestattet; so durften sie auch in den entsprechenden Kommentaren lesen. Doch der gestiftete Codex selbst – paläographisch dem 10. Jahrhundert zuzuordnen – birgt darüber hinaus eine Eigentümlichkeit. Er enthält mehrere verschieden ausgeführte «Randzeichnungen»; am interessantesten ist eine weibliche Figur (fol. 43^{r}), angebracht an der Stelle, wo Ambrosius seine Exegese des Psalms 118 (c. 46) mit Versen aus dem Hohelied Salomos (2, 13–14) unterfüttert: «Komm du, meine Taube, in meinen Felsenschutz», und: «Zeig' mir dein Angesicht und laß' deine Stimme hören, denn deine Stimme ist süß und dein Antlitz schön.» Gerade hier, beim Hoheliedzitat, ist am oberen Rand der Handschrift das Gesicht einer Frau mit offenbar tiefem Dekolleté und einem hervorquellenden Busen gezeichnet – den Körper deuten nur Striche an – und ein auf sie schauendes Männergesicht mit so etwas wie einem Kußmund (siehe nächste Seite).

Das Mittelalter war nicht sehr humorvoll, aber vielleicht leuchtet hier ein kleines Stück Menschlichkeit hervor, jenseits von Gottesfurcht, Erbsünde, Leibfeindlichkeit und dem Verbot zu lachen. Es

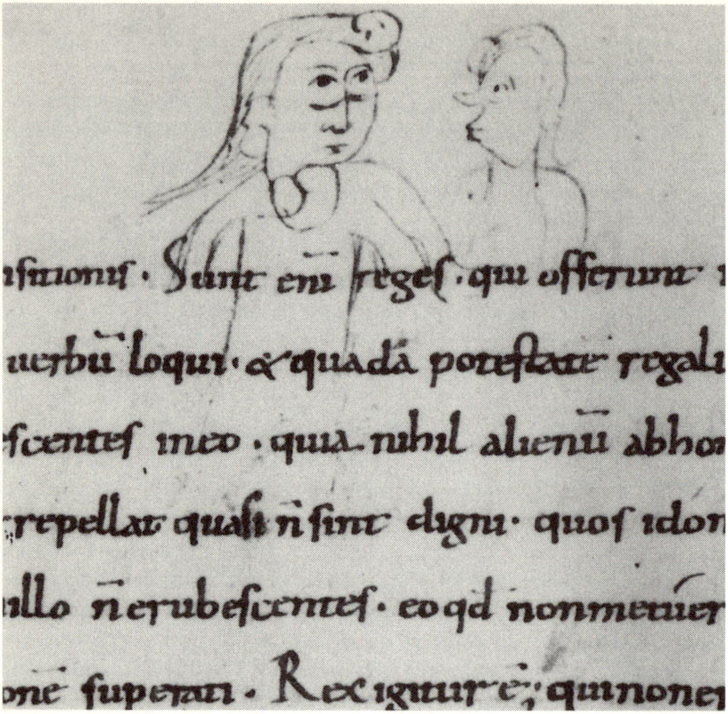

Randbemerkungen und Randzeichnungen begegnen häufig in mittelalterlichen Handschriften, oft sind es «Federproben»: Schulverse oder geläufige Scherzworte werden niedergeschrieben, um den Duktus der zugeschnittenen Feder zu prüfen («Disce, puer, varias rerum depingere formas»: Lern, Knabe, die unterschiedlichen Gestalten der Dinge abzubilden; oder «Omnis homo primum bonum vinum ponit»: Jedermann gibt zum ersten guten Wein – Joh. 2, 10). Auch kommen private Hinweise vor, wie in einem Codex aus Vercelli (Nr. LXXX), wo ein «Schatzmeister» (cimiliarcha) beschimpft wird, der sich offenbar mit Frauen eingelassen hat. Seltener, aber durchaus nicht ungewöhnlich sind Zeichnungen, Porträtzeichnungen zuweilen (siehe S. 233 die Bildnisskizzen von Johannes XXII. und Wilhelm Ockham). In dem Ambrosius-Kommentar zu Psalm 118 (München, Bayerische Staatsbibliothek clm 4535), den die zum Augsburger Domhaushalt gehörende Froypirch «in Erinnerung an sich und ihren Mann den Priester Rihhold» dem Kloster Benediktbeuern geschenkt hat, könnte in dem Frauenbild an die Stifterin erinnert sein. Ein gewisser Witz bestände auch darin, daß die durchgängig allegorisch gedeuteten Hoheliedverse («Komm du, meine Taube, in meinen Felsenschutz») im Literalsinn verwendet werden.

hieße, sich von der Phantasie sehr weit treiben zu lassen, in dieser Zeichnung eine Beziehung zur Augsburger Priestersgattin «Froibirgis, Froypirch» angedeutet zu sehen, doch fällt andrerseits die Annahme schwer, irgendein Insasse des Männerklosters Benediktbeuern hätte nach dem Schenkungsakt, fern jeder Frau und unter den Augen seiner Mitbrüder, diese lustvolle Zeichnung angebracht.

Arme Pfarrersfrau

Wie immer: In dieser Welt einer Hiltigund und einer Froibirgis lebte die «edle Pfarrersfrau» des «Einochs», die ihr Mann, eine Respektsperson im Dorf, jünger und schöner machen wollte. Die Zölibatsgesetze lösten die gesellschaftliche Harmonie auf, das Sexualleben des Pfarrers verschwand im Untergrund. Wer das Geschehen in einem kleinen Dorf, eines von Zehntausenden im damaligen Europa, in Montaillou am Fuße der Pyrenäen, hautnah erleben will, der lese die Inquisitionsprotokolle der Jahre 1318 bis 1325, die der damalige Verhörsleiter, der spätere Papst Benedikt XII. (1335–1342), bürokratisch genau aufzeichnen ließ: im Druck drei dicke Bände für etwas über hundert gequälte Menschen, eine Quelle, «für die es nichts Vergleichbares in der Mediävistik gibt» (A. Patschovsky). Die geheimsten Vorgänge und Wünsche sind aus den Menschen herausgequetscht worden, bis hin zum Geständnis, daß der Pfarrer von den Mitgliedern seiner Gemeinde mit Töchtern und Nichten beliefert werden mußte, und mindestens 45 Frauen hat nicht weit von Montaillou entfernt der Abt Pierre de Dalbs des Klosters Lézat mißbraucht, gegen den die Inquisition 1253 einschritt – arme Pfarrersfrau.

«Pour le mérite»
oder von der Sichtbarmachung der Verdienste

Was sind Orden und wozu sind sie da? Auf diese Frage gibt es eine berühmte Antwort. «Orden sind Wechselbriefe, gezogen auf die öffentliche Meinung: ihr Wert beruht auf dem Kredit des Ausstellers. Inzwischen sind sie, auch ganz abgesehen von dem vielen Gelde, welches sie, als Substitut pekuniärer Belohnungen, dem Staat ersparen, eine ganz zweckmäßige Einrichtung, vorausgesetzt, daß ihre Verteilung mit Einsicht und Gerechtigkeit geschehe. Der große Haufe nämlich hat Augen und Ohren, aber nicht viel mehr, zumal blutwenig Urteilskraft und selbst wenig Gedächtnis. Manche Verdienste liegen ganz außerhalb der Sphäre seines Verständnisses, andere versteht und bejubelt er bei ihrem Eintritt, hat sie aber nachher bald vergessen. Da finde ich es ganz passend, durch Kreuz oder Stern der Menge jederzeit und überall zuzurufen: ‹Der Mann ist nicht euresgleichen: er hat Verdienste›.»

Der diese Antwort gab, war Arthur Schopenhauer (1788–1860) in seinen 1851 erschienenen «Aphorismen zur Lebensweisheit»; er gab dem Kapitel die Überschrift «Von dem, was einer vorstellt». Der sonst die Menschen und ihre Einrichtungen verachtende Philosoph stand dem Ordensbrauch merkwürdig positiv gegenüber und sorgte sich sogar: «Durch ungerechte oder urteilslose oder übermäßige Verteilung verlieren ... die Orden (ihren) Wert; daher ein Fürst mit ihrer Erteilung so vorsichtig sein sollte, wie ein Kaufmann mit dem Unterschreiben der Wechsel.»

«Jeder Orden sollte pour le mérite sein»

Wie vorsichtig sind unsere Fürsten, so läßt sich fragen, die Präsidenten der Bundesrepublik Deutschland? Der Verdienstorden der Bundesrepublik Deutschland wurde von Bundespräsident Theodor Heuß (1884–1963) 1951 in acht Klassen gestiftet, von der Medaille bis zur Sonderstufe des Großkreuzes, die Staatsoberhäuptern vorbehalten ist. In den vergangenen fünfundvierzig Jahren seit Begründung der Bundesrepublik wurden knapp 200000 Verdienstorden fast ausschließlich an deutsche Bundesbürger verliehen. Nehmen wir zunächst die Jahre 1970 bis zur Wende 1989: die Zahlen der jährlichen Verleihungen schwanken zwischen rund 5300 und einer Höchstzahl 1986, als – unter starkem Einfluß des Außenministeriums – über 7000 Orden ausgegeben wurden. Setzt man die Zahl der jährlichen Verleihungen zur Einwohnerzahl ins Verhältnis, so ist, grob geschätzt, nur einer von zehntausend Bundesbürgern in den Genuß einer Auszeichnung gekommen. Am 3. Oktober 1990, dem «Tag der deutschen Einheit», hat man die Verleihungen «für eine gewisse Zeit» ausgesetzt, um, wie es hieß, die Bürger der ehemaligen DDR, bei denen der Wertungs- und Vorschlagsmechanismus noch nicht eingespielt sei, nicht zu benachteiligen.

Vom 1. Januar 1991 an, da Orden wieder ausgegeben werden, wird eine auffällige Zurückhaltung geübt. Trotz der durch die Vereinigung erheblich größeren Bevölkerung und der damit verbundenen Vermehrung von Anwärtern wurde die Zahl der Verleihungen gesenkt: von 5300 auf wenig über 4000 im Jahr 1994. Die Maßstäbe sind jetzt strenger denn je: Keine automatische Auszeichnung mehr für ausscheidende Beamte nach Art des hohenzollerschen Kronenordens, starke Berücksichtigung wissenschaftlich-technischer und innovatorischer Leistungen (einschließlich der von Designern und Modeschöpfern), vor allem energische Berücksichtigung von Frauen, deren Anteil von rund 17 Prozent im Jahr 1994 auf 30 Prozent angehoben werden soll. Aufs ganze gesehen war der Ordenssegen knapp und wird zur Zeit noch knapper gehalten, obwohl der Wunsch nach einem Verdienstorden heftig ist und offenbar noch ansteigt. Wenn man den Erhebungen einer demoskopischen Einrichtung, der Wickert-Institute in Tübingen, vom Herbst 1990 Glauben schenken darf, so ersehnen sich 14 Prozent der befragten Erwachsenen (eine nähere Differenzierung ist nicht gegeben) einen Verdienstorden, und die Tendenz sei steigend: 1988 seien es nur 8 Prozent gewesen.

Die eingangs vorgetragenen Überlegungen Schopenhauers über die Berechtigung von Orden sind fraglos von der wenige Jahre zuvor – 1842 – gestifteten Friedensklasse des Ordens «Pour le mérite» angeregt worden, dessen Gestalt er beschreibt und dessen Beschriftung er tadelt: «Die Inschrift pour le mérite auf einem Kranze ist ein Pleonasmus: jeder Orden sollte pour le mérite sein.» Was in unseren Ohren so dahingesagt klingt – daß ein Orden ein Verdienst anzeigen solle –, dürfte, mit der Zunge Schopenhauers gesprochen, nicht ohne die diesem Philosophen eigene Bissigkeit sein. Mit einem «ça va sans dire» (das ist doch selbstverständlich) beschließt Schopenhauer seine Überlegung, was sicherlich in dem Sinne zu deuten ist, daß das, was der Philosoph als selbstverständlich hinstellt, eben nicht selbstverständlich war. Und wirklich sind damals noch viele Orden – und gerade die angesehensten – Standes- und Gefälligkeitsorden gewesen.

Orden sind Wechselbriefe, so sagte Schopenhauer, «gezogen auf die öffentliche Meinung». Der Satz ließe sich auch umkehren. Ein Orden kann anzeigen, was in der öffentlichen Meinung als auszeichnungswürdig und damit als Verdienst gilt. Das kann in verschiedenen Zeiten und Gesellschaftssystemen recht unterschiedlich sein bis hin zur Perversion eines nützlich erscheinenden Mordes, wie denn der Trotzki-Mörder Mercader zum «Helden der Sowjetunion» erhoben und mit dem Lenin-Orden ausgezeichnet worden ist. Unsere Aufmerksamkeit sollte allerdings nicht totalitären Verformungen, sondern der allgemeinen, in der Antike einsetzenden europäischen Tradition gelten.

Der Brauch der Antike

Aristoteles (386–322 v. Chr.) behandelt in seiner Politik (II, 4) die Frage, ob «denen, die etwas zum Vorteil des Staates getan haben, eine Ehrenauszeichnung zu erteilen» sei, und hält sich mit einer Befürwortung auffallend zurück. Ein solches Gesetz solle man nicht erlassen, «auch wenn sich so etwas gut anhört», denn es könne zu Verleumdungen und vielleicht sogar zu Erschütterungen des Staates kommen über die Frage, was nützlich und was schädlich sei.

Das sind die Bedenken des Philosophen. Ob sie aus Überlegung oder aus Erfahrung kommen, mag offenbleiben; doch bereits die frühesten schriftlichen Berichte vom Beginn des fünften Jahrhunderts v. Chr. zeigen, wie berechtigt sein Einwand gegen öffentliche Ehrungen war. Denn «als nach der Seeschlacht von Salamis unter den griechischen Feldherrn abgestimmt wurde, wem der Preis der Aristie zufallen solle, gab sich dabei jeder die erste, die meisten gaben aber Themistokles die zweite Stimme: Neid, die Kehrseite des Agonalen, verhinderte die Entscheidung. In der Absicht, sich ehren zu lassen, ging Themistokles nach Lakonien. Hier empfing der spartanische Stratege Eurybiades einen Ölkranz für seine Aristie ... und Themistokles den gleichen Kranz für seine Klugheit» (M. Blech). Ein berühmter Fall aus der Zeit des Aristoteles selbst ist der Streit um die Ehrung des Demosthenes (384–322 v. Chr.). Als Demosthenes 336 v. Chr. in Athen für eine öffentliche Bekränzung vorgeschlagen wurde, bestritt der Führer der Gegenpartei Aischines, um seinen politischen Gegner Demosthenes herabzusetzen, dessen Verdienste im

Gedenkstein für den in der Varusschlacht, die man heute in Kalkriese bei Osnabrück lokalisiert, 9 n. Chr. im Alter von 53 Jahren gefallenen Marcus Caelius, Centurio der damals völlig aufgeriebenen XVIII. Legion, deren Garnison in Xanten lag, wo auch das über einem Kenotaph errichtete Denkmal 1630 gefunden wurde. Auf dem Panzer sieht man das Brustgehänge der phalerae, von den Schultern herab hängen (an einer nicht sichtbaren Tuchschleife) zwei keltische torques, an den Handgelenken die armillae, auf dem Haupt die corona civica, die Bürgerkrone. Den Stein, der den Toten im vollem Schmuck seiner Verdienst- und Ehrenzeichen zeigt, hat dessen Bruder setzen lassen.

Kampf gegen Philipp II. von Makedonien für die Unabhängigkeit Athens. Demosthenes konnte diese Verunglimpfung sechs Jahre später in seiner glänzenden Rede «Über den Kranz» zurückweisen. Aus ihr geht hervor, daß es im damaligen Athen durchaus üblich war, einen Bürger für eine Schenkung oder für eine außergewöhnliche Leistung zum Wohle der Polis mit einem Kranz zu belohnen. In seiner eigenen Rede hatte Aischines weitere öffentliche Ehrungen erwähnt: Ausrufungen, Festmähler im Prytaneion, im Rathaus, Inschriften, Hermen und Statuen, auch Gemälde herausragender Taten mit der Darstellung der oder des gefeierten Helden.

Die altgriechische Praxis kannte also trotz des Unbehagens, das Aristoteles formulierte, vielerlei Formen der Verdienstauszeichnung, am häufigsten und üblicherweise mit einem Kranz. Selbst in Olympia wurden nicht nur die Sieger des sportlichen Agons bekränzt, sondern zwischen den Wettkämpfen auch Männer, die sich um das Gemeinwesen in irgendeiner Weise verdient gemacht hatten und deren Lob Herolde öffentlich verkündeten. Die Dekoration, ein Kranz, waren ursprünglich Blätterzweige vom heiligen Ölbaum, später wurden goldene Nachbildungen ausgegeben.

Am Anfang der römischen Geschichte begegnen wir schlichten Verdienstzeichen. Aus der Zeit der Republik wird als höchste Anerkennung der Graskranz (corona graminea) genannt, von Staats wegen verliehen (wie es heißt) für die Befreiung eines ganzen Heeres oder Volkes. Begehrt war die Triumphkrone (corona triumphalis), ein Kranz aus frischem Lorbeer: in der Republik der einzige Schmuck des einziehenden triumphierenden Feldherrn, bewilligt vom Senat. Caesar (100–44 v. Chr.) erwarb das Vorrecht, diesen ursprünglich nur für den Einzug in die Stadt und die Triumphspiele gedachten Lorbeerkranz ständig zu tragen. Dem siegreichen Imperator stand es zu, seine Soldaten mit militärischen Auszeichnungen, mit «dona militaria», zu belohnen. Die Tapferkeitsauszeichnungen empfingen Soldaten als persönliche Anerkennung aus der Hand des Feldherrn, an den sie sich gebunden fühlten. Wie stark die Dekorationen auf den Feldherrn bezogen waren, zeigen die Vorgänge bei der Leichenfeier für Augustus (63 v. Chr. – 14 n. Chr.): Die Soldaten warfen die Auszeichnungen, die der Verstorbene ihnen verliehen hatte, in den Scheiterhaufen.

In der römischen Republik soll es einen ranggebundenen Unterschied militärischer Auszeichnungen nicht gegeben haben. Die einzige und einheitliche Belohnung für persönliche Tapferkeit sei ursprünglich, so behauptet Polybios († ca. 120 v. Chr.), die Lanze gewe-

Augustus mit der Bürgerkrone, der corona civica. Augustus habe, so schrieb später der ältere Plinius († 79), die Bürgerkrone «vom Menschengeschlecht empfangen»; gemeint ist, daß er sich um die Versöhnung der verfeindeten römischen Parteien verdient gemacht und damit weiterem Blutvergießen ein Ende gesetzt hat. Augustus fand die Auszeichnung, die nach altem republikanischem Gesetz «wegen der Rettung der Bürger» verliehen wurde, so wertvoll, daß er sie in seinem inschriftlich überlieferten «Tatenbericht» erwähnte und sich, wie die Büste zeigt, mit ihr darstellen ließ. Kopien solcher Büsten dienten der Vermittlung des Kaiserbildes in den Provinzen des römischen Reiches.

sen, später seien die «phalerae» hinzugetreten, ein bronzener Stirn- und Brustschmuck, mit dem das Pferd des dekorierten Reiters, aber auch der Mann selbst, behängt werden konnte. Die römische Kaiserzeit mit ihrem großen stehenden Heer baute das System der «dona militaria», der militärischen Verdienstorden, weiter aus und differenzierte es. Einige Daten mögen die Vielfalt andeuten. Seit Augustus wurde zwischen niederen und höheren Ehrenzeichen unterschieden. Zu den niederen gehörten zum Beispiel Armspangen, Brustschmuck oder eine gedrehte Halskette (der oder die «torques»), wie man sie von der berühmten Figur des «sterbenden Galliers» im römischen Kapitolinischen Museum her kennt. Wenn man seine Orden besieht, dann war der in der Varusschlacht 9 n. Chr. gefallene Centurio M. Caelius ein tapferer und hochdekorierter Mann gewesen. Sein im Bonner Rheinischen Landesmuseum verwahrter Grabstein – ein Epitaph, das abzubilden kaum ein lateinisches Schulbuch unterläßt – zeigt ihn reich geschmückt, vor allem trägt er die «corona civica» (die Bürgerkrone), einen Eichenkranz, den – so eine lexikalische Auskunft – ein Bürger erhielt, «wenn er einen Mitbürger im Treffen durch Erlegung des Feindes vom Tode rettete».

Ehrenkränze und schlichte eisenlose Holzlanzen (hastae purae) konnten allen Dienstrangen verliehen werden, während Standarten (vexilla) – schon wegen des Repräsentationsaufwandes – höheren Offizieren vorbehalten waren. Für sie gab es auch so etwas wie Dienstleistungsorden: Legaten im Prätorenrang, die ihre Amtspflicht erfüllt hatten, konnten mit je drei Kränzen, Lanzenschäften und Standarten rechnen, während die Taxe für konsularische Legaten bei je vier lag.

Für besondere Taten im Kriege gab es eigene Auszeichnungen: Kränze für denjenigen, der als erster ein feindliches Schiff enterte oder eine zu erstürmende Mauer erklomm (coronae classicae, murales, vallares). Die Bürgerkrone, die «corona civica», wie sie der Centurio Caelius trug, wurde in vielfachem Zusammenhang verliehen. Sie zeigte eine Rettungstat am Staat oder am einzelnen Bürger an; die näheren Umstände des Verdienstes wurden im Verleihungsvorgang sichtbar: Es kam darauf an, von wem und in welchem Zusammenhang die Bürgerkrone vergeben wurde. Am Ende der Republik beantragte der Censor für den als «Retter des Vaterlandes» gefeierten Cicero (106–43 v. Chr.) eine solche Bürgerkrone, und Augustus erhielt sie vom Senat nach Beendigung der Bürgerkriege 27 v. Chr.

Ein Mittelalter ohne Orden

Das römische Ordens- und Auszeichnungswesen war eine eigene Welt. In das Mittelalter und über das Mittelalter hinaus in die Neuzeit hat sich kaum etwas hinübergerettet. Wer im Mittelalter nach so etwas wie «Verdienstorden» sucht, wird, zumal in der frühen Zeit, nicht leicht Entsprechendes finden. Man kann den Befund nicht allein mit dem Zusammenbruch der antiken Staatenwelt erklären – schließlich haben sich antike Schrift und Literatur über die Zeiten behauptet –, auch nicht ausschließlich mit dem Eindringen neuer Völker und neuer Herrschaftsträger, die eigene Vorstellungen mitbrachten und die staatlichen und gesellschaftlichen Strukturen veränderten: Unter dem Einfluß des Christentums erhielt der Verdienstgedanke eine neue Qualität.

Nicht daß man in einer von Gewalt bestimmten Gesellschaft kriegerische und dem Herrschaftsverband nützliche Leistungen nicht belohnt hätte: Ein erfolgreicher Krieger hatte einen entsprechenden Beuteanteil und trug als Siegeszeichen die Embleme oder die Rüstung des besiegten Gegners. Hie und da gab es Zeichen, die auch ein Verdienst anzeigten, aber es fehlte die Eindeutigkeit. Standes- und Ehrenzeichen mischten sich mit materiellen Leistungsbelohnungen. Germanische Fürsten schmückten sich gern mit der «torques» zum Zeichen ihres vornehmen Ranges, mit jenem schon erwähnten gewundenen Halsring aus Gold oder Silber, der in römischen und später in christlichen Augen als barbarisch-heidnisches Signum galt, hatten doch römische Heerführer in spätantiker Zeit die «torques» barbarischen Hilfstruppen als Auszeichnung verliehen. Gern wurden solche Hals- und Armringe auch als Ehrengaben verwendet. Berüchtigt ist jener als Huldigungsgeschenk überreichte goldene Halsring des heimtückischen Erzbischofs Hatto von Mainz († 913): ein mechanisches Kunstwerk, das den Träger – es war dem Sachsenherzog Heinrich, dem späteren König, zugedacht – garrottenartig erwürgen sollte.

Otto der Große (936–972) zeichnete den Grafen Heinrich von Stade wegen seiner Treue und Standfestigkeit 972 mit einem goldenen Halsring aus. Der kostbare Halsring zeigte das Verdienst eines treuen Gefolgsmanns an, eines Kämpfers für den König, und der phantasievolle Amalar von Metz († um 850) zog in seinem «Liber de ecclesiasticis officiis» den Vergleich, das Pallium des Erzbischofs entspräche der weltlichen «torques»: beides kennzeichne die gerechten Kämpfer. Die Gleichsetzung von Pallium und Halsring wirkt gekünstelt und weit hergeholt, aber sie zeigt an, daß es offenbar keine standardisierte Auszeichnung gab.

Vom Kampfesruhm und vom Ritterstand

Kämpferische Tüchtigkeit brachte keine Ehrenzeichen, aber sie zahlte sich aus. Es gab im Frühmittelalter Berufskämpfer, die sich für einen gottesgerichtlichen Zweikampf zur Verfügung stellten, ein mörderisches Gewerbe, denn es wurde bis zur Kampfunfähigkeit gekämpft, und das war nicht selten der Tod. Normannen aus kinderreichen Familien ließen sich im 11. Jahrhundert von italienischen Fürsten als Söldner anwerben, aber in größerer Zahl tauchten solche Trupps, die sich beim meistbietenden Herrn verdingten, nicht vor der ersten Hälfte des 12. Jahrhunderts auf. Diese «Lohnarbeiter des Kampfgewerbes» (G. Duby) waren zwar als soziale Outlaws weithin verachtet, zugleich aber gefürchtet, zumal wenn sie ohne Diensthernn und daher soldlos durch die Lande zogen, wie jene «Rotten» und «Brabanzonen» der Zeit Barbarossas. Nicht besser stand es um die Ritter, die ihr Können für Geld zur Verfügung stellten oder als Lösegeldjäger entweder im echten Kampf oder im Turnier auftraten. Der berühmte ritterliche Preiskämpfer William Marshal aus englisch-normannischem Geschlecht (1147–1219), dessen Ruhm in Chansons besungen wurde, tat sich mit einem Compagnon zusammen und soll innerhalb nur eines guten Dreivierteljahres 103 Lösegeldforderungen gegenüber unterlegenen Rittern begründet haben; auf dem Totenbett bekannte Marshal, gegen fünfhundert Ritter im Laufe seines Lebens auf dem Feld gefangengenommen zu haben. Aber er behält den Reichtum nicht für sich; er verteilt ihn an Bedürftige, denn der gute Ritter kämpft nicht um des Gewinns willen: «Ohne Freigebigkeit ist die Tapferkeit nichts wert» (G. Duby). Der tugendhafte Lebensstil zeichnete aus, nicht eine äußerliche Dekoration.

Wenig wert ist auch eine Tapferkeit, die sich nicht von der Gnade Gottes ableitet. Eine Schlacht gleicht in ihrem Verlauf einem Ritual, fast einer Liturgie, und sie wird auch als Gottesurteil empfunden. Der Kampfplatz wird ausgesucht; einen Hinterhalt zu legen, galt, um die Chancengleichheit zu wahren, als nicht erlaubt; man nimmt die Sakramente und bittet Gott um den Sieg. «Unser ganzes Vertrauen und unsere Hoffnung ruht auf Gott», betete König Philipp August (1180–1223) von Frankreich 1214 vor der Schlacht bei Bouvines. Für die Gebete vor der Schlacht hat sich geradezu ein eigenes Formular herausgebildet: man bittet Gott, er möge die gerechte Sache, die selbstverständlich die eigene ist, unterstützen. Manchmal auch werden Heilige um Hilfe angerufen, Heilige des Kampftages oder die eigenen Patrone. Geht der Kampf siegreich aus, so ist es üblich, einen Dankgottesdienst abzuhalten und die Waffen am Altar niederzulegen oder sie zu verkaufen, um den Erlös als Almosen an die Armen zu verteilen. «Indem Gott vom Himmel aus für uns mitgekämpft hat, haben wir einen so großen Sieg errungen» (Deo de celis pugnante pro nobis, tantam adepti fuimus victoriam), mit diesen Worten meldet 1150 König Heinrich († 1150), der Sohn Konrads III. (1138–1152), seinen Sieg.

Bei allem Bewußtsein der Gotteshilfe werden menschliche Leistungen durchaus belohnt, indem der König zum Beispiel bereits auf dem Schlachtfeld einem verdienten einfachen Krieger das «cingulum militare», den Rittergürtel, das Zeichen des Ritters, verleiht. Die Belohnung ist die Erhebung in einen höheren Stand, nicht eine Dekoration; denn wohl war der Ritter tapfer, wie seine Standestugend es vorschrieb, nicht aber der gemeine Mann in einem vom Ehrencodex vorgeschriebenen Sinne, und wenn ein solcher sich sichtbar auszeichnete, zeigte er Eigenschaften, die «ritterlich» waren, und daher war es angebracht, den unpassenden Stand zu korrigieren. Umgekehrt wurde ein standesgemäßes Verhalten erwartet, und Friedrich II. (1212–1250) bestimmte, daß ein Ritter, der sich zum Beispiel in einem Wirtshaus nicht commentmäßig verhielt, seine Ritterwürde verlieren solle. Das Ritterdasein konnte wegen seines materiellen Aufwands und seines Rollenzwangs als lästig empfunden werden, und es gab Fälle, daß ein Angehöriger niederen Standes die ritterliche Erhebung zurückwies. Friedrich I. Barbarossa (1152–1190) wollte 1155 einen Reitknecht, der tollkühn im Alleingang die steile Mauer einer italienischen Stadt im Geschoßhagel erstiegen und den dort wachhabenden Ritter erschlagen hatte, mit dem Rittergürtel ehren, aber jener erklärte, so berichtet die Quelle (Otto von Freising, Die Taten Friedrichs II, 23), «er sei ein Mann niederen Standes und wolle es auch bleiben; er sei mit seinem Los zufrieden». Barbarossa belohnte die Tat mit Geschenken.

Was bei Barbarossas Reitknecht als nachträglicher Lohn auftritt, konnte auch als Anreiz den Kämpfern vor Augen gestellt werden. Florenz zahlte im 14. Jahrhundert einer siegreichen Truppe den doppelten Sold, und in den italienischen Heeren des 15. Jahrhunderts soll derjenige, der als erster die Mauerkrone einer belagerten Stadt erstiegen hatte, 25 Florin erhalten haben. Eine Auszeichnung – wie bei den Römern die «corona muralis» – gab es nicht, wohl aber sichtbare Zeichen der Anerkennung und des Zuspruchs. Manche Condottieri damaliger Zeit wurden über die Bezahlung hinaus mit Geschenken bedacht, mit einem Silberhelm zum Beispiel oder mit einem kostbaren Kommandostab. Insgesamt, soviel ist deutlich, handelt es sich um materielle Leistungsbelohnungen oder Huldigungsgaben, nicht um Auszeichnungen, um allgemein geltende Dekorationen, die ein Verdienst anzeigen sollen und deren Aussehen festgelegt war.

Kein Verdienst ohne göttliche Gnade

Daß der Gedanke, ein Verdienst durch ein sichtbares Zeichen herauszustellen, damals wenig entwickelt war, mag mancherlei Gründe haben. So ließ ein ganz und gar religiös gestimmter Sinn die Menschen zögern, sich selbst oder gar sich allein ein Verdienst an einer Leistung oder einem Erfolg zuzuschreiben. Shakespeare (1564–1616) folgte ziemlich genau der mittelalterlichen chronikalischen Tradition, als er seinen Heinrich V. von England nach dem glänzenden Sieg von Azincourt 1415 ausrufen ließ: «O Gott, dein Arm war hier, und nicht uns selbst, nur deinem Arm schreiben wir alles zu, ... und Tod sei angekündigt, ... wenn jemand prahlt und Gott die Ehre nimmt, die einzig sein ist ... Man singe das Non nobis und das Te deum.» «Bi no deede a man hath merit, save bi a deede, which is the service and the lawe of God», schrieb fast in gleichem Sinne wenig später Reginald Peacock († 1461?).

Mag auch die Vorstellung persönlichen Verdienstes damals nur verhalten vorgetragen worden sein und mögen auch leistungsanregende Dekorationen («Verdienstorden») nicht vorkommen, so haben doch die Begriffe Verdienst (meritum) und Orden (ordo) ihren Ursprung im Mittelalter. Über beide Begriffe gibt es im Mittelalter eine fast unüberschaubare Literatur. Aber sie hat meist nicht zum Gegenstand, was wir heute gemeinhin und in erster Linie unter Verdienst, unter «meritum», und unter Orden, unter «ordo», verstehen.

Zum Verdienst: Die Merkwürdigkeit beginnt mit dem Befund, daß das Wort «meritum» in der Bibel – in der Vulgata, soweit sie die kanonischen Bücher betrifft – nicht vorkommt, und in den Wörterbüchern des Hochmittelalters ist die lebensgestaltende religiöse Komponente in einer merkwürdigen Scheuheit ausgeklammert. Das Wortfeld ist profan ausgelegt. Als Synonyme zu «meritum» werden «beneficium, praemium quod quisque meretur» genannt (so der Lexikograph Papias im 11. Jahrhundert), die banale Bedeutung also, daß «meritum» die «Wohltat sei, der Preis, den jeder verdient»: ein goldener Ring oder das Einkommen, so wie wir heute vom Verdienst sprechen und die angemessene materielle Abgeltung meinen.

Die Scheuheit mittelalterlicher Wörterbücher und Glossare ist verständlich, denn des Begriffs «meritum» in einem immateriellen Sinne, nicht in der Bedeutung irdischer Belohnung, nahm sich die Scholastik mit einer eigenen Verdienstlehre an. Die vorher lässig behandelte Frage, wie man sich sein Seelenheil «verdienen» könne, gewann in der Kirchenreform des 11. und 12. Jahrhunderts drängende Aktualität. Die Grundlage war allerdings bereits von den Kirchenvätern gelegt worden. «Daß das Urteil eines guten oder eines abträglichen Verdienstes von Gott abhinge», hatte schon Tertullian (ca. 160–225) verkündet (Apologeticum 48, 4); meinungsbildend wirkte vor allem sein Satz, daß «ohne Gnade kein gutes Werk», kein «meritum», möglich sei. Zum großen Lehrmeister wurde der Pariser Magister und spätere Bischof Petrus Lombardus (ca. 1095–1160), dessen Sentenzen zum festen Unterrichtsgut der scholastischen Theologie aufstiegen, für das man an den Universitäten eigene Lehrstühle einrichtete. Kernsatz der Lehre des Lombarden war das Bekenntnis, daß es kein Verdienst ohne freien Willen gebe, daß aber der freie Wille eine von Gott gespendete Gnade sei. Gott belohne die guten Werke in uns, die als unsere Verdienste aus der Gnade erwüchsen. Gott also schafft Voraussetzungen für Verdienste und ist zugleich deren Richter.

Verdienst im Himmel, Verdienst auf Erden

Wenn auch die Anrechnung der Verdienste in das Urteil Gottes gestellt wurde, so umschrieb man doch erwartungsvoll die Beschaffenheit der Verdienste, von denen man annahm, daß sie vor Gott Berücksichtigung fänden. Man unterschied Würdigkeits- und Billigkeitsverdienste, «merita de condigno» und «merita de congruo». «Die ersten sind solche, welche vor der Gerechtigkeit Gottes bestehen können [deren also der Mensch sicher sein kann], die letzteren solche, welche Gott in seiner Barmherzigkeit nicht übersehen will [deren Anrechnung man erhoffen darf]» (Michael Schmaus). Ein solchermaßen angerechnetes Verdienst wirkt über das irdische Dasein hinaus, ist «Ewigkeit in der Zeit, Angekommensein der Gnade Gottes und des ewigen Lebens bei uns, sagt, daß der Mensch wirklich begnadet und heilig ist», um es in der schwebenden Sprache Karl Rahners (1904–1984) zu sagen. Heiligsein setzt Verdienste voraus, und die Verdienste der Heiligen, die «merita sanctorum», sind ein Schatz, aus dem die Sünden oder besser die Sündenstrafen der Menschen sich auslösen lassen. Der wahre Heilige ist eben nicht nur für sich auf der Stufe der Vollendung; seine Verdienste gehen über eine auf der Gnade

Gottes beruhende Heiligung seiner selbst hinaus. Sie begründen einen Schatz der «guten Werke», und so kann der Heilige zugleich Fürbitter bei Gott sein, ein «intercessor ad Deum». Man baut fest auf die Kraft der Heiligen, «durch deren Verdienste ich meine Vergehen ausgelöst habe», so der karolingische Dichter und Theologe Walahfried Strabo († 849).

Allerdings kann niemand, «solange er im Fleische lebt», die Gewißheit der Heiligkeit erlangen, und dementsprechend setzt die Fürbitterfunktion des Heiligen erst ein, wenn er im Himmel göttlicher Gnade teilhaftig ist. Nur dem Papst ist es dank göttlicher Einsetzung gegeben, mit himmlischer Wirksamkeit auf Erden zu binden und zu lösen; er sei, wie es heißt, in seinem Amte heilig «auf Grund der Verdienste des heiligen Petrus»: «meritis beati Petri». Die Binde- und Lösegewalt, über die der Papst unabhängig von einer persönlichen Heiligkeit und ungeachtet seiner sittlichen Lebensführung verfügt, setzt ihn in den Stand, über den Schatz der Verdienste und guten Werke zu verfügen.

Heilige können ein wunderwirkendes Verdienstsubstrat auf Erden zurücklassen, und so ist es einleuchtend, wenn ihre irdischen Überreste zuweilen als «merita», als «Verdienste», bezeichnet werden. Wenn man ein Reliquiar von einem Ort zum anderen schaffte, sprach man von einer Transferierung der «sanctorum merita», der «Verdienste der Heiligen». In der Liturgie des Missale Romanum heißen die gegenständlichen Heiligenreliquien «merita»; sie sind sozusagen Verdienstarsenale, von denen durch Gnadenfügung Wunderkraft ausgehen kann. Für diese Art Verdienste, die den Himmel und die Ewigkeit im Auge haben, passen keine dem menschlichen Auge sichtbaren Auszeichnungen, hatte nicht der Apostel Paulus versichert: «Was sichtbar ist, das ist zeitlich; was aber unsichtbar ist, das ist ewig» (2. Kor. 4, 18)?

Die Renaissance bahnte einen Wandel an. Ein erstarkendes Diesseitsgefühl brachte irdischen Leistungen eine neue Wertschätzung entgegen. Mit dem Pathos antiker Leichenreden verkündete der florentinische Staatskanzler Leonardo Bruni (1364–1444) den Ruhm des im Kampf gegen Mailand gefallenen Ritters Nanni degli Strozzi, dessen blinkende Waffen – Geschenke für früher bewiesene Tapferkeit – und dessen Rittergürtel vom militärischen Rang ebenso zeugten wie von der verpflichtenden Würde. Bruni verwies auf «ein altes Gesetz Solons» (lex vetusta Solonis): daß den im Kampf gefallenen Bürgern ein Staatsbegräbnis und den Hinterbliebenen ein staatlicher Unterhalt zuteil werden. Was hier als literarischer Bezug auf einen antiken

Brauch eingeführt wird, war in manchen italienischen Stadtstaaten schon lange üblich: Begräbnisse mit öffentlichen Ehren und auf öffentliche Kosten für verdiente Bürger und sogar für stadtfremde Condottieri, zugleich staatliche Versorgung der Hinterbliebenen; den Condottieri wurde solches zuweilen vertraglich zugesichert. Zu den postumen Ehrungen gehören auch die Reiterstandbilder in Padua und Venedig und die Fresken berühmter Söldnerführer im Dom von Florenz. Bruni findet am Ende seiner Leichenrede auf Nanni degli Strozzi einen auf das Diesseitige ausgerichteten Schluß. Nannis große Taten ständen letztlich oberhalb jeder Belohnung; der wahre Lohn seiner Tugend, seiner «virtus», sei vielmehr die Erhebung der Gemüter der Mitbürger, und dieser immaterielle Lohn sei von festem Bestand und unveräußerlich: eine ins Säkulare gewendete Verdienstlehre, die die guten Werke nicht im Gedächtnis Gottes, sondern im Gedächtnis der Menschen aufgehoben sieht.

«Orden» als Lebensform

Bislang ging es um den Orden als Abzeichen, als Emblem, aber diese Bedeutung ist sekundär. Ursprünglich entsprach das Wort Orden-Ordo unserem Ausdruck «Ordnung». In dieser Bedeutung begegnet es im Mittelalter in vielfältigen Zusammenhängen. Uns interessiert es hier in seiner Bedeutung als lebensgestaltender Rahmen, in den sich Mönchsgemeinschaften oder Bruderschaften stellen, deren Mitglieder ein feierliches Gelübde ablegen und sich vorgeschriebener Lebensweise – einer Regel – unterwerfen. Der Ordo ist die Regel und bezeichnet zugleich die Menschen, die sich unter dieser Regel zusammenfinden. Zu den Mönchsorden, die sich dem Gebet, der Arbeit und der Predigt hingeben – den Benediktinern, den Zisterziensern, den Prämonstratensern, um einige Hauptorden zu nennen –, traten im Zeitalter der Kreuzzüge im 12. Jahrhundert, als sich der Gedanke der Pilgerschaft mit dem des «gerechten Krieges» verband, mönchisch-ritterliche Verbände, die sich zunächst dem Schutz der Pilger, der Kranken- und der Armenpflege im Heiligen Land widmeten, bis sie ihre Hauptaufgabe im bewaffneten Kampf gegen die Ungläubigen und in der militärischen Verteidigung des christlichen Glaubens sahen.

Es waren hohe Herren, die bei den Johannitern, Templern oder im Deutschen Ritterorden ihr Gelübde leisteten, und sie legten Wert darauf, unter ihresgleichen zu sein. Die anfangs locker gehandhabte «Ahnenprobe» wurde im Spätmittelalter ausgebaut und in den Statuten fixiert. Manche Orden oder Ordenszweige forderten die Sechzehnerprobe, d. h. bis zu den Ururgroßeltern mußten sämtliche Vorfahren, männliche wie weibliche, der geforderten aristokratischen Schicht entstammen. Bei aller religiösen Verbrämung waren diese Orden exklusive Standesgemeinschaften; sie trugen ihren Habit, Zeichen zugleich des Stolzes und der Demut, und schmückten ihn mit christlichen Symbolen: einem aufgestickten Kreuz etwa, achtstrahlig wie die Johanniter, die späteren Malteser, oder in Form von rechtwinklig gekreuzten Balken, die sich auf das Ende zu verbreitern, wie der Deutsche Ritterorden. Zur Aufnahme in den Orden gab es keine Vorbedingungen, waren Verdienste nicht nötig; der aristokratische Stand war entscheidend. Erst nach der Aufnahme wurden Verdienste und Verdienststreben erwartet. Richtschnur für das Wohlverhalten war nicht allein der monastische Rahmen, der sich meist an die recht großzügige Augustinusregel hielt, sondern die einem christlichen Ritter angemessene Lebens- und Verhaltensweise.

In enger Anlehnung an die geistlichen Ritterorden entstanden die weltlichen Hof- oder Ritterorden, kamen doch die Mitglieder beider, der geistlichen wie der profanen Orden, aus denselben Ständen und aus denselben Familien. Allerdings ist bei den weltlichen Ritterorden zu bedenken, daß sie in einer Zeit aufkamen, als auch andere Schichten und Gruppen sich zu Bünden und Gemeinschaften zusammenschlossen. Es gab zur Durchsetzung eigener Ziele oder zur Wahrung von Rechten meist kurzlebige Schutz- und Kampfgemeinschaften wie die Martinsvögel in Schwaben oder die Gesellschaft vom Stern in Hessen, daneben taten sich Patrizierbünde und vor allem Rittergesellschaften auf, wie der zeitweise mächtige schwäbische Bund des Jörgenschilds. Sie alle, die sich teilweise abenteuerliche Gesellschaftsnamen und -zeichen gaben – zum Beispiel «Gekrönte Steinböcke», rote Ärmel als gemeinsame Kleidung –, sahen im Zusammenschluß eine gute Möglichkeit, ihre Rechte und Ansprüche gegen Fürsten und Landesherren zu verteidigen.

Ritterliche Hoforden

In dieser zeitlichen und gesellschaftlichen Umgebung entstanden mit dem politisch entgegengesetzten Ziel, dem Wunsch nach Festigung fürstlicher Macht, zugleich mit einem höheren ethischen Anspruch, verschiedene ritterliche Hoforden – vom Herrscherhof begründete und regulierte Orden –, deren berühmtester der noch heute bestehende englische Hosenbandorden sein dürfte. «Hony soyt ke mal y

Die älteste Darstellung des Hosenbandordens (Order of the Garter) befindet sich auf einer runden bleiernen Plakette von 12 cm Durchmesser aus der Zeit des Schwarzen Prinzen Edward von Wales († 1376); ihr Verwendungszweck ist unklar. Sie zeigt den außen auf einer Schnalle umlaufenden Spruch: «Hony soyt ke mal y pense»; im Innern ist der Schwarze Prinz dargestellt, Mitglied des ersten Ordenskapitels und ältester Sohn des Ordensgründers König Edwards III. von England (1327–1377): er kniet vor Gottvater und Christus, über seinem Haupt hält ein schwebender Engel sein Wappen.

---

pense» – so die zeitgenössische Orthographie – soll König Eduard III. (1327–1377) irgendeines Tages um das Jahr 1345 einigen spöttelnden Rittern gesagt haben, als er das liegengebliebene Strumpfband einer Hofdame aufhob: Bald würden sie es sich zur höchsten Ehre anrechnen, ein solches Strumpfband, «a garter», tragen zu dürfen. So will es die Legende, eine von mehreren, die allerdings erst Jahrzehnte später auftauchte und durch einen Druck von 1534 weite Verbreitung fand, fast zweihundert Jahre nach der Stiftung des Hosenbandordens in der Zeit zwischen 1347 und 1349.

Als frühester Zeitpunkt seiner Entstehung gilt die Zeit unmittelbar nach der Schlacht bei Crécy (nördlich der Somme) 1346, als das englische Heer das fünffach überlegene französische schlug. Den Kern der Heere bildeten die Ritter, Träger erlauchter Namen auf beiden Seiten, aber nicht sie haben die Schlacht entschieden, sondern die englischen Langbogenschützen, kräftige Milizionäre, Bauern zumeist, die in der Lage waren, den mannsgroßen, mit dem unteren Ende in den Boden gestemmten Bogen aus Eibenholz zu spannen und die Pfeile über eine Entfernung von fast 200 m ins Ziel zu schießen, fünf bis sechs in einer Minute. Im Pfeilhagel dieser Bogenschützen brach Angriff auf Angriff des stolzen französischen Ritterheeres zusammen, den Rest besorgten die englischen Ritter. In diesem Kampf ging es um den englischen Besitz auf dem Festland, und es ist vermutet worden, daß sich die Farben des Hosenbandes – gold auf blau entsprechend der französischen goldenene Lilie auf blauem Grund – sowie die Devise «Honi soit qui mal y pense» auf diesen Anspruch des englischen Königshauses bezögen, und in der Tat scheinen sich unter den Gründungsrittern, die im April 1350 zum ersten Mal zusammenkamen, hauptsächlich Teilnehmer der Schlacht bei Crécy befunden zu haben.

Indes sollte man dem militärischen Aspekt nicht zu starke Beachtung schenken. Nicht den Rittern, vielmehr den aus Bauern und Bürgern rekrutierten Langbogenschützen hatte schließlich Eduard III. seinen Sieg bei Crécy zu verdanken. Daß er nach der Schlacht einen höfischen Ritterorden gründete, kann nur bedingt vom militärischen Wert der Ritter her begriffen werden. Nicht übermäßige Kampfkraft zeichnete den Ritter aus – nicht in Crécy und kaum noch andernorts. Rittersein war eine Lebensweise, hauptsächlich bestimmt vom Stand, von der blutsmäßigen Abkunft und vom Verhaltenscodex, denn als Kämpfer hatte der Ritter weitgehend ausgedient. Als die Fernwaffen aufkamen, versuchte man krampfhaft, den ritualisierten ritterlichen Kampf Mann gegen Mann zu erhalten. Sogar die Kirche verbot auf mehreren Konzilien und durch päpstliche Dekrete den Gebrauch der als heimtückisch geltenden Pfeil und Bogen – nur im Kampf gegen Ketzer und Ungläubige sollten Fernwaffen erlaubt sein –, aber der allmähliche Untergang des Ritters als eines wirkungsvollen Kriegers war nicht aufzuhalten, zumal sich die Gegner immer weniger an Verhaltensregeln hielten. Die großen Bürger- und Bauernheere der Schweizer scherten sich nicht um Ritterehre und Rittersitte, als sie 1315 bei Morgarten und 1476 bei Murten auf das Habsburgische und auf das Burgundische Ritterheer trafen. Mit ihren Langspießen und ihren

Hellebarden hielten sie sich die schwerfälligen geharnischten Reiter vom Leibe. Andererseits ein geübtes Landsknechtsfähnlein anzugreifen, das ein dichtes, die Spieße auf die Angreifer gerichtetes Karree bildete, war ein geradezu selbstmörderisches Unterfangen.

Nicht die Rolle der Ritter in der Schlacht bei Crécy, nicht ihre militärische Bedeutung dürfte Eduard III. bewogen haben, einen exklusiven Ritterorden zu gründen. Schon geraume Zeit vor Crécy hatte er sich mit der Absicht getragen, dem legendären König Artus nachzueifern und eine neue Tafelrunde von 300 Rittern zu stiften. In reduzierter Form knüpft «The Order of the Garter», der Hosenbandorden, an diese lebensgestaltende Sagenwelt an. Souverän des Ordens – ein anderer König Artus – ist in Personalunion der König von England, zu dem sich 25 Ritter («companions») gesellen; der geistliche Charakter wird nicht nur dadurch deutlich, daß der Orden den Ritterheiligen Georg zu seinem Patron erkor: den Rittern sind in gleicher Zahl – 26 – Weltgeistliche beigesellt, zu denen noch 26 «Veteranenritter» hinzutreten, jene sprichwörtlichen «armen Ritter», die aus karitativen Gründen zur Tafel geladen wurden und an die das kümmerliche, gleichsam aus Tafelresten bestehende und mit Ei und Milch aufgebesserte Semmelgericht erinnert. Über den Ursprungszweck, über den ersten Aufbau des Ordens und seine Mitglieder, vor allem über die Statuten, wissen wir wenig, so daß sich auch nicht sagen läßt, ob die Zahl 26 zufällig durch Addieren der ersten Mitglieder zustande gekommen ist oder eine Symbolik enthält, wie es damals üblich war. Die Zahl könnte Ausdruck etwa der biblischen Vollkommenheit sein, wobei je 10 das Alte und das Neue Testament bedeuten, zu denen der «numerus perfectus», die 6, hinzutritt. Die frühen Dokumente und Zeugnisse sind zu Beginn des 15. Jahrhunderts verbrannt. Erst von 1519 an, als Heinrich VIII. (1509–1547) dem Orden eine neue Verfassung gab, fließen die Quellen reichlicher.

Zeitgenössische, in die Tradition eingebundene Ritterspiegel, wie der als kriegsrechtliches Handbuch gedachte Traktat «Arbre des batailles» (1386/90) des französischen Priors Honoré Bouvet († 1405/10), lassen erkennen, daß die Treue zum Souverän als Kardinaltugend angesehen wurde. Die Nähe zum Monarchen war ebenso Verpflichtung wie Auszeichnung. Kriterien für die Wahl eines Kandidaten, der ritterlichen Standes sein mußte, waren Ergebenheit und Nützlichkeit gegenüber dem König, und um Nützlichkeit ging es auch, wenn in einer Art vertragsmäßiger Übereinkunft ausländische Fürsten als Ritter in den Orden gewählt wurden, wie die Könige Heinrich III. von Kastilien (ca. 1402), Erich I. von Dänemark (1404) und Johann I. von

Portugal (ca. 1408). Der Orden wurde auf diese Weise zugleich ein Instrument der Diplomatie, und mit Recht hat man diese höfischen Rittervereinigungen «Vertragswerke und Pakte» genannt (F. J. Kalff).

Der Fürst und seine Ordensritter

In Nachbarschaft und teilweise auch im Gefolge des als vorbildhaft angesehenen «Order of the Garter» sind an europäischen Fürstenhöfen weitere Rittergesellschaften mit einer streng begrenzten Zahl von Mitgliedern ins Leben gerufen worden. Nicht wenige nahmen ihr Ordensemblem aus Sage und Legende. 1430 gründete Herzog Philipp der Gute von Burgund (1419–1467) im Rückgriff auf die Argonautensage den Orden vom Goldenen Vlies, nachdem er kurz zuvor das englische Angebot, Hosenbandritter zu werden, ausgeschlagen hatte. Hier deutete sich eine Exklusivität an, die von einer ganzen Reihe dieser höfischen Ritterorden geübt wurde; nicht nur Rang und Stand waren gefordert: Die Zugehörigkeit zu einem Orden schloß die Mitgliedschaft in einem anderen aus. Fast clubartig verteilte sich die europäische Hocharistokratie auf die verschiedenen Ordenszirkel. Wie hoch auch immer höfische Ritterorden geschätzt wurden – und der Orden vom Goldenen Vlies gehörte zu den angesehensten –, so war häufig mit der aus Sagen- und Balladenwelt sich ableitenden Staffage so etwas wie Spiel dabei. Gerade im Falle Burgunds, wo Hoffeste und Etikette mit kaum überbietbarem Raffinement dargeboten wurden, scheint eine gewisse ironische Distanz zum eigenen Tun bestanden zu haben, und Johan Huizinga (1872–1945), bester Kenner und scharfsichtiger Analytiker des spätmittelalterlichen burgundischen Lebensgefühls, fand, daß hier «die müde Aristokratie ihr eigenes Ideal belacht».

Wie auch immer: Wer das Hosenband, das Goldene Vlies, den Elefanten, das Einhorn, den Greif oder ähnliche Embleme als Dekoration trug, angetan war mit besonderer Kleidung und Kopfbedeckung, an der Seite häufig ein Zierdegen, gab sich als Mitglied einer jener exklusiven, in der Zahl ihrer Mitglieder begrenzten höfischen Ritterorden zu erkennen, mit denen sich seit dem Spätmittelalter Fürsten und Monarchen zu umgeben pflegten. Der Stand und die Huld des Fürsten waren Voraussetzung der Zuwahl, nicht ein Verdienst. Dienste und Verdienste wurden anders belohnt, meist mit Schenkungen und Privilegien ohne Abzeichen und Galauniform. Nur ausnahmsweise kam es vor, daß ein nicht standesgemäßer Offizier als Dank für eine Leistung oder eine Tat in einen höfischen Ritterorden aufgenommen wurde.

Am Tage seiner Hochzeit mit der Zeit ihres Lebens um Verbreitung des christlichen Glaubens bemühten Isabella von Portugal, am 10. Januar 1430, verkündete Philipp der Gute (1396–1467) die Gründung eines Ordens des Goldenen Vlieses, der in antiker Umkleidung Kreuzzugsgedanken aufnahm. Die Statuten verpflichteten die Ordensmitglieder im Falle eines herzoglichen Waffengangs für den christlichen Glauben zur Unterstützung. Philipp der Gute rüstete u. a. eine Flotte aus, die den Johannitern auf Rhodos zu Hilfe kam; einige Schiffe segelten die südliche Schwarzmeerküste entlang zum mythischen Kolchis, dem Land des Goldenen Vlieses. – Die Miniatur aus dem Wappenbuch des Ordens des Goldenen Vlieses, zwischen 1535 und 1549 in einer flandrischen Werkstatt, wahrscheinlich der des Simon Bening entstanden, zeigt den Gründer in vollem Ordensornat mit einem Kollier, dessen Kettenglieder abwechselnd einen flammenden Feuerstein und zwei gegeneinandergestellte und mit Griffen verschlungene Feuerstähle zeigen; am unteren Ende hängt das kostbare goldene Lammfell.

Nicht selten war ein Hoheitsakt, der dem Herrscher und seiner Dynastie einen neuen Rang verlieh, der Anlaß, einen auf das Haus ausgerichteten Orden zu begründen. Friedrich I. (1701–1713) stiftete anläßlich seiner Krönung zum König in Preußen 1701 den «Orden vom Schwarzen Adler», den bis 1918 höchsten preußischen Orden, der bei Bürgerlichen mit der Verleihung des Erbadels verbunden war und der «an die verdientesten Würdenträger des preußischen Staates und an auswärtige Fürsten verliehen» wurde. Seine dynastische Bezogenheit wird an dem Stiftungsgrundsatz deutlich, daß königliche Prinzen von Geburt an Ritter des Ordens waren. Die Devise des auf dreißig Mitglieder beschränkten Schwarzen Adlerordens «Suum cuique» (Jedem das Seine), zugleich der persönliche Wahlspruch des Ordensstifters, ist als Verpflichtung der Ritter dieses «Ordens der Gerechtigkeit» zu verstehen, stets nach Recht und Billigkeit zu handeln, nicht als Ausdruck auf eine Verdienstbelohnung.

Stand und Verdienst: Pour le mérite

Ausgesprochene Verdienstorden kamen erst Ende des 17. Jahrhunderts auf. Zu den bedeutendsten zählte der französische St. Ludwigsorden, von Ludwig XIV. (1643–1715) 1693 gestiftet und dem Patrozinium des heiligen Königs Ludwig IX. († 1270) unterstellt. Während die Mitgliederzahl der beiden oberen Klassen festgelegt war, konnte der dritte Rang, der der Ritter, zahlenmäßig unbegrenzt verliehen werden. Der Orden war katholischen Offizieren für militärische Leistungen oder für zwanzigjährige treue Dienste zugedacht. Ziemlich unverhohlen geht aus den Gründungsumständen hervor, daß für den stets in Geldnot und Kriegshändeln steckenden Ludwig XIV. die kostengünstige Abfindung durch ein den Träger auszeichnendes Abzeichen und höchstens eine kleine Pension nicht zuletzt das Motiv für die Gründung des Ludwigsordens abgegeben hat. Der russische Zar Peter I. (1682–1725) folgte dem französischen Beispiel und stiftete 1698 den St. Alexander Newski-Orden, der englische König Georg I. (1714–1725) 1725 den Bath-Orden, der eine Verleihung auch für zivile Dienste zuließ.

Preußen kannte den «Ordre de la générosité», das sogenannte Gnadenkreuz, weil man – damaligem Sprachgebrauch nach – mit ihm «begnadet» wurde. Der knapp zehnjährige Markgraf Friedrich, der spätere erste preußische König Friedrich I. (1701–1713), hatte den Orden 1667 eingerichtet. Das noch erhaltene Gründungsprotokoll nimmt sich ein wenig wie ein Kinderscherz aus. Es besteht nur aus

Die Absicht, den alten brandenburgischen Orden de la générosité zu einem Verdienstorden umzuwidmen, geht auf Friedrich den Großen selbst zurück. Friedrich wollte sich unmittelbar nach Regierungsantritt (31. Mai 1740) die Statuten des Ordens de la générosité vorlegen lassen, aber es gab keine. Das war am 7. Juni 1740. Bereits unter dem 16. Juni 1740 wird berichtet, daß mit dem neuen Orden Pour le mérite «der Herr Generaladjutant von Hacke heut zum ersten Mal brilliert» habe. Ohne Gründungsurkunde, ohne Statuten wurden innerhalb der wenigen Tage zwischen dem 7. und dem 16. Juni 1740 der Orden und sein Zeichen beschlossen, entworfen und hergestellt: eine der «Vorbereitungen» auf dem Weg «zum Rendez-vous des Ruhms». Der Orden wurde nur Offizieren verliehen.

---

vier belanglosen Paragraphen und endet mit dem Satz: «Weil die Zeit nicht hat leiden wollen, ein mehreres zu schliessen, ist solches bis auff Gelegenheit aufgeschoben worden.» Und kindlich banal ist auch die Pflicht des Ordensträgers angegeben: Er möge «in allen Dingen der Generosität gemäß» leben. Von Beginn an stand der Orden, dessen Statuten und Mitgliederzahl trotz einer immer wieder geäußerten Absicht nie festgelegt waren, in keinem hohen Ansehen, und die Art seiner späteren Verwendung tat der Reputation weiteren Abbruch. Friedrich Wilhelm I. (1713–1740), der Soldatenkönig, verteilte nämlich den «Ordre de la générosité» – das «Gnadenkreuz» – als Fangprämien für die Einwerbung seiner «Langen Kerls». Werber nahmen offenbar in ihrem Gepäck einen Vorrat solcher Gnadenkreuze mit. Ein Leutnant von Laxdehnen, der 1733 auf Soldatenfang nach dem Balkan zog, notierte als Ausstattung außer Pokalen, Flinten, Pistolen auch drei Gnadenkreuze.

Der preußische Verdienstorden «Pour le mérite», der auf die alleinige Initiative König Friedrichs II. (1740–1786) zurückgeht und der einzige von ihm gestiftete Orden blieb, bedeutet in mehrfacher Hinsicht eine neue Stufe in der deutschen und europäischen Ordensgeschichte. Die Neuheit beginnt mit dem Namen: Er war der erste Orden, der in aufklärerischer Direktheit und unumwunden «dem Verdienst» gewidmet war. Und er war als Ansporn gedacht: Er wurde nicht eingerichtet, um unter dem Eindruck vollbrachter Taten ein Verdienstemblem zur Hand zu haben, sondern war auf seine Weise Teil des Regierungsprogramms, und wenn man die Ereignisgeschichte besieht, auch Teil der Kriegsvorbereitungen. Am 31. Mai 1740 hatte Friedrich die Regierung angetreten, am 7. Juni gab er Anweisung, ein passendes Kleinod zu entwerfen, am 16. Dezember 1740 marschierte er in Schlesien ein: «Leben Sie wohl», sprach Friedrich vor dem Ausrücken nach Schlesien zu den führenden Offizieren, «brechen Sie auf zum Rendez-vous des Ruhms»; der Pour le mérite war das vorbedachte Ruhmeszeichen. Der König verwendete den Orden – von dem er selbst sagte, er vergebe ihn «in Friedenszeiten nicht gern» –, um kriegerische und militärische Leistungen zu belohnen, und die wenigen Male, da er ihn Zivilisten verlieh, waren teilweise nicht frei von Peinlichkeiten, wie im Falle Voltaires (siehe unten S. 200). Der Ordre de la générosité, in dessen Nachfolge, auch dem Aussehen nach, der Pour le mérite stand, blieb als Auszeichnung für Ausländer zunächst weiter erhalten, doch wurde seine Verleihung immer seltener und 1791 eingestellt.

Wer den Orden Pour le mérite bekam, hatte den Ordre de la générosité zurückzureichen, und ein Träger des Pour le mérite wiederum mußte, wenn er den Schwarzen Adlerorden, die höchste preußische Auszeichnung, erhielt, den Pour le mérite abgeben: Ein preußischer Offizier durfte nicht zwei preußische Orden tragen. So sehr der Pour le mérite ein Verdienst anzeigte, so war er doch – im militärischen Bereich Offizieren vorbehalten, die zumeist adliger Herkunft waren – ein Standesorden; überdies bestand eine Art korporatives Selbstverständnis. Nicht selten schlug ein Offizier, der seinen Pour le mérite abgab, weil er einen anderen Orden empfing, einen Nachfolger vor, so wie in einer Rittergesellschaft ein Befürworter seinen Kandidaten empfahl. Unteroffiziere und Mannschaften konnten nicht zu «Rittern des Ordens Pour le mérite» erhoben werden; ihre Verdienste wurden ohne sichtbares Abzeichen mit Geld oder mit Beförderung um meist nur eine einzige Rangstufe abgegolten. Eine Pour le mérite-würdige Tat konnte nur ein Offizier vollbringen. Als David Krauel, 28 Jahre Soldat und immer noch schlichter Musketier, beim Sturm auf die Festung Prag 1744 ganz allein den Zugang zu einer Bastion freikämpfte, wurde er in den Adelstand erhoben («Krauel vom Ziska-Berge») und erhielt mit den Leutnantstressen eine hohe Belohnung, aber keinen Orden, denn er war zum Zeitpunkt seiner Heldentat nur Gemeiner.

Vom Orden existieren keine Gründungsstatuten: Die Prinzipien seiner Verleihung sind nirgendwo festgelegt. Wer den Orden erhielt, bestimmte der König. Verdienst ist stets eine auf den König bezogene und von ihm eingeschätzte Leistung. In nicht wenigen Briefen, die die Ordensverleihungen begleiteten, bekundete Friedrich seine Dankbarkeit für den ihm persönlich erwiesenen Dienst. Es war Friedrichs Überzeugung, daß «der Geist einer Armee... in den Offizieren» sitze, und in Preußen mußten der Offizier und sein Dienst um so wertvoller erscheinen, als auf den einzelnen von ihnen wesentlich mehr Soldaten kamen als in den Armeen Englands und Frankreichs. Mit dem Orden war so gut wie immer ein Geldgeschenk verbunden. Der Pour le mérite, dessen materieller Wert bei 20 Talern lag, brachte im Durchschnitt 100, in Ausnahmefällen 1000 Friedrichs d'or; der Betrag lag ganz im Ermessen des Königs, der sich auch, unabhängig von der Frage einer Ordensverleihung, das materielle Wohlergehen verdienstvoller Offiziere mit hohen Zuwendungen oder einkömmlichen Pfründen angelegen sein ließ.

Daß eine Verdienstbelohnung finanzielle, materielle Vorteile bringen müsse, war damals feste Überzeugung. Der preußische Heeresreformer Scharnhorst, ein bekannt sparsamer Mann, hat bei den Beratungen um eine preußische Ordensreform 1809/1810 folgendes Votum abgegeben: Ein Orden werde sich nur dann die Achtung erhalten, «wenn mit ihm Einkünfte verbunden sind, weil er nur in diesem Fall nicht häufig ausgegeben wird... Man dotiere die höheren Orden auf eine bestimmte Anzahl, gebe den niedern ein geringes Einkommen.» Einen mit dem Orden verbundenen Ehrensold hat es für verschiedene Auszeichnungen bis in die Zeit der Bundesrepublik hinein gegeben und gibt es teilweise heute noch. Erst die Verdienstorden der jüngsten Zeit sind generell undotiert, entsprechen also Schopenhauers Idee von der Nützlichkeit eines Ordens, der dem Staate Einsparungen brächte.

Die Verleihungspraxis Friedrichs des Großen

Friedrich II. hat während seiner 46jährigen Regierungszeit den Orden Pour le mérite mehr als 900 Mal verliehen, doch ist die Verteilung nach Jahren und Ereignissen auffallend ungleichmäßig. Man hat für den Siebenjährigen Krieg 322 Verleihungen ausgezählt, davon allein 54 für das nicht kriegsentscheidende Treffen von Lobositz in Nordböhmen am 1. Oktober 1756, und der ereignisarme Bayerische Erbfolgekrieg, der sogenannte Kartoffelkrieg von 1778, hat den König bewogen, 82 Offiziere mit dem Orden auszuzeichnen. Die Entscheidungen des Königs waren zuweilen recht subjektiv. Nehmen wir als ein Beispiel die blutige Schlacht bei Kunersdorf (August 1759). Der König hatte durch einen unsinnigen Befehl den fast schon errungenen Sieg in eine Niederlage verwandelt, die ihn 18 000 Mann kostete, ein Drittel seiner Armee. Trotz vieler Zeugnisse hingebungsvoller Tapferkeit erhielt kein einziger Soldat eine Auszeichnung, nicht einmal jener Husarenrittmeister von Prittwitz, der den König vor der drohenden russischen Gefangennahme gerettet hatte: Kunersdorf war eben eine Niederlage, die man ihm, dem König, zugefügt hat und die seine Truppen nicht abwendeten. Die Verweigerung ehrender Auszeichnungen und Dotationen war als Strafe gedacht. Ausdrücklich bestimmte der König in seinem «Militärischen Testament», daß Invaliden von Regimentern, die sich seiner Meinung nach schlecht geschlagen hätten, «von den für die übrigen vorgesehenen Wohltaten und Unterstützungen ausgeschlossen bleiben» sollten: «Strafen und Belohnungen müssen den geleisteten Diensten entsprechen».

Der für militärische Verdienste ausgegebene Orden Pour le mérite in der von Friedrich dem Großen gegebenen Gestalt bestand bis zum Ende der preußischen Monarchie, die letzte Verleihung wurde im nachhinein 1920 ausgesprochen. Sein Ansehen machte verschiedene Schwankungen durch, zumal großzügige Verteilungspraktiken zu manchen Zeiten dem Orden den Wert der Seltenheit nahmen. Friedrich Wilhelm III. (1797–1840), der König der Befreiungskriege, hat den Pour le mérite rund zweieinhalbtausendmal vergeben, davon fünfzehnhundertmal an Ausländer. Im Ersten Weltkrieg wurde präzise Buch geführt; die Zahl der Verleihungen betrug 687; als letzter Ritter des Ordens ist Ernst Jünger gestorben († 1998).

Kreuz der Ehrenlegion. Das abgebildete Kleinod trug der Stifter des Ordens Napoleon I. als «Ritter der Ehrenlegion» während seiner Verbannung auf Sankt Helena (1815–1821); es stellt den frühesten Typ des Ordens dar, wie er 1804 bei der ersten Verteilung gestaltet war. In der Mitte ist der Kopf Napoleons in antik-imperialer Aufmachung zu sehen, der später gegen verschiedene andere Embleme ausgetauscht wurde. Das Kreuz der Ehrenlegion war der erste Orden, der dem Verdienst von jedermann zukam.

Verdienstorden für «den Marschall und den Trommler»

Daß Tapferkeit und Verdienst unterhalb des Offiziers undekoriert blieben, wurde auf das Ende des 18. Jahrhunderts zu, als der Ruf nach Gleichheit laut wurde, immer stärker als Mangel empfunden. Preußen machte sich 1793 daran, eine entsprechende Tapferkeitsmedaille zu stiften: das bis 1918 bestehende Goldene Militär-Verdienst-Kreuz, den sogenannten Pour le mérite des deutschen Unteroffiziers. Friedrich Wilhelm II. (1786–1797) ließ verlauten, er wolle «muthige Handlungen und wahres Ehrgefühl der Untergebenen so ... belohnen, wie es ihren vergleichsweise besseren Eigenschaften und ihrem Stande als Krieger am angemessensten sei».

Welcher Unterschied zwischen einem solchen Satz, der die Standesgrenze betont und der den Untergebenen fast widerstrebend «vergleichsweise bessere Eigenschaften» zubilligt, und dem pathetischen Bekenntnis: «L'armée c'est la nation!» Es ist die Sprache der Ehrenlegion, die Napoleon (1804–1814/15) 1802 aufzubauen begann und von der er verkündete, sie erhebe zu gleicher Höhe «den Fürsten, den Marschall und den Trommler» (Cette institution met sur le même rang le prince, le maréchal et le tambour).

Der Orden wird hier zum nationalen Verdienstzeichen, dessen Träger vom Mitbürger Respekt erwarten darf. Bismarck (1815–1898) machte als preußischer Gesandter in Paris die Beobachtung, «daß unverständige Gewalttaten gegen Menschenmassen plötzlich stockten, weil sie auf ‹un monsieur décoré› stießen»; man müsse dort «auf der Straße irgendein Band am Rock zeigen, wenn man polizeilich und bürgerlich mit der wünschenswerten Höflichkeit behandelt werden will». Hier gilt Schopenhauers Zuruf: «Der Mann ist nicht euresgleichen: er hat Verdienste.»

Als der preußische König 1813 «sein Volk» zum Befreiungskampf gegen Napoleon aufrief, wäre ein Klassenorden alter Art unpassend gewesen: Das «Eiserne Kreuz» wurde gestiftet, mit dem jeder Kämpfer ausgezeichnet werden konnte. Obwohl die Erscheinungsform – von Friedrich Schinkel (1781–1841) entworfen – an das Kreuz des Deutschen Ritterordens anknüpft, wird seinem Träger nicht die Bezeichnung «Ritter» zuteil, und mit der Verleihung war nicht, wie bei manchen anderen Orden, eine Erhebung in den Adelsstand verbunden. Das «Eiserne Kreuz», seine Unabhängigkeit vom Stand und sein Charakter als militärische Verdienstauszeichnung ohne zahlenmäßige Beschränkung seiner Träger, hat fraglos mit dazu beigetragen, ständisch gegliederte Ordensgemeinschaften zurücktreten zu lassen und das Ordenswesen dem verdienstvollen Bürger zu öffnen.

Die Pour le mérite-«Friedensklasse für Wissenschaften und Künste»

«Wir Friedrich Wilhelm, von Gottes Gnaden, König von Preußen etc. Thun kund und fügen hiermit zu wissen, daß wir dem Orden Friedrichs des Großen: pour le mérite, welcher seit langer Zeit nur für das im Kampfe gegen den Feind errungene Verdienst verliehen worden ist, eine Friedens-Klasse für die Verdienste um die Wissenschaften und Künste hinzufügen wollen», so beginnt die Stiftungsurkunde Friedrich Wilhelms IV. (1840–1861) für den Friedens-Pour le mérite vom 31. Mai 1842. Man hat zuweilen angenommen, daß Alexander von Humboldt (1769–1859) derjenige gewesen sei, der dem erst kurze Zeit – seit Juni 1840 – regierenden König die Einrichtung eines Zivil-

Das Kleinod des Ordens Pour le mérite für Wissenschaften und Künste ist gleichsam ein Zitat preußischer Ordenstradition. Mit ihm ist an ein medaillonförmiges Kettenglied des Ordens vom Schwarzen Adler erinnert, den Friedrich I., König in Preußen, anläßlich seiner Krönung am 18. Januar 1701 stiftete. Von einem solchen Medaillon ist der Friedens-Pour le mérite abgeleitet. Der Außenreif wurde mit der Aufschrift «Pour le mérite» versehen; der kreisförmige Binnenteil, der beim Schwarzen Adlerorden die Devise «Suum cuique» trägt, nimmt den gekrönten Adler auf, während das R von R(ex) in den stegartigen Verbindungen zwischen Binnenteil und Außenreif gegen eine römische II ausgetauscht ist, so daß aus dem viermaligen F(ridericus) R(ex) ein viermaliges F(ridericus) II wurde. Dieser Verdienstorden war an keine Standesgrenzen gebunden; er begründete eine bis in die jüngste Zeit gehende Tradition von Verdienstorden für Wissenschaft und Kunst.

---

ordens als einer gelehrten Bruderschaft nahegebracht habe. Aber in den jetzt wieder voll zugänglichen Akten und aus indirekten Quellen läßt sich die Initiative Humboldts nicht belegen. Wahrscheinlich geht die Schaffung des Friedens-Pour le mérite auf den persönlichen und nachdrücklichen Wunsch des Königs zurück, auch wenn die Realisierung fast ganz in den Händen Humboldts, des ersten Ordenskanzlers, lag.

Auf vielen Feldern empfand sich der König als Wahrer und Fortsetzer friderizianischer Pläne und Traditionen, und das Gründungsdiplom gibt an, etwas einzurichten, was «ganz der ursprünglichen Absicht des erhabenen Stifters des Ordens entspricht». Zwar hatte Friedrich II. den Pour le mérite fast ausschließlich als Militärorden eingesetzt, aber zu Beginn seiner Regierungszeit war die Auszeichnung tatsächlich einige Male in der Art eines Hofordens an Zivilpersonen gegangen: an Maupertuis (1698–1759), den Akademiepräsidenten, an Francesco Graf Algarotti (1712–1764), den vom König gern als Diplomaten verwendeten Literaten, vor allem an Voltaire (1694–1778), der im September 1750 ein besonders kostbares, mit Brillanten besetztes Kleinod erhielt, verbunden mit einem in Versen gefaßten Brief und der Aussetzung einer Jahresrente von 6000 Talern. Aber das undankbare Benehmen Voltaires ließ den König den Orden zurückfordern. Es mag sein, daß Friedrich II. den Geschmack verlor, den Orden an Zivilpersonen zu erteilen, nachdem die Geistesgröße, an deren Urteil und auch Wertschätzung ihm besonders lag, sich ihm gegenüber, auf den der Orden bezogen war, so schnöde benommen hatte. Der Siebenjährige Krieg ließ den Pour le mérite ohnehin als reine Kriegsauszeichnung erscheinen.

Friedrich Wilhelm IV. und Alexander von Humboldt bewiesen eine glücklichere Hand. Sie mußten allerdings eine im Charakter des Ordens liegende Schwierigkeit zu umgehen suchen. Die Doppel- oder Mehrfachmitgliedschaft in Ordenskollegien widersprach der überkommenen Idee, daß die Zugehörigkeit eine Art Obödienzerklärung gegenüber dem Ordenssouverän einschließe, die nicht in Konkurrenz zu anderen stehen dürfe: das Goldene Vlies nicht gegen den Pour le mérite. Man kann – das war der ursprüngliche Gedanke – nur einem Herren dienen. Diese Bindung an ein einziges Ordensgremium versuchten Friedrich Wilhelm IV. und Humboldt wiederholt zu durchstoßen, und es wurde an den Brauch der Akademien erinnert, die ebenfalls mehrfache Mitgliedschaften zulassen, wie denn von 1846 an die Preußische Akademie um Vorschläge für die Zuwahl neuer ausländischer Ordensmitglieder angegangen wurde.

Aber nicht nur Statuten von Ordensgemeinschaften konnten die Mitgliedschaft in anderen Orden verbieten: Es gab Landesgesetze, die es nicht gestatteten, andere Orden als die des eigenen Souverän anzunehmen. Speziell die englischen «Illustrationen», um den zeitgenössischen Ausdruck für «Leuchten» der Kunst und Wissenschaft zu gebrauchen, hatten diese in den Gesetzen liegende Schwierigkeit, aber der König und Humboldt konnten sich rühmen, daß sie bei fünf nach England gegangenen Anfragen keine Absage erhielten. Humboldt amüsierte sich über die, wie er es nannte, «kindliche Eitelkeit», daß zwei der in den Orden Aufgenommenen – einer war der berühmte Michael Faraday (1791–1867) – entgegen der Gepflogenheit zu ihrem Namen in der Liste der Royal Society sogleich hinzusetzten: «Ordinis Borussici ‹Pour le mérite› Eques». Der König und der Ordenskanzler legten größten Wert darauf, daß das Kleinod von dem Bedachten angenommen wurde und sein Name in der Liste der Ordensritter stand, auch wenn die Dekoration nie öffentlich getragen wurde.

Die Weimarer Republik und das Ordensverbot

Nationale ebenso wie republikanische Gesinnung duldet keine Störung staatsbürgerlicher Gleichheit durch auswärtige Orden. Die nicht angenommene Reichsverfassung von 1849 verkündete unter den «Grundrechten des deutschen Volkes»: «Kein Staatsangehöriger darf von einem auswärtigen Staate einen Orden annehmen.» 1865 wurde in der Hamburger Bürgerschaft ein Gesetzentwurf eingebracht, der die Annahme eines von einem Fürsten oder einer fremden Regierung verliehenen Ordens, Adelsdiploms oder Ehrentitels bei der Strafe des Verlusts der hamburgischen Staatsangehörigkeit verbot. Die Eingabe fand keine Mehrheit und wurde zurückgezogen. Zum strengen Selbstverständnis einer Republik, der zu dienen jeder Bürger es sich zur Pflicht anrechnen sollte, ohne auf eine Belohnung zu schielen, gehört der Verzicht, die eigenen Bürger zu dekorieren. Geschmückte Hofschranzen sollten nicht durch geschmückte Republikaner ersetzt werden. Die Weimarer Verfassung untersagte 1919 in ihrem Artikel 109 dem Staate, Orden und Ehrenzeichen, auch Verdienstorden, zu verleihen. Der Verzicht traf auch den Orden Pour le mérite, der zudem mit dem Ende des preußischen Königtums seinen Souverän verloren hatte, und die Friedensklasse hätte – ebenso wie es mit der Kriegsklasse geschah – mit gutem Grund zu existieren aufhören können.

Es war nicht zuletzt dem Geschick des damaligen Ordenskanzlers, des Theologen Adolf von Harnack (1851–1930), zu verdanken, daß schließlich nach mehreren Jahren der Unentschiedenheit die preußische Staatsregierung 1924 den Orden als «Freie Vereinigung der Ritter des Ordens Pour le mérite» zuließ. Als solche überstand der Orden auch die ihm abgeneigte Zeit des Nationalsozialismus, der 1934 Orden und Ehrenzeichen wiedereinführte, eine Regelung für den Orden Pour le mérite jedoch ausdrücklich aufschob; ein 1939, unmittelbar vor Beginn des Zweiten Weltkriegs, vorbereiteter Auflösungsbeschluß wurde nicht mehr ratifiziert; man hatte andere Sorgen.

An die letzten, den Orden wieder ins Leben zurückführenden Daten sei kurz erinnert. Theodor Heuss, der wider den Zeitgeist 1942 – wegen des gegen ihn ausgesprochenen Verbots journalistischer Tätigkeit unter einer Sigle – einen Zeitungsartikel «Ein Areopag des Geistes» über die Gründung des Ordens hundert Jahre zuvor publiziert hatte, betrieb als Bundespräsident seine Wiedererweckung. Der Stiftungstag – der 31. Mai – des Jahres 1952 war das offizielle Datum des Neubeginns, 1954 bat der Orden den Bundespräsidenten, das Protektorat zu übernehmen, eine ähnliche Rolle also, wie sie der preußische König bis zum Ende der Monarchie innehatte.

Die Unterscheidung von «Verdiensten» und ihrer «weit verbreiteten Anerkennung»

Die Satzung des Ordens hat seit 1842 selbstverständlich mancherlei, hauptsächlich verfassungsbedingte Veränderungen durchgemacht, doch blieb der entscheidende Eingangsparagraph, in dem gesagt ist, wer in den Orden berufen werden soll, nahezu wortgleich: Ein Mitglied des Ordens müsse sich «durch weit verbreitete Anerkennung (seiner) Verdienste» einen «ausgezeichneten Namen» in den Wissenschaften oder in der Kunst «erworben haben». In den Statuten von 1842 schließt ein ominöser Satz an, der heute fehlt: «Die theologische Wissenschaft ist, ihrem Geiste gemäß, hiervon ausgeschlossen.» Schon die Zeitgenossen fragten nach dem «Warum?» – so der unerbittliche Chronist des gebildeten Berlin Karl August Varnhagen von Ense (1785–1858) in seinem Tagebuch –, und in der letzten Darstellung der Geschichte des Ordens wird die Begründung, daß der Geist seiner Wissenschaft den Theologen von der Wahl ausschlösse, «merkwürdig» genannt (Th. Schieder). Es ist nicht ohne Ironie, daß der erste, 1902 in die Friedensklasse des Pour le mérite gewählte Theologe Adolf von Harnack den Orden über das Ende der Monarchie und das Ordensverbot hinaus in die Zukunft gerettet hat.

Was aber mag, so fragt man sich, der Sinn jener «merkwürdigen», die Theologie ausklammernden Klausel gewesen sein, und auf wen geht sie zurück? Die Verhandlungen und Überlegungen um die Gründung eines zivilen Verdienstordens Pour le mérite sind offenbar hauptsächlich mündlich geführt worden, so daß sich nichts in den Akten findet. Von Humboldt stammt immerhin die Bemerkung, der König selbst habe «aus Liebe zu Friedrich dem Großen, dem die Theologie eine Mythe war, die Theologie ausgeschlossen». Dies kann aber nur eine Teilbegründung sein, denn schließlich wird das Beiseitelassen der Theologie nicht mit der Einstellung Friedrichs des Großen, sondern mit inhaltlichen Gründen gerechtfertigt: «ihrem Geiste gemäß» sei sie auszuschließen.

Friedrich Wilhelm IV. war ein tieffrommer Mann, der sein Handeln und sein Herrschertum ganz aus der Gnade Gottes ableitete. Schon der achtzehnjährige Konfirmand beteuerte in einem von ihm selbst verfaßten schriftlichen Glaubensbekenntnis, er wolle sich «vor dem thörichten Hochmuthe hüten», als wäre er etwas und vermöge etwas ohne Gott. Friedrich Wilhelm war schon als Kronprinz von der protestantisch-pietistischen «Erweckungsbewegung» tief ergriffen gewesen, als König verwirklichte er sogleich den Plan eines evangelischen, auch von der anglikanischen Kirche getragenen Bischofssitzes in Jerusalem, der immerhin fast ein halbes Jahrhundert bestand. Die religiös gestimmte Thronrede vor dem Vereinigten Landtag von 1847 streift für unseren Geschmack die Bigotterie, und nicht nur für unseren Geschmack: Eine Karikatur von Friedrich Engels (1820–1895) zeigt den seine Rede auswendig vortragenden, vor dem Thronsessel stehenden König mit einem nach oben weisenden Zeigefinger und mit himmelwärts gewendeten Augen; Leopold Ranke (1795–1886) fühlte sich bei ihrem Wortlaut an die «Psalmen König Davids» erinnert. Friedrich Wilhelm IV., den man den «Laientheologen auf dem Königsthron» genannt hat, beschäftigte sich mit Kirchen- und Theologiegeschichte, las immer wieder die Bibel, vornehmlich das Neue Testament, vertiefte sich in die Schriften der Kirchenväter und war ergriffen von den Konfessionen Augustins (354–430). Vornehmlich jene Stelle der Konfessionen, die den menschlichen Geist und seine Emanationen in strikter Abhängigkeit von Gott sieht, entsprach seiner religiösen Überzeugung: «Die menschliche Geistseele zeugt wohl vom Licht, ist aber nicht das Licht selbst, sondern das Wort, das Gott ist, ist das wahre Licht, das jeden Menschen erleuchtet, der in diese Welt schreitet» (vgl. Confessiones Augustini VII, 10, 3ff.). Theologie war für ihn, der Staatsakte zu «Pfarrerspredigten» (F. v. Gagern) umwandelte und der von sich sagte, er wünsche sich manchmal, «ein Prediger des Evangeliums zu sein», kein wissenschaftliches Fach, in dem ein Erkenntnisfortschritt erreichbar war und mit dem irdische Verdienste verbunden sein konnten; was hier Erfolg ist, liegt in der Gnade Gottes.

Ein seltsamer Widerspruch wird sichtbar: Der Stifter der Friedensklasse des Ordens Pour le mérite gedenkt wohl der Verdienste in Wissenschaften und Kunst, ist aber zugleich offenkundig berührt von der Verdienst- und Gnadenlehre, wie sie die Kirchenväter und die Theologen das ganze Mittelalter hindurch auf vielfache Weise entwickelt haben. Es ist schon etwas Wahres an der Darstellung des jüngsten Biographen Friedrich Wilhelms IV. (D. E. Barclay), daß der König bei der Einrichtung des Friedens-Pour le mérite «quasimittelalterliche Orden» im Sinn gehabt habe. Unter dem Einfluß des Herrschers war der Hof auf diese Verinnerlichung eingestimmt. «Man lebt hier in einer Atmosphäre, die von religiösen Elementen, von theologischen Ausdünstungen wie durchtränkt ist», schrieb der russische Diplomat Peter von Meyendorff.

Man sollte dem religiös gestimmten Friedrich Wilhelm IV. aufs Wort hören und die offenbar sorgsam gewählte Formulierung beachten. Nicht um die Verdienste in einem absoluten Sinne geht es, als seien die hier gewogenen Verdienste ein unbezweifelbarer Wert (es steht nicht da: um der Verdienste willen o. ä.); bei der Auswahl der Personen ist an diejenigen zu denken, «die sich durch weit verbreitete Anerkennung ihrer Verdienste ... einen ausgezeichneten Namen erworben haben». Nur die ephemere, irdische Resonanz gilt: Es kann durchaus Verdienste geben, die kaum jemand wahrnimmt, die Gott allein kennt; lediglich die «weit verbreitete Anerkennung» der Zeitgenossen bildet die Voraussetzung der Wahl und der Zugehörigkeit zum Orden.

Niemand kann wissen, ob eine Leistung wirklich ein Verdienst darstellt. Was heute «weit verbreitete Anerkennung» findet, kann morgen zweifelhaft erscheinen. Naturwissenschaftliche Erkenntnisse, die neue technische Möglichkeiten eröffnen, können bald als Fluch, nicht als «Verdienst» angesehen werden; geisteswissenschaftliche Modelle und Verständnisformeln sind in der Lage, zu Deformierungen der Gesellschaft zu führen, und Kunst, deren Sinnhaftigkeit verlorengeht, verkümmert zur Sinnlosigkeit. Die «weit verbreitete Anerkennung» ist eine Anerkennung auf Abruf, kein unbezweifelbares Verdienst. Der fromme Friedrich Wilhelm IV. hätte ohne weiteres in den Ruf Heinrichs V. von England nach dem Sieg von Azincourt 1415 einstimmen können: «O Gott, dein Arm war hier, und nicht uns selbst, nur deinem Arm schreiben wir alles zu» (siehe oben S. 182).

Ob den Mitgliedern des Ordens Pour le mérite wohl immer bewußt ist, daß sie der vorübergehend aufklingenden Echowirkung wegen, nicht wegen «unsterblicher Verdienste», deren Ursprung im Sinne des Stifters allein bei Gott liegt, aufgenommen worden sind?

Überall ist Mittelalter – auch hier.

Vom «schlimmen Tod» oder wie das Mittelalter einen «guten Tod» herbeiwünschte

«Wie die Alten den Tod gebildet», so lautet der Titel einer klassischen Abhandlung, die ein Dichter und durchaus auch gelehrter Schriftsteller verfaßt und 1769 herausgebracht hat. Gotthold Ephraim Lessing (1729–1781), ihr Autor, behauptet in dieser Schrift, daß das «antike Bild des Todes» heiter gewesen sei, nicht gräßlich, etwa in der Gestalt eines Totengerippes, wie im Mittelalter, denn: erst «diejenige Religion, welche dem Menschen zuerst entdeckte, daß auch der natürliche Tod die Frucht und der Sold der Sünde sei, (mußte) die Schrecken des Todes unendlich vermehren». Fraglos hat Lessing recht. Zentral gehört zum christlichen Tod und damit zum Mittelalter jener Zwiespalt zwischen diesseitigem Sterben und jenseitiger Hoffnung, gehört zum christlichen Sterben die den «Schrecken des Todes unendlich» vermehrende Frage, wie man eine drohende ewige Verdammnis im Jenseits abwenden könne.

Fegefeuer und Hölle, Stationen der Verdammnis, haben in unseren Tagen unter dem Druck der Aufklärung ihre Drastik verloren, und die heutigen theologischen Erklärungen kann man nicht anders als tastend und vage nennen. Das hauptsächlich vom Mittelalter eingerichtete Fegefeuer wird beschrieben als ein «durch richtig angenommenes Strafleiden geschehender Integrationsprozeß auf Gott hin», der mit dem Tode nicht abgeschlossen sei, sondern in einem Zwischenzustand weitergehe: «dies wird Fegefeuer genannt» (K. Rahner). Und der «Kern der Hölle» müsse «im Verlust des Inseins in der ewigen Liebe» liegen (J. Ratzinger). Die mittelalterlichen Vorstellungen waren realistischer, vor allem furchterregender, angesichts deren die Verbrennung der Ketzer einen Vorgeschmack abgab. Die mittelalterliche Kirche war in den Verdammnisbeschreibungen stark und in den Himmelsvisionen schwach. Die Angst vor einem üblen Jenseits richtete den Sinn auf ein rechtes Sterben. Dem Mittelalter angemessener ist nicht die Frage, wie es sich den «Tod gebildet», sondern wie es sich einen «guten Tod», ein «gutes Sterben» herbeigewünscht hat.

Was ist schlimmer: Totsein oder Sterben?

Der heutige Mensch ist dieser Frage weitgehend entrückt; er will vom Sterben wenig wissen. Tot sein wäre nicht so schlimm, wenn bloß das Sterben nicht wäre, lautet eine Geistreichelei, die die Furcht vor einem sich lang und qualvoll hinziehenden Abschied von der Welt ausdrücken will. Wenn schon, dann soll es schnell und nach Möglichkeit so zugehen, daß man es gar nicht merkt. Carl Spitzweg (1808–1885), nicht nur Genremaler, sondern auch ein durchaus passabler Gelegenheitspoet, faßt den Gedanken in die paradoxen Verse:

«Oft denke ich an den Tod, den herben,
Und wie am End' ich's ausmach'?!
Ganz sanft im Schlafe möcht' ich sterben
Und tot sein, wenn ich aufwach'!»

Über den «Tod» und das «Sterben» und speziell über Tod und Sterben im Mittelalter ist gerade in letzter Zeit viel geschrieben worden. Der Tod konfrontiert den Christen mit der Frage nach Verheißung oder Verdammnis, und das Sterben ist, über das Kreatürliche hinaus, häufig eingebunden in rituelle Handlungen und Abläufe. Daß es sich im Mittelalter bei einem «gezähmten» Tod «leicht» gestorben habe, ist eine zweifelhafte Behauptung, aber fraglos starb man in den verschiedenen Zeiten verschieden. Das Spätmittelalter zum Beispiel stand unter dem Eindruck der Großen Pest, durch den sich der Mensch in seiner Vereinzelung und Einsamkeit an den eigenen Tod gemahnt fühlte. Die Pesterlebnisse und die allgemeine Unsicherheit hätten es mit sich gebracht, «daß der Tod geradezu alle Lebensäußerungen beherrschte» (R. Rudolf); er wurde auch zu einem zentralen Gegenstand der bildenden Kunst ebenso wie der Literatur: Der Totentanz kam auf, Johannes von Tepl († 1414/15) schrieb nach dem Tod seiner Frau den «Ackermann aus Böhmen», die «Sterbebüchlein» entstanden, die von der «ars moriendi», von der «Kunst des Sterbens», handelten.

Die Bücher der «ars moriendi», die den Menschen auf einen guten Tod und auf das Jenseits vorbereiten sollten, waren ursprünglich für die Hand des Priesters gedacht, doch empfanden bald Laien das Bedürfnis, eine solche Anleitung zu privater Lektüre zu besitzen, und es entstanden zahlreiche volkssprachliche Übersetzungen. Für den Tod sollte man gerüstet sein, und dazu gehörten auch die Gnadenmittel der Kirche. Schon das erste ökumenische Konzil, das von Nikäa (325), bestimmte, daß jedem Sterbenden das «Viaticum», der mit der Sündenvergebung verbundene Empfang der «Wegzehrung», des eucharistischen Sakraments, nicht verweigert werden dürfe, und vom 12. Jahrhundert an wurde es üblich, dem Viaticum die «Letzte Ölung» folgen zu lassen. Wer ohne diese sakramentale Hilfe starb, starb einen «schlimmen Tod», eine «mala mors», wie es zum Beispiel die Selbstmörder und die Ketzer taten, die außerhalb der kirchlichen Gemeinschaft endeten.

Das «Schlimme» an einem «schlimmen Tod»

Guter Tod, schlimmer Tod – «bona mors, mala mors» – sind im christlichen Verständnis nicht ein Gegensatzpaar, das den leichten schnellen und den schmerzvollen schweren Tod beschreibt, sondern das Hinscheiden im Zeichen des Heils oder des Unheils. Bereits in den Psalmen begegnet der Gedanke, geradezu in der Form einer Androhung, daß der «Tod der Sünder» im Zustand der Sündhaftigkeit der «allerschlimmste» sei: «Mors peccatorum pessima» (Ps. 33, 22). Der Tod ist schrecklich, wenn er den Sünder zu unerwarteter Zeit ohne Wiedergutmachungsmöglichkeit vor den höchsten Richter ruft. Die Kirchenväter, zumal Augustinus († 430) und Ambrosius († 397), sahen den Tod von der Frage bestimmt, ob er zu Erlösung oder Verdammnis führe. Eine von Augustinus stammende, immer wieder aufgenommene Formulierung lautet, daß man für einen schlechten Tod nicht halten dürfe, dem ein gutes Leben vorausgegangen sei (Mala mors putanda non est, quam bona vita praecesserit); an vielen Stellen seines Werkes geht Augustin auf den Unterschied zwischen einem guten und einem schlimmen Tod nach einem entsprechenden Leben ein. Erst die Art der Lebensführung gebe dem Tod seine Bedeutung und lasse den Menschen nach einem rechten Leben den ersehnten guten Tod in Gott sterben: «Täglich bittest du: Gott möge mir einen guten Tod bescheren, Gott möge von mir einen schlimmen Tod abwenden.» Die Argumentation gipfelt in der fünffach wiederholten Sentenz: «Es kann nicht übel sterben, wer gut gelebt hat» (Non potest male mori, qui bene vixerit), und mit diesem Trost sind offenbar viele Menschen im Frühmittelalter aus der Welt gegangen, zum Beispiel Kaiser Ludwig der Fromme († 840), dessen Verscheiden sein Biograph unter diesen Spruch stellt.

Ungewißheit der Todesstunde und die Gefahr, mit Sünden beladen zu sterben, bestimmten unentwegt das Bewußtsein des frommen Christen. Die Formel Augustins bot Trost, doch gab es auch andere Wege zum Heil. Die Mittel waren vielfältig. Gebete, frommes Leben, gute Taten, Blutzeugenschaft für Christus: Dies alles, was den Weg zur Seligkeit freimachte, konnte den Tod als «gut» erscheinen lassen, und entsprechend vielfältig waren auch die Mittel, vor dem «schlimmen» Tod zu schützen. Das fromme Anhören der Messe galt weithin als wirksames Mittel gegen die «mala mors», den «schlimmen Tod», und der Verfasser eines deutschen Marienlebens aus dem 13. Jahrhundert, Walther von Rheinau, verheißt denen, die sein Werk über den «Heimgang Mariens» («Transitus Mariae») lesen, hören oder abschreiben, «Daz ir keiner gaehes stirbet / noch übels tôdes verdirbet».

Christophorus, der Abwender eines «schlimmen Todes»

Immer stärker spielten die Gnadenmittel eine Rolle; die Lehre der Sakramente erhielt feste Konturen, und die Kirche bot den «Schatz der guten Werke» an, weil der Sünder auf Erlösung aus eigener Kraft nicht hoffen konnte. Das Ritual der Todesvorbereitung, die Frage des rechten Verscheidens auf dem Wege zur Erlösung, nahm vom 12. Jahrhundert an immer stärker das Denken und Fühlen der Menschen in Anspruch, zu einer Zeit, in der auch der Begriff des «schlimmen Todes», der «mala mors», häufiger als zuvor begegnet. Gut gerüstet sollte man diese Welt verlassen, versehen mit der Absolution, der Vergebung der Sünden, und dem Gnadenleib Christi. Ein plötzlicher Tod konnte einen um dieses Ziel bringen, und man versuchte, sich dagegen zu wappnen.

Man rief zum Beispiel den heiligen Christophorus als Fürbitter an, dessen romanhafte Legende im Laufe der Zeit immer buntere Züge erhielt. Der Christophorus-Kult hat die rigorose römische Kalenderreform von 1969, die mit einem merkwürdigen rationalistischen Eifer ganze Legendentraditionen abschnitt, nicht überstanden; sein Name – wie auch der von Susanna, Katharina und Barbara – wurde gestrichen, denn – so heißt es im erklärenden Kommentar – über ihn gebe es «kaum historische Tatsachen».

Die Gestalt des Christophorus muß den Vorstellungen und Empfindungen mittelalterlicher Menschen besonders entsprochen haben. Es hatte sich im Westen während des 12. Jahrhunderts ein ikonographischer Typus des Christophorus herausgebildet, der ohne wesentliche Veränderungen bis heute erhalten geblieben ist: Der Heilige trägt in der Gestalt eines Riesen, auf einen Stab oder Baumstamm gestützt, Christus über einen Fluß. Im 12. Jahrhundert wird Christus noch als Erwachsener dargestellt, vom 13. Jahrhundert an begegnet er fast ausschließlich in der Gestalt des Kindes. Seit der Christusträgererzählung der Goldenen Legende des Jakob von Varazze († 1298)

Sogenannter «Buxheimer» Christophorus: Der älteste mit einem Datum versehene, im Allgäuer Kartäuserkloster Buxheim aufgefundene Holzschnitt aus dem Jahre 1423; das Blatt war in den Innendeckel eines Buches, einer Lobpreisung Mariens, eingeklebt. Es zeigt das Bild des hl. Christophorus, wie es seit dem ausgehenden 12. Jahrhundert in der westeuropäischen Kunst als Bildtyp fixiert war: der Heilige trägt Christus (seit dem ausgehenden 13. Jahrhundert als Kind) auf seinen Schultern über einen Fluß, am Ufer leuchtet ein Einsiedler mit einer Laterne. Der Bildtypus verdankt sein Entstehen nicht einer Legendenerzählung, sondern dem Namen des Heiligen («Christusträger»); die Erzählung in der Legenda Aurea des Jakob von Varazze († 1298), der bedeutendsten Legendensammlung des Mittelalters, ist eine literarische Erfindung zum Bild. Seit dem Beginn des 13. Jahrhunderts werden die Christophorusbilder mit einer Beischrift versehen, die auf die Kraft des Bildes verweist, den plötzlichen Tod ohne Empfang der Sterbesakramente (mala mors) aufzuschieben: Cristofori faciem die quacumque tueris / Illa nempe die morte mala non morieris (An jedem Tag, an dem du dieses Bild des Christophorus siehst, an diesem Tag fürwahr wirst du einen schlimmen Tod nicht sterben).

wird den Darstellungen häufig der Eremit hinzugefügt, der Christophorus den Fährmannsdienst als Dienst an Gott, dem größten Herrscher auf Erden – denn nur diesem wollte er dienen –, empfiehlt, und in phantasievoller Ausdeutung der Legende wird die Szene oft in die Abend- oder Nachtstunden verlegt. An Christophorus richtete man den Wunsch nach einem «guten Tod». Doch anders als bei den meisten Fürbittern brauchte man kein Gebet an den Heiligen zu richten, es genügt ein Blick auf sein Abbild, das man irgendwo vor Augen oder gar ständig zur Hand hatte.

Christophorus, ein nebuloser Heiliger, hat erst im 12. Jahrhundert die Rolle eines Bewahrers vor einem schlimmen Tod übernommen. Es gab schon vorher Unheil abwehrende Praktiken, die ein schlimmes, ein plötzliches Ende ohne Sterbevorbereitung verhindern sollten; die im 12. Jahrhundert aufkommende Schaudevotion vor der geweihten Hostie und vor der Gottesmutter zum Beispiel sollte auf ein gutes Ende lenken. Wahrscheinlich übernahm Christophorus diese Rolle zur gleichen Zeit. Sein überlebensgroßes Bild tauchte an den Kirchenwänden auf, als Helfer vor einem «unseligen» Tod. Wie es zu der vor plötzlichem Tod bewahrenden Wirkkraft kam, ist nicht sicher auszumachen, doch hat die Erklärung etwas für sich, daß dem Bild Christi auf den Schultern des Riesen, das in den frühen Darstellungen frontal dargestellt ist, eine ähnliche Wirkung zugeschrieben wurde wie dem Anblick der erhobenen, frontal sichtbaren Hostie.

Das älteste bisher bekanntgewordene überlebensgroße Christophorusbild diente bereits dieser Funktion. Es befindet sich an der Außenwand neben dem Eingang zur Kapelle der Tiroler Burg Hocheppan im Etschtal, dem Palas gegenüber, aus dessen Fenstern man morgens auf das Bild schauen konnte. Als Entstehungszeit nimmt man neuerdings die Jahre zwischen 1150 und 1180 an, doch kann diese älteste erhaltene Christophorus-Wandmalerei an einer Außenfront nicht die einzige in ihrer Zeit gewesen sein. Dafür spricht der Verbreitungsraum: Christophorusbilder waren im gesamten Südalpengebiet beliebt, besonders aber in Tirol, dem wichtigsten Durchgangsland für den Verkehr zwischen Nordeuropa und Italien. Da die Gefahren der Reise unberechenbar waren und der geistliche Beistand oft fern, war ein Schutz nötig, der in regelmäßigen Abständen und ohne jeweiliges menschliches Zutun verfügbar war, und diesem Zweck dienten die überlebensgroß auf die Außenwände gemalten Christophorusbilder.

Die verehrte und dargestellte Figur des Christophorus fand immer stärkeren Zuspruch; seine leicht faßliche Gegenständlichkeit – der durch eine Furt schreitende gutmütige und hilfreiche Riese – ließ in den Alpenländern und in Norditalien die Verehrung der Schauhostie zurücktreten, ja verdrängte sie manchenorts. Wegen der ungünstigen Überlieferung sind uns in Tirol zwar nur drei Darstellungen aus dem 13. Jahrhundert erhalten, doch wächst die Zahl im 14. Jahrhundert auf 16, im 15. Jahrhundert, der Blütezeit der Christophorusverehrung, auf 49 an. Insgesamt sind 150 Christophorusdarstellungen in Tirol und mehr als 500 Außenfresken in Kärnten gezählt worden, der ursprüngliche Bestand muß noch um einiges größer gewesen sein.

Die Wirkung des Christophorusbildes

Was es mit dem Bilde auf sich hat, darüber geben Beischriften Auskunft. Bereits die frühen Darstellungen im 13. Jahrhundert werden von einem Text begleitet, der auf die Wirksamkeit des Bildes hinweist, gleichsam eine Aufklärung für den nicht kundigen Betrachter. Das älteste Zeugnis dieser Art ist die Beischrift zum Christophorusbild von Biasca im schweizerischen Tessin nördlich von Bellinzona um 1220, die in ihrer besonders in Italien verbreiteten Form sagt: «Die geschaute Hand des Christophorus ist dem Schmerz abhold» (Cristo visa fori manus est inimica dolori). Hier fungiert Christophorus als Abwender des Schmerzes. In welcher Vielfalt diese Beischriften auftreten, zeigt eine Zusammenstellung im großen juristischen Wörterbuch («Dictionarium iuris civilis et canonici») des Alberich von Rosciate († 1360); in juristischer Distinktion wird hier zugleich die Frage der Wirkformen berührt. Alberich zitiert die Inschrift von Biasca und danach einen der am häufigsten verwendeten Hexameter: «Wer immer die Gestalt des heiligen Christophorus anschaut, wird am selben Tag fürwahr von keinem Leiden befallen» (Christophori sancti speciem quicunque tuetur / Illo namque die nullo langore tenetur), und eine der seltener überlieferten, einen Reim andeutenden an Christophorus gerichteten Bitten: «Heiliger Christophorus, du hast einen Starken und Großen getragen [d. i. Christus], bewahre mich vor Gefahr und einem schlimmen Tod» (Sancte Christophore, tu portavisti grandem et fortem, defende me a periculo et mala morte). Hier wird der Gegenstand der Fürbitte auf den Begriff gebracht: die «mala mors», der Tod ohne Gnadenmittel, soll abgewendet werden.

Ähnliche Beliebtheit wie die von Alberich erwähnten Verse hat nur noch das folgende leoninisch gereimte Hexameterpaar: «Heiliger Christophorus, dir sind so große Wirkkräfte eigen; wer dich des Morgens ansieht, lacht zu nächtlicher Zeit» (Christophore sancte virtutes sunt tibi tante / Qui te mane videt nocturno tempore ridet). Die Wirkung des Bildes galt zwar unabhängig von jeder beigefügten Inschrift, doch deutet schon das «Dictionarium iuris» des Alberich in seiner Häufung der «Gebrauchshinweise» an, daß diese sich in ihren verschiedenen Formen auch vom Bild lösen und eine Eigenwirksamkeit annehmen konnten. Auf der gleichen Seite seines Notizbuches, auf der ein Zauberspruch gegen Zahnschmerzen eingetragen ist, der mit «+brax +pax +nax» beginnt, hat Kaiser Friedrich III. (1440–1493) drei der offenbar weitverbreiteten lateinischen Christophorus-Verse festgehalten, sicherlich nicht aus gelehrtem Eifer, sondern – wie die Zahnwehformel – mit Bezug auf das eigene Leben; übersetzt lauten sie:

> «An welchem Tage auch immer du die Gestalt des Christophorus ansiehst,
> Wirst du nicht zuschanden werden und nicht an einem schlimmen Tod zugrunde gehen;
> An einem solchen Tage wahrlich wirst du von keinem Leid beschwert.»

> (Cristoffori faciem quacumque die tueris,
> Non confusus erris nechk mala morte peribis
> Illo namque die nulla langbore grafebis.)

Die Verse sind hier und anderswo losgelöst von einer Darstellung des Christophorus, aber es wurde eine Zuordnung mitgedacht, wie sehr, das beweist ein Einblattholzschnitt des 15. Jahrhunderts (siehe S. 213). Der Druck ist ohne Inschrift, doch ein zeitgenössischer Benutzer hat handschriftlich hinzugefügt, vielleicht um einen aus anderen Darstellungen gewohnten Zustand wiederherzustellen: [Christophori] sancti faciem quicumque tuetur [Illa ne]mpe die nullo languore tenetur (Wer immer die Gestalt des heiligen Christophorus anschaut, wird am selben Tag von keinem Leiden befallen).

Der in einem einzigen Exemplar im Berliner Kupferstichkabinett überlieferte Holzschnitt stammt aus dem ausgehenden 15. Jahrhundert und ist eine Gegensinnkopie eines Kupferstichs des Meisters «M. Z.», der der Donauschule zugewiesen wird. Dieser «Nachschnitt» ist ein Indiz für den großen Bedarf an gedruckten Christophorusbildern. Die auf dem Vorbild nicht vorhandene

Beischrift ist auf diesem Blatt handschriftlich nachgetragen und verweist auf die Funktion des Bildes für die Volksfrömmigkeit. Die beiden Hexameter, die aufgrund des Beschneidens des Blattes am gedruckten Rand unvollständig sind, gehören zu den häufigsten Beischriften: [Christophori] sancti faciem quicumque tuetur / [Illa ne]mpe die nullo languore tenetur (Wer immer das Bild des heiligen Christophorus sieht, der wird an jenem Tag von keiner Krankheit ergriffen). Die dürftige Überlieferung dieses Blattes und des Buxheimer Christophorus – beide sind nur in einem Exemplar erhalten – hat ihren Grund nicht in geringer Produktion; vielmehr ist bei Einblattdrucken für Gebrauchstexte und -graphiken eine «reziproke Klassifikation» (W. von Stromer) zugrunde zu legen: der enormen Höhe der produzierten Stückzahl steht regelmäßig eine sehr geringe Überlieferungsmenge solcher Druckerzeugnisse gegenüber. Von einem spanischen Ablaßzettel, der 1499 in 143 000 Exemplaren gedruckt wurde, hat sich kein einziges Exemplar erhalten, von 18 000 aus dem Jahr 1498 gerade eins; von den in vergleichbarer Zahl jährlich gedruckten Bauernkalendern ist bis zu dem von 1520 nur der Jahrgang 1471 überliefert.

Christophorusbilder für den Hand- und Hausgebrauch

Ein Einblattdruck wie der soeben vorgestellte kennzeichnet einen neuen Schub der Christophorusanrufung im 15. Jahrhundert. Es kamen neben den riesigen Darstellungen am Wege und in den Kirchen Bilder für den Hand- und Hausgebrauch auf, Einblattdrucke, die fast beliebig vervielfältigt werden konnten. Solche Einblattdrucke dürfte es als Gebrauchsgut in großer Zahl gegeben haben, doch sind nur wenige Exemplare erhalten. Berühmt und immer wieder behandelt ist ein Einblattholzschnitt aus dem Allgäuer Kartäuserkloster Buxheim mit der Datierung 1423 (siehe S. 209), eins der «allerfrühesten Erzeugnisse der Druckerkunst». Dieses Blatt gibt in einem etwas holprigen Distichon Auskunft über seine Verwendung:

> «An jedem Tag, an dem du dieses Bild des Christophorus siehst,
> an diesem Tag fürwahr wirst du einen schlimmen Tod nicht sterben.»
>
> (Cristofori faciem die quacumque tueris /
> Illa nempe die morte mala non morieris.)

Nicht immer läßt sich die Produktionsstätte solcher Christophorusblätter feststellen, und es bedurfte schon gewisser Glücksumstände, den Herkunftsort des Papiers des gleichgestalteten «Wienhausener Heiligen Christophorus» – 1953 gefunden im Chor des Nonnenklosters Wienhausen bei Celle – auszumachen. Es handelt sich um ein «1421/22 in der Stromer'schen Gleismühle» gefertigtes Produkt. Die «Gleismühle» lag nur wenige Kilometer von der Burg der Nürnberger Patrizierfamilie Stromer entfernt, die sich pionierhaft der Papierherstellung angenommen hatte. Das Christophorusblatt gehört, zusammen mit dem Buxheimer Exemplar, in die Frühzeit solcher, wahrscheinlich in Süddeutschland hergestellter Einblattdrucke.

Das 15. Jahrhundert wurde dank der neuen Techniken, der der Einblattdrucke und der Blockbücher, zu einem Jahrhundert des heiligen Christophorus. Die Einblattdrucke wie jenes Exemplar aus dem Kartäuserkloster Buxheim waren Massenware, und wenn auch nur wenige Drucke in mehreren Exemplaren überliefert sind, so überrascht doch die Vielfalt der erhaltenen Typen. An Christophorusdrucken sind uns heute noch über fünfzig bekannt, und unter den Heiligen, die auf Einzelblättern umliefen, stand Christophorus an Popularität nur der heiligen Katharina und der Gregorsmesse nach, beides gleichfalls Bildthemen, die mit einem guten Tod und einer auf die heilsstiftende Eucharistie hinweisenden Hostiendevotion verbunden sind. Das neue Medium

Die Verkündigung nach dem Meister von Flémalle (Robert Campin) (Brüssel, Musée des Beaux-Arts), der in Tournai zwischen 1410 und 1440 tätig war, zeigt den Blick in die Stube eines flämischen Bürgerhauses der Zeit. Außer einer Reihe von Einrichtungsgegenständen ist auf dem Bild rechts oben eine offenbar mit Siegellack auf den Kaminsims geheftete Graphik zu sehen, das einzige Bild im Raum: man erkennt deutlich einen durch einen Fluß schreitenden Christophorus, der das Christuskind auf den Schultern trägt. Unterhalb der Darstellung enthält das Blatt möglicherweise noch eine Beischrift. Das scheinbar Provisorische – ein locker an die Wand geheftetes und sich bereits ablösendes Blatt – gehört zum Bildverständnis jener Zeit, wie das aufgeblätterte Buch und das zerknüllte Tuch auf dem Tisch. – Dieses Tafelbild ist eine Parallelausfertigung des Mittelteils des berühmten Mérode-Altars (New York, Metropolitan Museum, The Cloisters), der die Graphik allerdings nicht zeigt.

läßt auch die Verwendungsmöglichkeiten ins Ungeahnte wachsen: Reisende können sich auf billige Weise einen Tragaltar verschaffen, man heftet die Blätter auf die Innendeckel der Truhen, Bücher zeigen beim Aufklappen zuerst das Bild des Heiligen. Vor allem zog Christophorus in die Häuser und Wohnstuben ein, die im 15. Jahrhundert zunehmend mit Bildern für die private Frömmigkeit ausgestattet wurden. Wie man diese Heiligendarstellungen verwendete, zeigen gelegentlich Altarbilder oder Porträts aus den Niederlanden, die in ihrem Realismus auch Einzelheiten der Wohnkultur festhalten.

Aus dem Umkreis des Meisters von Flémalle stammt eine Zweitausfertigung der Verkündigung aus dem berühmten Mérode-Altar. Diese Fassung des Brüsseler Musée des Beaux-Arts (siehe S. 215) zeigt eine für uns wichtige Einzelheit: An den Sims des Kamins ist eine Darstellung des Christophorus angeheftet. Auf solcherart Christophorusbilder dürfte man des Morgens seine Augen gerichtet haben. Die ungeheure Popularität, die der Bewahrer vor einem plötzlichen Tod in Sündhaftigkeit gewann, rief bald die Kritik der Theologen auf den Plan; denn ein Heiliger, bei dem es genügte, dessen Bild anzuschauen, um vor dem Schlimmsten bewahrt zu werden, trug nicht zur Anmahnung einer christlichen Lebensführung bei, wie es die Kirche mit dem heiligen Augustinus lehrte: daß ein guter Tod durch ein gutes Leben erwirkt werde. Die Frage, ob eine Bilderverehrung vorliegt und in welcher Form Bilderverehrung überhaupt erlaubt sei, spielte in diesem Zusammenhang kaum eine Rolle. Die theologischen Lehrmeinungen über die Zusammenhänge von Bild einerseits und Verehrung und Anbetung andrerseits – Gegenstand des frühmittelalterlichen Bilderstreits – haben einen Grundsatz stets unberührt gelassen: Der Verehrte und das ihn darstellende Bild durften nicht als identisch aufgefaßt werden, die Verehrung durfte also nicht dem materiellen Gegenstand gelten. Guillelmus Durandus Speculator († 1296) behandelte in seinem verbreiteten liturgischen Handbuch «Rationale divinorum officiorum» die Bilderverehrung und faßte den Grundsatz in Merkverse:

> «Vorübergehender, ehre gebeugt die Bildnisse Christi,
> jedoch nicht das Bild selbst, sondern das, was es anzeigt, bete an.»
>
> (Effigies Christi, qui transis, pronus honora,
> Non tamen effigiem, sed quod designat adora.)

Diese Bedingung erfüllte auch das Christophorusbild, das wohl kaum jemand wegen seiner materiellen Eigenschaften verehrte, wie es zum Beispiel bei manchen sprechenden, lachenden oder weinenden Madonnenbildern geschehen konnte.

Der Wandel des Christophorusbildes vom Nothelfer zum «Ölgötzen»

Ein nach Hilfe trachtender Bilderkult nahm im Laufe des 15. Jahrhunderts so überhand, daß theologische Kritik aufkam. Der gelehrte Kardinal Nikolaus von Kues (1401–1464), der während seiner Visitation in Deutschland 1451/52 immer wieder einem ausufernden Reliquienkult und einer übersteigerten Hostienverehrung begegnete, sah sich veranlaßt, gegen eine irregeleitete Bilderverehrung Stellung zu beziehen. Unter Androhung der schärfsten Waffe, des Interdikts, ordnete er an, «all solche Darstellungen und Bilder den Augen des einfachen Volkes zu entziehen, wegen deren sichtbarer Gestalt das Volk zur Anbetung besonders herbeieilt», doch schritt er speziell gegen die Christophorusverehrung nicht ein, auf die er sicherlich reichlich stieß.

Grundsätzlicher war die Heiligenkritik des Tübinger Theologen Gabriel Biel († 1495), eines Nominalisten, der auf Luthers theologische Gedankenwelt erheblichen Einfluß ausübte. Biel stellte Kriterien auf, wie ein angemessener Heiligenkult Gott wohlgefällig, den Heiligen genehm und denen, die sich um ein frommes Leben bemühen, nützlich sei, denn ein unangebrachter Kult bringe den Frommen wie den Abergläubigen wegen Götzendienerei vermehrte Schuld. Einer seiner Prüfgründe für kultische Verehrung nimmt die spätere Kritik an der Christophorusverehrung vorweg: unzulässig sei ein Kult, wenn «frei erfundene» Eigenschaften, Werke oder Wunder dem Heiligen zuerkannt würden, von denen kein schriftliches Zeugnis vorläge. Dieses philologisch-historische Argument hätte wohl allein nicht ausgereicht, um der Verehrung des Christophorusbildes ein Ende zu bereiten; es kommt ein wichtiger Einwand hinzu: Es sei ein noch tadelswerterer Mißbrauch, wenn Eigenschaften, die nur Gott oder Christus zukämen, dem allmächtigen Erlöser (omnipotens salvator), auch Heiligen zuerkannt würden. Bild sei Materie, nicht mehr. Biel nimmt hier eine Stellung ein, die sich seit dem 14. Jahrhundert gegen einen übertriebenen und geradezu mechanistischen Heiligenkult herausgebildet hat. Ein Heiliger kann helfen, aber er ist nicht Herr über Leben und Tod. Auf Christophorus bezogen hieß das: Die Todesstunde aufzuschieben konnte und durfte nicht in seiner Kompetenz liegen. Herr über Leben und Tod ist allein Gott.

Der schärfste Angriff auf die Christophorus-Verehrung kam allerdings nicht von theologischer Seite, auch nicht von der Amtskirche, die sich damals häufig gegen eine unkontrollierte und die offiziellen Heilsmittel mißachtende Heiligendevotion wandte, sondern von dem auf die Reinheit des Glaubensgutes achtenden Erasmus von Rotterdam (1469–1536). Am frühesten ist seine abweisende Haltung gegenüber dem heiligen Christophorus im 1503 erschienenen «Handbuch des christlichen Kriegers» (Enchiridion militis christiani) greifbar, einem Kompendium christlicher Ethik. Erasmus beklagt, daß viele sich in ihrer Lebensführung nicht Christus allein zuwendeten, sondern sich ihre eigenen Götter suchten. Der erste dieser Götzen sei Christophorus, den der eine täglich grüße, um nur durch das Anblicken des Bildes vor dem schlimmen Tod gefeit zu sein. Im Rahmen seiner Invektive gegen Wunderglauben und fehlgedeutete Vorzeichen im «Lob der Torheit», im «Moriae Encomium», das 1511 erschien, formulierte Erasmus sein Thema rhetorisch eleganter und im Ton sarkastischer. Den Wunder- und Vorzeichengläubigen ähnlich seien diejenigen, die sich der törichten, wenn auch angenehmen Meinung hingäben, wenn sie irgendeinen hölzernen oder gemalten Polyphem Christophorus anschauten, würden sie an diesem Tage nicht zugrunde gehen.

Mit dem «Lob der Torheit» feierte Erasmus seinen größten Bucherfolg; zu seinen Lebzeiten erschienen 36 Ausgaben bei 21 verschiedenen Druckern. Hans Holbein d. J. (1497–1543), der 1515 nach Basel ging und sich später mit Erasmus befreundete, versah ein Exemplar der gerade bei Froben erschienenen Ausgabe des «Lobes der Torheit» mit Randzeichnungen. Diese Auftragsarbeit für den Basler Latein-

---

Der weit verbreitete Volksglaube, der Anblick eines Christophorus-Bildes bewahre vor einem jähen Tod ohne Sterbesakramente, fand sein Ende erst durch die satirischen Angriffe des Erasmus von Rotterdam (1469–1536), besonders in dessen «Lob der Torheit», das 1511 erstmals in Paris erschien und es noch zu Erasmus' Lebzeiten auf 36 Ausgaben brachte; es wurde «für die reformatorische Bildgegnerschaft ... zum Handbuch». 1515 versah der achtzehnjährige Hans Holbein d. J. (1497–1543) zusammen mit anderen Künstlern in Basel eine Ausgabe mit Randzeichnungen: unter der Marginalie «Abergläubische Bilderverehrung» (Superstitiosus imaginum cultus) nähert sich ein Narr mit Schellenkapuze und Stecken ehrfürchtig einer Darstellung des heiligen Christophorus, die als Tafelbild an eine ruinöse Mauer gehängt ist. Der Künstler karikiert den Vorgang durch ein ungewöhnliches Format für das Heiligenbild und durch den Ort der Anbringung; geläufig waren die leicht transportierbaren Einblattdrucke und die riesigen Wandmalereien an den Wänden von Kirchen und öffentlichen Gebäuden. Die illustrierte Ausgabe befand sich im Besitz des Basler Lateinlehrers und späteren Zwinglianers Oswald Myconius (1488–1552), eines engen Freundes des Erasmus in dessen Basler Zeit.

STVLTICIAE LAVS.

rinæ,qui miraculis ac prodigiosis gau
ent mendacijs,uel audiendis,uel narrã
is. Nec ulla satietas talium fabularũ,cũ
ortentuosa quædam de spectris,de le
uribꝰ, de laruis, de inferis,de id genus
ilibus miraculoꝝ cõmemorant. Quæ
uo longius absunt a uero,hoc & credũ
r lubentius,& iucundiore pruritu,titil
nt aures. Atq; hæc quidem nõ modo
leuandum horarum tedium mire cõ
ucũt, uerumetiã ad quæstum pertinẽt,
æcipue sacrificis & concionatoribus.
His rursum adfines sunt,ij, q sibi stul
m quidem, sed tamen iucundam per
asionem induerunt,futurum, si ligne
n, aut pictum aliquem Polyphemũ
hristophoꝝ aspexerint, eo die nõ sint
perituri,

stræ farinæ).i.nostræ cõditiõis.Persiꝰ.No stræ pauloañ farinæ. Laruæ & lemures.) Laruæ noxiæ inferorũ umbræ sũt, quas uulgo spiritus uocamus,a laribus dictæ. Qui miraculis ac prodigijs.) Hac de re, libellum cõscripsit Lucianus, quẽ Morus, cui libellus hic dicatus, elegantissime uertit in sermonem latinum. Hoc genus hominum execratur & diuus Hieronymus i epistolis,qui pugnas cum dæmõibus,atq; huiusmodi portentã confingunt. Sacrificis & concionatoribus.) Palam est, hic non reprehendi miracula, sed conficta, & cõficta ad quæstum, quo plus extorque

Eiusdem farina dicuntur quos e indiscreta similitudine quodam aqua ad eam collata, illam farinam ad farinam pende quasi dicas eiusdem gregis, seu conditionis.

Conficta miracula.

Vide Dialogum cui nomen Philopseudes, uel incredulus.

Superstitiosus imaginum cultus.

ta mulierculis & senibꝰ,stulteq; credulis. Nã his difficillime credũt, q ma
ne credũt Euãgelio. Et fere uidemꝰ, ut q huiusmodi fabulam ẽtis,maxime
em habent,apud hos Euangelij,leuissima sit autoritas. Videt aũt taxare
nus hoim illaudatũ,quos uulgo quæstuarios uocant,q circũferentes san
oꝝ reliquias,magna impudentia,solẽt apud populũ huiusmodi portenta
rare,quæ post ipsi inter pocula rident. Polyphemũ Christophorum.)
lyphemũ uocat,quod hunc immani,& plusq; gigantea magnitudine fin
nt pictores & sculptores,& malum,baculi loco tenentẽ ingressum undas
alis Polyphemus apud Vergiliũ,quẽ tertio Aeneidos sic describit, Mon
um horrendũ ingens,cui lumẽ ademptũ. Trunca manu pinus regit,& ue
gia firmat. Et paulopost,Graditurq; p æquor Iam mediũ,necdũ fluctus
era ardua tinxit. Quẽ & Homerus Odysseæ.I. describit. Aspexerit in
.) Quæso quid dici potuit stultius aut supstitiosius? & tamẽ mirũ,q; id
go psuasum habeat. Quis istiusmodi plusq; hæreticas opiniones inse
in animos Christianoꝝ? Bene morietꝰ,quisquis uixerit in Christo,nõ q

K ligneum

schullehrer und späteren Weggefährten Zwinglis Oswald Myconius (1488–1552), die das älteste erhaltene Werk des damals achtzehnjährigen Holbein darstellt, zeigt zur zitierten Stelle neben der gedruckten Marginalie «abergläubische Verehrung der Bilder» (Superstitiosus imaginum cultus) die Gestalt eines Narren mit herabhängender Schellenkapuze und Stecken im Gürtel, der sich mit andächtig gefalteten Händen einem fast lebensgroßen Tafelbild des heiligen Christophorus nähert, das an eine Mauer genagelt ist (siehe S. 219).

Die «Abtuung» der Bilder durch die Reformatoren

Die Satire des Erasmus hatte bewirkt, was theologische Einwände nicht vermocht hatten, zumal der Bildkult um den heiligen Christophorus sich theologisch nicht eindeutig als Verstoß gegen die kirchliche Lehre einstufen ließ. Die Satire hatte eine sinnentleerte Heiligenanrufung bloßgestellt. Für die heiligenfeindlichen Reformatoren war die Verehrung des Christophorus das Paradebeispiel fehlgeleiteter Frömmigkeit schlechthin; der riesenhafte Heilige wurde zum Muster altkirchlicher Mißstände und Abwegigkeiten. Unter den ersten, die den Bilderkult und die Christophorus-Verehrung bekämpften, war Luthers Freund Andreas Bodenstein aus Karlstadt († 1541), der 1521/22 während Luthers Aufenthalt auf der Wartburg die Reformation in Wittenberg in eigener Regie radikal weiterführte und zum Sturm auf alle religiösen Bilder aufrief. In seiner Schrift «Von Abtuhung der Bilder» aus dem Jahre 1522 greift er aus der Schar der Heiligen außer Petrus, Paulus und Barnabas gerade Christophorus heraus als einen «eigen olgotzen». Andreas Karlstadt nimmt den Merkvers, den «Pachantten vers», wie er ihn nennt, auf, der seit drei Jahrhunderten auf die Wirkkraft des Bildes hinwies: «Christophorus, dir sind große Wirkkräfte eigen, wer dich morgens sieht, lacht des Nachts» (Christoffore sancte virtutes sunt tibi tante / qui te mane videt de nocte ridet oder vivet), und beklagt, daß «vil taußent menschen» ihre Hoffnung vergebens in dieses Bild gesetzt hätten. Für Karlstadt war das schlicht Götzendienst.

Luthers Verhältnis zum heiligen Christophorus war differenzierter. Die erste nachweisbare Beschäftigung mit der Wirkkraft des Christophorus-Bildes scheint in einer Predigt über die heilige Barbara vorzuliegen, die spätestens am 4. Dezember 1517, wahrscheinlich aber schon früher gehalten wurde. Die Heilige war wie Christophorus eine Schützerin vor einem plötzlichen Tod ohne Sterbesakramente, und Luther fragt in seiner Predigt, ob der Verehrer der heiligen Barbara mit diesem Schutz rechnen könne. Luthers Antwort fällt überraschend günstig aus: «Wie du glaubst, so wird dir geschehen, ‹dem Glaubenden nämlich ist alles möglich›» (Marc. 9, 23). Nicht nur die heilige Barbara, jeder Heilige könne durch Fürsprache bei Gott die mit ihm besonders verbundene Gnade erwirken. Bedingung ist jedoch, daß zuallererst das Seelenheil und das Reich Gottes erstrebt werde und nicht nur weltliche Güter, wie es viele Verehrer des Christophorus tun, «um am selben Tag nicht sterben zu müssen». Diese Art der Verehrung ist für Luther Götzenbildnerei «im Herzen», «wenn der des Morgens angeschaute Christophorus das bewirke, daß du an diesem Tage nicht stirbst, dann wird er (d. i. Christophorus) selbst zum Herrn über Leben und Tod, und er hat Gott die Herrschaft gestohlen. Und es folgt, daß ich durch meinen Eifer unsterblich geworden bin... Dies ist der wahre Leviathan...» Luther verkürzt die Wirkkette und verlagert den Aspekt: Das Bild erscheint nicht mehr als Vermittlung einer Gnade, die vor dem sakramentenlosen Tod bewahrt, sondern wird zum Instrument eines Menschen, der gottgleich sein Sterben aufschiebt.

Der heilige Christophorus, dessen Kult Luther wiederholt «abergläubisch» nannte, war jedoch damit nicht endgültig abgetan; Luther selbst hielt die Erinnerung an ihn wach, indem er seine Gestalt allegorisch auslegte. In seiner Sammlung von Tischreden berichtet Luthers Famulus Johannes Aurifaber (1519–1575), daß Luther in einer Predigt am Christophorustag, dem 25. Juli, den heiligen Christophorus als moralische Allegorie des christlichen Lebens ausdeutete, als «ein schön, christlich Gedichte». Es sei «keine Historia..., sondern die Griechen, als weise, gelehrte und sinnreiche Leute, hätten solchs erdichtet, anzuzeigen, wie ein Christ seyn sollt,... nehmlich, ein sehr großer, langer, starker Mann, der ein kleines Kindlin, das Jesulin, auf der Achsel oder Schulter trägt... durch das wüthend, wilde Meer, die Welt...; er aber hält sich an einen großen Baum, wie an einen Stekken, das ist, an Gottes Wort. Jenseit dem Meer steht ein altes Männlin mit einer Latern, darinnen ein brennend Licht ist, das sind der Propheten Schrift, darnach richtet er sich, und kömmt also unversehret ans Ufer, da er sicher ist, das ist, in das ewige Leben...» In dieser Deutung blieb der Heilige auch reformatorisch gesonnenen Künstlern akzeptabel. Albrecht Dürer (1471–1528) hat ihn mehrmals dargestellt, zuletzt noch 1521 nach seiner Hinwendung zur Lutherischen Reformation, und der Nördlinger Reformator Theobald Billicanus (Gerlacher, † 1554), der in einer 1522 eigens dem Christophoruskult gewidmeten Schrift die herkömmliche, die Gnadenmittel herbeibittende Rolle des Bildes als «lächerlich» einstuft, läßt den Heiligen ebenfalls noch als Sinnbild des Christen gelten und faßt die Größe des Riesen nicht als reale, sondern als geistliche auf: Ein Christ sei von gigantischem Körper und das nicht äußerlich, sondern innerlich.

Eine radikalere Absage erteilte dem heiligen Christophorus Huldreich Zwingli (1484–1531) in einem apologetischen Werk, das er 1525 als «Antwort, Valentin Compar gegeben» drucken ließ. Compar († nach 1532) war Landschreiber von Uri und hatte vor der Landsgemeinde des katholisch gesinnten Kantons Uri in einer Schrift gegen Zwingli dafür plädiert, die Heiligenbilder in den Kirchen zu belassen, da niemand sie anbete, und besonders Christophorus sei ein Nothelfer, dessen Fürsprache bei Gott etwas bewirke. Zwinglis «Antwort» gilt gerade dem Bild des Christophorus und dessen angeblicher Wirkkraft; der Heilige werde zu einem Abgott, indem man ihm zuerkenne, «das allein gottes ist». Nicht er habe die Macht zu helfen, sondern allein Gott. In Anspielung auf seine Größe wird er neben die heidnischen Götterbilder gestellt und damit dem alttestamentlichen Bilderverbot unterworfen, wie es das erste Gebot lehrt: «ob er nit der Polyphemus Homeri ist», fragt Zwingli mit Erasmus.

Vom ausgeschiedenen Nothelfer zum unverbindlichen Talisman

Die Folge des Streits um die Darstellungen des heiligen Christophorus, der ja in der Kontroverse stellvertretend für alle als wirkkräftig angesehenen Heiligen und ihre Bilder herhalten mußte, liegt auf der Hand. Es erforderte eine Abhandlung eigener Art, die verschiedenen Stellungnahmen und Entscheidungen aus ganz Europa zusammenzutragen und zu interpretieren. Viele der übergroßen Christophorus-Bilder wurden von den Toren der Städte, den Außenmauern und Innenwänden der Kirchen getilgt, und wo dies zu kostspielig geworden wäre, behalf man sich anders. Der Fall des Christophorus im Augsburger Dom mag als Beispiel dienen. Noch im Jahre 1491 hatte man ein vierzehn Meter hohes Wandbild anbringen lassen, das nun nach kurzer Zeit gewissermaßen nutzlos erschien. Der Reformator Martin Bucer (1491–1551) hielt sich 1530 in Augsburg auf und verteidigte in einer Predigt die bisher durchgeführte «Abtuung» der Bilder, von denen im Dom zwei noch übriggeblieben seien, «der Ritter S. Jörg vorn bei dem Kündblech (Zifferblatt der Turmuhr) und der lang Christoffel hinten beim alten Chor», deren Entfernung Bucer ebenfalls empfahl. Da man dazu jedoch ein kostspieliges Gerüst hätte errichten müssen, begnügte man sich, die auf die Wirkkraft des Bildes hinweisenden Inschriften zu Füßen des Heiligen zu tilgen. Erst später scheint man das als nutzlos angesehene Bild übertüncht zu haben, das 1934 wieder freigelegt wurde.

Auf dem Trienter Konzil wurde die Bilderfrage erst ganz am Schluß der dritten Tagungsperiode Ende 1563 zur Entscheidung gebracht, und sie wäre fast ein Opfer der Kurienpartei geworden, die dazu neigte, das Konzil ohne Entschließung zu diesem Gegenstand zu beenden. Der Inhalt des am 3. Dezember 1563 angenommenen Dekrets über die Heiligen- und Bilderverehrung war allgemein gefaßt und bestärkte nur den Brauch, wie er schon zuvor durch Theologie und Kirche gebilligt war: Religiöse Bilder durften nicht so verehrt werden, als sei in ihnen irgend etwas Göttliches. Ein weiterer, die Christophorusverehrung berührender Grundsatz war die sorgfältige Prüfung apokrypher Heiligengeschichten für die Darstellung – der Grundsatz einer historischen oder besser hagiographischen Kritik also, dem wir bereits bei Gabriel Biel und Martin Luther begegnet sind und der in jüngster Vergangenheit dem heiligen Christophorus so gefährlich geworden ist (siehe S. 217). Das Konzil ließ viele Einzelfragen offen und übertrug das Aufsichtsrecht über die kirchliche Kunst den Bischöfen. In den Jahrzehnten nach dem Konzil befaßten sich viele Provinzial- und Diözesansynoden mit der Umsetzung der Beschlüsse. Von einer wissen wir, daß das Problem der Bilder, von dem speziell die Christophorusdarstellungen betroffen waren, erörtert wurde: Die Synode von Cambrai von 1565 bestimmte, die Meinung derer sei als abergläubisch zu verwerfen, die versprächen, es werde nicht ohne Buße und Sakramente aus dem Leben scheiden, wer diesen oder jenen Heiligen verehrend anrufe.

Eine abschließende und die Argumente resümierende Behandlung des Heiligen- und Bilderstreites ist aus katholischer Sicht dem Löwener Kirchenhistoriker Johannes Vermeulen (1533–1585) zu verdanken, der in seiner zuerst 1570 erschienenen Schrift über die Bilder Christophorusdarstellungen ausdrücklich unter die höchst abergläubischen aufnimmt (vanissimae superstitionis). Vor allem weist er die Verse zum Bild zurück, die den Blick auf den Heiligen mit der Verhinderung einer mala mors verbinden. An passendem Ort solle man das Christophorusbild durchaus anbringen, denn es gehöre in die Klasse derjenigen, die für das einfache Volk zu billigen sei, nicht aber für die Wohlunterwiesenen (docti). Als einem Beschützer vor dem «schlimmen Tod» haben ihm Vermeulen und die kirchliche Lehre jegliche Autorität abgesprochen, und ab 1969 muß ein Christophorusbild als bloßes Ornament gelten.

Die Wiederbelebung des Kultes des Heiligen Christophorus in unserem Jahrhundert ist mehr eine modernistische Entfremdung als ein Anknüpfen an das Bittgebet des späten Mittelalters: Christophorus möge ein Unglück des Gefährts verhindern, sei es des Autos oder des Fahrrads, und so konnte sich auch der fromme Radchampion Fausto Coppi (1919–1960) an Christophorus wenden. Neben der Madonna gehört Christophorus zu den von den Oberammergauer Holzschnitzern am meisten abgesetzten Figuren, aber kaum einer der Käufer dürfte dabei bedenken, daß er einen Fürbitter erworben hat, der ihn vor einem schnellen Tod, vor einer mala mors, bewahren soll. Vielleicht würde er sogar bei Kenntnis dieses Sachverhalts die Finger von einem Kauf lassen. Im Sinne der Amtskirche ist heute eine solche Hinwendung zu Christophorus Aberglaube; der Trost des Christophorus, wenn man ihn so begreift, hat nicht den Segen der Kirche.

Die Androhung eines «schlimmen Todes»

Der Blick auf Christophorus als Helfer für einen «guten Tod» schärft die Wahrnehmung für die im Mittelalter schwerwiegende Bedeutung einer verbalen Drohgebärde: Jemandem wird ein «schlimmer Tod» angesagt, d. h., man gibt einem Menschen zu verstehen, daß er sterben wird, ohne Gelegenheit zu haben, die Gnadenmittel der Kirche zu empfangen. Eine solche wüste Drohung stieß die Markgräfin Mathilde von Tuszien (1046–1115) aus, die 43jährig den 17jährigen Welf V. 1089 geheiratet hat, eine Ehe, die nicht hielt, und es liegt die Annahme nahe, daß der junge Welf der ältlichen Gemahlin davonlief. So liest man es hie und da, aber der erstaunlich gut informierte Cosmas von Prag († 1125) bietet die folgende interessante Geschichte.

Drei Nächte hintereinander hätte sich Mathilde ihrem jungen Gemahl dargeboten, aber dieser sei zum Beischlaf nicht fähig gewesen und glaubte sich verhext. Als alle erotischen Künste Mathildes nichts genutzt hätten, habe sie mit der Linken den Kopf dieser «halben Portion von Mann» (semiviri) gefaßt, in die Rechte gespuckt, ihm eine gewaltige Ohrfeige gegeben, ihn vor die Tür gesetzt und unter anderem den Hexameter gerufen:
«Wenn du dich morgen blicken läßt, stirbst du einen schlimmen Tod.»
(Si mihi visus eris cras, morte mala morieris.)
Mathilde würde Welf also auf der Stelle umbringen, ohne daß ihm Gelegenheit gegeben wäre, sich der kirchlichen Gnadenmittel zu versehen. Ob Welf den heiligen Christophorus angerufen hat, wissen wir nicht. Welf stürzte von dannen und trat Mathilde von Tuszien nicht mehr unter die Augen; er starb 30 Jahre später.

IV

Verwertungen und Verwerfungen

Das Mittelalter des Umberto Eco

Der Bologneser Professor und neuerdings zugleich Präsident der Zwerguniversität San Marino Umberto Eco hat mit seinen historischen Romanen ungewöhnlichen Erfolg. Den Durchbruch zu einem Millionenpublikum brachte ihm sein im 14. Jahrhundert in einer Benediktiner-Abtei spielender Roman «Der Name der Rose», 1980 erschienen und heute in fast 40 Sprachen übersetzt und in über 15 Millionen Exemplaren verbreitet. Es schloß sich 1988 «Das Foucaultsche Pendel» an, ein Buch von ähnlicher Machart wie der «Name der Rose». Es gibt vor, die Geheimnisse der 1312 als Ketzer verurteilten Tempelritter bis in unsere Welt der Computer zu verfolgen, und nur wenig anders ist der dritte Roman von 1994 angelegt: «Die Insel des vorigen Tages», eine Art Entdeckungsgeschichte des 17. Jahrhunderts. Am Anfang der Erfolgsserie und für sie den Grund legend steht «Der Name der Rose», auch wenn Eco sich von Jahr zu Jahr mehr zu einem Genie der Selbstdarstellung und der sich interessant machenden «Verpuppung» entwickelt hat, aus dessen Mund orakelhafte Sprüche kommen: im Fernsehen, in Zeitungsinterviews, als Kolumnist und Artikelschreiber, auf Kongressen und auf Buchmessen – Eco überall. Eine Zeitung meinte kürzlich, Eco sei, wie etwa das italienische Staatsunternehmen ENI, ein geistiges Kombinat, gebildet aus drei Personen: dem misogynen Philosophiestudenten Emilio, dem sprachgehemmten, aber flott formulierenden Carlo, Redakteur einer Studentenzeitung, und Orlando, einem sich ständig im Dienst fühlenden Schauspielschüler. Diese drei hätten sich an der Universität Turin zusammengetan; sie sind ECO. Aber es gibt nur einen Eco.

Umberto Eco, der Gelehrte

Umberto Eco – Jahrgang 1932, geboren im Piemontesischen – hat an der Universität Bologna seit 1971 einen Lehrstuhl für Semiotik inne, den er – trotz seines Reiseeifers – mit Ernst wahrnimmt. Was Semiotik ist, läßt sich schwer erklären. Das Wort leitet sich vom griechischen «to sēma», das Zeichen, ab, und will die zeichenhaften Äußerungen der Menschen miteinander – der Sprache und Kommunikationsmittel – beschreiben und analysieren. Eco selbst hat mehrere grundlegende und auch ins Deutsche übersetzte Bücher zum Zwecke der methodischen Stabilisierung dieses von ihm vertretenen (relativ) jungen Faches verfaßt; seiner Initiative ist es zu verdanken, daß an der Universität San Marino ein «International Center for Semiotic and Cognitive Studies» eingerichtet wurde, wo Workshops durchgeführt und Publikationen vorbereitet werden. Vor allem aber – was uns interessiert – ist er Autor einiger, auch historische Fragestellungen einbeziehender Abhandlungen, zum Beispiel über mittelalterliche Ästhetik allgemein und speziell bei Thomas von Aquin oder über mittelalterliche und moderne Erzählkompositionen.

Hinzu treten Strukturanalysen von James Joyce' «Ulysses» und des modernen Kriminalromans. Zentral für ihn ist der Begriff des «offenen Kunstwerks», bei dem der Experimentiercharakter des Werks und der Interpretationsanteil des Kunstrezipienten wichtig sind. Ohne Frage ist Eco kein naiver Erzähler, sondern ein «auctor doctus», ein gelehrter Schriftsteller, der von der Wirkung der Stilmittel etwas versteht, die er einsetzt. Nach seinen literarischen Kunstkniffen beim «Namen der Rose» befragt, verweist er nicht ohne Koketterie auf den theoretischen Unterbau seines Buches: «Ich habe nicht die Regeln Van Dines [S. S. van Dine, Kriminalromanautor, Pseudonym für W. H. Wright (1888–1939), der jeweils eine Kernfabel in drei Stufen der Wortvermehrung zur Publikationsform erweitert hat] oder Heißenbüttels befolgt, sondern die der Poetik des Aristoteles und der Indizientheorie des Quintilian.» Der Hinweis klingt präzise, aber wir sollten uns hüten, die Behauptung zu überprüfen, denn Eco vermeidet jegliche Festlegung, und wir könnten ins Leere laufen.

Akademisch ist Eco, der in Mailand, Paris und New York zu Hause ist und eine aufgelassene Abtei bei San Marino bewohnt, wo der größte Teil seiner 40000 Bücher steht, ein unbehauster Mensch: Sachbuchlektor bei seinem späteren Verlag Bompiani in Mailand, Lektor für Ästhetik, Lektor an einer Fakultät für Architektur, Professor für visuelle Kommunikation, Semiotik-Professor am Mailänder Polytechnikum, das waren einige seiner Stationen vor der Professur in Bologna 1971. So sehr ernst nimmt Eco den schulartigen Ausbildungsbetrieb an den italienischen Hochschulen allerdings nicht. Als Meister des Unernstes schrieb er eine Anweisung «Wie man eine Doktorarbeit verfaßt», eine Mischung von Parodie und praktischen Ratschlägen. Wichtiger war ihm gewiß seine Karriere als Journalist, vor allem als Kolumnist des «Espresso», eines Nachrichtenmagazins ähnlich dem deutschen «Spiegel». Seiner Meinung nach müsse sich der Intellektuelle der Postmoderne mit den Massenmedien und der Massenkultur –

einschließlich des Trivialen – auseinandersetzen, um überhaupt in der Gesellschaft Gehör zu finden; der Mann der Stunde sei «der Philosoph im Nachtclub», ist ein von ihm aufgebrachtes Schlagwort.

Es sollte deutlich geworden sein: Der Autor Umberto Eco ist ein intellektuelles Chamäleon wie sein Buch auch, das durchtränkt ist von mittelalterlichem und monastischem Geist, geborgtem Geist. Die strenge Komposition mit ihrem Wochenablauf (1. Tag, 2. Tag usw.) erinnert an Boccaccios († 1375) «Decamerone». Die Tageseinteilung von der Prim und Matutin am Morgen bis zur Complet am Abend hält sich an die Regel des Heiligen Benedikt und an den in den «Mönchsgewohnheiten» festgelegten Rhythmus. Immer wieder wird auf die Benediktinerregel Bezug genommen: im Zitat oder durch die Handlungsweise, häufig verbunden mit einer Klage über den Sittenverfall. Das Geschehen rollt ab nach dem aristotelischen Muster der Einheit von Ort, Zeit und Handlung: innerhalb einer Novemberwoche des Jahres 1327 in einer Benediktinerabtei im Apennin, aber der Bericht ist mehrfach verschlüsselt.

Die kunstvolle «vierfache Verpuppung» der Geschichte

Als alter Mönch hat Adson seine Erlebnisse an der Seite Williams von Baskerville – damals als Novize – aufgezeichnet. Aber wie ist Umberto Eco an den Bericht gekommen? Ecos Fundbericht ist für sich schon wieder ein kleines und höchst amüsantes Vexierspiel, denn die meisten der angegebenen Personen und Titel gab es wirklich – nur Adsons Bericht ist eben erfunden. Er habe – so Eco – den Text im Sommer 1968 in Prag in einer «neugotisch-französischen» Fassung (was immer das sei) von der Hand eines Abbé Vallet aus der Mitte des 19. Jahrhunderts gefunden, die sich wiederum von einer lateinischen Ausgabe des berühmten Benediktinergelehrten Jean Mabillon (1632–1707) aus dem 17. Jahrhundert herleitete. Als er im August 1968 wegen des Einmarsches der Warschauer-Pakt-Truppen aus Prag geflohen sei, habe er seinen Fund mitgenommen und übersetzt: zum Glück, denn auf der Reise, die ihn vorbei am stolzen Kloster Melk nach Salzburg führte, sei ihm der Prager Band abhanden gekommen. In der reichen Klosterbibliothek von Melk habe er – unter 75 000 Bänden, 1800 Handschriften und 800 Inkunabeln – nach Adsons Bericht vergeblich gefahndet. In Paris will Eco den berühmten französischen Philosophiehistoriker Etienne Gilson (1884–1978), einen ersten Kenner der Scholastik, Mitglied der Académie Française, befragt haben, aber dieser habe ihm ebensowenig weiterhelfen können, wie die

Durchsicht von Mabillons einschlägigen Schriften etwas eingebracht habe. Als er – Eco – schon bereit gewesen sei, an Halluzinationen zu glauben, habe er bei einem Antiquar in Buenos Aires eine kastilische Version eines ursprünglich georgischen Buches von einem gewissen Milo Temesvar über den Gebrauch von Spiegeln beim Schachspiel gefunden, angeblich 1934 in Tiflis erschienen. Er habe entdeckt, daß der kastilische Text Exzerpte aus Adsons Bericht wiedergebe, allerdings unter Berufung auf den berühmt-berüchtigten jesuitischen Universalgelehrten Athanasius Kircher (1601–1680) aus dem 17. Jahrhundert.

In seiner Nachschrift hat Eco dieses Versteckspiel begründet. Es verschaffe ihm die Möglichkeit, eine Erzählung in der anderen unterzubringen, und mit einem gewissen Stolz über diese einfallsreiche Virtuosität – die übrigens zur Belebung der Handlung wenig beiträgt – spricht Eco vom «vierten Grad der Verpuppung», der ihn vor einer direkten Aussage schütze: «Ich sagte, daß Vallet sagte, daß Mabillon sagte, daß Adson sagte ... Nun war ich von allen Ängsten frei.»

Die «dumme Frage» nach dem Autor Eco in seinen Gestalten

Eco selbst gibt vor, er sei nirgendwo in seinem Roman gegenwärtig, nicht in der Erzählung, nicht in einer der Figuren. Als man ihn fragte, ob er sich vielleicht in der Gestalt des William von Baskerville abkonterfeit habe, fuhr er auf: «Was für eine dumme Frage! Als würde man Stevenson fragen, ob er Dr. Jekyll oder Mr. Hyde ist! ... Ein Roman ist eine Linse, nicht ein Spiegel ... Allerdings gibt es in meinem Buch eine Nebenperson, einen Mönch namens Nicolas, der Reliquienschreine herstellt, und der bin ich.» Selbstverständlich nicht, wird jeder Leser sagen, der den braven und etwas tumben Handwerker verfolgt. Womit identifiziere sich der Autor Eco, forschte ein anderer Interviewer: «Mit den Adverbien, das ist doch klar», lautete die Antwort, und vielleicht ist sogar etwas Wahres dran. Eco ist keine Person – nicht Subjekt, nicht Objekt –, keine Aussage, er begleitet proteusartig die Handlung.

Dieses geradezu harlekinhafte Ausweichen, dieses Sich-auf-nichts-Festlegen hat Eco moralischen Tadel eingetragen, von römisch-katholischer Seite ebenso wie von kommunistischer, in deren Nähe er sich früher, wie viele italienische Intellektuelle, gern bewegte und bis vor gar nicht langer Zeit, als der Kommunismus in Italien noch eine starke und auch integrierende Kraft war, auch publizierte. In der führenden italienischen Jesuitenzeitschrift La Civiltà Cattolica («Katholische Kultur») wird ihm vorgeworfen, er «verlache alle ethischen

Werte, der Kultur sowohl wie des Lebens», und der Ton, in dem er «theologische, moralische oder mystische Probleme» behandle, sei «außergewöhnlich unkirchlich und blasiert» (G. Sommavilla, S. J.). Der Vatikan hat es wohl auch aus diesem Grund abgelehnt, Gebäude und Gelände zur Verfilmung des Romans zur Verfügung zu stellen. Fraglos wird man Eco den in letzter Zeit zur Mitte gerückten Linksintellektuellen zuzählen dürfen, denen bereits durch ihre Position innerhalb der italienischen Parteienlandschaft ein wenig der Geruch der Kirchen- und Papstfeindlichkeit anhaftet.

Die historische Wirklichkeit

a) Papst Johannes XXII. (1316–1334)

Mit dem Ansehen und der Stellung des Papsttums war es um das Jahr 1327 – dem Jahr, in welchem der Roman spielt – nicht zum besten bestellt, nicht in Ecos Buch, aber auch nicht in der historischen Wirklichkeit. Der Papst galt als Kreatur des französischen Königs, seit der päpstliche Hof 1309 nach Avignon übergesiedelt war. 1314, nach dem Tode Papst Clemens' V., eines Franzosen, war eine Vakanz von mehr als zwei Jahren eingetreten, denn die italienischen Kardinäle wollten einen Papst, der nach Rom zurückkehrte, die französischen einen, der in Avignon blieb. Der französische König griff zu einer List. Er lud jeden Kardinal einzeln ohne Mitwissen der anderen nach Lyon, sperrte die Ankömmlinge 40 Tage in ein fürchterliches Konklave ein und erzwang so die Wahl des Kardinals Jakob Duèze, der sich Johannes XXII. nannte: zum Zeitpunkt der Wahl 72 Jahre alt.

Johannes XXII. entstammte einer großbürgerlichen Familie aus der berühmt-berüchtigten südfranzösischen Geldwechslerstadt Cahors, und mancher Kardinal dürfte diesem kleinen und unscheinbaren Greis – Eco übertreibt, wenn er ihn als schwindsüchtigen und verwachsenen Gnom beschreibt – seine Stimme in der Annahme gegeben haben, daß der neue Papst bald stürbe. Aber Johannes XXII. lebte bis 1334, regierte also 18 Jahre, wurde 90 Jahre alt und hat durch seine Geschäfte und durch seine Geschäftigkeit die damalige Verfassungs- und Glaubenswelt durcheinandergebracht. Dieser Pfründenhorter und Geldeintreiber, der seine ganze Familie mit Posten und reichen Einnahmen versorgte, glaubte alles regeln zu müssen und kannte in seinen Urteilen keine Rücksicht. Seinen Vorgänger, den in seiner Weise großen Bonifaz VIII. (1294–1303), nannte er öffentlich «einen Narren»; dem König Eduard II. von England (1307–1327) schrieb er, er solle sparsamer sein in Essen und Trinken und im Aufwand der

Dienerschaft, in der Kirche nicht alberne Reden führen und seine kindischen Manieren ablegen; seinen Schutzherrn Philipp V. (1316–1322) mahnte er, seine Schwägerin besser zu behandeln und nicht so ungehörig kurze Röcke zu tragen. Zu seiner Neigung, überall einzugreifen und Lehren zu erteilen, trat das Bewußtsein der universalen Machtstellung des Papsttums, die es durchzusetzen galt. Johannes XXII. übernahm von seinem Vorgänger die Auffassung, daß bei Vakanz des Kaisertums der Papst über die Reichsgewalt verfüge und daß ein deutscher König, um rechtmäßiger Kaiser zu sein, der Zustimmung des Papstes, der «approbatio Romani Pontificis», bedürfe. Um diese Ansprüche sichtbar festzuschreiben, veröffentlichte er die entsprechenden Dekretalen 1317 in einer Rechtssammlung.

Der in Recht und Verwaltung erfahrene Greis aus der Geldstadt Cahors ordnete auch grundlegend das Benefiz- und Provisionswesen, von ihm stammen die ersten Statuten der Rota, des päpstlichen Gerichtshofes, der mit saftigen Gebühren die Prozeßparteien ausnahm. Die reichen Geldmittel – bei seinem Tod hinterließ der als raffgierig verschrieene Papst den ungeheuren Schatz von 800000 Goldgulden – setzten ihn in den Stand, die Residenz in Avignon prächtig auszubauen und damit den Aufenthalt des Papstes in Frankreich zu festigen.

Der Hang, seine Anschauungen der Öffentlichkeit mitzuteilen, ließ Johannes XXII. auch mit gefährlichen theologischen Lehrmeinungen hervortreten. Es war allgemeine Überzeugung, daß die Seelen der Gerechten – der Seligen wie der Heiligen – sofort bei ihrem Tod der «visio beatifica», der paradiesischen Freude, Gott zu schauen, teilhaftig würden. Hier im Angesicht Gottes konnten sie ihre Fürbitte einsetzen und mit ihrem «Schatz der guten Werke» die Sündenstrafen der Menschen aufwiegen. Johannes XXII. behauptete nun, daß die Heiligen erst am Jüngsten Gericht die «visio beatifica» erwürben. Eine kultische Verehrung schien deshalb überflüssig, denn die Heiligen wären dann – fern von Gott – der Fürsprache für die Sünder gar nicht fähig. Diese Anschauung trug dem Papst den Ruf eines Ketzers ein.

Eine geradezu natürliche Gegnerschaft bestand zwischen dem nach Reichtum strebenden Papst und dem radikalen Flügel des Franziskanerordens, der die absolute Armut der Kirche forderte: In der Nachfolge des besitzlosen Christus dürfe die Kirche nicht anders aussehen als der Stifter. Weder die Kirche als Gesamtheit noch der einzelne Geistliche sollten über Eigentum verfügen: Als Spiritualen, allein «im Geist» und in materieller Armut, hätten sie Nachfolger Christi zu sein. Es versteht sich von selbst, daß Johannes XXII. solcherart Lehren nicht dulden konnte.

Oben: Aus der Bankenstadt Cahors stammte Papst Johannes XXII. (1316–1334), selbst ein Finanzgenie, der die absolute Armut der Franziskaner, die jegliches Eigentum ablehnten, da Christus und die Apostel nichts besessen hätten, als Häresie verdammte. (Initiale mit porträtähnlichem Bild im päpstlichen Kanzleiregister, Vatikan. Geheimarchiv, Reg. Vat. 117). – Unten: Fast vier Jahre lang, von 1324 bis 1328, war der Franziskaner Wilhelm Ockham († 1349) am päpstlichen Hof in Avignon festgehalten worden, wo er sich für seine nominalistische Philosophie verantworten sollte, die eine Vernunfterkenntnis Gottes für unmöglich erklärte. Nach seiner Flucht an den Hof Ludwigs des Bayern beteiligte er sich zusammen mit seinen Mitbrüdern am publizistischen Kampf gegen den finanztüchtigen, aber durch seine Lehrentscheidungen häresieverdächtigen Papst Johannes XXII. Das skizzenhafte Porträt Ockhams findet sich auf dem hinteren Vorsatzblatt einer Handschrift seiner vor 1324 verfaßten «Logica», 1341 geschrieben von dem 22jährigen Augustinereremiten Konrad von Vipeth in Magdeburg mit dem Zusatz: «Frater Occham iste» (Cambridge, Gonville and Caius Hs. 464/571).

b) Ludwig «der Bayer» (1314–1347) und sein stadtrömisches Kaisertum

Die wenigen Bemerkungen mögen genügen, um anzudeuten, welches Streitpotential Johannes XXII. aufgehäuft hatte. Was das Kaisertum betrifft, so hatte er sich Ludwig IV., den Wittelsbacher, der sich als deutscher König 1322 gegen Friedrich den Schönen, den Habsburger, durchgesetzt hatte, zum Feinde gemacht. In der berühmten «Sachsenhausener Appellation» von 1324 – benannt nach dem Verkündungsort Sachsenhausen, heute mitten in Frankfurt gelegen – wandte sich Ludwig, den der Papst, um dessen Ansehen herabzumindern, hartnäckig «Ludovicus Bavarus» (Ludwig der Bayer) nannte, was so ähnlich klang wie «Ludovicus Barbarus» (Ludwig der Barbar), an ein allgemeines Konzil, das einberufen werden sollte. Ludwig sprach dem Papst das Recht ab, über den gewählten deutschen König und künftigen Kaiser zu befinden: Vielmehr sei der deutsche König rechtmäßig gewählt, wenn ihn die Mehrzahl der deutschen Kurfürsten erhoben hätten, und damit zum Kaisertum fähig. Dies war mehr eine Verteidigungshaltung. Dann aber geht Ludwig in der Sachsenhausener Appellation zum Angriff über: «Johannes, der sich Papst nennt» – so wird Johannes XXII. eingeführt –, sei ein Ketzer, denn er verdamme die wahre Lehre, daß Christus und die Apostel arm und ohne jeden irdischen Besitz waren. Diese Passage stammt gewiß nicht vom theologisch und auch sonst ungebildeten Ludwig dem Bayern, sondern von seiner franziskanisch gesinnten Umgebung, die in einem Papst, der den Ausbau einer auf Erden reichen und mächtigen Kirche mit bedenkenlosen Mitteln betrieb, wie Johannes XXII. es tat, den größten «Seelenverderber» sah.

1324 war in Paris anonym eine Schrift mit dem Titel «Verteidiger des Friedens» (Defensor pacis) erschienen. Von dieser revolutionären Schrift sagte ein erster Kenner, der katholische Kirchenhistoriker Hubert Jedin: «[Sie] brach nicht nur Steine aus dem Bau der päpstlichen Weltmonarchie heraus, [sie] trug das Gebäude bis zu den Fundamenten ab und setzte an seine Stelle die Vision einer machtlosen, auf das Spirituelle beschränkten, einer armen und demokratisch regierten Kirche, über deren irdische Erscheinungsform und über deren Besitz der Staat gebietet.» In der Tat: Dieser Traktat «Verteidiger des Friedens», den man das berühmteste Buch des 14. Jahrhunderts genannt hat, sah vor, daß eine «Bürgerschaft» mit gleichem Stimmrecht die Geistlichen – und auch den Papst – wie Beamte wählt: Man hält sich einen Papst. 1326 wurde der Name des Hauptverfassers bekannt, Marsilius von Padua, der sofort fliehen mußte. Exkommuniziert suchte er vor dem päpstlichen Zugriff Schutz bei Ludwig dem Bayern, den er seit April 1327 auf dessen Zug nach Rom begleitete und beriet. Am 17. Januar 1328 wurde Ludwig der Bayer zusammen mit seiner Gemahlin in der römischen Peterskirche zum Kaiser gekrönt. Der Vertreter des römischen Volkes, der Capitano del popolo, Sciarra Colonna – derselbe, der 1302 den Papst Bonifaz VIII. in Anagni überfallen und vorübergehend gefangengehalten hatte –, setzte im Namen des römischen Volkes Ludwig dem Bayern die Kaiserkrone auf. Das Zeremoniell war revolutionär und dürfte auf Ludwigs revolutionären Begleiter Marsilius von Padua zurückgehen. Ludwig der Bayer, stadtrömischer Kaiser, erschien jetzt als Schutzherr aller Gegner des Papstes Johannes XXII.

c) Wilhelm von Ockham († 1349) und die Gruppe der «franziskanischen Ketzer»

Aus Avignon, wo ihnen der Ketzerprozeß drohte, flohen damals der Ordensgeneral der Franziskaner Michael von Cesena, der Ordensprokurator Bonagratia von Bergamo, vor allem der englische Baccalaureus theologiae Wilhelm von Ockham, schon damals berühmt als bahnbrechender Nominalist, obschon er es nie bis zum Doktor der Theologie, vielleicht nicht einmal zum Magister gebracht hat, auch wenn sein Ehrentitel «Venerabilis Inceptor» (Ehrwürdiger Beginner) offenbar eine besondere Befähigung bei der Einführung in den Stoff und als Disputationsleiter anzeigt. Der Nominalismus lehrte, daß das «nomen», der Name für eine dingliche Sache, lediglich die Bezeichnung für ihre irdische Gestalt sei – ohne transzendente Entsprechung im Vorwissen Gottes, d. h. ohne die Existenz universaler Ideen, wie es die Realisten in Fortführung platonischer Gedanken annahmen. Darin bestand der seit dem 12. Jahrhundert lebhaft geführte Universalienstreit, daß sich Nominalisten und Realisten wegen der Frage bekämpften, ob die Allgemeinbegriffe außerhalb der Seele oder des Wortes ein Sein besäßen. «Nomen est flatus», «der Name ist» nichts anderes als «der Hauch» des Sprechenden, behaupteten die extremen Nominalisten.

Wilhelm von Ockham vertiefte den nominalistischen Ansatz, indem er die Begriffe als Abbilder der Wirklichkeit auffaßte: Auf dem Wege der Abstraktion werde das Individuelle, dem allein Wirklichkeit zukomme, in das Allgemeine des Begriffs gehoben. «Alles Seiende läßt sich als einzelnes hinreichend begreifen; eine Suche nach universalen Zusammenhängen ist überflüssig» (U. Köpf). Ockham unterschied zugleich Erkenntnisformen «secundum fidem et secundum rationem», «gemäß dem Glauben und gemäß der Vernunft». Mit menschlichen Begriffen – gemäß der Vernunft – könne man nichts über die Existenz und das Wesen Gottes aussagen; die Glaubenswahrheiten seien jeder vernünftigen Einsicht entrückt. Gott hätte auch gegenteilige Lehren offenbaren können; es hätte ihm freigestanden, eine andere, in sich widerspruchsfreie Welt zu schaffen. Diese Behauptung eines mit Hilfe der Vernunft nicht erschließbaren Glaubens verstieß gegen die Lehren des Thomas von Aquin, den Johannes XXII. gerade eben, 1323, heiliggesprochen hatte.

Noch gefährlicher für die Amtskirche war die Armutsforderung der Franziskaner um den Ordensgeneral Michael von Cesena: Wer Christus nachfolge, habe in der Gemeinschaft und als einzelner aller irdischen Güter zu entsagen. Hier war der Nerv des Papstes aus Cahors getroffen, und er reagierte mit wütender Verfolgung der «Armutsapostel». Die franziskanischen Gegner Johannes' XXII. – Marsilius von Padua, Michael von Cesena, Bonagratia von Bergamo, Wilhelm von Ockham – fanden Schutz bei Ludwig dem Bayern; sie sind in München zwischen 1340 und 1349 gestorben, ohne den Weg in die Amtskirche zurückgefunden zu haben. Kein Herrscher Europas hatte in diesen Jahren so revolutionäre Denker an seinem Hof versammelt wie Ludwig der Bayer, der die gedankliche Kraft dieser Lehren gar nicht begriffen haben dürfte.

Die Geschichte im Roman

Wie verhält sich zeitlich, örtlich und in seinem geistigen Gehalt das Romangeschehen in Ecos «Der Name der Rose» zur historischen Wirklichkeit? William von Baskerville trifft November 1327 in einer Benediktinerabtei im Apennin ein. Er soll als Abgesandter Ludwigs des Bayern an Verhandlungen teilnehmen, die zwischen Vertretern der avignonesischen Kurie und radikalen Franziskanern angesetzt sind. Zeit und Ort sind gut gewählt: Im März 1327 war Ludwig der Bayer von Trient aufgebrochen und über Mailand, Pisa nach Rom gezogen, wo er im Januar 1328 eintraf. Wir wissen, daß die Franziskanergruppe um Michael von Cesena und Wilhelm von Ockham in den ersten Monaten des Jahres 1328 aus Avignon geflohen war. Es könnten einzelne Vertreter durchaus schon früher nach Italien entwichen sein. Eco läßt William von Baskerville vom «großen Buridan» sprechen, der «bald Rektor in Paris sein» werde. In der Tat ist Johannes Buridan, ein Nominalist, der in manchen Gedankengängen mit Wilhelm von Ockham übereinstimmte, für die Jahre 1328 und 1340 als Rektor der Pariser Universität belegt.

Auch die Einordnung mancher Ketzergruppen, der Sekte der «Apostler» und der «Brüder vom freien Geist» zum Beispiel, ist hinnehmbar bis hin zu Ubertin von Casale, in dem William einen alten Freund erkennt. Ubertin, eine historische Figur, wahrscheinlich um 1260 geboren, beschäftigte sich in mehreren Schriften mit Fragen der Mariologie und der Armut. Er war Schüler des radikalen Franziskanerspiritualen Petrus Johannis Olivi († 1298), den damals gerade, 1326, Johannes XXII. als Ketzer hat verurteilen lassen. Von dem Olivi-Schüler Ubertin weiß man, daß er von den Franziskanern zu den Benediktinern gewechselt war, so daß sein Aufenthalt in einem Apenninkloster benediktinischer Observanz und die Freundschaft mit einem Franziskaner mit seiner Biographie übereinstimmen. Man weiß auch, daß er am Ende seines Lebens bei Ludwig dem Bayern Zuflucht suchte, doch sind Ort und Zeitpunkt seines Todes unbekannt.

Von Ernst Bloch stammt das Wort, das Interessanteste am Christentum seien die Ketzer, und Eco hat sich das «Interessanteste» nicht entgehen lassen, zumal gegenwärtig Ketzer und Ketzerlehren beim gelehrten und nichtgelehrten Publikum sich großer Aufmerksamkeit erfreuen. Eco hat sich bei der reichen Ausgestaltung der im Buch vorkommenden Glaubens- und Irrlehren von vorzüglichen Kennern der Ketzergeschichte in die Lehre nehmen lassen – von R. Manselli († 1984) vor allem – und hier den vielleicht gröbsten Zeitverstoß in seinem Buch hingenommen, um die Glaubensdiskussion noch dramatischer und dichter zu gestalten.

Adson behauptet, «kurz vor der Begegnung mit William» habe er einen «Fratizellen» namens Michele in Florenz «brennen sehen». Das sei seine erste Berührung mit dieser Sekte gewesen. Was Eco hier verarbeitet, ist die «Geschichte des Minderbruders Michael», der im April 1389 als verstockter Ketzer den Feuertod erlitt. Eco dürfte sich zur Einbeziehung dieses Häretikerprozesses um so eher befugt gefühlt haben, als jener Fra Michele die Lehren der radikalen Franziskaner aufgenommen – Christus und die Apostel hätten weder gemeinsam noch persönlich Eigentum besessen – und speziell Johannes XXII. wegen dessen Besitzgier einen Ketzer genannt hatte; im authentischen Prozeßprotokoll kehrt der Vorwurf gegen Johannes XXII. immer wieder. Die Leidensgeschichte des Fra Michele, die Eco teilweise paraphrasierend, teilweise in wörtlicher Übersetzung einrückt, fügt sich denn auch nahtlos in die Ereignisse der Jahre bis 1327 ein.

Besondere Mühe hat sich Eco mit der Aufnahme der zeitgenössischen theologischen und philosophischen Diskussion gegeben. William von Baskerville vertritt die Position des Marsilius von Padua, dessen «Defensor pacis» er hin und wieder zitiert. Eco kennt sich hier aus, nennt auch die Schimpfworte, die damals gewechselt wurden: «Der aufgeblasene Freßsack von Thomas von Aquin» ist eine jener franziskanischen Verunglimpfungen, anknüpfend an den mächtigen Leibesumfang des Aquinaten, in dessen Arbeitstisch ein halbrundes Segment für seinen Bauch ausgesägt gewesen sein soll. Vor allem aber ist William der in die Zukunft weisende Philosoph, der sich als Schüler Roger Bacons († 1294) ausgibt, jenes englischen Franziskanergelehrten, der entgegen manchen theologischen Bedenken das Experiment einsetzte, um, wie einer seiner Zeitgenossen tadelnd sagte, «die Natur und damit Gott zu prüfen». Ecos William von Baskerville gibt vor, Roger Bacon das Instrument der Brille zu verdanken, und hier hat, wie so oft, Eco das «Denkbare» für die Wirklichkeit ausgegeben; denn Bacon hat wohl manche optischen Geräte konstruiert und mit ihnen hantiert – unter anderem mit einer Art Fernrohr und mit Segmenten von Glaskugeln, die Vergrößerungen bewirkten –, die Brille jedoch hat er nicht erfunden.

Die Position Williams von Baskerville ist die des Nominalisten, der immer wieder «seinen Freund» Wilhelm von Ockham zitiert, aus dessen Dialogen ganze Gedankenketten angeführt werden. Ausführlich erklärt William seinem Begleiter Adson seine philosophische Grundeinstellung. Das einzig Wahre und Richtige in der Welt sei die Wahrnehmung des Einzeldings, «l'intuizione dell'individuale» heißt es präzise bei Eco. Das ist eine Absage an die bisherige Universalienlehre, und hierin steckt gewiß ein Stück von Ecos eigener Anschauung, der ein platonischer Idealismus fernliegt. Nicht ohne Grund schließt das Buch mit einem Zitat des Bernard von Morlas, eines Dichters des 12. Jahrhunderts, der die Nichtswürdigkeit der Welt besungen hat: «Die Rose von einst besteht nur dem Namen nach; wir bewahren lediglich die nackten Namen» («nomina nuda tenemus»). Hier spricht mit dem Nominalisten zugleich der Semiotiker, der das Spiel der Namen und Zeichen deutet und nicht unbedingt nach der durch sie bezeichneten Realität fragt.

«Nichts in dem Buch ist von mir, es besteht nur aus bereits geschriebenen Texten» (Eco)

Ein besonderer Ehrgeiz des Buches besteht darin, mosaikartig mittelalterliche Quellen einzuarbeiten, von daher erhält der Roman sein mittelalterliches Kolorit. Die Einschmelzung der alten Texte geschieht häufig so unauffällig, so wenig verfremdet, daß der Leser, der nicht Mediävist ist, das mittelalterliche Salz kaum schmecken dürfte, und selbst dem vorzüglichen deutschen Übersetzer ist der Zitatcharakter mancher Stellen verborgen geblieben: Sie sind dementsprechend schief wiedergegeben. Ein Beispiel: Ein im Mittelalter berühmtes Zitat war die Denkfigur von Buridans Esel, wahrscheinlich eine Erfindung von Johannes Buridans Gegnern, die ihn verspotten wollten: Ein Esel verhungert «zwischen zwei Heuhaufen», wenn er sich nicht für einen entscheidet. In der deutschen Version sind es hartnäckig «Hafersäcke».

Eine halbe Bibliothek mittelalterlicher Quellen hat Eco für sein Verwirrspiel ausgeschrieben und umgestaltet. Immer wieder werden Bibelzitate, teilweise mit entsprechender Exegese, eingerückt, ähnlich die Benediktinerregel. Es gibt sogar Abschnitte über viele Seiten, bei denen Eco eine einzige Quelle sprechen läßt.

Die «Cena Cypriani», eine aus fast 500 Bibelversen zusammengesetzte spätantike groteske Parodie, wird zu einem Traum Adsons ausgebaut, natürlich gewürzt mit Zutaten Ecos, nicht immer geschmackvollen. So läßt er Jesus Christus das «Dies irae» des 13. Jahrhunderts singen und «fröhlich» über die Speisen Essig ausgießen, was in der Vorlage nicht steht. Mit besonderer Sorgfalt hat Eco die Figur und das Vorgehen des Inquisitors Bernardus Gui durchstilisiert. Bernard, eine für uns historisch vorzüglich faßbare Gestalt, hat 1323/4 seine «Practica inquisitionis», ein Ketzerbefragungsbuch, zusammengestellt, das in ganz Europa in der Hand der Inquisitoren zu großem Einfluß kam. Im «Namen der Rose» ist Bernardus Gui zum einen als Führer der päpstlichen Gesandtschaft der Gegenspieler Williams von Baskerville, zum anderen Inquisitor, der durch offen zutage getretenes Ketzertum auf den Plan gerufen ist. Eco bestreitet das ganze Inquisitionsverfahren – im Mittelpunkt steht der Prozeß gegen Remigius «von Varagine» (um diese mißgebildete Namensform aufzunehmen, denn es muß entweder «de Varagine» oder «von Varago» heißen, wie überhaupt gräßliche Lateinfehler vorkommen) – mit Hilfe von Bernards Handbuch, indem er raffiniert den Autor gleichsam mit seinem eigenen Werk hantieren läßt: mehrere Dutzend Seiten. Manche Quellenkette ist nicht so spannend wie diese, um nicht zu sagen: sie ist ermüdend, zum Beispiel die wörtlich aus einem Traktat «De lapidibus» übernommene Abhandlung über die Allegorie der Steine.

So ließe sich fortfahren: Marsilius von Padua, die «Visio Brendani», die «Summa theologiae» des Thomas von Aquin, Ockhams «Dialoge», Isidor von Sevilla, Alanus ab Insulis, der abstruse Grammatiker

Virgilius Maro usw. Dreißig ausgeschriebene Quellen sollen es sein. Es sind sicherlich mehr, und Teilnehmer von Universitätsseminaren sind eifrig dabei, immer neue Vorlagen aufzuspüren – wirkliche und eingebildete.

Nichtmittelalterliches in Ecos Mittelalter

In diesen Teilen, in denen alte Texte fugenlos eingearbeitet erscheinen, wird sich der in Spannung gehaltene Leser dem Mittelalter am nächsten fühlen. Ist er das auch? Seiner Gattung nach ist Ecos Buch ein historischer Roman, und um spannend zu sein, mußte Eco selbstverständlich zeitfremde Elemente aufnehmen, die dem modernen Leser entgegenkommen. Die mittelalterliche Quelle – nackt geboten – wäre schwer verständlich und langweilig; sie bedarf, um Interesse zu wecken, einer Aufbesserung, und die besorgt Eco mit Bravour – und mit manchen Fehlern. Bei allem Respekt vor dem mittelalterlichen Gehalt des Romans sollte man die Kirche im Dorf lassen. Eco ersetzt keine Quelle wie etwa die farbige Chronik des Fra Salimbene de Adam († nach 1287) oder den Staatenentwurf des Marsilius von Padua; selbstverständlich ist alles «auf uns berechnet, daher pikant und uns entgegenkommend» – so der Einwand Jacob Burckhardts gegen den historischen Roman –, nicht frei von den Laszivitäten, die zum modernen Literaturverständnis gehören. Das Buch enthält auch Verfehlungen und Verzeichnungen. Damit sind nicht jene Versehen gemeint, die der Florentiner Latinist Cesare Grassi Eco vorgehalten hat: Daß zum Beispiel die «Metamorphosen» des Apuleius als Werk griechischer Sprache angeführt sind, die der Griechischkenner des Klosters Venantius ins Lateinische übersetzt habe, wo Apuleius' Werk doch lateinisch abgefaßt sei; oder daß man Kaiser Konstantins Mutter Helena schlecht als «Königin» auftreten lassen könne; daß auch in der italienischen Originalausgabe die Zahl der Lateinfehler ungewöhnlich hoch sei usw. Aber eine solche groteske Abtei, wie Eco sie schildert, mit einer von Elephantiasis aufgetriebenen Bibliothek nach dem Vorbild der weltlichen Bauten Castel del Monte und Castel Ursino, mit einem Bibliothekslabyrinth, hat es nirgendwo gegeben. Man vergleiche als Modell einer Benediktinerabtei den Sankt Galler Klosterplan oder die Anlage des Klosters Cluny vom endenden 11. Jahrhundert, dessen Kirche damals das größte Gotteshaus der abendländischen Christenheit war, beinahe um die Hälfte größer als Sankt Peter in Rom.

Nicht weniges in dem Buch gerät zur vermutlich gewollten Karikatur und verletzt die Würde monastischen Lebens. Es ist bezeichnend, daß die radikalsten und unerbittlichen Ablehnungen des Romans meist Geistliche, häufig Ordensangehörige, zu Verfassern haben (siehe als Beispiel die oben S. 231 zitierte Rezension von Sommavilla, S. J.). Den Historiker stört das Unzeitgemäße: Caesar reflektierte nicht die Urknalltheorie und nicht die Freihandelslehre. Homosexualität in Klöstern – ein zentrales Thema des Romans – deutet sich in den mittelalterlichen Quellen nicht selten an, aber daß sich jemand, den Selbstmord suchend, aus dem Fenster stürzt wie Bruder Adelmus in Ecos Roman? Überhaupt der Selbstmord. Der Abt Abbo weist Jorge von Burgos an, daß er in seiner Bibliothek Selbstmord begehe – als sei Jorge eine Art Oberst Redl, dem man, nach Aufdeckung der Untat, die Pistole auf den Tisch legt, damit er sich entleibt. Die Zumutung des Selbstmords ist ein ganz und gar unmittelalterlicher Gedanke.

Der Selbstmord wurde für verwerflicher gehalten als der Mord, denn ein Selbstmörder bringt sich willentlich um die Gnadenmittel. Judas Ischarioth, der Verräter-Apostel, war der Prototyp des Selbstmörders, dessen Leib aufbarst, als er sich erhängte, und der Feigenbaum verdorrte, an den er den Strick geknotet hatte. Wenn es Eco, wie er behauptet, darum gegangen ist, nicht nur das Überlieferte, sondern auch das in einer Epoche Denkmögliche und Sagbare zu bringen, so hat er hier sein eigenes Darstellungsprinzip verletzt. Auch seine Parallele zwischen den eschatologischen Gedanken des späten Mittelalters und den «apokalyptischen Vorstellungen» der Banden, die heute «zur Verbesserung der Menschheit Blutbäder anrichten», verwischt entscheidende Unterschiede: das eine sind Überlegungen über das Jüngste Gericht und den Fortbestand im Jenseits, das andere sucht irdische Veränderung und nichts anderes.

Im Sinne Burckhardts ist Ecos «Name der Rose» kaum ein «wahrer historischer Roman». Er ist zu sehr für den Tag zubereitet, bei aller mittelalterlichen Luft, die er verbreitet: Amicus Eco, sed magis amica veritas. Bei aller Freundschaft zu Eco, die Wahrheit gilt.

Die Gegenwart im Roman

Ein «wahrer historischer Roman» – so es so etwas gibt – ist der «Name der Rose» auch deshalb nicht, weil neuzeitliche Textbezüge aufgenommen sind und weil Conan Doyle und Ellery Queen, exquisite Kriminalromanautoren, bei Machart und Personennamen Pate gestanden haben. Um einen besonders wichtigen neuzeitlichen Text zu nennen: Dem Haupthelden William von Baskerville ist die mittelhochdeutsche Übersetzung eines Satzes von Ludwig Wittgenstein (1889–1951), dessen Sprachlogik Eco ungemein schätzt, in den Mund gelegt: daß man die «Leiter der Erkenntnis» wegwerfen müsse, wenn man auf ihr hinaufgestiegen sei («Er muoz gelîchesame die leiter abewerfen, sô er an ir ufgestigen»). Der Satz steht am Schluß des Romans und ist nicht einfach dahingesagt, sondern trägt Bekenntnischarakter. «Die einzigen Wahrheiten, die etwas taugen, sind Werkzeuge, die man nach Gebrauch wegwirft», läßt Eco seinen William in Anwendung des Wittgensteinschen Satzes sprechen; es ist Ecos Credo, daß nichts mehr zu fürchten sei als der Totalitarismus der Wahrheit.

Viel interessanter als die intellektuellen Spuren der Gegenwart sind die politischen. Sofort bei Erscheinen kam die Vermutung auf, in den radikalen, vom Armutsideal durchdrungenen Fratizellen und in den anarchischen Dolcinianern steckten verschlüsselt die «roten Brigaden», in den pragmatischen Franziskanern die Euro-Kommunisten, die bereit seien zu einem «historischen Kompromiß». Eco gibt eine Doppelbödigkeit offen zu: «Mein Mittelalter», sagt er in einer autobiographischen Rückschau, «geht zurück bis 1950. Ich habe meine Dissertation und mein erstes Buch über das Mittelalter geschrieben. Ich bin durchs Mittelalter zu Joyce und zur Avantgarde gekommen. Ich habe mich auch in den letzten zehn Jahren weiter mit dem Mittelalter beschäftigt, und das alles hat bewirkt, daß mir spontan der Gedanke kam, das Mittelalter als Modell unserer Zeit zu benutzen: durchzogen von Endzeiterwartungen, chiliastischen Weltuntergangsvisionen, breiten Ketzerströmungen, Banden, die zur Verbesserung der Menschheit Blutbäder anrichten, beherrscht von apokalyptischen Vorstellungen.»

François Bondy nennt Ecos Buch wegen der durchschimmernden analogen Situation einen «Politkrimi im Kloster». Eco selbst behauptet sogar, daß ein politisches Ereignis die Niederschrift veranlaßt habe. Etwa seit 1975 habe er Skizzen angefertigt, die zunächst in der Schublade geblieben seien. Der ernsthafte Gedanke, die Skizzen zu einem Roman zu formen, sei ihm zur Zeit der Ermordung des Christdemokraten Aldo Moro im Frühjahr 1978 gekommen. «Bis zur Affäre Moro hatte ein Intellektueller noch den Eindruck, er könne Einfluß auf die Ereignisse nehmen ... Seitdem ist ein Gefühl der Ohnmacht entstanden. Es kam aus der Erfahrung, daß man sagen kann, was man will, die Entscheidungen werden immer woanders getroffen.» William von Baskerville entläßt seinen Adson mit einer aus diesen Ereignissen hervorgegangenen Lebenslehre: «Fürchte die Wahrheitspropheten ... und fürchte vor allem jene, die bereit sind, für die Wahrheit zu sterben: gewöhnlich lassen sie viele andere mit sich sterben, oft bereits vor sich, manchmal an ihrer Stelle... Vielleicht gibt es am Ende nur eines zu tun, wenn man die Menschen liebt: sie über die Wahrheit zum Lachen zu bringen, denn die einzige Wahrheit heißt: lernen, sich von der krankhaften Leidenschaft für die Wahrheit zu befreien.»

Allerdings sollte sich der Historiker hüten, den Roman allein mit der Elle der Historizität zu messen. Wer Ecos Essays über «Wege zu einem Neuen Mittelalter» gelesen hat – einem Mittelalter unserer nahen Zukunft –, der kennt Ecos Vexierspiel: die Pax Romana wird zur Pax Americana, die Klöster werden zu Universitäten usw. Auch die Geschichte ist für Eco semiotisches Spielmaterial, liefert Zustandszeichen. Der Roman tritt aus seiner historischen, ja selbst aus seiner literarischen Bindung heraus und lädt zu den vielfältigsten Assoziationen ein – stimmigen und abseitigen. Das Buch lebt von seiner Unbestimmbarkeit, vom Geheimnis.

Der Fall Kammeier und kein Ende

Tief ist der Brunnen mittelalterlicher Vergangenheit: eine «Bajuwarischen Befreiungsarmee» ruft seit 1993 die Zeit Odilos von Bayern († 748) an, als das Herzogtum noch frei war von «Überfremdung», und verschickt Briefbomben; Italiens «Lega Nord» erinnert an den Kampf gegen das zentralistische Kaisertum Friedrichs I. Barbarossa. Aber man traut dem Mittelalter noch mehr zu als politische Zustände, nach denen man sich sehnt. Man behauptet sogar, im Mittelalter sei die deutsche Geschichte umgeschrieben worden, indem die echten Überlieferungen vernichtet und Quellen erfunden worden seien. Die traditionelle Geschichtsschreibung säße Fälschungen auf – ein Skandal.

Echte Quellen – falsche Quellen

Nun ist die mittelalterliche Quellenkunde und speziell die Urkundenlehre, die Diplomatik, in der Vergangenheit wiederholt von radikalen Thesen aufgeschreckt worden, die die Grundlagen ihrer Methode, ja ihre Existenz in Frage stellten. Eine Provokation in Wort und Sache stand am Anfang der Diplomatik. Der Jesuit Daniel Papebroch (1628–1714) hatte die Echtheit aller Herrscherurkunden vor dem 7. Jahrhundert und insonderheit die Glaubwürdigkeit alter Klosterdiplome bestritten. Der Angriff traf vor allem die von Königen und Fürsten reich beschenkten Benediktiner, deren Besitz nun als erschlichen und unrechtmäßig erscheinen mußte. Aus wissenschaftlichen Gründen, aber auch um Zweifel an der Legitimität des Besitzes zurückzuweisen, verfaßte der Benediktiner Jean Mabillon (1632–1707) seine sechs Bücher «De re diplomatica» (1681), mit denen die Urkundenlehre eine feste Basis und ihren Namen «Diplomatik», Urkundenlehre, erhielt. Papebrochs Behauptung erscheint harmlos neben der seines zänkischen, jedoch Schule bildenden jesuitischen Ordensbruders Jean Hardouin (1646–1729), der fast die gesamte antike lateinische Literatur als spätmittelalterliche Fiktionen der Zeit zwischen 1350 und 1480 verwarf: echt seien nur die Schriften Ciceros, die Naturgeschichte des Plinius, Vergils Georgica und die Satiren und Episteln des Horaz. Barthélemy Germon (1673–1718), gleichfalls Jesuit und von daher der natürliche Gegner Mabillons und der Benediktiner, verstieg sich zu der Ansicht, daß jegliche urkundliche Überlieferung des Frühmittelalters als Fälschung anzusehen sei, ein Rundumschlag, der wiederum die Besitztitel der Benediktinerklöster mitumfaßte.

Alle diese radikalen Äußerungen kamen von Gelehrten, die sich in alten Schriften auskannten, die ihre paläographische Erfahrung hatten und die überwiegend lateinische Urkundensprache beherrschten. Aber auch Laien können das Fach herausfordern, und ihre kühnen Thesen finden Anhänger, die so etwas wie eine Buchkäufer- und eine Bekennergemeinde abgeben: Erich von Däniken (* 1935), der seine mit Geschick vorgetragenen archäologischen Behauptungen früherer Hochkulturen, deren Abgesandte aus dem Weltall kamen, millionenfach verbreitete, oder der Pastor Jürgen Spanuth (* 1907) aus dem nordfriesischen Bordelum, der unverrückbar die Lage von Platons Königsinsel Atlantis am roten Felsen von Helgoland bestimmt haben wollte.

Witz oder Wahrheit: Die Thesen des Wilhelm Kammeier

In diese Reihe kühner Laienthesen gehören auch die Einlassungen eines Wilhelm Kammeier, vorgetragen in den dreißiger Jahren, doch heute noch virulent. Wilhelm Kammeier fielen die in der Tat nicht wenigen Datierungsfehler in mittelalterlichen Urkunden auf, vor allem die Widersprüchlichkeit in den Angaben der Herrscherjahre, der Inkarnationsjahre und der Indiktion, einer Zyklusberechnung von fünfzehn Jahren, die auf den römischen Kaiser Diokletian zurückgeht. Er vermutete, daß diese Urkunden Falsifikate und «diese Falschstücke... Ausfluß (einer) spätmittelalterlichen gelehrten universalen Geschichtsverfälschungsaktion» seien. Er erinnerte an Papebroch, Hardouin und Germon, in denen er seine Vorgänger sah, und gab seiner ersten Publikation den Untertitel: «Die Fälschungen der urkundlichen Quellen des Deutschen Mittelalters», denn – und das war seine These – zentral gelenkt vom päpstlichen Rom sei im 15. Jahrhundert mit einem Schlag das wahre Germanentum hinaus- und das römische Kirchentum hineinpraktiziert worden; durch die Verfälschungsaktion sei ein Quellenzustand herbeigeführt worden, der die Geschichte der Deutschen in einem gänzlich falschen, durch klerikale Bosheit verunstalteten Bild erscheinen lasse, daher «Die Fälschung der deutschen Geschichte» – so lautet der Generaltitel der vier Hefte, in denen Kammeier seine Ansichten ausbreitete, von den falschen Urkunden über die untergeschobenen erzählenden Quellen zum römischen Kirchentum und zum falschen Tacitus. Kammeier lieferte noch ein Nachtragsheft: «Neue Beweise für die Fälschungen der deutschen Geschichte».

Beifall von rechts, Kritik von der Zunft

1935 trat Kammeier mit seinen Ansichten an die Öffentlichkeit. Wie reagierte die gelehrte Kritik auf solche Abwegigkeiten eines offensichtlichen Außenseiters? Man hat die ideologisch aufgeheizte Zeit – 1935 und die folgenden Jahre – zu bedenken, und selbstverständlich erhielten solche Behauptungen nationalsozialistischen Beifall, z. B. im Völkischen Beobachter, der in seiner süddeutschen Ausgabe den Thesen Kammeiers – einmal ein Fälscher, immer ein Fälscher – einen aktuellen Bezug gab: «Wer das überaus wertvolle Werk gelesen hat, der weiß, was geschehen wäre mit dem Deutschen Volk, wenn unsere Regierung nicht endlich die Untaten der politischen Beamten der Kirche gebremst hätte.» Verhaltener, aber in der Intention auch zustimmend reagierten die deutsch-rassistischen Blätter – Ludendorffs «Heiliger Quell deutscher Kraft» und Bernhard Kummers «Nordische Stimmen» –, während die Fachwissenschaft Kammeiers Versuch ablehnte. Deutlich aber ist, daß man die in den Zeitgeist eingebetteten Ansichten Kammeiers insofern ernst nahm, als sie drohten, allgemeine Resonanz zu finden. Man war irritiert, und sicherlich dürften die an jeder deutschen Universität agitierenden NS-Vertrauensdozenten für die nötige Stimmung gesorgt haben.

Es sei als Zeichen dieser Unruhe das Beispiel eines herausragenden Vertreters der Mediävistenzunft angeführt. Das Leipziger Studentenblatt «Offenes Visier» trat an den damals fünfunddreißigjährigen Hermann Heimpel mit der Bitte um Stellungnahme zu Kammeiers Thesen heran, zumal offenbar bereits ein die Leistung Kammeiers positiv beurteilender Artikel erschienen war. Heimpel nahm die Aufforderung ernst, und seine Ausführungen dürften die ausführlichste Stellungnahme von fachhistorischer Seite darstellen. Es ist auffällig, wie behutsam Heimpel, der mit manchem Autor ganz anders umsprang, den Verfasser Kammeier behandelt, ein deutliches Zeichen, daß es sich in den Augen Heimpels um eine delikate Angelegenheit handelt, und es ist bezeichnend, daß er von «einer Zeit der Neubesinnung» spricht, in die Kammeiers Tun fällt. Auch tritt das Bemühen zutage, den Eindruck zu vermeiden, die «Fachwissenschaft» mißachte das Wort und den Einfall eines Laien. Heimpel leitet seine Stellungnahme in folgender Weise ein: «Der Aufforderung des ‹Offenen Visiers›, zu der Schrift von W. Kammeier kurz Stellung zu nehmen, komme ich um so lieber nach, als es falsch sein würde, den guten Willen und den von Begeisterung für seine Sache zeugenden Fleiß, den Kammeier einer zweifellos unsinnigen These gewidmet hat, mit einem spöttischen Worte abzutun. Der Wissenschaft, die ihrer Natur nach geeignet ist, ihre Grundlagen für selbstverständlich zu halten, schadet es nichts, wenn ihr, auch auf die Gefahr gröbster Fehler hin, in einer Zeit der Neubesinnung unbequeme ‹Laienfragen› gestellt werden; umgekehrt aber sollen die Leser des ‹Offenen Visiers› nicht meinen, die an der Universität wirkenden Vertreter der ‹Fachwissenschaft› seien eine hauptsächlich aus Zunfthochmut mit dem Totschweigen von Laienerkenntnissen beschäftigte herrschsüchtige Klike, und damit mehr oder weniger bewußte Verbündete jener ultramontanen Fälscherzunft, die nach Kammeier unsere gesamte Überlieferung im 15. Jahrhundert gefälscht, also zu einer verbrecherischen Riesenlüge umgegossen haben soll. Ich kann in diesen Spalten nicht einen ‹Gegenbeweis› antreten, denn es wäre immer noch leichter, dem Laien an einer einzelnen Urkunde klarzumachen, ob sie echt sei oder nicht, als das Kammeiersche Gewirr von Halbwahrheiten auf seine falschen Voraussetzungen zurückzuführen. Ich beschränke mich also auf einige allgemeine Bemerkungen... Ich bemerke aber, daß ich trotz Kammeiers schlechter Meinung von den Geschichtsprofessoren jederzeit jedem Studenten Auskunft zu geben bereit bin.»

Nicht nur an der Universität Leipzig gab es Unruhe. Fritz Rörig, ein ausgewiesener Hanseforscher, der sich speziell im Spätmittelalter auskannte, kündigte unmittelbar nach Erscheinen der Kammeierschen Hefte im Wintersemester 1935/36 an der Universität Berlin ein «Historisches Kolloquium» pünktlich zur Zeit des protestantischen Hauptgottesdienstes an: Sonntag 10–12 Uhr. In Rörigs Nachlaß findet sich ein eigener Faszikel, der stichwortartig einige der im Kolloquium behandelten Themen festhält: umfangreiche maschinenschriftliche Notizen voller Tippfehler, offenbar von Rörig selbst geschrieben. In den Fachorganen findet Kammeiers Behauptung von der «Fälschung der deutschen Geschichte» Beachtung, mag sie auch zurückgewiesen werden, und die Rezensenten, erste Sachkenner, haben klingende Namen: Walther Holtzmann in der Historischen Zeitschrift, Karl Jordan in der Zeitschrift für Kirchengeschichte, Walter Goetz im Archiv für Kulturgeschichte u. a. m.

Der Volksschullehrer mit «Nicht Genügend» im Fach Geschichte

Wer war dieser Kammeier, dessen Thesen – bei aller Verstiegenheit – von der professionellen Geschichtswissenschaft mit bemerkenswerter Ernsthaftigkeit behandelt wurden? Die Antwort ist gar nicht einfach, denn sein Leben und seine Gedankengänge waren zwar von sektiererhafter Art, andrerseits aber war er ein Einzelgänger, der sich weder einer Gruppe Gleichgesinnter anschloß noch selbst eine Gemeinde gründete.

Wilhelm Friedrich Ferdinand Kammeier kam aus kleinen Verhältnissen. Er war am 3. Oktober 1889 in Nienstädt, Kreis Stadthagen, im damaligen Fürstentum Schaumburg-Lippe gelegen, als Sohn des Bergschmieds und Bergmanns Friedrich Wilhelm Kammeier geboren. Die Flöze in der Umgebung Stadthagens waren schon damals nicht die besten, und der Bergbau ist denn auch bald eingestellt worden. Es ist bezeichnend, daß Vater Kammeier im Taufbuch zugleich als «Colon» erwähnt ist: Er betrieb nebenbei eine kleine Hofstelle. Die Vornamen, die dem Sohn gegeben wurden (Wilhelm Friedrich Ferdinand), zeugen nicht von sozialistischer oder gar revolutionärer Gesinnung des Vaters. Seine Mutter Wilhelmine, geborene Horstmeier, stammte aus dem benachbarten Viehwegen, doch ist über eine Trauung beider Elternteile im Kirchenbuch kein Eintrag zu finden, und vielleicht war Wilhelm von vorehelicher Geburt. Im «Adreßbuch für das Fürstentum Schaumburg-Lippe» von 1912 ist Wilhelmine Kammeier als Witwe aufgeführt. Den nächsten biographischen Anhalt für unseren Wilhelm Kammeier gibt uns das Abschlußzeugnis des Bückeburger Lehrerseminars, das Kammeier von Ostern 1909 bis Ostern 1911 besuchte. Wahrscheinlich war er mit dem sogenannten Einjährigen oder vielleicht ohne Abschluß von einem Gymnasium abgegangen – sein unterdurchschnittliches Zeugnis weist in Mathematik ein glattes «Nicht genügend» auf –, um über ein Präparandenseminar zum eigentlichen Lehrerseminar fortzuschreiten. Das «Seminar-Vorzeugnis» ist insofern interessant, als auch hier ungenügende Leistungen ausgewiesen werden: außer für Naturkunde und Harmonielehre erstaunlicherweise für Geschichte. Die Schulamtskandidatenprüfung fällt für Kammeier ebenfalls nicht gerade günstig aus. Zwar holt er im Schriftlichen in Geschichte ein «Genügend» heraus, aber das Mündliche lautet in diesem Fach dreimal «Nicht genügend». Der damalige Seminarleiter und fürstliche Landesschulinspektor Ernst Schwertfeger bringt Wilhelm Kammeier für eine Junglehrerstelle in Wendthagen – benachbart zu Stadthagen – in Vorschlag. Seine Eingabe offenbart einige Charaktereigenschaften, die bereits das spätere Eigenbrötlertum anzeigen: Kammeier habe die Neigung, «sich in höheren Regionen zu bewegen», und laufe dabei Gefahr, «den Blick für die Wirklichkeit zu verlieren»: Es sei deshalb gut, ihn dem «nüchternen, praktischen und energischen» Lehrer Reese in Wendthagen «an die Seite zu stellen».

Von 1912 an tat Kammeier, zunächst zur Probe, dann in fester Anstellung in Wendthagen Dienst als dritter Lehrer; es ist allerdings die Frage, ob er, der im besten Soldatenalter stand, nicht bald zum Kriegsdienst einberufen wurde. Im Staatshandbuch für Schaumburg-Lippe jedenfalls wird er noch 1918 in dieser Stellung erwähnt. Im nächsten Jahrgang des schaumburg-lippischen Staatshandbuchs 1921 – die Bände 1919 und 1920 sind wegen der politischen und verfassungsmäßigen Umwälzungen nicht erschienen – ist die Stelle als unbesetzt ausgewiesen. Über die Gründe des Ausscheidens Kammeiers ist nichts zu ermitteln; unglücklicherweise sind im Schulamt «die Akten des Lehrers Kammeier... im Jahre 1990 ausgesondert und vernichtet worden».

Es dürfte kein Zufall sein, daß zur gleichen Zeit, da Kammeier die Wendthagener Lehrerstelle verläßt, seine literarische Produktion einsetzt. Sie behandelt disparate und teilweise abenteuerliche Themen. Kammeier geht der «rassigen Zugehörigkeit der Bewohner Schaumburg-Lippes» und ihren Trachten nach (1921/1922) und entdeckt «Einige chinesisch-mongolische Stammwörter in Niedersachsen» (1922/1923). Über ein Jahrzehnt scheint Kammeier nicht an die Öffentlichkeit getreten zu sein, um dann 1935/36 mit seiner Behauptung einer «Fälschung der deutschen Geschichte» für Aufsehen und Aufregung zu sorgen. Kammeier hätte mit seinen im Tone einer Verkündigung verfaßten Heften in der Fachwissenschaft kaum Resonanz gefunden, wäre nicht das ideologische Umfeld für rassistische und kirchenfeindliche Thesen empfänglich gewesen, denn schließlich will Kammeier mit seiner wirren Argumentation beweisen, daß eine in Rom sitzende kuriale Fälscherwerkstatt das hehre Bild der Germanen und der Deutschen umgefälscht habe; daher sei die Germania des Tacitus, die die Altvorderen als Barbaren darstelle, eine Fälschung, und den schmachvollen Gang Heinrichs IV. nach Canossa 1077 habe es nicht gegeben, das berühmte Briefregister Gregors VII. – das erste vollständig erhaltene päpstliche Originalregister – mit der Absetzungssentenz über Heinrich IV. sei reine Erfindung; Cola di Rienzo wäre «eine total erdichtete Person»; vor dem 15. Jahrhundert sei kein Papst Haupt der Kirche und die römische Kirche nicht kirchlicher Mittelpunkt gewesen usw.

Obwohl Kammeier sich durchaus systemkonform verhielt und dem herrschenden Geist oder besser Ungeist mit seinen Thesen zupaß kam, ist er offenbar nicht Mitglied der nationalsozialistischen Partei gewesen. Kammeier scheint nach seinem Abschied vom Lehrerberuf als gerade Dreißigjähriger keine feste Stellung mehr angenommen zu haben. Aus dem beengten Wendthagen/Stadthagen zog er nach Hannover. Der Kontakt mit der Geschichtswissenschaft ließ seinen Namen Eingang finden in Kürschners Deutschem Gelehrten-Kalender 1940/1941, wo er sich als «Privatgelehrter» eintragen ließ mit den Wissenschaftsbereichen «Geschichtskritische Methodik, Geschichte des Mittelalters, Kirchengeschichte und Religionsgeschichte».

Kammeiers Fortleben bis heute

Kammeier war besessen von dem Gedanken, daß unsere Überlieferung überhaupt von Fälschungen total durchsetzt sei. Nach der deutschen Geschichte war es das Urchristentum, das sich uns – seiner Meinung nach – in falschem Licht darstelle. Auch hier kommt er zu dem Schluß, daß die von den Historikern und Theologen ausgewerteten Zeugnisse Fälschungen seien. In einer Art Fingerübung hatte er sich in diesem Sinne schon in den vierziger Jahren geäußert. Er blieb bei diesem Thema und hinterließ bei seinem Tod ein Manuskript über die «Fälschung der Geschichte des Urchristentums». Materiell scheint es Kammeier, der zu irgendeiner Zeit in das Gebiet der früheren DDR verzogen ist, schlecht ergangen zu sein; es heißt von ihm, er sei dort 1959, siebzigjährig, «verhungert».

Mit Kammeiers Ableben und trotz einer gewandelten Zeit ist sein Werk nicht tot und wird auf dem Markt gehalten. Ein in Struckum nahe Husum angesiedelter «Verlag für ganzheitliche Forschung und Kultur» kündigt zur Zeit in seinem Prospekt eine dreibändige Ausgabe der Beiträge Wilhelm Kammeiers an. «Ganzheitliches» will der Struckumer Verlag vertreiben, aber es ist nicht die «Ganzheitlichkeit» der New Age-Bewegung gemeint, die gleichfalls diese Vokabel für ihr aus ostasiatischer Religiosität gespeistes Weltbild einsetzt, sondern offenbar eine «Ganzheitlichkeit» von eigener und aus früheren Zeiten hinübergeretteter Art. Band 3 der Kammeier-Ausgabe («Die Fälschung der Geschichte des Urchristentums») ist 1981 erschienen; die Bände 1 («Die Fälschung der deutschen Geschichte») und 2 («Die Wahrheit über die Geschichte des Spätmittelalters») werden als «in Vorbereitung» mit einer 6. bzw. einer 4. Auflage angekündigt. Die drei Bände sind unter die Gesamtüberschrift gestellt: «Die erste große

Umschreibung der Geschichte». Der Verleger klagt: «Das Werk Kammeiers wird nach wie vor totgeschwiegen, sowohl von der Fachwelt als auch von den christlichen Kirchen. Es ist ein zu großer Stein des Anstoßes. George Orwell beschreibt in seinem Buch ‹1984›, wie der ‹Große Bruder› nach seiner ‹Machtergreifung› die gesamte geschichtliche Überlieferung umschreiben läßt. Diese romanhafte Darstellung hat eine historische Vorlage: Die Vorgänge um die Verfälschung der vormittelalterlichen Überlieferung durch die römische Kurie. Die Redlichkeit und Qualität der heutigen und künftigen Geschichtsforschung wird sich u. a. daran messen lassen müssen, wie sehr sie die Erkenntnisse Kammeiers berücksichtigt».

Aber nicht nur im deutschen Norden ist Kammeiers Mittelaltersicht am Leben geblieben: ein «Organova Verlag» (London – Bayreuth – Wien), unterhalten von einer «Gesellschaft für Organisationswissenschaft e. V.» in Bayreuth, vertreibt ein Buch «Das Gesetz der Mitte in der Gesellschaft» (ohne Jahresangabe, wahrscheinlich 1994) und huldigt «dem überragenden Forscher Wilhelm Kammeier», dessen «Einsichten, Methoden und Ergebnisse» auf über hundert Seiten ausführlich referiert und in ein «neues organismisches Weltbild» einbezogen werden.

Ob es noch viele Kammeiers gibt?

Ernst H. Kantorowicz: der gedeutete Geschichtsdeuter

Vor einigen Jahren (1991) veröffentlichte der amerikanische Historiker Norman F. Cantor ein Buch mit dem Titel «Gestaltung des Mittelalters: Leben, Werk und Ideen der großen Mittelalterhistoriker des 20. Jahrhunderts» (Inventing the Middle Ages: Lives, Works and Ideas of the Great Medievalists of the Twentieth Century), das für erheblichen Wirbel weit über das Fach hinaus sorgte. Von den wenigen deutschen «medievalists», die Cantor vor seinen Richterstuhl zieht, findet vor allem Ernst H. Kantorowicz (1895–1963) sein Interesse: Er bezeichnet ihn, den Juden und von den Nazis vom Lehrstuhl gedrängten Emigranten, der nie der Partei angehört hat oder ihr auch nur nahestand, selbst als «Nazi», als «proto-Nazi», der das Hitlerregime geistig vorbereitet habe und der seinen großen Wurf, das Buch über den Stauferkaiser Friedrich II. (1194–1250), mit der «Swastika», dem indischen Hakenkreuz, habe schmücken lassen, von dem die Nazis ihr Symbol ableiteten.

Es ging ein Aufschrei der Empörung durch die gelehrte Gesellschaft, nicht nur in den Staaten, wo Kantorowicz zu großem Ansehen und zu einer Art Kultfigur aufgestiegen war. Bei aller offensichtlichen und zum Teil bösartigen Fehldeutung Cantors, von dem man sagt, er habe sich den Ärger über einen verunglückten europäischen Aufenthalt in Oxford vom Halse schreiben wollen, muß man doch fragen, wie ein durchaus kenntnisreicher Historiker zu solchem Urteil gelangen konnte. Der Grund für diese von vielen als grotesk anmutende Wertung liegt im biographischen und literarischen Erscheinungsbild, das Kantorowicz bietet.

Kantorowicz und Stefan Georges Vision eines «Geheimen Deutschland»

Das Werk und die Biographie Ernst Hartwig Kantorowicz' haben in den letzten Jahren eine ungewöhnliche Aufmerksamkeit gefunden, nach einer langen Zeit des Vergessenseins. Als Kantorowicz 1963 achtundsechzigjährig in Princeton starb, stellte Marion Gräfin Dönhoff – über ihren Basler Lehrer Edgar Salin mit Kantorowicz bekannt – in einem knappen Nekrolog bedauernd und melancholisch fest: «Deutschland» habe diesen nach den USA emigrierten «großen, gefeierten Schriftsteller und Wissenschaftler» offenbar so «total verloren, daß heute nur noch die ältere Generation seinen Namen kennt» (Die ZEIT vom 27. September 1963).

In der Tat: Wenn man damals im öffentlichen Gespräch auf den Namen Kantorowicz stieß, war es meist Alfred, der marxistische Literaturwissenschaftler (1899–1979) mit seinen Bemühungen um das Werk Heinrich Manns, während unseres Kantorowicz' Früh- und in deutschen Augen sicherlich Hauptwerk über den letzten staufischen Kaiser Friedrich II. († 1250), erschienen 1927 und 1931, vom deutschen Buchmarkt verschwunden war – und mit ihm der Autor. Es ist bezeichnend, daß Ernst Kantorowicz im Großen Brockhaus von 1931 einen Artikel erhalten hatte, während Alfred Kantorowicz fehlte; im neuen Brockhaus von 1990 ist es umgekehrt: «Eka», wie er seinen Namen abkürzte und wie er von Freunden genannt wurde, ist nicht mehr brockhauswürdig.

Zu dieser Absenz hatte nicht zuletzt der Historiker Kantorowicz selbst beigetragen; fast bis in sein Todesjahr hinein hatte er sich gegen eine Neuauflage seines Buches über Friedrich II. (erschienen schließlich 1963) gesperrt; er fürchtete bei diesem schon in seiner prätentiösen Sprache und in der typographischen Aufmachung erkennbar vom Geiste Stefan Georges durchtränkten Buch den Beifall aus der falschen Ecke, und er gab sich entsetzt und bestätigt, als der erste und selbstverständlich enthusiastische Brief über die Neuauflage ihn erreichte. Das Huldigungsschreiben stammte von «General Dr. Hans Speidel, Oberbefehlshaber der Verbündeten Landstreitkräfte Europa-Mitte aus Fontainebleau», wie Kantorowicz die dem Briefe entnommene Titulatur des Absenders pingelig notierte. «Das ist natürlich genau die Schicht, deretwegen ich so lange zurückhielt mit einem Wiederdruck. Man sollte halt ein Buch, das bei Himmler auf dem Nachttisch lag und das Göring an Mussolini mit Widmung verschenkte, in völlige Vergessenheit geraten lassen.» Dafür hatten in der Tat weitgehend die Zeit und die veränderten Verhältnisse schon gesorgt.

Von Kantorowicz' rund fünfzig wissenschaftlichen Beiträgen – Bücher, Aufsätze, Rezensionen zusammengezählt – sind kaum ein Dutzend in deutscher Sprache abgefaßt, und der Geist des George-Kreises, der sich bereits in Wortwahl und Diktion zu erkennen gibt, ist dem allgemeinen Gedächtnis entschwunden. Fremd mutet die Hommage

Ernst Kantorowicz (1895–1963): «Seine ganze Erscheinung war in faszinierender Weise exotisch... Er sah mehr ‹lateinisch› als ‹jüdisch› aus, etwa spanisch – er kam ja auch aus einer sephardischen Familie... Seine Gestalt war mittelgroß, sehr aufrecht und gestrafft und von großer Lebendigkeit der Bewegung. Er war von fast berückender Liebenswürdigkeit. Beim ersten Wort war es klar, daß sein Charakter ‹weltmännisch›, nicht ‹professoral› war» (G. Ladner).

des George-Kreises im Friedrichbuch an, die in der Nachkriegsauflage bezeichnenderweise weggelassen ist: «Seinen Kaisern und Helden das Geheime Deutschland». «Es lebe unser heimliches Deutschland» (statt des meist zitierten «Heiligen» oder «geheiligten» Deutschland) soll der Oberst Claus Graf Stauffenberg gerufen haben, als er nach dem mißglückten Umsturzversuch des 20. Juli 1944 vor dem Erschießungspeloton stand; diese Version geht auf einen Georgeaner zurück (Salin), der Stauffenberg und Kantorowicz aus dem Kreis um den «Meister» kannte.

Das «Geheime Deutschland» ist ein Schlüsselwort. In Stefan Georges Gedichtband «Das Neue Reich» stehen die Verse «Das Geheime Deutschland» an zentraler Stelle, und in der letzten Vorlesung, die Kantorowicz im November 1933 auf deutschem Boden gehalten hat, bevor ihm die Nazis jede Lehrtätigkeit unmöglich machten, sprach er über ebendieses «Geheime Deutschland». Stefan George lehre, «daß wie einst Hellas auf engstem Raum so dereinst Deutschland auf eigenem Raum wiederum das Gesamt aller menschlichen Gestaltungen und Kräfte (werde) erstehen lassen ... Den notwendigen Gestalten- und Kräftereichtum ... wußte George in Deutschland – im geheimen Deutschland.» Dieses sei «die geheime Gemeinschaft der Dichter und Weisen, der Helden und Heiligen, der Opfrer und Opfer, welche Deutschland hervorgebracht haben ... die Gemeinschaft derer, die ... allein das echte Antlitz der Deutschen erschufen. Es ist also ein Götterreich wie der Olymp, ist ein Geisterreich wie der Heiligen- und Engelsstaat ... es ist die in Stufen und Ränge geordnete Heroenwelt des heutigen, des künftigen und des ewigen Deutschland». Wer das Wesen dieses «Geheimen Deutschlands» einmal erschaut und erfaßt habe, sei, so spricht George durch Kantorowicz, darauf «auch verpflichtet wie der Soldat auf die Fahne». In gleicher Weise empfand der Soldat Claus Graf Stauffenberg «immer die Verpflichtung gegenüber dem weiterlebenden geheimen Deutschland», dessen Erbe er durch Georges Berufung geworden war: «... als Erbe des geheimen Deutschland gab er sein Leben in der Erhebung für das Reich (im Sinne Georges) und schließlich als Opfer und Sühne gegen Verbrechen, weil er mit der Schuld nicht leben konnte». So der Biograph Stauffenbergs Peter Hoffmann, dem ein «verständnisvolles Eindringen in die biographischen Hintergründe» bescheinigt wird (E. Jäckel).

Geschichte als Deutungsstoff

Der Gedanke einer deutschen Sendung im Vollzug der Weltgeschichte war für Kantorowicz durchaus nicht ephemer. In einem ungedruckt gebliebenen Vortrag «Deutsches Papsttum», niedergeschrieben noch 1933, parallel zu seinem Bekenntnis zum «Geheimen Deutschland» in der letzten Vorlesung, liest man, daß mit der von Heinrich III. 1046 herbeigeführten Absetzung dreier Päpste (Benedikts IX., Silvesters III., Gregors VI.) «das dionysische Zeitalter der Nachfolge Petri» ausgeklungen sei, «das sich 500 Jahre später in der Borgia-Zeit nochmals wiederholte». Das Papsttum, das im «italienisch Provinziellen verdumpfte», sei vom deutschen Kaiser zur Weltgeltung erhoben worden; der Kaiser habe den Reformpäpsten den Steigbügel gehalten, «auf daß sie in den Sattel stiegen und des Kaisers Nachfolger überritten». Kantorowicz geht auf die Kaiserprophetien des Spätmittelalters ein, vor allem auf jene, die vom deutschen Boden aus, von Mainz oder von Trier, die Gesamtkirche gelenkt sieht, eine Kirche, die sich Kantorowicz als «Eine Heilige Römische Kirche Deutscher Nation» darstellt.

Wer diesen Essay liest, merkt bald, daß es eigentlich nicht um Darstellung eines historischen Sachverhalts, sondern um die Verkündung einer Idee mit historischen Mitteln geht. Geschichtliche Abläufe werden verwendet, um eine Vision zu entwickeln, die in die Zukunft trägt und die nicht darauf angelegt ist, mit quellenkundlichen Mitteln geprüft zu werden.

Auch Kantorowicz' Porträt Friedrichs II. – eines Heros aus der Galerie des «Geheimen Deutschlands» – war Ausdruck der elitären Gesinnung des George-Kreises, dessen Gedanken, Sprache und Tun den Nachgeborenen fremd anmuten, auch wenn einst um dieses Buch und seine «Mythenschau» eine heftige und von Kantorowicz souverän bestandene Diskussion ausgebrochen war. Der «Meister» selbst hatte großen Anteil an der Friedrich-Biographie; bis kurz vor Fertigstellung des Buches kannte der Verleger den Autor nicht, die Korrespondenz und die Verlagsverhandlungen liefen über Stefan George, der auch an dem gesamten Werk die Korrekturen mitlas und fraglos auf seine Weise Stil und Geist mitgestaltete. Einem Publikum eigener Art wurde und wird die Lektüre des Buches zum Erlebnis – nach einer «glaubwürdigen Quelle» (G. Seibt) soll sogar Hitler das Buch zweimal gelesen haben –, und die Zahl der verkauften Exemplare läßt die große prägende Wirkung des Werkes nicht erkennen. 2600 waren es bei der ersten Auflage 1927; und mit drei weiteren Auflagen sind insgesamt 12800 Exemplare auf den Markt gekommen. Die Resonanz, verstärkt durch einen heftigen Streit des Pro und Contra, war viel größer als die Zahl andeutet.

Über das Buch und die Wissenschaft hinaus vermittelte Kantorowicz menschenformende Gesinnung: Es ist das «uns immer erneut tief bewegende Werk über den großen Staufer», wie Speidel die Neuauflage gleichsam mit Timbre in der Stimme begrüßte. Wer allerdings versucht, das Werk und seine Sprache heute in einer nüchternen Vorlesung zu vermitteln, dürfte seine Schwierigkeiten haben und auf Befremden und Unverständnis, manchmal sogar auf Heiterkeit stoßen, zumal wenn man den in der Wortwahl esoterischen und zuweilen dithyrambischen Text – Dönhoff: «großer, gefeierter Schriftsteller» – laut vorliest.

Quellenforschung und Geschichtsschreibung

Daß Kantorowicz' «Friedrich der Zweite» – das Buch eines Mannes «ohne Amt und Würden», wie er sich selbst bezeichnete – auch innerhalb der deutschen Geschichtswissenschaft durchaus Widerhall fand, dürfte sich zu einem guten Teil aus der damaligen Situation der Mittelalterforschung erklären. Als Erbe aus dem 19. Jahrhundert und über den Ersten Weltkrieg hinweg stand in Deutschland die Quellenforschung in höchstem Ansehen, und es gehörte zum Selbstverständnis nicht weniger deutscher Mediävisten, sich mit Editionen oder quellenkundlichen Detailuntersuchungen auszuweisen oder gar in ihnen auf Dauer zu versinken.

Schon Johann Gustav Droysen hatte gehöhnt: man sei in Deutschland «auf unleidliche Weise in die sogenannte Kritik versunken, deren ganzes Kunststück darin besteht, ob ein armer Teufel von Chronisten aus dem anderen abgeschrieben hat... Es hat schon einiges Kopfschütteln veranlaßt, daß ich... behauptet habe, die Aufgabe des Historikers sei Verstehen.»

Präsident der Monumenta Germaniae Historica, des angesehenen und ganz der kritischen Quellenforschung hingegebenen Instituts, war in den zwanziger Jahren der einflußreiche Paul Kehr (1860–1944), dem zugleich das Preußische Historische Institut in Rom und sämtliche preußischen Staatsarchive unterstanden. Es dürfte damals unter den wortführenden deutschen Historikern keinen gegeben haben, der so verächtlich von geschichtlichen Darstellungen sprach wie dieser regesten- und urkundenbesessene Gelehrte, der als «reelle Historie», wie er sie nannte, nur die pure «quellenkritische Forschung» gelten ließ und jede Geschichtsschreibung als «Roman»

ERNST KANTOROWICZ

KAISER FRIEDRICH DER ZWEITE

BLAETTER FUER DIE KUNST

ERSCHIENEN BERLIN 1927 BEI GEORG BONDI

VORBEMERKUNG

ALS im Mai 1924 das Königreich Italien die Siebenhundertjahrfeier der Universität Neapel beging, einer Stiftung des Hohenstaufen Friedrich II., lag an des Kaisers Sarkophag im Dom zu Palermo ein Kranz mit der Inschrift:

SEINEN KAISERN UND HELDEN
DAS GEHEIME DEUTSCHLAND

Nicht daß die vorliegende Lebensgeschichte Friedrichs II. durch diesen Vorfall angeregt wäre.. wohl aber durfte er aufgenommen werden als Zeichen, daß auch in andern als gelehrten Kreisen eine Teilnahme für die großen deutschen Herrschergestalten sich zu regen beginne — gerade in unkaiserlicher Zeit.

Als Ernst Kantorowicz 1927 seinen «Kaiser Friedrich der Zweite» herausbrachte, schickte er der Darstellung eine Vorbemerkung voraus, die das Werk aus dem Bedürfnis von «andern als gelehrten Kreisen» rechtfertigte, zugleich nahelegte, die Kreise gehörten einem «Geheimen Deutschland» an. Dieses «Geheime Deutschland», zu dem sich diejenigen bekannten, die den Kranz an Friedrichs II. Sarkophag in Palermo niedergelegt hatten, war in den 1920er Jahren eine in Intellektuellenkreisen geläufige Formel: geprägt und in Umlauf gebracht durch konservative kulturpessimistische Autoren seit dem ausgehenden 19. Jahrhundert. Darunter verstand sich vor allem der Kreis um Stefan George selbst in seinem elitären Streben nach geistiger Erneuerung. Doch die Kranzniederlegung war eben die eines gelehrten Kreises, die «Täter» waren die George-Anhänger Friedrich Wolters und seine Frau Erika, der Altphilologe Albrecht von Blumenthal, die Zwillingsbrüder Berthold und Alexander Schenk Grafen von Stauffenberg und nicht zuletzt Kantorowicz selbst. Als nach der Katastrophe des Zweiten Weltkriegs bekannt wurde, wer die «andern als gelehrten Kreise» wirklich gewesen waren, mochte Kantorowicz sein historisch-literarisches Erstlingswerk zunächst nicht nachdrucken lassen; als 1963 doch eine Neuausgabe erschien, hatte er der Verlegerin angewiesen: «im ersten Bande müßte die Vorbemerkung mit dem ‹Geheimen Deutschland› einfach wegfallen» (an Ursula Küpper). Für Claus Graf Stauffenberg war das Bekenntnis zum «Geheimen Deutschland» Verpflichtung zur Tat und die Dichtung Georges Richtschnur. Dichtung werde selbst zum Schicksal eines Volkes oder eines einzelnen, wenn «der Täter zur Tat, oder im Fall des Scheiterns zum Opfer» beseelt wurde (Alexander Graf Stauffenberg).

abtat. Seine Wahl in den Orden Pour le mérite 1932 wertete er als «Huldigung an die reelle Historie», war er doch der einzige Historiker in diesem Kreise. In der Höhle dieses wortgewaltigen und schmähbereiten Löwen und unter dessen Augen – denn Kantorowicz war, als er an seinem Friedrich schrieb, ständiger Besucher der Monumenta Germaniae und ihrer vorzüglichen Bibliothek – entstand das Werk: ohne Anmerkungen, ohne gelehrte Exkurse, unbelastet von einer mit kritischem Aufwand betriebene Edition.

Wie das Buch auf die deutsche Historikerschaft wirkte, beschrieb Felix Gilbert, den mit Kantorowicz ein fast gleiches Emigrantenschicksal verband und der mit ihm in Princeton am Institute of Advanced Study wirkte: «Selbst wenn man die politischen und literarischen Urteile von Kantorowicz... nicht teilte, mußte man es bewundern, wie er mit seinem Buch die geistige Erstarrung, zu der die Überbetonung historischer Technik in der mittelalterlichen Geschichte geführt hatte, aufbrach.» Und wie reagierte der mächtige Paul Kehr, der Meister «historischer Technik»? Er war vom Charme des Werkes und seines Autors höchst angetan und fand es «lächerlich..., daß gewisse Herren Ernst Kantorowicz kritisierten, obwohl sie ja selbst gar nicht Geschichte schreiben konnten. Er könne das auch nicht und wolle es auch nicht. Historische Forschung sei eben ein Ding und historische Darstellung ein anderes», so der Bericht von Gerhart Ladner, Kehrs Assistent. Merkwürdig war es deshalb nicht, daß im Institut der Monumenta Germaniae der verfemte und aus dem Amt gedrängte Jude Kantorowicz nach 1934 Zuflucht und Arbeitsmöglichkeit fand, bis ihm in letzter Minute 1938 die Auswanderung gelang.

Die Abwendung von der «Deutungsgeschichte»

Als Kantorowicz 1938 in die USA emigrierte, hatte er in seinem Gepäck das fertige Manuskript eines neuen Buches ganz anderer Art, das er selber ins Englische übersetzte und das, durch den Krieg behindert, erst 1946 erschien: «Laudes regiae», liturgische Lobgesänge zu Ehren des Herrschers. Man wußte um ihre Existenz aus Berichten zum Beispiel über die Kaiserkrönung Karls des Großen (800), aber erst Kantorowicz machte ihren Ursprung in der Antike und ihre Umformung in der Karolingerzeit deutlich, zugleich den Zusammenhang mit den päpstlichen Litaneien. Er verfolgte das Phänomen solcher Huldigungsgesänge auch außerhalb der fränkisch-römischen Tradition bis hin zu grotesken Nachklängen in einer Hymne des faschistischen Italien.

Das dritte der drei Bücher Kantorowicz' liegt seit 1990 auf deutsch vor: «Die zwei Körper des Königs. Eine Studie zur politischen Theologie des Mittelalters». «The King's Two Bodies» war 1957 in den Staaten erschienen und hatte eine bewundernde Resonanz ausgelöst, zugleich aber Zweifel geweckt, ob man die vielen Kreuz- und Querbezüge, die Kantorowicz herstellt, in richtiger Weise begreifen und beurteilen könne: «Dies ist ein reiches und verworrenes Buch» (a muddled book), so begann die in der biblischen Theologie sich auskennende Beryl Smalley (1905–1984) ihre ausführliche Rezension, und Sir Richard Southern kam sich bei der Lektüre vor wie ein nächtlicher Wanderer in einer fremden Landschaft auf unbekannten Wegen bei ständig sich ändernder Beleuchtung, aber der Eindruck des Buches sei eindrucksvoller «als manche Reise bei Tag auf ausgetretenen Pfaden». Es sind absonderliche Ausdrücke verwendet worden, um die Anlage und den Geist des Buches, das weder chronologisch noch streng systematisch aufgebaut ist, zu umschreiben. Der selbst gern mit Doktrinen hantierende Cambridger Mediävist Walter Ullmann (1910–1983) schrieb, Kantorowicz analysiere die mittelalterliche Königsidee: «Seine Arbeitsweise könnte wohl mit Gehirnchirurgie verglichen werden.»

Der Inhalt des Buches in seiner facettenreichen oszillierenden Art ist schwer zu beschreiben. Des Königs zwei Körper sind, grobkörnig ausgedrückt, die sterbliche und die unsterbliche Gestalt des Königs, wie sie in Grabmälern sich darstellt und wie sie in dem Ruf beim Thronwechsel sich ausdrückt: «Le roi est mort, vive le roi.» Kantorowicz geht aus von der im England der Tudorzeit (1485–1603) auftretenden Rechtsvorstellung, daß dem König ein doppelter Körper eigne, ein mit allen Unzulänglichkeiten behafteter natürlicher Körper und ein politischer, dem Unsterblichkeit, Allgegenwart und Unabhängigkeit gegeben sind; die ursprünglich stark christologische Sicht von einer Natur und zwei Personen habe sich unter gleichzeitiger Profanisierung körperschaftlich gewandelt, aus der Würde des Königs sei ein Corpus politicum geworden, als das später auch das Parlament auftreten konnte. Zwar setzt Kantorowicz im 11. Jahrhundert ein und läßt seine assoziative Analyse bis ins beginnende 17. laufen, aber immer wieder gibt es Zeit-und Sachsprünge, zur Stoa, zu den Kirchenvätern, zu Shakespeare, und der Leser ist überwältigt von dem Wissen und der Interpretationssicherheit des Autors, der dort einen Text, hier Denkmäler auslegt, der die Liturgie sprechen läßt, der Wissen über (den von George übersetzten) Baudelaire und Brueghel voraussetzt und bei einer Miniatur Aussagen entdeckt, die evident erscheinen und an denen man bislang achtlos vorübergegangen ist.

Dennoch oder gerade deshalb möchte man jetzt – nach über dreißig Jahren – die Frage stellen, ob von diesem «Meisterwerk» starke Impulse für die Forschung oder für das Geschichtsbewußtsein ausgegangen sind. Zunächst die Statistik. Bei «The King's Two Bodies» hatte der vorsichtige amerikanische Verleger für die ersten zehn Jahre 1500 Exemplare vorgesehen. Ähnlich fiel auch der Absatz aus: Bis Mitte 1989, innerhalb eines Zeitraumes von über dreißig Jahren, wurden 7500 Stück verkauft; die drei Exemplare, die in der Bibliothek des Institute for Advanced Study in Princeton, Kantorowicz' Arbeitsstätte, stehen, sind in der gleichen Zeit insgesamt rund hundertmal ausgeliehen worden. Für ein «Meisterwerk» ist das nicht viel.

Kantorowicz war sich bewußt, daß seinem Buch keine Breitenwirkung zuteil werden dürfte, aber er war unerbittlich in der Darbietung des Stoffes. Die Schwierigkeiten der Lektüre beginnen schon bei der Sprache von Kantorowicz. Sie sei, so beschreibt sie Robert E. Lerner, der ein Buch über Kantorowicz' Zeit in Amerika unter der Hand hat, verhalten ironisch: «Seine Ausdrucksweise im Englischen neigt zu geistvollem Witz und war auf stilistische Wirkung bedacht, aber sie ist häufig recht esoterisch und selten farbig.»

Die ungeheure Anstrengung, das Buch von Deckel zu Deckel durchzulesen, dürften nicht viele Benutzer durchgestanden haben, und Beryl Smalley gab deshalb den anscheinend von ihr selbst erprobten Rat: «Die beste Art, sich an ‹The King's Two Bodies› zu erfreuen, besteht darin, es gelegentlich zur Hand zu nehmen (für eine Bettlektüre ist es zu schwer) und einen kräftigen Zug zu nehmen.» Und sie setzt hinzu: «Es ist alles sehr anregend.»

Bemühungen um eine deutsche Übersetzung von «The King's Two Bodies» liefen bereits unmittelbar nach Kantorowicz' Tod. Es war vor allem der über die Zugehörigkeit zum George-Kreis mit Kantorowicz befreundete Robert Boehringer (1884–1974), der auf eine Übertragung drängte und sogar schon eine Übersetzerin ins Auge gefaßt hatte. Bedenken kamen auf, vor allem bei Fachleuten: «... ob die deutsche Ausgabe genügend Leser und Benutzer finden würde»; die deutsche rechtshistorische Forschung habe sich anderen Themen zugewandt: «Etwa die Abschnitte über Friedrich II. oder über die Krone als symbolische Fiktion würden heute nicht mehr ein so breites Publikum finden, wie das etwa vor einem Menschenalter der Fall war»; aber auch die Sprachensituation habe sich geändert: Englisch habe eine größere Verbreitung als früher, und der «relativ enge, aber sicher qualitativ hochstehende Kreis, der dem Buch ein größeres Interesse entgegenbringen wird, kann nicht nur englisch, sondern wird meist das Buch gerade wegen seiner oft nicht ganz einfachen Formulierungen in der ursprünglichen Fassung lesen wollen». Die Zitate stammen aus einem Brief, den im Mai 1964 der damalige Präsident der Monumenta Germaniae Historica, Friedrich Baethgen (1890–1972), ein besonnener Gelehrter und treuer Freund von Kantorowicz aus dessen Heidelberger Tagen, geschrieben hat; Baethgen hatte 1930 eine bemerkenswert verständnisvolle Besprechung von Kantorowicz' Friedrich II. verfaßt. 1965 gedachte er des Freundes in einem persönlich gehaltenen, ausführlichen Nekrolog. Die Übersetzung kam nicht zustande; es waren offenbar kommerzielle Gründe, die die Verhandlungen scheitern ließen, aber auch die ungeklärte Frage des Übersetzers. Die Angelegenheit ruhte fast ein Vierteljahrhundert. Der Name Ernst Kantorowicz geriet in Vergessenheit.

Die Ausstrahlung von Leben und Werk des Ernst Kantorowicz

Kantorowicz' Leben vollzog sich in unruhigen Bahnen, manche gab ihm das Schicksal vor, manche hat er selbst eingeschlagen. Im Jahr 1895 als Sohn eines jüdischen Spirituosenfabrikanten in Posen geboren und dort aufgewachsen, wo er das angesehene humanistische Kaiserin-Auguste-Viktoria-Gymnasium besuchte, meldete sich Kantorowicz sofort nach Kriegsbeginn 1914 als Freiwilliger bei einem Posener Feldartillerie-Regiment, wurde an der West- wie an der Ostfront eingesetzt und ging vorübergehend, inzwischen zum Vizewachmeister befördert, in die Türkei. Nach Kriegsende schloß er sich verschiedenen Freikorpsverbänden an, die im Posener Raum gegen die nationalpolnische Bewegung, in Berlin gegen die Spartakisten und in München gegen die kommunistische Räterepublik kämpften.

Seit Ende 1919 studierte Kantorowicz in Heidelberg, eingeschrieben nicht für Geschichte, sondern für Nationalökonomie; der bereits im Emeritierungsalter stehende Wirtschaftshistoriker Eberhard Gothein (1853–1923), ein Mann von umfassender historischer Bildung und Originalität, dessen Sohn Percy (1896–1944) zum George-Kreis gehörte, promovierte ihn 1921 mit einer ungedruckt gebliebenen Dissertation über das «Wesen der muslimischen Handwerkerverbände». Materiell abgesichert, konnte Kantorowicz, in ständigem Kontakt mit Stefan George, sein epochemachendes Buch «Kaiser Friedrich der Zweite» (Berlin 1927, 652 Seiten, Ergänzungsband 1931) abfassen, das ihm 1930 zunächst eine Honorarprofessur, 1932 ein Ordinariat für «Mittlere und Neue Geschichte» in Frankfurt einbrachte. Auch hier hatte die Nähe zum George-Kreis seine Laufbahn gefördert. Um nach 1933 dem immer stärker werdenden Druck gegen sein Judentum zu entgehen, ließ er sich Ende 1934 emeritieren und erhielt sein Emeritusgehalt auch, als er 1938, unmittelbar nach der «Reichskristallnacht», über England in die USA emigrierte. Mit dem Kriegseintritt der Vereinigten Staaten im Dezember 1941 wurde die Zuwendung gestoppt, aber zu diesem Zeitpunkt hatte Kantorowicz bereits eine feste Position an der University of California in Berkeley. Er traf es besser als eine ganze Reihe jüdischer Fachkollegen, die nach der Ankunft in den Staaten harte Jahre durchzustehen hatten, wie Gerhart B. Ladner (1905–1993) und Stephan G. Kuttner (geb. 1907), ganz zu schweigen von Helene Wieruszowski (1893–1978) und Emmy Heller (1886–1956), die sich an Colleges zeitweise mit Teilbeschäftigungen durchschlagen mußten. Gerade an Namen wie Kantorowicz, Ladner und Kuttner, Forschern eigenen Formats, wird deutlich, welcher Aderlaß damals eingetreten ist und welcher Innovationsschub der deutschen Mediävistik verlorengegangen ist, die nach dem Krieg in einer merkwürdigen Unberührtheit tüchtig zwar, aber auf eingefahrenen Bahnen weiterzog, dem neunzehnten Jahrhundert näher als dem zwanzigsten.

Über ein Jahrzehnt wirkte Kantorowicz in Berkeley, begeistert und begeisternd als Lehrer, bis ihm im Juni 1949 in der Atmosphäre der McCarthy-Hysterie vom Staat und von der Universität Kalifornien ein Loyalitätseid, der sogenannte Antikommunisteneid, zugemutet wurde. Kantorowicz gehörte als einer der Wortführer zu den vierzig akademischen Lehrern der Universität von Kalifornien, die den Eid verweigerten und die Gefahr der Entlassung in Kauf nahmen. Berühmt ist seine Erklärung vor dem Akademischen Senat, die mit den Worten begann: «Als Historiker, der die Geschichte einer ganzen Zahl von Eiden erforscht und untersucht hat, fühle ich mich berechtigt, eine Erklärung über die schwerwiegenden Gefahren abzugeben», die in einem solchen erzwungenen Eid steckten.

Ein Vierteljahr später richtete Kantorowicz einen Brief in eigener Sache an den Universitätspräsidenten: Dante habe, Aristoteles zitierend, bemerkt, daß «jede ungerechte Handlung gute Menschen in schlechte Bürger verwandle»; dann fährt Kantorowicz fort, indem er auf seinen aktiven Kampf «mit Gewehr und Pistole» gegen Linksradikale in Deutschland anspielt: «Meine politische Vergangenheit hält jeder Untersuchung stand. Ich bin zweimal als Freiwilliger angetreten, um aktiv with rifle and gun gegen Linksradikale in Deutschland zu kämpfen, aber ich weiß auch, daß ich durch mein Zusammengehen mit den weißen Bataillonen – indirekt und gegen meine Absicht –

dem Nationalsozialismus den Weg und den Zugang zur Macht geebnet habe.» Kantorowicz ging so weit, die McCarthy-Anhänger schlicht «die Nazis» zu nennen, und publizierte auf dem Höhepunkt der Kontroverse 1950 auf eigene Kosten, zu einer Zeit, als er es sich finanziell eigentlich nicht leisten konnte, «The Fundamental Issue – Documents and Marginal Notes on the University of California Loyalty Oath». Auf den Umschlag setzte er das Motto der Universität von Kalifornien : Fiat lux. Die Widerständler siegten über die Universitätsleitung – sie wurden nicht entlassen.

Aber schon während der Auseinandersetzung um den Loyalitätseid liefen Verhandlungen mit dem Institute for Advanced Study in Princeton, an das Kantorowicz 1951 berufen wurde, wobei man ihm zugleich eine Gastprofessur an der dortigen Universität übertrug. Hier in Princeton hat er die ihm gemäße Lebensform gefunden. Frei von materiellen Sorgen, belastet mit nur wenigen und von ihm gern gehaltenen Seminarübungen, im ständigen Gespräch mit hervorragenden Kollegen der Nachbardisziplinen – mit Erwin Panofsky, Kurt Weitzmann, Andreas Alföldi – konnte er seine freischweifende Art der Forschung und Darstellung pflegen, die nichts an sich hatte von dem zuverlässigen, aber schwerfälligen Handwerkertum, das man im Ausland häufig mit der deutschen Wissenschaft in Verbindung bringt. Kantorowicz kokettierte gern und selbstironisch mit seinem nichtzünftlerischen «Dilettantentum», hielt aber bei allen seinen Arbeiten auf äußerste Präzision und Akkuratesse. Kantorowicz persönlich zu begegnen – seinem Charme, seinem Witz, seiner Weitläufigkeit – war offenbar immer ein Erlebnis, und in der konzentrierten geselligen Geistigkeit Princetons wurde die charismatische Aura, die Kantorowicz umgab, noch mächtiger.

Über die merkwürdige Ausstrahlung, die von Kantorowicz ausging – gewiß mitgeprägt von der einstigen Nähe zu Stefan George, aber doch individuell –, schreibt Gerhart Ladner: «Der erste persönliche Eindruck war fremdartig. Er schien ein Dandy in Kleidung und Auftreten, ... manieriert in Stimme und fast singender Sprechweise ... Seine ganze Erscheinung war in faszinierender Weise exotisch ... Er sah mehr ‹lateinisch› als ‹jüdisch› aus, etwa spanisch – er kam ja auch aus einer sephardischen Familie ... Seine Gestalt war mittelgroß, sehr aufrecht und gestrafft und von großer Lebendigkeit der Bewegung. Er war von fast berückender Liebenswürdigkeit. Beim ersten Wort war es klar, daß sein Charakter ‹weltmännisch›, nicht ‹professoral› war.»

Aber auch die Studenten und Mitarbeiter schlug er in seinen Bann. Ralph E. Giesey, heute emeritierter Professor der Geschichte an der

Universität Iowa, dem ein kurzer Lebens- und Leistungsabriß über Kantorowicz verdankt wird – «Scholarly triumphs and academic travails in Weimar Germany and the United States» (1985) –, hat in einem ausführlichen Interview der französischen Zeitschrift Préfaces (Nov./Dez. 1988) die Besonderheit des so fremdländisch wie anziehend wirkenden Professors beschrieben, dessen Vortragsform bereits auffällig waren – Robert Lerner: «Seine gängige Sprechweise war eher exzentrisch – ein einprägsamer ‹Singsang›, den manche mit dem ‹Dritten Ton› im Chinesischen verglichen.» Das Seminar begann um acht Uhr abends, und die von Kantorowicz sorgfältig vorbereiteten Sitzungen zogen sich zuweilen bis Mitternacht hin; der Umgangston sei nicht von jener «manchmal oberflächlichen» Familiarität gewesen, die für amerikanische Universitätsverhältnisse typisch sei, sondern von «aufrichtiger und wahrhaftiger Herzlichkeit», so daß man sich in einen Freundeskreis einbezogen fühlte, wozu neben dem Wort auch der Wein als verbindendes Element hinzukam. Kantorowicz schätzte Geselligkeit, sei es, daß er einen undergraduate zu einer Diskussion bei einer Tasse Kaffee einlud, sei es, daß er Kollegen zu sich nach Hause bat und selber kochte, dies zu einer Zeit, da man seinen hohen Bildungsgrad noch nicht am Kochtopf beweisen zu müssen meinte.

Äußerlich hätte man Kantorowicz, beeindruckt von der «heiter beherrschten Gelassenheit seines Auftretens» (Baethgen), einen wahrhaft glücklichen Menschen nennen können, aber Kantorowicz empfand die Vertreibung aus der Alten Welt als einen tiefen Bruch in seinem Leben. Als er Einzelheiten über das Schicksal seiner nach Theresienstadt deportierten Mutter und seiner Kusine, der Dichterin Gertrud Kantorowicz, erfuhr, soll er zum Berichterstatter gesagt haben: «Vielleicht ist es besser so, als wenn man sich selbst überlebt.»

Die Wiederentdeckung

«Sich selbst überlebt» zu haben, empfand Kantorowicz als sein Schicksal. Nach dem Krieg wollte man seine mit der deutschen Geschichte eng verbundenen Jugendwerke neu herausbringen, die stark Stefan George verpflichtete Biographie Friedrichs II. und das «Deutsche Papsttum». Kantorowicz wehrte sich, und erst als von Verlegerseite listig ins Feld geführt wurde, daß sonst, ungeachtet aller Urheberrechte, in der damaligen DDR eine Ausgabe erscheine, gab Kantorowicz 1962 nach mehrjähriger Korrespondenz die Druckerlaubnis ohne die Huldigung an das «Geheime Deutschland», deren Wegfall er ausdrücklich verlangte. Die Verwertung der Geschichte als

Appell an die Gegenwart war obsolet geworden. Noch energischer sträubte sich Kantorowicz bei dem ungedruckt gebliebenen «Deutschen Papsttum». Hier setzte man sich einfach über Kantorowicz' Ablehnung einer Publikation hinweg und veröffentlichte den Text 1953, jetzt mehr ein persönliches Dokument des Autors als ein Text, der etwas bewegen sollte.

Daß diese Texte von Kantorowicz auf dem Buchmarkt waren, fand in Deutschland kaum Beachtung, und daß sein Name in den letzten Jahren bei uns eine Renaissance erfahren hat, geschah eher auf indirekte Weise, als daß man in Deutschland seine Wiederentdeckung betrieben hätte. Der in England lehrende David Abulafia hat 1977 eine kritische und etwas abwertende Untersuchung über Kantorowicz und seinen Friedrich II. veröffentlicht, der er 1988 sogar eine Biographie über Friedrich II. folgen ließ, die sich bewußt als Gegenstück zum Werk von Kantorowicz versteht, aber es ist ein Unterschied wie zwischen einem Gedicht und einer Gebrauchsanweisung. Eckhart Grünewald (Kassel), der beste Kenner von Kantorowicz' deutscher Zeit, publizierte darüber 1982 ein instruktives Buch, und Robert Lerner (Northwestern University) bereitet eine materialreiche Darstellung von dessen amerikanischer Zeit vor.

Geradezu erregend ist die Rezeption in Frankreich. Der Verlag Gallimard brachte 1987 die Biographie Friedrichs II. und 1989 das Buch über «die zwei Körper des Königs» auf französisch heraus. In der Zeitschrift Le Débat hatte 1981 Marcel Gauchet eine Diskussion entfacht unter der griffigen Formel: Von des Königs zwei Körpern zur Macht ohne Körper, indem er bezweifelte, daß sich der moderne Staat aus der Idee der sterblichen und unsterblichen Gestalt des Königs ableiten lasse. Alain Boureau setzte eins drauf. 1988, kurz bevor die Übersetzung erschien, konterkarierte er «Les Deux Corps du roi» mit einem Gegenbuch: «Le Simple Corps du roi. L'impossible sacralité des souverains français, XVe-XVIIe siècle»; auch er sieht keinen Übergang von der mittelalterlichen Dualität im Königtum zum modernen Staat. Aber es war nicht nur die Symbolwelt der Königsherrschaft, die Kantorowicz selbstsicher entworfen hatte und von der die französische Geschichtswissenschaft angezogen wurde; es war auch der Mensch Kantorowicz, seine Haltung und sein Schicksal, und Alain Boureau verfaßte einen biographischen Entwurf: «Histoires d'un historien: Kantorowicz», der in der französischen Presse eine große Besprechungsresonanz fand. Boureau, Direktor an der «Ecole des Hautes Etudes en Sciences Sociales» in Paris und Le Goff nahestehend, schreibt eine flotte Feder und hat ungewöhnlich disparate Themen in ausgewachsenen Büchern behandelt: die «Goldene Legende» des Jakob von Varazze 1984, die Adleremblematik 1985, sogar die etwas abgeschmackte Papstfabel der Päpstin Johanna 1988.

Er sieht das Leben Kantorowicz' unter der Spannung der beiden Länder, in denen er geistig und physisch zu Hause war: Deutschland und Amerika. Die Geschichtswissenschaft sei ihm ein Mittel gewesen, um sich auf die «wahrhaftige Geschichte» zu besinnen; zugleich habe er die Vergangenheit weniger als ein Objekt der Betrachtung angesehen denn als eine Zuflucht; Boureau nennt ihn «den preußischen Juden aus Posen», einen «vaterlandslosen Patrioten» (patriote apatride), der von seinem Thema, der Darstellung herrscherlicher Größe, nicht weggekommen sei: «Es ist die Verbindung eines einzigartigen Verhaftetseins und einer wissenschaftlichen Objektivität, die die Größe und die Sonderstellung von Kantorowicz ausmacht.»

Der Rezensent in Le Monde (7. Dezember 1990) Michel Sot, ein Sachkenner, gibt sich in seiner unter der Überschrift «Les deux corps de Kantorowicz» gestellten Rezension zwar nicht gänzlich überzeugt, zeigt sich aber angetan von der Suggestion, die von der – zugegeben: manchmal leichtfertigen – Darstellung Boureaus ausgeht.

Von Frankreich sprang das Interesse für Kantorowicz auch nach Italien über. In derselben Nummer der Préfaces, in der der Kantorowicz-Schüler Ralph Giesey sein aufschlußreiches Interview gab, druckte Marina Valensise, Historikerin am Institut Raymond Aron in Paris, einen «Essai de biographie intellectuelle – Ernst Kantorowicz, historien du XXe siècle». Eine wesentlich erweiterte Fassung veröffentlichte sie in der Rivista storica Italiana 101 (1989), der zentralen italienischen historischen Zeitschrift. Vertraut mit den biographischen und wissenschaftlichen Daten von Ernst Kantorowicz, vertraut auch mit der ihn umgebenden Bildungslandschaft, wertet sie sein Leben als eine Hingabe an klassische und heute versunkene Ideale («la nostalgia d'un vecchio Europeo»), die Kantorowicz in bewundernswerter Weise in der Alten wie in der Neuen Welt durchgehalten habe.

Seit 1990, mit der Übersetzung der «Zwei Körper des Königs», begann die Zurückholung des Ernst Kantorowicz nach Deutschland, die man geradezu eine geistige Notwendigkeit nennen muß, wenn man im europäischen Gespräch bleiben will. Dabei geht es gar nicht um eine Aktivierung übersehener wissenschaftlicher Erkenntnisse, denn diese aufzunehmen und zu verarbeiten hatte die Forschung lange genug Gelegenheit. An Kritik ist dabei nicht gespart worden. Nicht weniges in dem Buch war als übersteigert zurückgewiesen worden, die übertriebene und geradezu irreführende Wertschätzung der

Symbole zum Beispiel oder die Nichtgewichtung der Quellenaussagen. Sogleich nach Erscheinen des Buches hatte englische Nüchternheit dagegengesetzt: «Die Menschen sind nie so sehr in der Schattenwelt der Symbole versunken, daß sie nicht ohne sie in der Lage wären, das auszudrücken, was für ihre praktischen Ziele notwendig ist» (R. Southern); Kantorowicz prüfe nicht «auf logische Weise den ‹Einfluß› einer Idee auf eine andere, er gestaltet vielmehr eine kunstvolle Skizze, ein Beziehungsgeflecht» (W. H. Dunham jr.); Kantorowicz habe sich mit «mediocre and muddled authorities» abgegeben, so daß ein subjektiver Konstruktivismus in das Ergebnis eingehe (H. S. Offler).

Zweifellos birgt das Buch gerade durch seine Strahlkraft und in seiner artistischen Interpretation aller irgendwie verwendbaren Gedankenträger die Gefahr in sich, Wirklichkeit und abseitige Einzelaussage zu verwechseln. Mit besonderer Hingabe beschäftigt sich Kantorowicz über viele Seiten mit dem sogenannten Normannischen Anonymus, einem um 1100 entstandenen Text von revolutionärer Originalität, in dem zum Beispiel die Behauptung aufgestellt wird, daß der Glaubensprimat eigentlich nicht mit Rom und seinem Bischof, dem Papst, verbunden sein dürfe, sondern mit Jerusalem, wo man doch über Leben und Sterben des Herrn besser Bescheid wissen müsse. Der Text ist in einer einzigen Handschrift überliefert und wurde im Mittelalter nirgendwo zitiert. Das kunstvolle Gedankengebäude des Normannischen Anonymus dürfte auf weite Strecken der ungewöhnliche Entwurf eines Außenseiters sein, den niemand beachtet hat. Wer an Gebirgsrändern kostbare Einzelorchideen pflückt, sollte irgendwann auch einmal sagen, daß die weiten Bergwiesen mit schlichtem Gras bedeckt sind.

Die deutsche Übersetzung tut sich schwer. Der Witz, den Kantorowicz in manche Wort- und Sprachform gepackt hat, läßt sich im Deutschen häufig kaum wiedergeben, und die Übersetzung bevorzugt mit Recht, auch wenn die Eleganz verlorengeht, Umschreibungen. So hat Kantorowicz den Hauptkapiteln die Überschriften gegeben: «Christ-centered Kingship, Law-centered Kingship, Polity-centered Kingship»; dafür steht im Deutschen: Königtum und Christus, Königtum und Recht, Königtum und Verfassung. Insgesamt wird man die Übersetzung, ein mühe- und entsagungsvolles Unterfangen, als gelungen bezeichnen dürfen.

Wer jetzt herummäkelt, dieses und jenes sei überholt und der Übersetzung nicht wert, verkennt den Charakter des Buches. Es gibt Werke, die ihren Wert in ihrer ursprünglichen Gestalt bewahren und, obwohl gelehrt, gerade ohne gelehrte Beflissenheit wirken. Jacob Burckhardt hat es – außer bei seiner «Kultur der Renaissance» – abgelehnt, bei neuen Auflagen seiner Bücher irgendwelche Nachbesserungen vorzunehmen. Große Werke wirken nicht durch enzyklopädische Information, sondern durch die Stoßkraft und Originalität ihrer Gedanken.

Kantorowicz' Bücher und Biographie sind Dokumente deutscher Geschichte, aber man wird auch sagen dürfen: deutscher Geschichtswissenschaft. Friedrich Baethgen beschließt seinen Nachruf mit den Worten: «So viel (Kantorowicz) seinen englischen und amerikanischen Jahren an fördernden, seinen wissenschaftlichen Gesichtskreis ausweitenden Anregungen verdankte, er hätte gewiß nichts dagegen einzuwenden gehabt, wenn gerade auch die deutsche Wissenschaft vom Mittelalter seinen Namen zu den bedeutendsten rechnet, die sie in den letzten Jahrzehnten aufzuweisen hat, und wenn sie einen nicht geringen Anteil an seinen großen Leistungen für sich in Anspruch nimmt.»

Die italienische Kantorowicz-Forscherin Valensise urteilt noch grundsätzlicher: «Das Leben eines großen Historikers ist in gewisser Weise immer das Leben seines Landes.» Es war Zeit, daß sich auch die deutsche Geschichtswissenschaft dieses «patriote apatride» annimmt, der es als Naziopfer hinnehmen mußte, von Nazigrößen gelesen und als Nazi beschimpft zu werden.

Anhang

Literaturhinweise

Die im folgenden genannten Hinweise sollen dem interessierten Laien die Möglichkeit bieten, sich mit dem Gesamtthema oder mit Teilaspekten intensiver zu beschäftigen. Um die Orientierung zu erleichtern, sind die zitierten Beiträge kurz charakterisiert. Quellenkundliche Probleme, deren es gerade bei der Mittelalter-Forschung viele gibt, bleiben weitgehend ausgespart.

«Willkommen und Abschied».
Begrüßungs- und Abschiedsrituale im Mittelalter

Mit ausführlichen Belegen ist der Beitrag erschienen in: Mittelalter. Annäherungen an eine fremde Zeit, hg. von *W. Hartmann*. Mit Beiträgen von *H. Boockmann*, *J. Fried*, *H. Fuhrmann*, *O. G. Oexle* und *H. Wolfram* (Schriftenreihe der Universität Regensburg, Neue Folge 19, 1993), S. 111–139. Dort möge man nachschlagen.

Für Goethe und das Strafritual «Willkomm[en] und Abschied» ist wichtig *E. Meyer-Krentler*, Willkomm und Abschied – Herzschlag und Peitschenhieb. Goethe – Mörike – Heine (1987), der die Literaturwissenschaft auf diesen Sachverhalt hingewiesen hat. Stoffreich handelt über die antike «Kußkultur» *W. Kroll*, Art. «Kuß», in: Paulys Real-Encyclopädie der classischen Altertumswissenschaften, Suppl. 5 (1931), S. 515; auf das Verhalten des Kaisers geht ein *A. Alföldi*, Die Ausgestaltung des monarchischen Zeremoniells am römischen Kaiserhofe, in: ders., Die monarchische Repräsentation im römischen Kaiserreiche (1970), S. 38ff. Zum animalischen Gruß hat sich *I. Eibl-Eibesfeldt* mehrfach geäußert, vgl. Das nichtverbale Ausdrucksverhalten. Die Körpersprache, in: Kindlers Enzyklopädie «Der Mensch» Bd. 5 (1983), S. 195f. Begegnungsgesten verzeichnet *M. Kirch*, Deutsche Gebärdensprache (1987), vor allem aber das klassisch gewordene Werk von *J. Cl. Schmitt*, La raison des gestes dans l'occident médiéval (1990), in deutscher Übersetzung: Die Logik der Gesten im europäischen Mittelalter (1992). Schmitt vertraut jedoch bei der Auswahl seiner Quellen bisweilen zu sehr dem Bericht als Faktum und vernachlässigt den erzählerisch-fiktiven Charakter mancher Szenen. Für die Spätantike und das frühe Christentum sind einschlägig die Artikel «Grußformen» von *H. Zilliacus* und «Friedenskuß» von *K. Thraede* in: Reallexikon für Antike und Christentum, Bd. 12 (1983), S. 1204ff. und 8 (1972), S. 505ff. Eine Musterung der pränominalen Anredeformen (du, ihr usw.) nimmt vor *F. Lebsanft*, Kontinuität und Diskontinuität antiker Anrede- und Grußformen im romanischen Mittelalter. Aspekte der Sprach- und Gesellschaftskritik, in: Kontinuität und Transformation der Antike im Mittelalter. Veröffentlichung der Kongreßakten zum Freiburger Symposion des Mediävistenverbandes, hg. von *W. Erzgräber* (1989). Die Proskynese behandelt *O. Treitinger*, Die oströmische Kaiser- und Reichsidee nach ihrer Gestaltung im höfischen Zeremoniell (1938). Zum liturgischen Kuß gibt es eine reiche theologische Literatur; übersichtlich ist *H.-W. Strätz*, Art. «Kuß», in: Lexikon des Mittelalters, Bd. 5, 8. Lieferung (1991), S. 1590ff., ergänzend *M. Wolff-Dunschen*, Art. «Kußtafel», in: Lexikon des Mittelalters, Bd. 5, 8. Lieferung (1991), S. 1592. Zum allmählichen Aufkommen der Prüderie, daß der Kuß nur innerhalb der Geschlechter ausgetauscht werden soll: *Kl. Schreiner*, «Er küsse mich mit dem Kuß seines Mundes» (*Osculetur me osculo oris sui*, Cant. 1,2). Metaphorik, kommunikative und herrschaftliche Funktion einer symbolischen Handlung, in: Höfische Repräsentation. Das Zeremoniell und die Zeichen, hg. von *H. Ragotzky* und *H. Wenzel* (1990), S. 101 f. Die großartige Szene mit dem heiligen Hugo von Lincoln behandelt *K. Leyser*, The Angevin Kings and the Holy Man, in: St Hugh of Lincoln. Lectures delivered at Oxford and Lincoln to celebrate the eighth centenary of St Hugh's consecration as bishop of Lincoln, ed. by *H. Mayr-Harting* (1987). Zum Gruß als Friedenszwang vgl. *B. Krause*, Zur Problematik sprachlichen Handelns: Der gruoz als Handlungselement, in: Stauferzeit. Geschichte, Literatur, Kunst, hg. von *R. Krohn*, *B. Thun*, *P. Wapnewski* (1978), S. 405. Groß ist die Zahl der sprachhistorischen Untersuchungen, meist in Dissertationen, genannt seien wegen des Materialreichtums *Fr. Lebsanft*, Studien zu einer Linguistik des Grußes. Sprache und Funktion der altfranzösischen Grußformeln (Beihefte der Zeitschrift für romanische Philologie 217, 1988) und *Renate Roos*, Begrüssung, Abschied, Mahlzeit. Studien zur Darstellung höfischer Lebensweise in Werken der Zeit von 1150–1320 (Diss. Bonn 1975). Zum etymologischen Hintergrund des Grußwortes *G. Steinhausen*, Der Gruß und seine Geschichte, in: ders., Kulturstudien (1893). Das standesgemäße Benehmen Wichmanns II. behandelt *K. Leyser* (†), Ritual, Zeremonie und Gestik: das ottonische Reich, in: Frühmittelalterliche Studien 27 (1993). Einen etwas weiter gefaßten Sachverhalt behandelt *G. Althoff*, Demonstration und Inszenierung. Spielregeln der Kommunikation in mittelalterlicher Öffentlichkeit, im selben Band; Althoff schließt mit den Worten: «Trotz aller Modernisierungs- und Rationalisierungsprozesse geben die ‹Spielregeln› moderner öffentlicher Kommunikation deutliches Zeichen auch von der ‹Gegenwart des Mittelalters›.» Das Verhalten von Herrscher zu Herrscher ist ein vielfach behandeltes Thema: *W. Kolb*, Herrscherbegegnungen im Mittelalter (Europäische Hochschulschriften III, 359, 1988) und *R. Schneider*, Mittelalterliche Verträge auf Brücken und Flüssen (und zur Problematik von Grenzgewässern), in: Archiv für Diplomatik 23 (1977), dazu der kenntnisreiche Artikel von *Kl. Schreiner*, Art. «Fußkuß», in: Lexikon des Mittelalters, Bd. 4 (1989), S. 1063ff. Der Zusammenstoß zwischen Papst Hadrian IV. und Kaiser Friedrich I. Barbarossa hat eine reiche Literatur gefunden; in den gleichen Zusammenhang gehört Barbarossas Haltung gegenüber dem oströmischen Kaiser: *O. Kresten*, Der «Anredestreit» zwischen Manuel I. Komnenos und Friedrich I. Barbarossa nach der Schlacht von Myriokephalon, in: Römische historische Mitteilungen 34./35. Bd. (1992/93). Den Fußkuß von Rollos Gefolgsmann behandelt *H. Hattenhauer*, Die Aufnahme der Normannen in das westfränkische Reich – Saint Clair-sur-Epte AD 911 – (Berichte aus den Sitzungen der Joachim Jungius-Gesellschaft der Wissenschaften e.V. Hamburg, Jahrgang 8, 1990, Heft 2). Zur hypertrophen Anredeform «Herr, Herr» und deren Umfeld vgl. *A. Denecke*, Die Geschichte des Grußes und der Anrede in Deutschland, in: Zeitschrift für den deutschen Unterricht 6 (1892). Zur Adventus regis-Literatur vgl. *Th. Kölzer*, Art.

«Adventus regis», in: Lexikon des Mittelalters, Bd. 1 (1977–80), S. 170f. und *M. McCormick*, Eternal victory. Triumphal rulership in late antiquity, Byzantium, and the early medieval West (1986, ²1987) und mit vielen Beispielen *W. Dotzauer*, Die Ankunft des Herrschers. Der fürstliche «Einzug» in die Stadt (bis zum Ende des Alten Reichs), in: Archiv für Kulturgeschichte 55 (1973), und *P. Willmes*, Der Herrscher-«Adventus» im Kloster des Frühmittelalters (Münstersche Mittelalter-Schriften 22, 1976). Zur Empfangs- und Bewirtungspflicht der Klöster vgl. *Kl. Schreiner*, Dauer, Niedergang und Erneuerung klösterlicher Observanz im hoch- und spätmittelalterlichen Mönchtum. Krisen, Reform- und Institutionalisierungsprobleme in der Sicht und Deutung betroffener Zeitgenossen, in: Institutionen und Geschichte. Theoretische Aspekte und mittelalterliche Befunde, hg. von *G. Melville* (Norm und Struktur. Studien zum sozialen Wandel in Mittelalter und früher Neuzeit 1, 1992). Die apotropäische Abwehr einer Begegnung oder eines Grußes ist eine ernste Sache: *I. Butt*, Studien zu Wesen und Form des Grusses, insbesondere des magischen Grusses (Diss. Würzburg 1968); *S. Seligmann*, Der böse Blick und Verwandtes. Ein Beitrag zur Geschichte des Aberglaubens aller Zeiten und Völker (1910) Bd. 1, S. 318ff. (magische Handlungen), 346ff. (Gebete, Zauberformeln), Bd. 2, S. 322ff. (religiöse Schutzformeln), 365ff. (Abwehrworte) und *Th. Hauschild*, Der böse Blick. Ideengeschichtliche und sozialpsychologische Untersuchungen (²1982). Den Friedensgruß des heiligen Franz von Assisi behandelt in größerem Zusammenhang *O. G. Oexle*, Formen des Friedens in den religiösen Bewegungen des Hochmittelalters (1000–1300), in: Mittelalter. Annäherungen an eine fremde Zeit. Hg. von *W. Hartmann*. (Schriftenreihe der Universität Regensburg, Neue Folge 19, 1993), zu Franziskus S. 96. Für die Geschichte und die allmähliche Verunstaltung der Alltagsgrüße ist hilfreich *K. Prause*, Deutsche Grußformeln in neuhochdeutscher Zeit (Wort und Brauch 19, 1930). Das gräßliche Zitat mit dem Hitlergruß stammt von *E. Grohne*, Gruß und Gebärden, in: Handbuch der deutschen Volkskunde, hg. von *W. Preßler*, 1. Band (o.J. [1934–35]) S. 324. Knapp, aber auf den Kern landschaftlicher Unterschiede zusteuernd ist *H. Timm*, Wanderer, kommst du nach Bayern... «Guten Tag» oder «Grüß Gott»: Grußfloskeln – und was sie bedeuten können, in: Süddeutsche Zeitung vom 29./30. August 1992, S. 130. Einen quellenkundlichen Durchbruch, wie der französische König empfangen wurde, bedeutet die interpretierte Zusammenstellung von *B. Guenée* und *Fr. Lehoux*, Les entrées royales françaises de 1328 à 1515 (Sources d'histoire médiévale 5, 1968). Eine Zusammenfassung bringt *L. M. Bryant*, The King and the City in the Parisian Royal Entry Ceremony: Politics, Ritual and Art in the Renaissance (Travaux d'Humanisme et Renaissance 216, 1986).

Die Lehre vom Haus und das Haus der Gelehrten

Die wissenschaftliche Aufmerksamkeit auf die «Lehre vom Haus» als ein ernsthaftes philosophisches und vor allem historisch wirksames System gelenkt zu haben, ist das Verdienst *Otto Brunners*, dessen Einstieg die vom Gutsleben geprägte Hausväterliteratur des 16. und 17. Jahrhunderts war. Grundlegend: Adeliges Landleben und europäischer Geist. Leben und Werk Wolf Helmhards von Hohberg 1612–1688 (1949). Einen ähnlichen Gegenstand behandelte *O. Brunner* in

Kurzform mit seinem Beitrag: Johann Joachim Bechers Entwurf einer ‹Oeconomia ruralis et domestica›, in: Festgabe an das Österreichische Staatsarchiv zur Feier des 200jährigen Bestehens des Haus-, Hof- und Staatsarchives (1949). Übersichten bringt *Brunner* mit seinen Artikeln: Die alteuropäische Ökonomik, in: Zeitschrift für Nationalökonomie 13 (1950), erweitert und aktualisiert unter dem Titel: Das «ganze Haus» und die alteuropäische «Ökonomik», in dessen gesammelten Aufsätzen: Neue Wege der Verfassungs- und Sozialgeschichte (^{2}1968) sowie unter dem Stichwort «Hausväterliteratur» in: Handwörterbuch der Sozialwissenschaften 5 (1956). Trotz des Titels setzt bei der Antike ein: *J. Hoffmann*, Die «Hausväterliteratur» und die «Predigten über den christlichen Hausstand». Lehre vom Hause und Bildung für das häusliche Leben im 16., 17. und 18. Jahrhundert (1959). Für die antiken Grundlagen und ihre mittelalterliche Rezeption ist wegweisend *S. Krüger*, Zum Verständnis der Oeconomica Konrads von Megenberg. Griechische Ursprünge der spätmittelalterlichen Lehre vom Haus, in: Deutsches Archiv für Erforschung des Mittelalters 20 (1964); von Krüger stammt auch die Edition der bis 1949 größtenteils als verschollen geltenden Ökonomik des Konrad von Megenberg, Bücher I–III (Monumenta Germaniae Historica. Staatsschriften des späteren Mittelalters III, 5, 1–3, 1973–1984); die «domus scholastica» ist im 3. Buch abgehandelt. Den von einem Bernhard (kaum dem von Clairvaux) verfaßten Brief über die «Lehre vom Haushaben» behandelt *C. D. M. Cossar*, The German Translations of the Pseudo-Bernhardine Epistola de cura rei familiaris (1975), vgl. dazu den Artikel «Lehre vom Haushaben» von *V. Zimmermann*, in: Die deutsche Literatur des Mittelalters. Verfasserlexikon 5 (^{2}1985), Sp. 662ff. Wichtig, weil neue Perspektiven eröffnend, ist *O. G. Oexles* belegreicher Versuch, früh- und hochmittelalterliches Haus- und Geschlechterbewußtsein mit den Ökonomielehren der Antike und der Kirchenväter zu verbinden: Haus und Ökonomie im frühen Mittelalter, in: Person und Gemeinschaft im Mittelalter. Karl Schmid zum 65. Geburtstag, hg. von *G. Althoff*, *D. Geuenich*, *O. G. Oexle*, *J. Wollasch* (1988). Einen stoffreichen und begriffspräzisen Überblick bietet wiederum *Oexle* in seinem Mittelalter-Beitrag (Der mittelalterliche Begriff ‹Haus› usw.) im Artikel «Wirtschaft», in: Geschichtliche Grundbegriffe: Historisches Lexikon zur politisch-sozialen Sprache in Deutschland, hg. von *O. Brunner*, *W. Conze*, *R. Kosellek*, Bd. 7 (1992), S. 526ff. Den Übergang der Hausväterliteratur zur Nationalökonomie behandelt *E. Salin*, Politische Ökonomie. Geschichte der wirtschaftspolitischen Ideen von Platon bis zur Gegenwart (1967, 5. Aufl. der Geschichte der Volkswirtschaftslehre von 1923). *E. Egner*, Der Verlust der alten Ökonomik. Seine Hintergründe und Wirkungen (Beiträge zur Ökonomie von Haushalt und Verbrauch 18, 1985) stellt diesen Übergang als den von einer Unterhalts- zu einer Erwerbslehre dar. Von den vielen Darstellungen mittelalterlicher Universitätskollegien, die selbstverständlich häufig auch in allgemeinen Universitätsgeschichten behandelt werden, seien genannt *L. Thorndike*, University Records and Life in the Middle Ages (1949) und *A. Seifert*, Die Universitätskollegien – eine historisch-typologische Übersicht, in: Stiftungen aus Vergangenheit und Gegenwart, hg. von *H. Berndl*, *H. Weyerer*, *W. Frhr. v. Pölnitz-Egloffstein* (Lebensbilder deutscher Stiftungen 3, 1974). Speziell mit den collegia hat sich wiederholt *A. L. Gabriel* befaßt, vgl.: The College System in the Fourteenth-Century Universities, in: The Foreward Movement of the 14th Century, hg. von *F. L. Ut-*

ley (1961; auch separat 1962) und mehrere Bände der von ihm und *J. N. Garvin* herausgegebenen Reihe: Texts and Studies in the History of Medieval Education (1964ff.). Unterhaltsam und zugleich informativ ist das kleine Buch von *R. S. Rait*, Life in the Medieval University (1912), neben dem klassischen Werk von *H. Rashdall*, The Universities of Europe in the Middle Ages. Neuausgabe von *Fr. M. Powicke* und *A. B. Emden*, Bd. 3: English Universities – Student Life (1936; Nachdr. 1964).

Fälschungen im Dienste der Wahrheit

Dem Text liegt ein Vortrag zugrunde, der 1986 am Ende des von den Monumenta Germaniae Historica in München durchgeführten Kongresses «Fälschungen im Mittelalter» gehalten worden ist. Einiges Material, das hier angeführt wird, ist von verschiedenen Autoren in den Akten des Kongresses (Monumenta Germaniae Historica. Schriften 33, I–V, 1988) behandelt, die durch ein Register von *D. Jasper* (Schriften VI, 1990) erschlossen sind. Das Thema hat Konjunktur. Die internationale Urkundenkommission hat einen einschlägigen Kongreß in Saragossa durchgeführt: Falsos y falsificaciones de documentos diplomaticos en la edad media, Zaragosa 1991, darin: *R. Härtel*, Historisches Denken bei mittelalterlichen Fälschern. Leichte Kost ist der aus einer Hörfunk-Sendereihe hervorgegangene Band: Gefälscht! Betrug in Politik, Literatur, Wissenschaft, Kunst und Musik, hg. von *K. Corino* (1988), darin stehen Beiträge über Urkundenfälschungen *(Th. Kölzer)*, die Protokolle der Weisen von Zion *(H. Sakowicz)*, literarische Fälschungen in der Antike *(W. Speyer)*, die Königinhofer Handschrift *(O. Filip)*, über den Fall Lyssenko *(T. Gerstäcker)* und vieles andere mehr. Für den antiken Bereich sind die Arbeiten von *W. Speyer* grundlegend, vgl. Die literarischen Fälschungen im heidnischen und christlichen Altertum (Handbuch der Altertumswissenschaft 1, 2, 1971), Religiöse Pseudepigraphie und literarische Fälschung im Altertum, in: Antike und Christentum 8/9 (1965/66), nachgedruckt in: Pseudepigraphie in der heidnischen und jüdisch-christlichen Antike, hg. von *N. Brox* (Wege der Forschung 484, 1987); Fälschung, pseudepigraphische freie Erfindung und «echte religiöse Pseudepigraphie», in: Pseudepigrapha I (Entretiens sur l'antiquité classique 18, 1972) und: Italienische Humanisten als Kritiker der Echtheit antiker und christlicher Literatur (Abhandlung der Akademie der Wissenschaften und Literatur Mainz. Geistes- und sozialwissenschaftliche Klasse 1993/3). Über den Begriff der Aequitas, der Billigkeit, ist u. a. ein eigener Kongreß abgehalten worden: Atti del III colloquio e del IV colloquio «Diritto romano – diritto canonico»: Aequitas Romana ed Aequitas Canonica (1981), in: Apollinaris 63 (1990). Zur Herausbildung des biblischen Kanons vgl. *H. von Campenhausen*, Die Entstehung der christlichen Bibel (1968) und *W. Schneemelcher*, Artikel «Bibel III», in: Theologische Realenzyklopädie, Bd. 6 (1980). Schneemelcher hat auch unter starker Eigenbeteiligung das klassische Werk «Neutestamentliche Apokryphen in deutscher Übersetzung», 2 Bände (^{5}1987–1989) herausgegeben. Immer noch gültig ist *Th. Zahn*, Grundriß der Geschichte des neutestamentlichen Kanons (^{2}1904). Zu der Fülle falscher Autorenzuweisungen vgl. *N. Brox*, Falsche Verfasserangaben. Zur Erklärung der frühchristlichen Pseudepigraphie (1975), einen guten und knappen Überblick bieten *B. M. Metzger*, Literary Forgeries and Canonical Pseudepigrapha, in: Journal of Biblical Literature 91 (1972). *F. Torm* entwickelte seine Wertung in dem Buch: Die Psychologie der Pseudonymität im Hinblick auf die Literatur des Urchristentums (1932). Für die vielen Falschzuschreibungen bei Kirchenvätern gibt es jetzt das vierbändige Übersichtswerk Clavis Patristica Pseudepigraphorum Medii Aevi (1990–1994) des kanadischen Benediktiners *J. Machielsen*. Zum «Decretum Gelasianum» vgl. den Exkurs im Buch von *W. Ullmann*, Gelasius I. (492–496). Das Papsttum an der Wende der Spätantike zum Mittelalter (1981). Über Ignaz von Döllinger (1799–1890) existiert eine eigene Literatur; es sei auf den Sammelband verwiesen: Geschichtlichkeit und Glaube. Zum 100. Todestag Johann Joseph Ignaz von Döllingers, hg. von *G. Denzler* und *E. L. Grasmück* (1990). Zur Silvesterlegende vgl. den zusammenfassenden Aufsatz von *W. Pohlkamp*, Textfassungen, literarische Formen und geschichtliche Funktionen der römischen Silvester-Akten, in: Francia 19 (1992) und die klassische Aufarbeitung von *W. Levison*, Konstantinische Schenkung und Silvester-Legende, in: Miscellanea F. Ehrle II (1924), nachgedruckt in *Levisons* ausgewählten Aufsätzen: Aus rheinischer und fränkischer Frühzeit (1948). Zu den Symmachianischen Fälschungen sind die neuen Forschungen von *E. Wirbelauer*, Zwei Päpste in Rom. Der Konflikt zwischen Laurentius und Symmachus (498–514) (1993) heranzuziehen; den Satz von der Nichtjudizierbarkeit des Papstes behandelt *H. Zimmermann*, Papstabsetzungen des Mittelalters (1968). Zum Komplex der pseudoisidorischen Dekretalen vgl. *H. Fuhrmann*, Einfluß und Verbreitung der pseudoisidorischen Fälschungen, 3 Bände (1972–1974), wo im ersten Band ein eigenes Kapitel «Über Fälschungen im Mittelalter» handelt. Für das «Decretum Gratiani» («Concordia discordantium canonum») sei auf den Übersichtsartikel «Gratian» von *P. Landau*, in: Theologische Realenzyklopädie, Bd. 14 (1985) verwiesen, der in dem Aufsatz «Gefälschtes Recht in den Rechtssammlungen bis Gratian» (in den Kongreßakten der Monumenta Germaniae [siehe oben eingangs] Band 2) den Abschluß der großen Fälschungen mit dem Werk Gratians deutlich macht: «an seine Stelle (d. i. des Fälschers) trat der geschulte Jurist». Die Zahlen der Opfer der in Böhmen wütenden Inquisition sind genommen von *A. Patschovsky*, Quellen zur böhmischen Inquisition im 14. Jahrhundert (1979). Dem «bestraften Fälscher» sind mehrere Beiträge in den Kongreßakten der Monumenta Germaniae (siehe oben eingangs), Band 2, gewidmet. Arthur Schopenhauers, wenn man so sagen darf, «erkenntnistheologischen» Standpunkt hat *A. Schmidt*, Die Wahrheit im Gewand der Lüge (1986) herausgearbeitet. Um die Metamorphose der «Protokolle der Weisen von Zion» haben sich in letzter Zeit mehrere Autoren bemüht, am einfallsreichsten wiederum *Umberto Eco*; seine Analyse – vorgetragen in den Charles Eliot Norton-Lectures in Harvard 1992/93 – erschien 1994 zugleich auf englisch (Six Walks in Fictional Woods), italienisch (Sei passegiate nei boschi narrativi) und deutsch: Im Wald der Fiktionen. Sechs Spaziergänge durch die Literatur. Einer der Hauptakteure auf antisemitisch-nationalsozialistischer Seite, der Oberstleutnant a. D. *Ulrich Fleischhauer*, hatte sein «Sachverständigengutachten» 1935 unter der Überschrift veröffentlicht: Die echten Protokolle der Weisen von Zion.

«Wer hat die Deutschen zu Richtern über die Völker bestellt?»
Die Deutschen als Ärgernis im Mittelalter

Ausführlichere bibliographische Hinweise zu diesem vielbehandelten Thema stehen am Ende eines Aufsatzes mit derselben Überschrift in: Geschichte in Wissenschaft und Unterricht 46 (1995), S. 625–641. Unmittelbar anschließend hat in derselben Zeitschrift *W. Schulze* geschrieben über: Die Entstehung des nationalen Vorurteils S. 642 ff.

Der Satz in der Überschrift «Wer hat die Deutschen zu Richtern über die Völker bestellt?» ist einem Brief Johanns von Salisbury entnommen: The Letters of John of Salisbury, hg. von *W. J. Millor* und *H. E. Butler*, überarbeitet von *C. N. L. Brooke*, Bd. 1 (1955) Nr. 124, S. 206. Auf unser Thema geht ein: *T. Reuter*, John of Salisbury and the Germans, in: The World of John of Salisbury, hg. von *M. J. Wilks* (Studies in Church History, Subsidia 3, 1984). – Eine Beschreibung nationaler Haltungen und Sehweisen von «Israel und Hellas» an versucht das mehrfach aufgelegte und in verschiedene Sprachen übersetzte Werk von *H. Kohn*, The Idea of Nationalism. A Study in Its Origin and Background (zuerst 1944); ein umfangreicher bibliographischer Überblick stammt von *J. Hoffmann*, Stereotypen, Vorurteile, Völkerbilder in Ost und West – in Wissenschaft und Unterricht. Eine Bibliographie (Studien der Forschungsstelle Ostmitteleuropa an der Universität Dortmund 1, 1986). Zu den ethnischen Abwertungsformeln vgl. *L. Schmugge*, Über «nationale» Vorurteile im Mittelalter, in: Deutsches Archiv 38 (1982) mit weiterführender Literatur und *P. Meyvaert*, «Rainaldus est malus scriptor Francigenus» – Voicing National Antipathy in the Middle Ages, in: Speculum 66 (1991), der auch die antike Tradition berücksichtigt. Den aus der Geschichte kommenden Ist-Stand verzeichnet *A. Winkler*, Ethnische Schimpfwörter und übertragener Gebrauch von Ethnika, in: Muttersprache, Jahrgang 104, Heft 4 (1994). Die Aufzählung ethnischer Eigenschaften wurde fast zu einer eigenen literarischen Gattung, am heitersten eingesetzt von *Erasmus von Rotterdam* in seinem «Lob der Torheit». Die im Text auf deutsch zitierten Sätze von *J. W. Thompson*, Feudal Germany (1928), S. 360 lauten im Original: «Medieval Europe did not love the Germans. The Italians hated them, the French admitted their courage, but detested their manners, the English were jealous of them, the Slavs both feared and hated them, while the Germans despised and contemned the Slavs». Das Urteil des Odo von Deuil über die «unerträglichen Deutschen» als Zeichen für das Aufkommen nationalen Bewußtseins stellt *Verena Epp* in den Zusammenhang weiterer Berichte über den Zweiten Kreuzzug: «Importabiles Alemanni [...] omnia perturbant». The Empire and the Germans as reflected in Twelfth-Century Latin Crusaders' Reports, in: Storia della storiografia 23 (1993). Die in Anlehnung an die vom römischen Dichter Lucan (39–65) geprägte Formel vom «furor Teutonicus» im Mittelalter entstandenen Urteile über die Deutschen hat *E. Dümmler*, Über den furor Teutonicus, Sitzungsberichte Berlin 1897, Heft IX gesammelt.

Reiches Material über den Deutschen aus französischer Sicht bringt *K. L. Zimmermann*, Die Beurteilung der Deutschen in der französischen Literatur des Mittelalters mit besonderer Berücksichtigung der chansons de geste, in: Romanische Forschungen 29 (1911). Über die «Erbfeindschaft» zwischen Deutschland und Frankreich gab es früher eine fast klassische deutsche Literatur, vgl. vor allem *F.*

Kern, Der mittelalterliche Deutsche in französischer Ansicht, in: Historische Zeitschrift 108 (1911) und *J. Haller*, Tausend Jahre deutsch-französische Beziehungen (1930); dazu *E. Schulin*, Das Frankreichbild deutscher Historiker in der Zeit der Weimarer Republik, in: Francia 4 (1976), und besonders zu Johannes Haller die Arbeit von *H. Müller*, Der bewunderte Erbfeind. Johannes Haller, Frankreich und das französische Mittelalter, in: Historische Zeitschrift 252 (1991). Für das Thema grundlegend: *H. Appelt*, Die Kaiseridee Friedrich Barbarossas (Sitzungsberichte Wien 252, 1967, Heft 4); abgedruckt mit einem Nachtrag in: Friedrich Barbarossa (Wege der Forschung 390, 1975). Wertvoll durch seine Beobachtungen *G. Koch*, Auf dem Wege zum Sacrum Imperium. Studien zur ideologischen Herrschaftsbegründung der deutschen Zentralgewalt im 11. und 12. Jahrhundert (1972), dazu *B. Töpfer*, Reges provinciales. Ein Beitrag zur staufischen Reichsideologie unter Kaiser Friedrich Barbarossa, in: Zeitschrift für Geschichtswissenschaft 22 (1974) und *D. Berg*, Imperium und regna, in: Zeitschrift für historische Forschungen. Beiheft 5 (1988). Den Titel vom «Heiligen Römischen Reich» leitet *J. Petersohn*, Rom und der Reichstitel «Sacrum Romanum Imperium» (Sitzungsberichte der Wissenschaftlichen Gesellschaft an der Universität Frankfurt a. M. 1994) neuerdings von dem Sprachgebrauch der kaiserlichen Notare ab. Aspektreich ist der Sammelband: Friedrich Barbarossa. Handlungsspielräume und Wirkungsweisen des staufischen Kaisers, hg. von *A. Haverkamp* (Vorträge und Forschungen 40, 1992), darin besonders *K. Leyser*, Friedrich Barbarossa – Hof und Land, wo ein Vergleich gezogen ist zur Herrschaftspraxis der englischen und französischen Könige. Das Einbezogensein religiöser und festgeformter rechtlicher Vorstellungen in die Entscheidung und in die Handlungsweise Friedrich Barbarossas zeigt eindrucksvoll *P. Ganz*, «Politics» and «Policy» in the Age of Barbarossa, in: Beiträge zur Geschichte der deutschen Sprache und Literatur 116 (1994). Informativ ist *O. Engels*, Die Staufer (Urban-Taschenbücher 154, ^{6}1992). Zum Archipoeta, der zur Umgebung Rainalds von Dassel gehörte, vgl. die Orientierung von *D. Schaller*, «Archipoeta», in: Lexikon des Mittelalters, Bd. 1, Lief. 5 (1979); dazu *W. Stach*, Salve mundi domine! Kommentierende Betrachtung zum Kaiserhymnus des Archipoeta (Sitzungsberichte Leipzig 91, 1939, Heft 5). Mit deutscher Übersetzung ausgestattet: *G. Vollmann-Profe*, Ludus de antichristo (1981).

Für die Begründung des abendländischen Kaisertums vgl. die klärenden Beiträge von *P. Classen*: Karl der Große, das Papsttum und Byzanz. Die Begründung des karolingischen Kaisertums (^{3}1985) und: Romanum gubernans imperium. Zur Vorgeschichte der Kaisertitulatur Karls des Großen, in: Deutsches Archiv 9 (1951/52), mit Ergänzungen nachgedruckt in: Zum Kaisertum Karls des Großen, hg. von *G. Wolf* (Wege der Forschung 38, 1972) und danach in *P. Classens* Ausgewählten Aufsätzen (Vorträge und Forschungen 28, 1983). Zu den italienischen und französischen «Kleinkaisern» vgl. *H. Zimmermann*, Imperatores Italiae, in: Festschrift W. Schlesinger (1974) und die nach Generationsstufen gegliederte Darstellung von *R. Schieffer*, Die Karolinger (1992) mit weiterführender Literatur. Die Ausgestaltung des sogenannten Kaiserprivilegs, der Zusagen des künftigen Kaisers an den Papst, behandelt *E. E. Stengel*, Die Entwicklung des Kaiserprivilegs für die römische Kirche 817–962, in: Historische Zeitschrift 134 (1926), mit Nachträgen und mit einer typographischen Verdeutlichung des «Wachstums der Paktumfassung bis zum Ottonianum» nachgedruckt in dessen Abhandlungen und Untersuchungen zur mittelalterlichen Geschichte (1960). Über den Sicherheitseid fehlt eine längsschnittartige Darstellung, vgl. *Katharina Colberg*, Der Eid des Königs. Kaiser Siegmund und das ‹Schwurverbot›, in: Staat und Gesellschaft in Mittelalter und Früher Neuzeit. Gedenkschrift für J. Leuschner (1983) und *H. Fuhrmann*, Konstantinische Schenkung und abendländisches Kaisertum, in: Deutsches Archiv 22 (1966). Über die Herrschaftsstrukturen im Europa des 10. und 11. Jahrhunderts sind die Beiträge von *K. Leyser* grundlegend, vgl. seinen postum veröffentlichten Überblick: Concepts of Europe in the Early and High Middle Ages, in: Past and Present 137 (1992). Umsichtig und in Kenntnis der ausufernden Forschungsliteratur *T. Reuter*, The Medieval German «Sonderweg»? The Empire and its Rulers in the High Middle Ages, in: King and Kingship, hg. von *A. Duggan* (1993).

Zur Statistik der Italienzüge der deutschen Könige vgl. *W. Smidt*, Das Königtum und der deutsche Staat des Hochmittelalters während und unter dem Einfluß der italienischen Heerfahrten (1964), dazu vor allem aber die gesammelten Aufsätze von *K. Leyser*, Medieval Germany and its Neighbours 900–1250 (1982), darin besonders: Some Reflections on Twelfth-Century Kings and Kingship. Als durchaus gelungenen Versuch, die Vielschichtigkeit darzustellen, darf gelten *H. Keller*, Zwischen regionaler Bedeutung und universalem Horizont: Deutschland im Zeitalter der Salier und Staufer 1024–1250 (Propyläen-Geschichte Deutschlands 2, 1986).

Das Aufkommen des Titels eines «Königs» oder eines «Königtums der Deutschen» und die Beziehung zum Kaisernamen ist Gegenstand vielfältiger Untersuchungen gewesen: *E. Müller-Mertens*, Regnum Teutonicum. Aufkommen und Verbreitung der deutschen Reichs- und Königsauffassung im frühen Mittelalter (1970); *H. Beumann*, Der deutsche König als Romanorum Rex (Sitzungsberichte der Wissenschaftlichen Gesellschaft an der Universität Frankfurt a. M. 1981); *Th. Zotz*, Das «Erste Reich». Imperium Romanum und regnum Teutonicum in ottonisch-salischer Zeit, in: Deutschland in Europa. Ein historischer Rückblick, hg. von *B. Martin* (1992). Den auctoritas-Gedanken hat *R. Holtzmann* vorgetragen in seinem Aufsatz: Der Weltherrschaftsgedanke des mittelalterlichen Kaisertums und die Souveränität der europäischen Staaten, in: Historische Zeitschrift 159 (1939; auch separat erschienen 1953), das Zitat von *D. Berg* steht in dessen Buch: England und der Kontinent. Studien zur auswärtigen Politik der anglonormannischen Könige im 11. und 12. Jahrhundert (1987).

Die Diskussion um den Wert der mittelalterlichen Kaiserpolitik der deutschen Könige pflegt immer wieder anzuknüpfen an den Streit zwischen Heinrich von Sybel und Julius Ficker. Die Kontroverse findet sich zusammengefaßt bei *F. Schneider*, Die neueren Anschauungen über die deutsche Kaiserpolitik (⁴1940); den Nachhall in der öffentlichen Diskussion behandelt *H. Gollwitzer*, Zur Auffassung der mittelalterlichen Kaiserpolitik im 19. Jahrhundert. Eine ideologie- und wissenschaftsgeschichtliche Nachlese, in: Dauer und Wandel der Geschichte. Festgabe für Kurt von Raumer zum 15. Dezember 1965 (1966). Zum ideologischen Abdriften in der Nazi-Zeit vgl. *M. Burleigh*, Germany Turns Eastwards. A Study of Ostforschung in the Third Reich (1988). Die reine NS-Linie vertrat ein Mann wie der Historiker der Deutschen Arbeitsfront *E. Staritz*, Die West-Ostbewegung in der deutschen Geschichte. Ein Versuch zur Geopolitik Deutschlands (1935): «Wenn unter Friedrich Barbarossa das deutsche Ansehen wieder wuchs, so war das besonders Heinrich dem Löwen zu verdanken … Der Sturz Heinrichs des Löwen vernichtete alles, was an Erfolgen errungen.» Man hätte «die Kraft der deutschen Stämme nach Osten zu weisen» gehabt; das sei «eine Selbstverständlichkeit nationalsozialistischer Geschichtsauffassung».

Die «deutschen Päpste» wurden wiederholt als eigenes historiographisches Sujet behandelt, angefangen mit dem Görresanhänger *C. Höfler* (Die deutschen Päpste, 2 Bände, 1839) über *K. Guggenberger* (Die deutschen Päpste, 1916) zur kürzlich erschienenen populistischen Darstellung von *K. Mittermaier*, Die deutschen Päpste (1991). Der 1933 verfaßte Aufsatz «Deutsches Papsttum» von *E. Kantorowicz* erschien erstmals zwanzig Jahre später in der Zeitschrift des Stefan George-Kreises Castrum Peregrini 12 (1953); er ist nachgedruckt in einem Ernst Kantorowicz gewidmeten Band der Zeitschrift Tumult. Schriften zur Verkehrswissenschaft 16 (1992).

Zum Grundsatz «Rex est imperator in regno suo» vgl. *S. Mochi Onory*, Fonti canonistiche dell' idea moderna dello stato (1951); *G. Post*, Two Notes on Nationalism in the Middle Ages, in: Traditio 9 (1953), wieder abgedruckt in dessen Studies in Mediaeval Legal Thought (1964). Zur Zweischwerterlehre vgl. *W. Levison*, Die mittelalterliche Lehre von den beiden Schwertern, in: Deutsches Archiv 9 (1952); *A. Borst*, Der mittelalterliche Streit um das weltliche und das geistliche Schwert, in: Staat und Kirche im Wandel der Jahrhunderte, hg. von *W. P. Fuchs* (1966). Zur weiteren Ausformung der päpstlichen Kaisergleichheit: *H. Fuhrmann*, «Der wahre Kaiser ist der Papst.» Von der irdischen Gewalt im Mittelalter, in: Das antike Rom in Europa (Schriftenreihe der Universität Regensburg 12, 1985), teilweise nachgedruckt in: Einladung ins Mittelalter (^{4}1989). Das Umfeld der Goldenen Bulle innerhalb der europäischen und der Reichsgeschichte stellt dar *P. Moraw*, Von offener Verfassung zu gestalteter Verdichtung. Das Reich im späten Mittelalter 1250 bis 1490 (Propyläen-Geschichte Deutschlands 3, 1985). Zur Einteilung der Wirkungsbezirke, wie sie Alexander von Roes vorträgt, *H. Grundmann*, Sacerdotium – Regnum – Studium. Zur Wertung der Wissenschaft im 13. Jahrhundert, in: Archiv für Kulturgeschichte 34 (1951), nachgedruckt in dessen Ausgewählten Aufsätzen Bd. 3: Bildung und Sprache (Schriften der Monumenta Germaniae Historica 25, 3, 1978).

Über das Bild des Deutschen und Deutschlands nach 1989 vgl. Wiedervereinigung in Mitteleuropa. Außen- und Innenansichten zur staatlichen Einheit Deutschlands, hg. von *J. Becker* und *G. Kronenbitter* (1992), darin für unsere Frage besonders informativ *J. Petersen*, Die Einigung Deutschlands 1989/90 aus der Sicht Italiens. Petersen hat die gegenseitige aktuelle Wahrnehmung der Italiener und der Deutschen in einem eigenen Essay dargestellt: Deutschland–Italien: eine fruchtbare und spannungsreiche Nachbarschaft, in: Zibaldone. Zeitschrift für italienische Kultur der Gegenwart 16 (Nov. 1993). Die aktuelle innenpolitische Situation mit ihrem historischen Hintergrund analysiert *J. Petersen* in seinem Buch: Quo vadis, Italia? Ein Staat in der Krise (1995). Gegen das Nachklingen historischer, auch mittelalterlicher Vorbilder, die eine «germanofobia» erzeugen, wendet sich *A. Bolaffi*, Il sogno tedesco (1993), dessen Buch unter dem Titel «Die schrecklichen Deutschen. Eine merkwürdige Liebeserklärung» (1995) auf deutsch erschienen ist. *Marinettis* Tacitus-Übersetzung ist zusammen mit dem lateinischen Text im angesehenen Verlag Sellerio (Palermo) in der Reihe «La memoria» Bd. 294 (o. J.) herausgekommen.

Friedrich I. Barbarossa – ein Kaiser lobesam?
«Historische Größe» eines Gescheiterten

Die Forschungen zur Stauferzeit und speziell zu Friedrich I. Barbarossa haben in den letzten Jahren einen neuen Umfang und eine neue Qualität angenommen. Ungemein interessefördernd war die als bundesrepublikanisches Bildungsereignis empfundene Stauferausstellung in Stuttgart 1977. Sie hat in nur sechs Wochen – 26. März bis 5. Juni – gegen eine dreiviertel Million Besucher angezogen, und der vierbändige Katalog (ein fünfter Band wurde nachgeliefert) ist in weit über 150000 Exemplaren verbreitet: kein Werk über die Stauferzeit – gelehrt oder populär – hat bislang eine so hohe Auflage erlangt. Einen Sammelbericht über die verschiedenen Aktivitäten im Zusammenhang mit der Ausstellung gibt *H. Schwarzmaier*, Die Zeit der Staufer. Ein Literaturbericht zum «Stauferjahr» 1977 in Baden-Württemberg, in: Blätter für deutsche Landesgeschichte 117 (1981). Qualitativ ist die Forschung auf eine neue Basis gestellt worden durch die im Jubiläumsjahr 1990 abgeschlossene kritische Ausgabe der fast 1200 bekannten Urkunden Friedrichs I. Barbarossa (Teil 1–5, 1975–1990, hg. von *H. Appelt*, Monumenta Germaniae Historica). Die griffige Figur Friedrich Barbarossas ist häufig Gegenstand biographischer Entwürfe gewesen, vgl. *M. Pacaut*, Frédéric Barberousse (1967, deutsch 1969), *P. Munz*, Frederick Barbarossa. A Study in Medieval Politics (1969, dazu die kritische Stellungnahme von *J. B. Gillingham*, in: English Historical Review 86, 1971) und *F. Cardini*, Il Barbarossa. Vita, trionfi e illusioni di Federico I imperatore (1985). Stoffdicht ist die Darstellung von *F. Opll*, der das Itinerar Barbarossas (1978) und die Regesten der Zeit Barbarossas bearbeitet (bisher 2 Teile für die Zeit von 1155 bis 1168, 1980–1991): Friedrich Barbarossa (1990). Knapp, aber aus der Feder eines ersten Kenners *H. Appelt*, Friedrich Barbarossa, in: Kaisergestalten des Mittelalters, hg. von *H. Beumann* (^{3}1991). Mehrere wissenschaftsgeschichtlich wichtige Beiträge sind abgedruckt in dem Band: Friedrich Barbarossa, hg. von *G. Wolf* (1975). Den Sog des Stauferinteresses haben sich einige Sachbuchautoren zunutze gemacht, unter deren Produkten sich durchaus manches schwungvoll-verständige Produkt befindet. Zur Orientierung ist überaus dienlich, wenn auch durch seine Nüchternheit desillusionierend *O. Engels*, Die Staufer (^{6}1994), vgl. auch dessen Aufsatzsammlung: Stauferstudien, hg. von *E. Meuthen* und *St. Weinfurter* (1988). Reich an Aspekten und Ergebnissen ist der Band des Konstanzer Arbeitskreises: Friedrich Barbarossa. Handlungsspielräume und Wirkungsweisen des staufischen Kaisers, hg. von *A. Haverkamp* (1992), dem auch schon zwei Bände: Herrschaftsformen der Frühstaufer in Italien (1970/71) verdankt werden. Eigenwillig, aber anregend: *J. Laudage*, Alexander III. und Friedrich Barbarossa (1997). Für Friedrichs Gegenspieler Heinrich den Löwen gibt es die informative Biographie des Herausgebers von dessen Urkunden *K. Jordan*, Heinrich der Löwe (1979, als Taschenbuch 1993). Von den zahlreichen Beiträgen zum Sturz Heinrichs des Löwen sei hervorgehoben *K. Heinemeyer*, Der Prozeß Heinrichs des Löwen, in: Blätter für deutsche Landesgeschichte 117 (1981). Über Barbarossas Ende vgl. *E. Eickhoff*, Friedrich Barbarossa im Orient. Kreuzzug und Tod Friedrichs I. (1977). Einschlägig für die deutsch-italienische Diskussion ist: Federico Barbarossa nel dibattito storiografico in Italia e in Germania, hg. von *R. Manselli* und *J. Riedmann* (1982). Anläßlich des 800. Todestages fand in Rom ein Kolloquium statt («Federico I Barbarossa e l'Italia»), vgl. Bollettino dell'Istituto Storico Italiano per il medio evo 96 (1990). *Jacob Burckhardts* Überlegungen stehen in den sogenannten «Weltgeschichtlichen Betrachtungen» (so der von seinem ersten Herausgeber *J. Oeri* 1905 willkürlich gewählte Name), die *P. Ganz* nach der Handschrift unter dem wahren Titel neu und kritisch herausgegeben hat: Über das Studium der Geschichte (1982).

Vom einstigen Glanze Quedlinburgs: Ein Kapitel Frauenleben im Mittelalter

Ausführlicher als hier ist die Literatur bis 1990 zusammengestellt und kritisch besprochen in dem von der Kulturstiftung der Länder (Patrimonia 25, 1991) herausgegebenen Band: Das Samuhel-Evangeliar aus dem Quedlinburger Dom, S. 20ff. – Für die äußeren Daten sei verwiesen auf das faktenreiche Buch von *R. Holtzmann*, Geschichte der sächsischen Kaiserzeit ([3]1955; spätere Auflagen sind lediglich Nachdrucke). Neuere Darstellungen: *G. Althoff – H. Keller*, Heinrich I. und Otto der Große (1985), *H. Beumann*, Die Ottonen ([2]1991) und vor allem der erzählstarke und viele Bezüge aufzeigende Band von *J. Fried*, Der Weg in die Geschichte. Die Ursprünge Deutschlands bis 1024 (Propyläen-Geschichte Deutschlands 1, 1994). – Das gedankliche und soziale Umfeld der Quedlinburger Stiftsgründung hat *K. Leyser*, Rule and Conflict in an Early Medieval Society. Ottonian Saxony (1979; deutsch unter dem Titel: Herrschaft und Konflikt. König und Adel im ottonischen Sachsen, 1984) äußerst erhellend analysiert. – Zu Quedlinburg: *W. Grosse*, Die Gründung und Glanzzeit des Stiftes Quedlinburg unter den Liudolfingern, in: Zeitschrift des Harzvereins 48 (1915); *J. Fleckenstein*, Pfalz und Stift Quedlinburg. Zum Problem ihrer Zuordnung unter den Ottonen (1992) zeigt, wie stark der Anteil der Königswitwe Mathilde an der Gestaltung gewesen ist. In den Wissensstand gut einführend ist ein Band, der von der Rückführung der nach den Vereinigten Staaten verschleppten Teile des Domschatzes angeregt wurde und zugleich als Katalog einer Ausstellung im Berliner Kunstgewerbemuseum 1992/93 diente: Der Quedlinburger Schatz – wieder vereint, hg. von *D. Kötzsche* (1992), darin: *E. Schubert*, Quedlinburg, Stadt und Stätte deutscher Geschichte, und: *H.-J. Krause*, Zur Geschichte von Schatz und Schatzkammer der Stiftskirche St. Servatius in Quedlinburg. Von *E. Schubert* stammt auch: Stätten sächsischer Kaiser. Quedlinburg, Memleben, Magdeburg, Hildesheim, Merseburg, Goslar, Königslutter, Meißen (1990). – Grundlegend für Fragen der Gründung und des Baugeschehens auf dem Schloßberg bleibt *C. Erdmann*, Beiträge zur Geschichte Heinrichs I., in: Sachsen und Anhalt 16 (1940) und 17 (1941/42), darunter besonders die Abschnitte II (Die Quedlinburger Heinrichslegende), und IV (Berg und Kirche zu Quedlinburg: Die ältere Burgkirche, die Bauten Heinrichs und der Mathilde, Heiligenkult und Königsgrab). Diese und andere Beiträge Erdmanns sind nachgedruckt in einem Sammelband: *C. Erdmann*, Ottonische Studien, hg. und eingeleitet von *H. Beumann* (1968). Die berühmte Urkunde Ottos I. vom 13. September 936, von der man annahm, sie sei verfertigt «nach einem Concepte, für welches die Stiftungsurkunde der Königin Mathilde benutzt sein» dürfte, ist von *H. von Sybel* und *Th. von Sickel*, Kaiserurkunden in Abbildungen, Lieferung I, Tafel 25 (1880) in Originalgröße wiedergegeben. Mit ihrer Interpretation bezüglich des ottonischen Königtums befaßte sich *K. Schmidt*, Die Thronfolge Ottos des

Großen, in: Zeitschrift der Savigny-Stiftung für Rechtsgeschichte. Germanistische Abteilung 81 (1964), nachgedruckt in: Königswahl und Thronfolge in ottonisch-frühdeutscher Zeit, hg. von *E. Hlawitschka* (Wege der Forschung 178, 1971). Zu Quedlinburg als «Itinerarort» vgl. *E. Müller-Mertens*, Die Reichsstruktur im Spiegel der Herrschaftspraxis Ottos des Großen (1980). Zum Patrozinium des heiligen Servatius vgl. *M. Zender*, Räume und Schichten mittelalterlicher Heiligenverehrung in ihrer Bedeutung für die Volkskunde. Die Heiligen des mittleren Maaslandes und der Rheinlande in Kultgeschichte und Kultverbreitung (²1973); zu Servatius, seinem Kult und seiner Ikonographie vgl. Bibliotheca Sanctorum 11 (1968). Die verschiedenen Stiftungen deutscher Könige, hauptsächlich Ottos I. und Ottos III., behandeln *P. E. Schramm – Florentine Mütherich*, Denkmale der deutschen Könige und Kaiser (²1981). Aussagestark sind verschiedene Grabschriften, so die auf dem Sarkophag der Königin Mathilde († 968) und vor allem auf dem Bleisarg der ersten Äbtissin Mathilde († 999); sie wird «abbatissa metropolitana» genannt, obwohl Quedlinburg nicht Sitz eines Bischofs, geschweige eines Metropoliten war, vgl. *E. E. Stengel*, Die Grabschrift der ersten Äbtissin von Quedlinburg, in: Deutsches Archiv für Geschichte des Mittelalters 3 (1939). Die in der Ottonenzeit betriebene Ausstattung deutscher Kirchen mit italienischen Reliquien scheint ein Zug der Zeit gewesen zu sein, worauf *E. Dupré Theseider*, La «grande rapina dei corpi santi» dall'Italia al tempo di Ottone I, in: Festschrift Percy Ernst Schramm zu seinem siebzigsten Geburtstag von Schülern und Freunden zugeeignet, Bd. 1 (1964) am Beispiel des in Italien Reliquien sammelnden Bischofs Dietrich von Metz hinweist, der ein Vetter Ottos I. war. – Über die Handschriften, die heute zum größten Teil in der Universitätsbibliothek Halle liegen, vgl. den präzisen Katalog von *J. Fliege*, Die Handschriften der ehemaligen Stifts- und Gymnasialbibliothek Quedlinburg in Halle (1982). Über die Quedlinburger Itala-Fragmente zuletzt mit viel (auch archäologischem) Vergleichsmaterial *I. Levin*, The Quedlinburg Itala. The Oldest Illustrated Biblical Manuscript (1985); der Deutung von Levin ist im Text gefolgt. Zum Samuhel-Evangeliar vgl. *Florentine Mütherich*, *B. Bischoff*, *B. Fischer* und *D. Kötzsche* im eingangs genannten Band: Das Samuhel-Evangeliar, und *D. Kötzsche* und *Katharina Bierbrauer* im Band: Der Quedlinburger Schatz – wieder vereint. – Die Härte der Kämpfe während des Investiturstreites im sächsischen Raum stellt in größerem Zusammenhang *K. Leyser*, The Crisis of Medieval Germany, in: Proceedings of the British Academy 69 (1983) dar, der zeigen kann, daß es nicht zuletzt um eine Neuordnung der Besitzverhältnisse ging. Einzelheiten bringt *L. Fenske*, Adelsopposition und kirchliche Reformbewegung im östlichen Sachsen (1977). Das Quedlinburger Stift ist damals von der Augustinerchorherren-Reform nicht erfaßt worden und geriet in eine gewisse Isolierung, vgl. *K. O. Bogumil*, Das Bistum Halberstadt im 12. Jahrhundert (1972). – Über den Rückerwerb der gestohlenen Teile des Kirchenschatzes ist in Zeitungen und Nachrichtenmagazinen häufig und ausführlich berichtet worden. Ein zusammenfassender Band, der allerdings «eine verdienstvolle Bestandsaufnahme zur sensationslüsternen Fiktion» umwandelt und «die Grenze zur Authentizität verschwimmen läßt» (so *C. Tessmar*), ist *S. Kogelfranz – W. A. Korte*, Quedlinburg – Texas und zurück. Schwarzhandel mit geraubter Kunst (1994); vgl. den nüchternen Bericht im Vorspann des Bandes: Der Quedlinburger Domschatz – wieder vereint. Eine Geschichte des Zustandekommens und der weiteren Geschicke bietet *R. Heydenreuter*, Kunstraub. Die Geschichte des Quedlinburger Stiftsschatzes (1993). – Zu Himmlers Vorstellung einer völkischen Weihestätte in Quedlinburg vgl. *J. Ackermann*, Heinrich Himmler als Ideologe (1970). Heinrich I. war für Himmler keineswegs ein beliebiges historisches Vorbild. Für Offiziersanwärter an den Junkerschulen der SS wurde Heinrich I. Pflichtthema für historische Aufsätze – neben Friedrich dem Großen und Dschingis-Khan. Die Auswertung der Grabungen hatte Himmler der «Lehr- und Forschungsgemeinschaft ‹Das Ahnenerbe›» übertragen; im Gefolge erschien eine eigene, nicht in allen Punkten wertlose Literatur, z.B. *A. Thoss*, Heinrich I. (919–936). Der Gründer des Ersten Deutschen Reiches (1936). Die Zeitschrift des «Ahnenerbes» «Germanien. Monatshefte für Germanenkunde zur Erkenntnis deutschen Wesens» feierte den tausendsten Todestag Heinrichs I. mit einer Sondernummer Juli 1936 (Heft 7), im August 1937 (Heft 8) berichtete sie über die «Geschichtliche Weihestunde in Quedlinburg» in der Nacht vom 1. zum 2. Juli 1937 und die «feierliche Wiederbeisetzung der Gebeine des ersten deutschen Königs». *C. Erdmanns* überzeugender Aufsatz über die Fehldeutung erschien unter dem Titel: Das Grab Heinrichs I., in: Deutsches Archiv für Geschichte des Mittelalters 4 (1941), nachgedruckt in dessen Ottonischen Studien. Zu den Darlegungen Erdmanns, der dem Nationalsozialismus in offener Ablehnung gegenüberstand, vgl. *F. Baethgen*, Carl Erdmann. Ein Gedenkwort, in: *C. Erdmann*, Forschungen zur politischen Ideenwelt des Frühmittelalters, aus dem Nachlaß hg. von *F. Baethgen* (1951), wieder abgedruckt in: *F. Baethgen*, Mediaevalia. Aufsätze, Nachrufe, Besprechungen (Schriften der Monumenta Germaniae Historica 17, 2, 1960), bes. S. 517.

Der «schnöde Gewinn» oder das Zinsverbot im Mittelalter

Über das von der Wirtschaftswirklichkeit überholte moralische Hemmnis – der Rückforderung von Mehr als man gegeben hat – in den verschiedenen Kultur- und Rechtskreisen gibt es zahlreiche und nicht selten diffuse Beiträge. Da die Zins- und Wucherfrage auch in die Sozial- und Wirtschaftsgeschichte hineinreicht, ist die Literatur fast unübersehbar. Es kann hier wirklich nur um «Hinweise» gehen. – Zum Zinsproblem allgemein: Staatslexikon im Auftrag der Görres-Gesellschaft, 6. Aufl., Bd. 8 (1963), Artikel: Wucher, Zins. Immer noch lesenswert ist *O. v. Nell-Breuning S.J.*, Artikel: Wucher, Zins, in: Staatslexikon im Auftrag der Görres-Gesellschaft, hg. von *H. Sacher*, 5. Aufl., Bd. 5 (1932); Handbuch der europäischen Wirtschafts- und Sozialgeschichte Bd. 3 (1963), S. 564–570. Für die erste Information hilfreich: Von Aktie bis Zoll. Ein historisches Lexikon des Geldes, hg. von. *M. North* (1995). An ein breiteres Publikum hat gedacht *M. Austen*, Das kanonische Zinsverbot, in: Theologie und Glaube 25 (1933).

Materialreiche Einführungen gaben *M. Neumann*, Geschichte des Wuchers in Deutschland (1865) und *W. Endemann*, Studien in der romanisch-kanonistischen Wirtschafts- und Rechtslehre bis gegen Ende des 17. Jahrhunderts 1 (1874), 2 (1883) mit einer «Uebersicht über die Geschichte der Wucherlehre». Eine gute, wenn auch nicht immer quellensichere Einführung gibt *H.-J. Gilomen*, Wucher und Wirtschaft im Mittelalter, in: Historische Zeitschrift 250 (1990). In Vorbereitung einer kritischen Edition hat die Überlieferung des Pseudo-Chrysostomus vorgestellt *J. van Banning*, Opus Imperfectum in Matthaeum (Praefatio), Corpus Christianorum, Ser. lat. 87 B (1988), der auch eine Bibliographie liefert. Zur wirtschaftsfeindlichen Einstellung des Werkes *F. Zehentbauer*, Der Wucherbegriff in des Pseudo-Chrysostomus Opus imperfectum in Matthaeum, in: Festgabe Albert Ehrhard (1922).

Grundlegend, weil umfassend in Quellen und Thema, ist *H. Siems*, Handel und Wucher im Spiegel frühmittelalterlicher Rechtsquellen (Schriften der Monumenta Germaniae Historica 35, 1992); stark abfallend, aber wegen mancher Hinweise noch nicht überholt: *F. Schaub*, Der Kampf gegen den Zinswucher, ungerechten Preis und unlautern Handel im Mittelalter. Von Karl dem Großen bis Papst Alexander III. (1905). Die Diskussion wurde auf das Hochmittelalter zu heftiger und beschäftigte stark die Scholastik und die Kanonistik: *J. T. Noonan*, The Scholastic Analysis of Usury (1957); mit reichem Quellenmaterial *T. P. McLaughlin*, The Teaching of the Canonists on Usury (XII, XIII and XIV Centuries), in: Mediaeval Studies 1 (1939) und 2 (1940). Im Zentrum steht Thomas von Aquin und seine Lehre des «gerechten Preises»: *E. Schreiber*, Die volkswirtschaftlichen Anschauungen der Scholastik seit Thomas v. Aquin (Beiträge zur Geschichte der Nationalökonomie 1, 1913); *Selma Hagenauer*, Das «justum pretium» bei Thomas von Aquino. Ein Beitrag zur Geschichte der objektiven Werttheorie (1931). Wichtige Korrekturen brachte *J. Höffner*, Der Wettbewerb in der Scholastik, in: Ordo. Jahrbuch für die Ordnung von Wirtschaft und Gesellschaft 5 (1953), und ders., Statik und Dynamik in der scholastischen Wirtschaftsethik (1955), der sich allerdings, ohne es in der Überschrift anzugeben, auf Zeugnisse der frühen Neuzeit stützt, als z. B. mit den überseeischen Entdeckungen und Ausbeutungen neue Überlegungen provoziert wurden, die sich von der Tradition lösten. Das allmähliche Eingehen der scholastischen Diskussion auf neue Wirtschaftsformen zeigt *O. Langholm*, Economics in the Medieval Schools. Wealth, Exchange, Value, Money and Usury according to the Paris Theological Tradition 1200–1300 (1992).

Eine weit ausholende Übersicht bietet *J. W. Baldwin*, The Medieval Theories of the Just Price: Romanists, Canonists and Theologians in the Twelfth and Thirteenth Centuries (Transactions of the American Philosophical Society N. S. XLIX Nr. 4, 1959). Dem «Widerspruch von geistlichem und wirtschaftlichem Wohlbefinden» (The Paradox of Spiritual and Economic Well-being) geht *J. Gilchrist*, The Church and Economic Activity in the Middle Ages (1969) nach. Als Einführung bietet sich an *W. Goez*, Das Ringen um den «gerechten Preis» in Spätmittelalter und Reformationszeit, in: Der «Gerechte Preis». Beiträge zur Diskussion um das «pretium iustum» (1982) und *W. Trusen*, Äquivalenzprinzip und gerechter Preis im Spätmittelalter, in: Festgabe G. Küchenhoff (1967).

Radikale Gegner des persönlichen Eigentums und damit der Zinsnahme, Anhänger der absoluten Armut, waren einige Vertreter der Bettelorden. Zu diesen Gedankengängen, die – im Sinne der Amtskirche – teilweise in Ketzerei abglitten, vgl. Povertà e ricchezza nella spiritualità dei secoli XI e XII (Convegni del Centro di Studi sulla Spiritualità Medievale VIII, Ottobre 1967; 1969) mit einem zentral in das Problem einführenden Beitrag von *R. Manselli*, Evangelismo e povertà; ausführlich: *M. D. Lambert*, Franciscan Poverty. The Doctrine of the Absolute Poverty of Christ and the Apostles in the Franciscan Order 1210–1323 (1961). Teilweise sich überschneidend sind *A. Spicciani*, La mercatura e la formazione del prezzo nella riflessione teologica medioevale (Atti della Accademia Nazionale dei Lincei 1977), der nach einer langen Einleitung die Stellungnahmen des Thomas von Aquin, des Heinrich von Gent, des Johannes Duns Scotus und des Petrus Johannis Olivi durchgeht, während *G. Todeschini*, Un trattato di economia politica francescana: il «De emptionibus et venditionibus, de usuris, de restitutionibus» di Pietro di Giovanni Olivi (Studi storici 125–126, 1980) sich ganz – und präziser – des Petrus Johannis Olivi († 1298) annimmt, der die Grenzen von Zins und Wucher zu bestimmen suchte. Zu Ockham vgl. *J. Miethke*, Ockhams Weg zur Sozialphilosophie (1969). Auf die Nennung weiterer Literatur über Vertreter des radikalen Armutsideals, so zu Bernhardin von Siena (1380–1444) und zu Johannes Kapistran (1386–1456), sei verzichtet.

Die Bewertung von Zins und Wucher vor der Bologneser Inquisition an der Wende vom 13. zum 14. Jahrhundert analysiert *M. Giansante*, Eretici e usurai. L'usura come eresia nella normativa e nella prassi inquisitoriale dei secoli XIII-XIV. Il caso di Bologna, in: Rivista di storia e letteratura religiosa 23 (1987). Zur Handhabung vor englischen Gerichtshöfen: *R.H. Helmholz*, Usury and Medieval English Church Courts, in: Speculum 61 (1986). Über das Kreditwesen im hohen und späten Mittelalter vgl. die verschiedenen Beiträge in: Hochfinanz, Wirtschaftsräume, Innovationen. Festschrift für Wolfgang von Stromer, hg. von *K. Bestmann, F. Irsigler, J. Schneider* (1987), bes. Bd. 1, darunter: *M. Körner*, Kawerschen, Lombarden und die Anfänge des Kreditwesens in Luzern; *N. Fryde-v. Stromer*, Die Kaufleute von Cahors im 13. Jahrhundert – Bankiers oder Wucherer?, in: Kredit im spätmittelalterlichen und frühneuzeitlichen Europa, hg. von *M. North* (1991). Eine neue Quelle erschließt *Ch. Vornefelder*, Einheimische und lombardische Wucherer im Frankreich von Charles VI., in: Journal of Medieval History 15 (1989). Als Beispiel der Bewertung von Kaufleuten und Gewinnsuchenden in Beichtspiegeln und Bußsummen vgl. Thomae de Chobham Summa confessorum, hg. von *F. Broomfield* (1968) vom beginnenden 13. Jahrhundert, wo den Priestern eingeschärft wird, daß sie wegen der Sündhaftigkeit der Geschäftswelt besonders sorgfältig nachforschen müßten. Mit der These einer zunehmend positiveren Einschätzung der Zinsnehmer: *J. Le Goff*, Wucherzins und Höllenqualen. Ökonomie und Religion im Mittelalter (1988; franz.: La bourse et la vie. Economie et religion au Moyen Age, 1986) – Le Goff stützt sich hauptsächlich auf die Mirakelsammlung des Stephan von Bourbon. Zu Berthold von Regensburg vgl. *H.J. Schmidt*, Arbeit und soziale Ordnung. Zur Wertung städtischer Lebensweise bei Berthold von Regensburg, in: Archiv für Kulturgeschichte 71 (1989). Die allmähliche Aufwertung kaufmännischer Tätigkeit zeigt im souveränen Überblick *J. Favier*, Gold und Gewürze. Der Aufstieg des Kaufmanns im Mittelalter (1992).

Zu den Juden als Kreditgebern: *B. Nelson*, The Idea of Usury. From Tribal Brotherhood to Universal Otherhood (²1969); *A. Kirschenbaum*, Jewish and Christian Theories of Usury in the Middle Ages, in: Jewish Quarterly Review 75 (1985); *L.K. Little*, Religious Poverty and the Profit Economy in Medieval Europe (1978). Zur Rechtsstellung der Juden hat *G. Kisch* wesentliche Beiträge verfaßt, vgl. Forschungen zur Rechts- und Sozialgeschichte der Juden in Deutschland während des Mittelalters (1955). Zur Rolle der Juden im europäischen Wirtschaftsleben vgl. das noch immer nicht überholte Werk von *G. Caro*, Sozial- und Wirtschaftsgeschichte der Juden im Mittelalter und der Neuzeit 2 (1924); zum

Kreditwesen: *M. Hoffmann*, Der Geldhandel der deutschen Juden während des Mittelalters bis zum Jahre 1350 (1910). Aufschlußreich ist die Auswertung des ältesten erhaltenen hebräischen Geschäftsschriftguts auf deutschem Boden, des Schuldenregisters der Jahre 1329–1332 eines jüdischen Kreditgebers aus dem Straubinger Raum: *M. Toch*, Geld und Kredit in einer spätmittelalterlichen Landschaft, in: Deutsches Archiv für Erforschung des Mittelalters 38 (1982); daß Juden auch in anderen Berufen tätig waren, will *Toch* zugleich zeigen: Geldverleiher und sonst nichts?, in: Tel Aviver Jahrbuch für deutsche Geschichte 22 (1993). Wegen der Fülle der Gesichtspunkte und des Materialreichtums gilt mit Recht als Standardwerk *F. Graus*, Pest-Geissler-Judenmorde ([2]1988). Eine Übersicht bringt *A. Patschovsky*, Judenverfolgung im Mittelalter, in: Geschichte in Wissenschaft und Unterricht 41 (1990), der in präziser Analyse auch die «Kammerknechtschaft» behandelt: Das Rechtsverhältnis der Juden zum deutschen König (9.–14. Jh.), in: Zeitschrift der Savigny-Stiftung für Rechtsgeschichte, Germanistische Abteilung 110 (1993). *K.-U. Jäschke*, Judenschutz – eine mittelalterliche Königstugend?, in: Juden in Deutschland. Lebenswelten und Einzelschicksale, hg. von *R. Schneider* (1994) verfolgt eine konsequente Herabminderung des Existenzrechts der Juden. Ergänzend zu den Nürnberger und Frankfurter Vorgängen *R. Schneider*, Der Tag von Benfeld im Januar 1349: Sie kamen zusammen und überein, die Juden zu vernichten, in: Spannungen und Widersprüche. Gedenkschrift für F. Graus (1992). Speziell Frankreich behandelt präzise *E. A. R. Brown*, Philip V, Charles IV, and the Jews of France: The Alleged Expulsion of 1322, in: Speculum 66 (1991). Ein informatives Beispiel der Auflösung einer Judengemeinde und der Verteilung ihres Besitzes gibt *W. Volkert*, Die spätmittelalterliche Judengemeinde in Regensburg, in: Albrecht Altdorfer und seine Zeit (Schriftenreihe der Universität Regensburg 5, 1981) in Anknüpfung an *R. Straus*, Die Judengemeinde Regensburgs im ausgehenden Mittelalter (Heidelberger Abhandlungen zur mittleren und neueren Geschichte, Heft 61, 1932). Als Überblick: *P. Herde*, Von der mittelalterlichen Judenfeindschaft zum modernen Antisemitismus, in: Geschichte und Kultur des Judentums, hg. von *K. Müller* und *K. Wittstadt* (1988).

Das Hofjudentum behandeln *Selma Stern*, The Court Jew. A Contribution to the History of the Period of Absolutism in Central Europe (1950) und umfassend: *H. Schnee*, Die Hochfinanz und der moderne Staat. Geschichte und System der Hoffaktoren an deutschen Fürstenhöfen im Zeitalter des Absolutismus, 6 Bände (1953–1967).

Zu Luther: *H. Hesse*, Über Luthers «Von Kauffshandlung und Wucher», und *G. Müller*, Zu Luthers Sozialethik, beide Beiträge verstehen sich als Kommentar zur Faksimile-Ausgabe der 1524 in Wittenberg erschienenen Lutherschrift: Von Kauffshandlung und Wucher, erschienen in der Reihe: Die Handelsblatt-Bibliothek «Klassiker der Nationalökonomie» (1987).

Die Ezra Pound-Gedichte hat *Le Goff* in seinem Buch «Wucherzins und Höllenqualen» angehängt. Eine weitverbreitete Interpretation der Poundschen Antiwuchergesänge gab *H. E. Holthusen*, Der unbehauste Mensch. Motive und Probleme der modernen Literatur ([3]1955).

«Edle» Pfarrersfrau – arme Pfarrersfrau

Der Beitrag – das verkürzt wiedergegebene Kapitel eines geplanten Buchs – ist bisher ungedruckt. Er hält sich eng an die Quellen, schon um nicht in den Strudel der heftig geführten Diskussion um die Priesterehe zu geraten, die eine eigene und meist aus Sekundärquellen gespeiste Literatur hervorgebracht hat. Quellenzusammenstellungen zur Priesterehe gibt es in großer Zahl. Typisch für die Situation, die so neu nicht ist, wie es den Kombattanten erscheint, sind zwei Sammlungen, auf der einen Seite die der Breslauer geistlichen Brüder *J. A.* und *A. Theiner*, Die Einführung der erzwungenen Ehelosigkeit bei den christlichen Geistlichen und ihre Folgen, 2 Teile (1828), die eine 3., von *F. Nippold* bearbeitete und erweiterte Auflage (1893) erlebt hat. Diesem «von den Zölibatsstürmern noch immer verwerteten Werk» (H. Hoffmann) stehen die vielen Bände des «nicht immer kritischen Sammlers theologisch-kanonistischen Materials» (M. Lacko) *A. Roskovány* gegenüber: Coelibatus et breviarium: duo gravissima clericorum officia, e monumentis omnium saeculorum demonstrata (1861–1888), eines ganz auf Rom und das erste Vatikanische Konzil eingeschworenen Bischofs von Nitra. Eine handliche Übersicht bietet *G. Denzler*, Das Papsttum und der Amtszölibat, 2 Bände (1973–1976), doch sollte dazu die Kritik *A. M. Sticklers* in: The Catholic Historical Review 65 (1979) verglichen werden, der sich selbst zur Frage geäußert hat: L'évolution de la discipline du célibat dans l'église en occident de la fin de l'âge patristique au concile de Trente, in: Sacerdoce et célibat, hg. von *J. Coppens* (1971) und: Der Klerikerzölibat. Seine Entwicklungsgeschichte und seine theologischen Grundlagen (1993). Neue Orientierungen unter dem Aspekt gegenwärtiger Fragen bringen *J. S. Hohmann*, Der Zölibat. Geschichte und Gegenwart eines umstrittenen Gesetzes (1993) und vor allem abermals *G. Denzler*, Die Geschichte des Zölibats (1993).

Zum Pfarrer im «Einochs» und im «Bürle» vgl. den Artikel «Unibos» von *K. Langosch* in: Die deutsche Literatur des Mittelalters. Verfasserlexikon Bd. 4 (1953), S. 634–638 und *J. Bolte – G. Polívka*, Anmerkungen zu den Kinder- und Hausmärchen der Brüder Grimm 2 (1915), Nr. 61.

Eine systematische Untersuchung des Wortmaterials zu «presbytera» usw. fehlt. Ein Versuch an abgelegener Stelle: *M. Guerra Gómez*, En torne a los términos femeninos correspondientes a las designaciones (sacerdos, episcopus, presbyter) de los sacerdotes cristianos, in: Annales theologici 2 (1988). Die hochmittelalterliche Einschätzung untersucht *F. Gillmann*, Weibliche Kleriker nach dem Urteil der Frühscholastik, in: Archiv für katholisches Kirchenrecht 93 (1913). Für eine Sensation aus feministischer Sicht will das von der Vertriebsgesellschaft Zweitausendeins in Übersetzung herausgebrachte Buch von *Karen Jo Torjesen*, Als Frauen noch Priesterinnen waren (1995) sorgen; es ist eine Mischung von abgeschriebenen Gelehrsamkeiten und Absurditäten; Torjesen möchte von den femininen Amtsnamen auf regulär ordinierte Priesterinnen und Bischöfinnen schließen, die aus Ämtern «herausgedrückt» worden seien und schließlich Hexenprozesse über sich hätten ergehen lassen müssen. Allerorten sieht sie Frauenfeinde am Werk; das «a» von Theodora, der Mutter des Papstes Paschalis I., sei «durch Kratzer auf den Mosaiksteinen teilweise ausgelöscht». Aber da wäre das Ziel der Tilgung ein Theodor (ohne Endung) episcopa, so daß man die Weiblichkeit des

Bischofs am Amtstitel doch weiter erkennen würde. Torjesen legt auf den Befund offenbar so großen Wert, daß sie das Mosaik auf den Umschlag hat setzen lassen (siehe die Bildlegende zum Theodora-Mosaik S. 153). Ernsthaft ist die Untersuchung von *Ida Raming*, Der Ausschluß der Frauen vom priesterlichen Amt. Gottgewollte Tradition oder Diskriminierung (1973), der der Mainzer Kanonist *G. May* in: Zeitschrift für Rechtsgeschichte. Kanonistische Abteilung 60 (1974) eine ausführliche Besprechung gewidmet hat, feministisch geprägt die von *Ute E. Eisen*, Amtsträgerinnen im frühen Christentum. Epigraphische und literarische Studien (1996).

Die frühkirchliche Situation unter umfassender Heranziehung der Quellen stellt dar *R. Gryson*, Les origines du célibat du premier au septième siècle (1970). Auf die gnostischen Anfänge des frühchristlichen Syneisaktentum – das Zusammenleben von Mann und Frau, als wären sie Mönch und Nonne – verweist *W. Speyer*, Das christliche Ideal der geschlechtlichen Askese in seinen negativen Folgen für den Bestand des Imperium Romanum, in: Panchaia. Festschrift für Klaus Thraede (Jahrbuch für Antike und Christentum, Ergänzungsband 22, 1995). Mehr den Motiven geht nach *B. Kötting*, Der Zölibat in der Alten Kirche (^{2}1970). *B. Brennan*, «Episcopae»: Bishop's Wives viewed in Sixth-Century Gaul, in: Church History 54 (1985) stellt den negativen Beurteilungen von Bischofsfrauen hauptsächlich durch Gregor von Tours positive gegenüber. Im allgemeinen bleibt *S. Wemple*, Women in Frankish Society: Marriage and the Cloister, 500 to 900 (1981). Gewinnbringend ist die ungewöhnlich quellennah geschriebene Darstellung von *H. Fichtenau*, Lebensordnungen des 10. Jahrhunderts, 2 Bände (1984), wo «Pfarrersfrau» und «Priesterehe» im Kontext der Zeit behandelt sind. Wegen der vielen Beispiele hilfreich *A. Dresdner*, Kultur- und Sittengeschichte der italienischen Geistlichkeit im 10. und 11. Jahrhundert (1890). Bei der von italienischen Reformern beklagten Entfremdung kirchlichen Gutes ist zu bedenken, daß vornehmlich im langobardischen Rechtskreis viele «Familienkirchen» bestanden, Kirchen, die von mehreren untereinander verbundenen Personen eingerichtet und mit Besitz ausgestattet wurden und auf die der stiftende Personenkreis Besetzungsansprüche erhob und durchsetzte. Die Parallelität der Schlechterstellung von Klerikerkindern und anderen unehelichen Kindern zeigt *B. Schimmelpfennig*, Zölibat und Lage der «Priestersöhne» vom 11. bis 14. Jahrhundert, in: Historische Zeitschrift 227 (1978). Zur Synode von Pavia 1022 vgl. *H. Wolter*, Die Synoden im Reichsgebiet und in Reichs-Italien von 916 bis 1054 (1988).

Zu Petrus Damiani und den Eunuchen: *J. Leclercq*, Der Heilige Petrus Damiani und die Frauen, in: Erbe und Auftrag 51 (1975) und *P. Browe*, Zur Geschichte der Entmannung (1936). Um eine «psychopathologische» Deutung Otlohs von St. Emmeram bemüht sich *Helga Schauwecker*, Otloh von St. Emmeram. Ein Beitrag zur Bildungs- und Frömmigkeitsgeschichte des 11. Jahrhunderts (1963), und speziell diesem Aspekt widmet sich *G. Vinay*, Otlone di Sant' Emmeram ovvero l'autobiografia di un nevrotico, in: La storiografia altomedievale (Settimane di studi sull'Alto Medioevo 17, 1970). Oströmische Vorbilder wirkten hier nicht ein, vgl. *D. Simon*, Lobpreis der Eunuchen (Schriften des Historischen Kollegs. Vorträge 24, 1994). Über den Kampf für und gegen den Zölibat gibt es eine reiche Literatur: *A. L. Barstow*, Married Priests and the Reforming Papacy: The Eleventh-Century Debates (1982); *C. N. L. Brooke*, Gregorian Reform in Action: Clerical Marriage in England 1050–1200, in: Cambridge Historical Journal 12 (1965). Die ausführlichsten Inhaltsangaben der damaligen Streitschriften bringt immer noch *C. Mirbt*, Die Publizistik im Zeitalter Gregors VII. (1894). Zum Pseudo-Ulrich-Brief und seiner Umgebung vgl. *E. Frauenknecht*, Die Verteidigung der Priesterehe in der Reformzeit (Monumenta Germaniae Historica. Studien und Texte, 1997). Die juristische Seite erörtert *J. Gaudemet*, Le célibat ecclésiastique. Le droit et la pratique du XIe au XIIIe siècle, in: Zeitschrift für Rechtsgeschichte. Kanonistische Abteilung 68 (1982) und *F. Liotta*, La continenza dei chierici nel pensiero canonistico classico da Graziano fino a Gregorio IX (1971).

Zu den theologisch-juristischen Grundgedanken des Zölibats *M. Boelens*, Die Klerikerehe in der Gesetzgebung der Kirche unter besonderer Berücksichtigung der Strafe (1968); *H. Böhmer*, Die Entstehung des Zölibats, in: Geschichtliche Studien. A. Hauck zum 70. Geburtstag dargebracht (1916), den *R. Kottje*, Das Aufkommen der täglichen Eucharistiefeier in der Westkirche und die Zölibatsforderung, in: Zeitschrift für Kirchengeschichte 82 (1971) ergänzt. Die anders geartete Lage in der Ostkirche verfolgt *R. Cholij*, Clerical Celibacy in East and West (1988).

Zur Tolerierung der Priesterehe durch manche Bischöfe vgl. *H. Fuhrmann*, Adalberts von Bremen Mahnung: Si non caste tamen caute, in: Festschrift E. Hoffmann (1992). Zusammenfassung früherer Forschung ist *J. Brundage*, Law, Sex, and Christian Society in Medieval Europe (1987). Auf dem Material der jetzt erstmals freigegebenen Register der pästlichen Pönitentiarie für die Jahre 1449 bis 1533 fußend bringt *L. Schmugge*, Kirche, Kinder, Karrieren. Päpstliche Dispense von der unehelichen Geburt im Spätmittelalter (1995) völlig neue Erkenntnisse und berührt auch das Aufkommen des Dispenswesens.

Ein Verzeichnis der bayerischen Traditionsbücher stellt zusammen *H. Wanderwitz*, in: Archiv für Diplomatik 24 (1978), ergänzend *M. Borgolte*, in: Frühmittelalterliche Studien 24 (1990). Zu Hiltigund und Gunduni vgl. *G. Flohrschütz*, Der Adel des Ebersberger Raumes im Hochmittelalter (1989) und *G. Mayr*, Ebersberg – Gericht Schwaben (1989). Zu «Froibirgis / Froypirch» *F. L. Baumann*, Die Benediktbeurer Urkunden bis 1270 (Sitzungsberichte München 1912, Heft 2). Die Handschrift clm 4535 der Bayerischen Staatsbibliothek beschreibt *G. Glauche*, Katalog der lateinischen Handschriften der Bayerischen Staatsbibliothek München. Die Pergamenthandschriften aus Benediktbeuern (1994).

Das Phänomen Montaillou behandelt in ungemein wirkungsvoller Weise *E. Le Roy Ladurie*, Montaillou, village occitan de 1294 à 1324 (1975, deutsch 1975), fußend auf den Verhörsprotokollen, die *J. Duvernoy* 1965 herausgegeben und 1972 ergänzt hat. Daß die schwülen Vorgänge bei Priesterübergriffen in Inquisitionsprozessen ans Licht kamen, hängt – abgesehen von den quälenden Praktiken – mit der Rechtsstellung der Frau zusammen, die in normalen kirchenrechtlichen Verfahren als Klägerin nicht zugelassen war, wohl aber als Zeugin in einem Inquisitionsprozeß aussagen konnte, wobei das Zeugnis zum Anklagepunkt sich wandelte. Aufschlußreich ist der im Text erwähnte Inquisitionsprozeß des Jahres 1253, als gegen den Abt Pierre de Dalbs des Nordpyrenäenklosters Lézat südlich Toulouse, in einer Ketzerlandschaft also, Anklage erhoben wurde. Die meisten der 45 Frauen, mit denen der Abt sexuellen Verkehr hatte, sind als Zeuginnen im Prozeß vernommen worden und berichteten detailliert von der brutalen und perversen Zudringlichkeit des Abtes, vgl. *Daniela Müller*, Vir caput mulieris. Zur Stellung der Frau im Kirchenrecht unter besonderer Berücksichtigung des 12. und 13. Jahrhunderts, in: Vom mittelalterlichen Recht zur neuzeitlichen Rechtswissenschaft, hg. von *N. Brieskorn, P. Mikat, D. Müller* und *D. Willoweit* (1994). Der Zufall fügt es, daß die Abtei noch eine andere Merkwürdigkeit aufweist; für die Jahre 1080–1090 verzeichnet deren Chartular die Schenkung einer Frau Aladaiz, die sich «Magd der Knechte Gottes» (serva servorum Dei) nennt, sich also eine Bezeichnung zulegt, die dem Papst zukommt.

«Pour le mérite» oder von der Sichtbarmachung der Verdienste

Grundlage der Ausführungen ist eine kleine Monographie: Pour le mérite. Über die Sichtbarmachung von Verdiensten. Eine historische Besinnung (1992), wo in einem fast dreißigseitigen Anhang die ausufernde Literatur kritisch referiert ist. Hier seien nur einige Titel genannt, an die sich die Darstellung hauptsächlich anlehnt.

Eine durchgehende historische Übersicht über Verdienstgedanken und Verdienstbewertung gibt es nicht, zahlreich sind jedoch die Bildbände. Immer noch nützlich sind einige ältere Werke: *G. A. Ackermann*, Ordensbuch sämmtlicher in Europa blühender und erloschener Orden und Ehrenzeichen (1855); *H. Schulze*, Chronik sämtlicher bekannten Ritter-Orden und Ehrenzeichen (1855, Nachträge 1870, 1878); *M. Gritzner*, Handbuch der Ritter- und Verdienst-Orden aller Kulturstaaten der Welt innerhalb des 19. Jahrhunderts (1893); *V. Měřička*, Orden und Auszeichnungen (1966). Zur Orientierung sei verwiesen auf den kurzen, aber faktenreichen Abriß von *F. Merzbacher* in: Handwörterbuch zur deutschen Rechtsgeschichte, 22. Lieferung (1983), S. 1264ff. Die Zusammenstellung über die ausgegebenen Verdienstorden der Bundesrepublik Deutschland verdanke ich dem Bundespräsidialamt. Die Verleihungen der Jahre 1969–1989 verteilen sich im Jahresdurchschnitt in folgender Weise auf die Bundespräsidenten: G. Heinemann (1969–1974) 5834, W. Scheel (1974–1979) 5341, K. Carstens (1979–1984) 6206, R. v. Weizsäcker (1984–1994) für die Jahre 1985–1989: 6421. Aus den Zahlen des Bundespräsidialamtes geht z. B. auch hervor, daß der Anteil der Frauen von 1985 bis 1989 von 12,7 auf 17,2 Prozent gestiegen ist. Der Anteil der verschiedenen Stufen an den Verleihungen im Inland verteilt sich folgendermaßen in diesem Zeitraum: Verdienstmedaille 15–19 Prozent, Verdienstkreuz am Bande 66–72 Prozent, Verdienstkreuz 1. Klasse 8–12 Prozent, Großes Verdienstkreuz 2–3 Prozent, Großes Verdienstkreuz mit Stern 0,5–1 Prozent.

Für die Antike sind stoffreich verschiedene Beiträge in der Real-Encyklopädie der classischen Altertumskunde: man vergleiche «corona» 4 (1901), S. 1637ff. (dazu der Artikel «Kranz» 11, 2 [1922], S. 1599ff.), «dona militaria» 9, 1 (1903), S. 1528ff., «ornamenta triumphalia» 18, 1 (1939), S. 1121f., «phalerae» 19, 2 (1938), S. 1659ff., «torques» 2. Reihe 6 (1937), S. 1800ff. Eine auf das Christentum zielende, aber auch die heidnischen Grundlegungen umfassende Darstellung des Kranzbrauches ist die von *K. Baus*, Der Kranz in Antike und Christentum. Eine religionsgeschichtliche Untersuchung mit besonderer Berücksichtigung Tertullians (1940), und für den griechischen Bereich, das archäologische Material und die Vasenmalerei ausschöpfend, *M. Blech*, Studien zum Kranz bei den Griechen

(1982). Zum häufig abgebildeten Bonner Epitaph des Centurio M. Caelius vgl. *K. P. Almar*, Inscriptiones Latinae. Eine illustrierte Einführung in die lateinische Epigraphik (1990), S. 327f. Nr. 217.

Eine Übersicht über die verschiedenen Auszeichnungsformen des Mittelalters in dem hier behandelten Sinne fehlt ebenfalls; es wurde auf das Wortmaterial verschiedener lateinischer Lexika (anulus, circulus, corona, insigne, meritum, monile, munus, phalerae, torques u. a.) zurückgegriffen. Auf Auszeichnungen, die zugleich als Standeszeichen dienen, geht hie und da das von *P. E. Schramm* herausgegebene und hauptsächlich von ihm verfaßte Sammelwerk ein: Herrschaftszeichen und Staatssymbolik. Beiträge zu ihrer Geschichte vom dritten bis zum sechzehnten Jahrhundert, 3 Bände (1954–56), in Bd. 1 z. B. der Beitrag von *K. Hauck* über den Halsschmuck (torques).

Über das Rittertum und seinen Tugend- und Leistungsbegriff gibt es eine überreiche Literatur. Suggestiv geschrieben und gerade auf den Wertgedanken eingehend ist *G. Duby*, Der Sonntag von Bouvines 27. Juli 1214 (1973, dt. 1988). Über William Marshal gibt es – nach dem Werk von *G. Duby*, Guillaume le Maréchal ou le meilleur chevalier du monde (1984), dessen pathetisches Bild *J. Gillingham* in: Thirteenth Century England II. Proceedings of the Newcastle upon Tyne Conference 1987 (1990) zurechtrückte – eine den historischen Hintergrund stärker einbeziehende Biographie von *D. Crouch*, William Marshal. Court, Career and Chivalry in the Angevin Empire 1147–1219 (1990). Den wechselseitigen Einfluß von Ritterethos und Standessolidarität einerseits und der praktischen Kriegführung andererseits stellt mit einer Fülle von Beispielen für das Spätmittelalter *V. Schmidtchen* dar: Kriegswesen im späten Mittelalter. Technik, Taktik, Theorie (1990), S. 53ff.; zum Söldnerwesen vgl. S. 43ff.

Zur christlichen Verdienstlehre vergleiche man die verschiedenen theologischen Enzyklopädien; immer noch hilfreich Wetzer-Welte, Kirchenlexikon, Bd. 12, 2. Aufl. (1901), s. v. «Verdienst (meritum)», sodann Religion in Geschichte und Gegenwart, 3. Aufl., Bd. 6 (1962), S. 1263ff., Lexikon für Theologie und Kirche, 2. Aufl., Bd. 10 (1965), S. 675ff. Ausführlich sind die einschlägigen Abschnitte in den großen Dogmatik-Werken gehalten, bei *M. Schmaus*, Katholische Dogmatik, Bd. 3: Christi Fortwirken bis zu seiner Wiederkunft. Zweiter Teil: Die göttliche Gnade (^{6}1965), S. 353ff. und 511ff. (in verknappter Form wiederholt von *M. Schmaus*, Der Glaube der Kirche. Handbuch katholischer Dogmatik 2 [1970], S. 651ff.); *A. Landgraf*, Dogmengeschichte der Frühscholastik. Erster Teil: Die Gnadenlehre, Bd. 1 (1952), S. 268ff., Bd. 2 (1953), S. 75ff. Das Zitat *Karl Rahners* ist seinem Aufsatz «Trost der Zeit» entnommen, abgedruckt in seinen Schriften zur Theologie, Bd. 3 (^{7}1967) S. 171. Von *O. H. Pesch*, Die Lehre vom «Verdienst» als Problem für Theologie und Verkündigung. M. Schmaus zum 70. Geburtstag, hg. von *L. Scheffczyk*, *W. Dettloff*, *R. Heinzmann*, Bd. 2 (1967) stammt der zur Zeit beste historische Überblick, der in den Versuch einmündet, den mittelalterlich-katholischen Verdienstbegriff dem protestantischen anzunähern. *Pesch* ergänzte seine Überlegungen in: Frei sein aus Gnade. Theologische Anthropologie (1983), S. 389ff. «Merita» als Bezeichnung von Reliquien behandeln *J. Braun*, Der christliche Altar, Bd. 1 (1924), S. 623, *M. T. Ellebracht*, Remarks on the Vocabulary of the Ancient Orations in the Missale Romanum, in: Latinitas christianorum primaeva 18 (1963) und *J. Fascher*, Meritum in der Sprache der römischen Orationen (Sitzungsberichte der Bayerischen Akademie der Wissenschaften, phil.-hist. Klasse 1971, Heft 2). Leonardo Brunis 1428 entstandene Grabrede auf Nanni degli Strozzi, die ihre Anregung in Perikles' Grabrede auf die Gefallenen (Thukydides II, 37ff.) hat, ist abgedruckt bei *Et. Baluze*, Miscellaneorum liber tertius (1680), S. 226ff. Zu Brunis Rede vgl. jetzt *C. Zintzen*, Leonardo Bruni und Thukydides. Bemerkungen zur Leichenrede des Leonardo Bruni auf Johannes Strozzi, in: Festschrift für E. Loos (1994). Als Hinführung zur einschlägigen Literatur des Rittertums vgl. die Artikel «Ritterbünde», «Ritterspiegel», «Ritterstand» im Handwörterbuch zur deutschen Rechtsgeschichte, 29. Lieferung (1988). Für das geistliche Ritterwesen gilt als klassisch *H. Prutz*, Die geistlichen Ritterorden. Ihre Stellung zur kirchlichen, politischen, gesellschaftlichen und wirtschaftlichen Entwicklung (1908), jetzt ergänzt von *A. Forey*, The Military Orders from the Twelfth to the Early Fourteenth Century (1992). Einzelaspekte sind in dem Vortragsband behandelt: Die geistlichen Ritterorden Europas, hg. von *J. Fleckenstein* und *M. Hellmann* (1980). Das ausufernde Schrifttum zu den einzelnen Ritterorden, speziell zu den traditionsstarken Johannitern und den geheimnisumwobenen Templern, bleibe beiseite; hingewiesen sei nur auf *H. Boockmann*, Der Deutsche Orden. Zwölf Kapitel aus seiner Geschichte (^{4}1994). Um eine Klärung des Übergangs der geistlichen zu weltlichen Ritterorden bemüht sich, das Thema stark verinnerlichend, *B. Heydenreich*, Ritter und Rittergesellschaften. Ihre Entwicklung vom späten Mittelalter bis zur Neuzeit (Diss. Würzburg 1961); zur Orientierung sind Heydenreichs Statistiken und Übersichten hilfreich. In die Betrachtung nicht einbezogen werden die vom Heiligen Stuhl gestifteten Orden und Titel.

Eine vor allem an die Sekundärliteratur heranführende Übersicht der höfischen Ritterorden am Ende des Mittelalters gibt *D'Arcy Jonathan Dacre Boulton*, The Knights of the Crown. The Monarchical Orders of Knighthood in the Later Medieval Europe 1325–1520 (1987), der die Entstehung des Hosenbandordens mehr mit dem Geist von Crécy verbunden sieht, während *J. Vale*, Edward III and Chivalry (1982) in der Artussage modellhafte Züge erblickt. Die Literatur zur Geschichte des Hosenbandordens ist überreich. Eine stoffreiche Aufarbeitung der Texte zum Hosenbandorden stellt die Bonner Dissertation von *D. Schneider*, Der englische Hosenbandorden. Beiträge zur Entstehung und Entwicklung des «The Most Noble Order of the Garter» (1348–1702) mit einem Ausblick bis 1983 (1988) dar.

Im Zusammenhang mit den anderen Kronenorden behandelt die Gründung des Ordens vom Goldenen Vlies *Boulton* (siehe oben). Dilettantisch zwar, aber stoffreich ist *L. Hommel*, L'histoire du Noble Ordre de la Toison d'Or (1947). Mit einer lesenswerten Einleitung, die das Ordensphänomen im europäischen Vergleich behandelt, setzt die Dissertation von *F.J. Kalff* ein: Funktion und Bedeutung des Ordens vom Goldenen Vlies in Spanien vom XVI. bis zum XX. Jahrhundert. Ein Beitrag zur Ordensgeschichte (Phil. Diss. Bonn 1963); dazu ergänzend *Annemarie Weber*, Der österreichische Orden vom Goldenen Vlies. Geschichte und Probleme (Phil. Diss. Bonn 1971). Den Zusammenhang von Ordenssymbolik und weit ausgreifender politischer Zielsetzung im Rahmen der Kreuzzugspläne Herzog Philipps des Guten von Burgund stellt *H. Müller* dar: Kreuzzugspläne und Kreuzzugspolitik des Herzogs Philipps des Guten von Burgund (1993).

Den Übergang zu speziellen Verdienstorden behandelt kurz *Heydenreich*, Ritterorden und Rittergesellschaften (siehe oben) und bringt eine knappe schematische Übersicht der «ritterlichen Militär-Verdienstorden», in der auch Hinweise über die Zahl der Mitglieder, über Pension und Adelsvoraussetzung verzeichnet sind. Den preußischen «Ordre de la générosité» als Vorgänger des «Pour le mérite» behandelt *G. Lehmann* in seinem zweibändigen Werk: Die Ritter des Ordens pour le mérite, 1. Bd.: 1740–1811, 2. Bd. 1812–1913 (1913). Eine Geschichte des Ordens während des Ersten Weltkriegs, zugleich eine Namensliste aller mit dem Orden Ausgezeichneten, bietet *J. Brinkmann*, Die Ritter des Ordens «Pour le mérite» 1914–1918 (1982).

Verdienstauszeichnungen für Unteroffiziere und Mannschaften wurden bei den großen Militärmächten (Frankreich, Österreich, Schweden, Rußland, Preußen) erst spät eingeführt, vgl. *F. J. Ophaus*, Das Goldene Preußische Militär-Verdienst-Kreuz (Der pour le mérite des deutschen Unteroffiziers) (1936) und *G. Heyl*, Die Belohnung der bayerischen Soldaten unter Max I. Joseph, in: Zeitschrift für bayerische Landesgeschichte 55 (1992). Über die Ehrenlegion informieren hinreichend La Grande Encyclopédie (Ausgabe 1889ff.) Bd. 21 und die letzte Ausgabe: La Grande Encyclopédie. Librairie Larousse, Bd. 12 (1974) s. v. Légion d'honneur. In zeitverpflichtetem Pathos, aber präzise in der Sache *K. Bauch*, Das Eiserne Kreuz 1813/1939 (1941).

Über die Geschichte des Ordens Pour le mérite für Wissenschaften und Künste bis heute orientiert am besten der «historische Rückblick», den *Th. Schieder* dem ersten der beiden Bände: Orden pour le mérite für Wissenschaften und Künste. Die Mitglieder des Ordens. Erster Band 1842–1881 (1975), Zweiter Band 1882–1952 (1978) vorangestellt hat. Die früheren Versuche, die Persönlichkeit des Königs zu beschreiben, sind überholt durch *W. Bußmann*, Zwischen Preußen und Deutschland. Friedrich Wilhelm IV. Eine Biographie (1990), der in einem Kapitel «Kunst und Wissenschaft» der Gründung des Ordens einige Seiten gewidmet hat. Die Vorgänge der Ordensgründung sind verarbeitet in den (nicht von Humboldt verfaßten) Memoiren Alexander von Humboldt's, Bd. 2 (1861), S. 355f. Die Auswahl der ersten Ordensritter wurde im ständigen Gespräche zwischen dem König und Alexander von Humboldt vorgenommen, vgl. die Darstellung von *A. Dove* in der von *K. Bruhns* bearbeiteten und herausgegebenen Biographie: Alexander von Humboldt, Bd. 2 (1872), S. 331.

«Die Verfassung des Deutschen Reiches» von 1849 ist abgedruckt bei *G. Franz*, Staatsverfassungen. Eine Sammlung wichtiger Verfassungen der Vergangenheit und Gegenwart in Urtext und Übersetzung ([3]1975), S. 140ff. (S. 159f., § 137 die Ordensfrage: «Kein Staatsangehöriger darf von einem auswärtigen Staate einen Orden annehmen.»). Die Geschicklichkeit, mit der Adolf von Harnack über den Bestand des Ordens verhandelte, ist von *Schieder* (siehe oben) quellennah dargestellt. *Theodor Heuss*' Aufsatz «Ein Areopag des Geistes. Hundert Jahre ‹Friedensklasse› des ‹Pour le mérite›» erschien in der Frankfurter Zeitung vom 31. Mai 1942.

Über das Fernhalten der Theologie vom Orden notierte Varnhagen unter dem 31. Mai 1842: «Stiftungsurkunde heute eines neuen Ordens pour le mérite für Gelehrte und Künstler, dreißig deutsche Mitglieder ernannt, dreißig auswärtige zum Theil ernannt. Theologie ausgeschlossen, warum? Theologische Gelehrte sind ja nicht Priester, und bisher bekamen ja auch Priester weltliche Orden», vgl. Tagebücher von *K. A. Varnhagen von Ense*, 2. Bd. (1861). Humboldts Bemerkung über den Ausschluß der Theologie durch den König steht bei *Dove* (siehe oben) S. 331 f. Gerade die Frage des Verhältnisses des Geschöpfes zum Schöpfer fand beim König ein ungewöhnliches Interesse. Die Religiosität Friedrich Wilhelms IV., die für dessen Persönlichkeitsverständnis zentral ist, analysiert *J. Mehlhausen*, Friedrich Wilhelm IV. Ein Laientheologe auf dem preußischen Königsthron, in: Vom Amt des Laien in Kirche und Theologie. Festschrift G. Krause (1982). – Die Vorstellung Friedrich Wilhelms IV., daß das Verdienst an sich nicht ausgezeichnet werden könne, sondern nur die «weit verbreitete Anerkennung», findet eine Entsprechung bei einem ganz anders gearteten Denker, den seine jansenistische Prägung durchaus in die Nähe des preußischen Königs rückt. Der französische Moralist *François de La Rochefoucauld* (1613–1680), dessen schonungslos analysierende Maximen weit verbreitet waren, formulierte: «Die Welt belohnt öfter den Schein des Verdienstes als das Verdienst selber», vgl. *F. Schalk*, Die französischen Moralisten, Bd. 1 (1973), S. 60.

Vom «schlimmen Tod» oder wie das Mittelalter einen «guten Tod» herbeiwünschte.

Eine ausführliche und mit Belegen versehene Fassung ist als Sitzungsbericht der Bayerischen Akad. der Wissenschaften unter dem Titel «Bilder für einen guten Tod» (Jg. 1997, H. 3) erschienen. – Nach einer langen Zeit der Vernachlässigung sind Themen um «Sterben» und «Tod» aktuell geworden, und gerade der «Sonntagshistoriker» *Philippe Ariès* (1914–1986) – zu Beginn seiner Laufbahn als Historiker wurde kolportiert, er sei Bananenimporteur – traf mit seinen zuweilen quellenfremden Darlegungen auf das Interesse des Publikums. Von seinen Arbeiten seien genannt: Essais sur l'histoire de la mort en Occident, du moyen âge à nos jours (1975); deutsch: Studien zur Geschichte des Todes im Abendland (1976); L'homme devant la mort (1977); deutsch: Geschichte des Todes (1980). Einwände gegen Ariès hat *A. Borst*, Zwei mittelalterliche Sterbefälle, in: Merkur. Deutsche Zeitschrift für europäisches Denken, Jahrgang 1980 Heft 11, S. 1081 ff. vorgetragen, der seinen Beitrag in erweiterter Form («Drei mittelalterliche Sterbefälle») wiederholt hat in seinem Band: Barbaren, Ketzer und Artisten (1988). Reich an Einsichten und Aspekten ist der aus einem Kolloquium der Universität Konstanz hervorgegangene Band «Tod im Mittelalter», hg. v. *A. Borst*, *G. von Graevenitz*, *A. Patschovsky* (Konstanzer Bibliothek 20, 1993); die Veranstaltung hat Arno Borst angeregt, der auch eine weitausholende Zusammenfassung schrieb. Informativ sind auch *W. Goez*, Die Einstellung zum Tode im Mittelalter, in: Der Grenzbereich zwischen Leben und Tod. Vorträge gehalten auf der Tagung der Joachim Jungius-Gesellschaft der Wissenschaften, Hamburg, am 9. und 10. Oktober 1974 (1976); *K. Stüber*, Commendatio animae: Sterben im Mittelalter (Geist und Werk der Zeiten 48, 1976) und besonders *O. G. Oexle*, Die Gegenwart der Toten, in: Death in the Middle Ages, hg. v. *H. Breat* und *W. Verbeke* (Mediaevalia Lovaniensia 1, 9, 1983). Abgewendet von kirchlichen und damit mittelalterlichen Verhaltensformen sind die Reflexionen von *N. Elias*, Über die Einsamkeit des Sterbenden in unseren Tagen (1982). Es ist doch sehr die Frage, ob die heutige Industriegesellschaft durchweg einen so hohen Grad von Profanisierung erreicht hat, wie es sich für Elias darstellt. Das grundlegende Buch über die Literatur der «ars moriendi» wird *R. Rudolf* verdankt: Ars Moriendi. Von der Kunst des heilsamen Lebens und Sterbens (Forschungen zur Volkskunde 39, 1957), das über den «danse macabre» *H. Rosenfeld*, Der mittelalterliche Totentanz. Entstehung, Entwicklung, Bedeutung² (Archiv für Kulturgeschichte, Beihefte 3, 1968); aus der großen Zahl der Totentanz-Darstellung sei hervorgehoben der Lübecker Totentanz von Bernt Notke aus dem Jahr 1463: Der Totentanz der Marienkirche in Lübeck und der Nikolaikirche in Reval (Tallinn), hg. v. *H. Freytag* (Niederdeutsche Studien 39, 1993).

Augustinus' Formulierungen, die sich in gewandelter Form in seinen Schriften finden, wirkten vorbildhaft und wurden im Mittelalter häufig wiederholt. Die drei Zitate im Text stehen in seiner Psalmenexegese (zu Psalm 33), in seinem «Gottesstaat» (I, 11) und in seiner Predigt über das «christliche Verhalten» (De disciplina christiana). Zu Maria als Sterbehelferin vgl. *Kl. Schreiner*, Maria. Jungfrau, Mutter, Herrscherin (1994) und das Marienlexikon, hg. von *R. Bäumer* und *L. Scheffczyk*, 5 Bände (1988–1994), darin: «Nothelfer» (Bd. 4, 1992, S. 644 ff.), «Wunder» (Bd. 6, 1994, S. 767 f.).

Aus der überreichen, sich aber vielfach wiederholenden Literatur über Christophorus vgl. *H.-Fr. Rosenfeld*, Der Heilige Christophorus. Seine Verehrung und seine Legende. Eine Untersuchung zur Kultgeographie und Legendenbildung des Mittelalters (1937). Die spätantike Entstehung der Legende und die Entwicklung des Kultes bis ins Mittelalter verfolgt *A. Hermann*, Art. Christophorus, in: Reallexikon für Antike und Christentum, Bd. 2 (1954), S. 1242 ff., die volkskundlichen Aspekte sind bei *Wrede*, Art. Christophorus, in: Handwörterbuch des deutschen Aberglaubens, Bd. 2 (1929/30), S. 65 ff. und bei *M. Zender*, Art. Christophorus, in: Enzyklopädie des Märchens, Bd. 2 (1977–79), S. 1405 ff. behandelt; vgl. ferner *Maria-Barbara v. Stritzky*, Art. Christophorus, in: Lexikon für Theologie und Kirche, 3. Aufl., Bd. 2 (1994), S. 1174 ff. An älterer Literatur sei noch erwähnt *K. Richter*, Der deutsche S. Christoph (Acta Germanica 5, 1, 1896), der trotz mancher Fehlurteile eine nicht ersetzte Materialsammlung bietet. Zur Schaudevotion vgl. *A. L. Mayer*, Die heilbringende Schau in Sitte und Kult, in: Heilige Überlieferung. Ausschnitte aus der Geschichte des Mönchtums und des heiligen Kultes ... Ildefons Herwegen zum silbernen Abtsjubiläum (1938), der die antiken und volkskundlichen Wurzeln darstellt. Er sieht die vor dem Tod bewahrende Schau des Christophorusbildes, das eigentlich ein Christusbild sei, in Analogie zur Heilswirkung der in der Messe zum Anblick der Gläubigen erhobenen Hostie. Die Verbreitung der Christophorusbilder in den Alpenländern behandelt *Gertrud Benker*, Christophorus, Patron der Schiffer, Fuhrleute und Kraftfahrer. Legende, Verehrung, Symbol (1975), die auch eine Reihe der Aufschriften zusammmenstellt. Zu den Holzschnitten: *E. K. Stahl*, Die Legende vom heil. Riesen Christophorus in der Graphik des 15. und 16. Jahrhundert. Ein entwicklungsgeschichtlicher Versuch. Text- und Tafelband (1920). Kaiser Friedrich III. fühlte sich zum heiligen Christophorus besonders hingezogen, vgl. *A. Lhotsky*, Kaiser Friedrichs III. Notizbuch, im 2. Band seiner Aufsätze und Vorträge: Das Haus Habsburg (1971). Sein ältester, im Säuglingsalter verstorbener Sohn hieß Christoph (1450–51), und er umgab sich mit Darstellungen des Heiligen. Den «Wienhausener Christophorus» behandeln *H. Appuhn* und *Chr. von Heusinger*, Der Fund kleiner Andachtsbilder des 13. bis 17. Jahrhunderts in Kloster Wienhausen, in: Niederdeutsche Beiträge zur Kunstgeschichte 4 (1965) und *W. von Stromer*, Fränkische Buchkultur zur Gutenberg-Zeit, in: Jahrbuch für fränkische Landesforschung 52 (1992). Zum Meister von Flémalle haben sich kritisch geäußert *J. R. van Asperen de Boer, J. Dijkstra, R. van Schonte*, Underdrawing in paintings of the Rogier van der Weyden and Master of Flémalle Groups (Nederlands kunsthistorisch jaarboek 1990, Deel 41, 1992).

Statt auf die ausufernde Literatur zu Bild und Bilderverehrung sei auf zusammenfassende Artikel verwiesen: *L. Hödl*, Art. Bild, Bilderverehrung II, in: Lexikon des Mittelalters, Bd. 2 (1981–83), S. 147f., *H. Thümmel*, Art. Bild, Historisch-theologisch, in: Lexikon für Theologie und Kirche, 3. Aufl., Bd. 2 (1994), S. 440ff. *H. Belting*, Bild und Kult. Eine Geschichte des Bildes vor dem Zeitalter der Kunst (^{2}1991), S. 344 geht eher beiläufig und mit Unterschätzung des Problems auf die Frage ein, wie das Verhältnis zwischen (Wunder-)Bild und dargestelltem Heiligen eigentlich gedacht war, diese Frage habe «die Theoretiker im Westen wenig beschäftigt, weil sie auch an der Identität nicht interessiert waren. Man betraute Bilder zwar mit der Stellvertretung eines lokalen Rechtsträgers, sah aber in diesem Usus kein philosophisches Problem. So gibt es auch keine Theorie dafür, warum man dem Bild des Riesen Christophorus die Kraft zuschrieb, jedermann vor dem Tod zu bewahren an dem Tag, an dem er es ansah. Vielleicht war es das Bild Christi, das dieser auf der Schulter trug.» Auf die Bildabstinenz des Gabriel Biel und des Nominalismus gehen *E. Iserloh*, Bildfeindlichkeit des Nominalismus und Bildersturm im 16. Jahrhundert, in: Bild – Wort – Symbol in der Theologie, hg. v. *W. Heinen* (1969) und *H. A. Oberman*, Werden und Wertung der Reformation. Vom Wegestreit zum Glaubenskampf (1977) ein.

Der Streit um die Bilder ist in der Reformation zugleich ein Streit um die Heiligen und damit um ein wesentliches Element der altgläubigen Kirchenvorstellung; entsprechend zahlreich sind die Beiträge, vgl. allgemein *H. Frhr. v. Campenhausen*, Die Bilderfrage in der Reformation, in: Zeitschrift für Kirchengeschichte 68 (1957); *Margarete Stirm*, Die Bilderfrage in der Reformation (Quellen und Forschungen zur Reformationsgeschichte 45, 1977); *W. von Loewenich*, Art. Bilder VI, in: Theologische Realenzyklopädie, Bd. 6 (1980), S. 546–557 und *C. N. Eire*, The Reformation Critique of the Image, in: Bilder und Bildersturm im Spätmittelalter und in der Frühen Neuzeit, hg. v. *B. Scribner* (Wolfenbüttler Forschungen 46, 1990), der das Thema durch eine strukturelle Aufgliederung der religiösen und sozialen Anliegen der Reformatoren behandelt. Von *Eire* stammt auch die umfangreiche Darstellung des reformatorischen Bildersturms: War against the Idols. The Reformation of Worship from Erasmus to Calvin (1986); dazu als zusammenfassende Darstellung *S. Michalski*, The Reformation and the Visual Arts. The Protestant image question in Western and Eastern Europe (1993) mit der Darstellung der Haltung Luthers und Karlstadts. Luthers Haltung zu Heiligendarstellungen und zu Christophorusbildern ist in zwei älteren Arbeiten behandelt: *H. Preuß*, Martin Luther. Der Künstler (1931) und *Chr. Rogge*, Luther und die Kirchenbilder seiner Zeit (Schriften des Vereins für Reformationsgeschichte Jg. 29, 4. Stück Nr. 108, 1912). Auf das Verhalten Zwinglis gehen ein *P. Jezler – Elke Jezler – Christine Göttler*, Warum ein Bilderstreit? Der Kampf gegen die «Götzen» in Zürich als Beispiel, in: Bilderstreit. Kulturwandel in Zwinglis Reformation, hg. v.

H.-D. Altendorf – P. Jezler (1984). Es wird auf den Durchbruch des Erasmus verwiesen: «Für die reformatorische Bildgegnerschaft wurde das ‹Lob der Torheit› zum Handbuch. In Flugschriften und Predigten, auch in Zwinglis Schrifttum – überall begegnet man erasmianischen Reminiszenzen.» Die Frage der Entfernung der Bilder lag letztlich in der Hand der Obrigkeit; Basel, Bern, Zürich und Straßburg entschlossen sich zum Beispiel 1530 nach einem Verteidigungsvertrag zu diesem Schritt, vgl. *M. Greschat*, Martin Bucer. Ein Reformator und seine Zeit (1990). Die Stellungnahmen der verschiedenen katholischen Theologen in der Bilderfrage hat *H. Jedin* dargestellt: Entstehung und Tragweite des Trienter Dekrets über die Bilderverehrung, in: Theologische Quartalschrift 116 (1935), zum Teil wiederholt in: Das Tridentinum und die Bildenden Künste. Bemerkungen zu Paolo Prodi, Richerche [!] sulla teorica delle arti figurative nella Riforma Cattolica (1962), in: Zeitschrift für Kirchengeschichte 74 (1963). Die Kriterien, welche die Kritik an der Bilderverehrung seitens der altgläubigen Theologen leiteten, hat *Christine Göttler* herausgearbeitet: Die Disziplinierung des Heiligenbildes durch altgläubige Theologen nach der Reformation. Ein Beitrag zur Theorie des Sakralbildes im Übergang vom Mittelalter zur Frühen Neuzeit, in: Bilder und Bildersturm (wie oben).

Die Episode um Mathilde von Tuszien und Welf V. ist unter der Überschrift «Guter Tod – schlimmer Tod» behandelt in: Bilder erzählen Geschichte, hg. von *H. Altrichter* (1995).

Das Mittelalter des Umberto Eco

Der letztlich rationalistisch-ironische Unterton und die starke Verklammerung mit den Quellen in dem Roman haben es wohl verhindert, daß sich so etwas wie Eco-Fanclubs gebildet haben, was bei literarischen Entwürfen ähnlicher Art sich eingestellt hat. Man denke etwa an das Tolkien-Fieber der 70er Jahre, als vor allem in den Vereinigten Staaten Clubs entstanden, in denen in Kleidung, Sprache und Gehabe die mystische Welt der Hobbits und des Herrn der Ringe, wie John R. R. Tolkien (1892–1973) sie entworfen hat, gelebt werden sollte, vgl. *C. Du Riez*, The J. R. R. Tolkien Handbook (1992) und *R. E. Blackwelder*, A Tolkien Thesaurus (1990). Auch gibt es nicht eine eigene Eco-Philologie oder eine institutionalisierte Eco-Forschung, aber die Zahl der Erschließungsschriften dürfte, wenn man alles in allem nimmt und die der Romane berücksichtigt, in die Tausende gehen. Es kommt hinzu, daß die sprunghafte und irritierend-irisierende Intellektualität Ecos, die zudem ihren Rückhalt hat in einem für sich schon unscharfen Fach wie der Semiotik, auf Verwirrstiftung aus ist und immer neue Deutungsmöglichkeiten eröffnet. Mit Recht und uneingeschränkt darf Eco allerdings für sich den Erfolg in Anspruch nehmen, daß nach dem Namen der Rose «sehr viel mehr Bücher über diese Epoche verlegt werden. Die Mediävisten sind mir dafür dankbar» (so Eco in einem Interview im Magazin der Frankfurter Allgemeinen Zeitung vom 24. März 1995). Sie sind es und beschäftigen sich intensiv mit dem Roman, manchmal ein wenig phänomenologisch oder philosophiegeschichtlich, meist aber quellenkundlich, wie es ihre Art ist. Zunächst allgemeine Übersichten: *Th. Stauder*, Umberto Ecos «Der Name der Rose». Forschungsbericht und Interpretation (1988); informativ ist die Zusammenstellung: Zeichen in Umberto Ecos Roman «Der

Name der Rose». Aufsätze in Europa und Amerika, ausgewählt und hg. von *B. Kroeber* (1987; [2]1989). Kurz aber hilfreich ist *E. Y. Dilk* in: Aevum. Rassegna di scienze storiche linguistiche e filologiche 63 (1989). Aus der Riesenmasse historischer «Erklärungsschriften» seien hervorgehoben: «... eine finstere und fast unglaubliche Geschichte»? Mediävistische Notizen zu Umberto Ecos Mönchsroman «Der Name der Rose», hg. von *M. Kerner* (1987), in diesem Band steht die Kurzform des hier überarbeitet wiedergegebenen Beitrags. Auf ein Kolloquium an der Universität Trier geht zurück: Ecos Rosenroman, hg. von *A. Haverkamp* und *A. Hert* (1987), auf eine Ringvorlesung der Aufsatz von *B. Schimmelpfennig – H. V. Geppert*, Umberto Eco: «Der Name der Rose», in: Große Werke der Literatur 2 (1992). Unter die Frage, ob Geschichte in der Gesellschaft wieder mehr Beachtung fände, stellt seinen Beitrag *L. E. von Padberg*, Geschichte und Geschichten. Zur Rezeption wissenschaftlicher Forschung im historischen Roman am Beispiel des Werkes von Umberto Eco, in: Christlicher Glaube und Literatur 4, hg. von *C. P. Thiede* (1990). Nachdem sich der überwältigende Erfolg des Buches eingestellt hatte, kam der Verdacht auf, daß die Zweifel an der Verbreitung des Buches nur vorgegeben seien, vielmehr von vornherein an der Markteroberung gearbeitet wurde; in Italien war es vor allem *Margherita Ganeri*, die dem Sachverhalt nachging: «Il nome della rosa»: una strategia di successo (1990) und Il «Caso Eco» (1991). Aber den Verdacht hatte schon *G. Kruse*, Der geplante Erfolg eines «Überraschungsbestsellers», in: Lektüre. Aufsätze zu Umberto Ecos «Der Name der Rose», hg. von *H.-J. Bachorski* (1985). Wegen seines Anspielungsreichtums und Verklausulierungscharakters gibt es zum Namen der Rose eine ganze Reihe – meist banaler – Entschlüsselungslexika, z. B. *K. Ickert – U. Schick*, Das Geheimnis der Rose – entschlüsselt (1986, [5]1989). Schon mehrfach wurde dem «Namen der Rose» das Ende des Erfolgs attestiert, so von einem so eminenten und Hintergründe beachtenden Mittelalterkenner wie *G. Seibt*, der unter der Überschrift «Eco, addio!» in einer Glosse verkündete: «die Konjunktur des Buches ist vorbei» (Frankfurter Allgemeine Zeitung vom 6. Januar 1988); der italienische Stammverlag und sein deutscher Partner melden fast gleichbleibende Absatzzahlen; die Süddeutsche Zeitung brachte in ihrem Magazin vom 7. Oktober 1994 Abbildungen der teilweise recht originell gestalteten Umschläge von 17 Übersetzungen des «Namens der Rose». Keine Frage: die Rose blüht weiter.

Der Erfolg des Romanerstlings ließ die Verleger bei den beiden folgenden Bänden sofort einen hohen Absatz vorbereiten. «Das Foucaultsche Pendel» kam in Italien mit einer Erstauflage von 300000 Stück auf den Markt und soll an die hundert Übersetzungen veranlaßt haben, teilweise wohl konkurriende Übertragungen in dieselbe Sprache (G. Pampoloni). Es folgte «Die Insel des vorigen Tages», für die die Besprechung des Philosophiehistorikers *K. Flasch* (In der zufälligsten aller Welten) in der Frankfurter Allgemeinen Zeitung vom 18. März 1995 hilfreich ist. Beide Bücher kommen an den Erfolg des Namens der Rose nicht heran; der deutsche Verlag nennt für den Namen der Rose 1,8 Mill., für das Foucaultsche Pendel 500000, für die Insel des vorigen Tages 300000. Eco ist mit seinem neuen Roman «Baudolino» (ital. 2000, dt. 2001) wieder in sein mittelalterliches Erfolgsfeld zurückgekehrt.

Der Fall Kammeier und kein Ende

Grundlage dieses Beitrags ist ein Aufsatz, den der Verfasser mit Unterstützung von *Alfred Gawlik* in der Festschrift für Ivan Hlavácek publiziert hat: Der Fall Kammeier, in: Historia docet. Sborník prací k pocte sedesátych narozenin prof. PhDr. Ivana Hlavácka, CSc, hg. von *M. Polívka* und *M. Svatos* (1992). Dort ist auch ein Verzeichnis der Schriften Kammeiers und der wichtigsten Rezensionen gegeben.

Ernst H. Kantorowicz: der gedeutete Geschichtsdeuter

Die Literatur zu Leben und Werk von Kantorowicz ist in jüngster Zeit sprunghaft angestiegen. Eine Bibliographie von Kantorowicz' Schriften findet sich in den Selected Studies, hg. von *M. Cherniavsky*, *R. E. Giesey* (1965) und im Nachruf von *F. Baethgen* in: Deutsches Archiv für Erforschung des Mittelalters 21 (1965), zusammengestellt von *H. M. Schaller*, dem auch der kundige Artikel in der Neuen Deutschen Biographie 11 (1977) verdankt wird (dort auch weitere biographische Literatur). Abgewogen im Urteil ist *R. E. Lerner*, Ernst H. Kantorowicz (1895–1963), in: Medieval Scholarship. Biographical Studies on the Formation of a Discipline, Vol. 1: History (Garland reference library of the humanities 1350, 1995). Zu *Cantors* Buch (Inventing the Middle Ages) gibt es viele Stellungnahmen, vgl. *T. Reuter* in: Deutsches Archiv 48 (1992), *D. Abulafia*, Institutes and Individuals: Some Medieval Historians of the Twentieth Century, in: Journal of Medieval History 18 (1992) und R.W. Pfaff in: Speculum 68 (1993). Die wichtigsten Beiträge zur Diskussion über die 1927 erschienene Biographie Friedrichs II. («Mythenschau») ist in dem Band Stupor mundi, hg. von *G. Wolf* (Wege der Forschung 101, 1966), abgedruckt. Erster Kenner der Biographie und des Werks von Kantorowicz ist *E. Grünewald*, der sozusagen den deutschen Teil des Gelehrten in seiner Dissertation entschlüsselt hat: Ernst Kantorowicz und Stefan George. Beiträge zur Biographie des Historikers bis zum Jahre 1938 und zu seinem Jugendwerk «Kaiser Friedrich der Zweite» (1982); eine dichte Lebensbeschreibung liefert *Grünewald* in einem «Biographischen Nachwort» zur zweibändigen Ausgabe des Friedrich-Buches (1994), nachdem er bereits im Börsenblatt für den deutschen Buchhandel 43/29. Mai 1992 einen Abriß gegeben hatte. Den Hallenser Vortrag von 1930, in dem Kantorowicz seine Vorstellung über das Verhältnis von Quellenkritik und historischer Darstellung ausführte, hat *Grünewald* herausgegeben: Sanctus amor patriae dat animum – ein Wahlspruch des George-Kreises? Ernst Kantorowicz auf dem Historikertag zu Halle a. d. Saale im Jahre 1930, in: Deutsches Archiv 50 (1994), wo auch Teile der letzten Vorlesung vom 14. November 1933 über das «Geheime Deutschland» zitiert sind, die Grünewald bei *Benson-Fried*, Ernst Kantorowicz (siehe unten) editiert hat. Zum «Geheimen Deutschland» und der Beziehung des Kantorowicz zu den Brüdern Stauffenberg, die durch ihren Namen eine Nähe zum Stauferkaiser aufscheinen ließen, vgl. *P. Hoffmann*, Claus Schenk Graf zu Stauffenberg und seine Brüder (^{2}1992). Einen durchaus inhaltsreichen Gedenkband mit dem Abdruck abgelegener Texte hat die Zeitschrift «Tumult» herausgegeben: Schriften zur Verkehrswissenschaft, hg. von *F. Böckelmann*, *D. Kamper* und *W. Seiter* Nr. 16 (o. J., 1993); dort auch eine Wiedergabe vom «Deutschen Papsttum», das zuerst erschienen ist in: Castrum Peregrini 12 (1953). Wie sehr damals, als Kantorowicz sein «Deutsches Papsttum» schrieb, der Auftrag für die Deutschen in der Luft lag, die wahre Antike als gestaltendes Element einzuführen, zeigt mit überraschenden Bezügen *G. Seibt*, Römisches Deutschland. Ein politisches Motiv bei Rudolf Borchardt und Ernst Kantorowicz, in: Sinn und Form 46 (1994). Zu *A. Boureaus* leicht fiktiver Kantorowicz-Biographie (Histoires d'un historien: Kantorowicz) sollte man die Rezension von *P. Schöffler* in: Süddeutsche Zeitung vom 2. April 1992 lesen. Begegnungen mit Kantorowicz: vgl. *R. Giesey*, Ernst H. Kantorowicz: Scholarly Triumphs and Academic Travails in Weimar Germany and the United States, in: Yearbook of the Leo Baeck Institute 30 (1985); *F. Gilbert*, A European Past. Memoirs 1905–1945 (1988, deutsch 1989); *G. B. Ladner*, Erinnerungen, hg. von *H. Wolfram* und *W. Pohl* (1994). Aus reicher Materialkenntnis und mit dem Schwergewicht auf Kantorowicz' amerikanischer Zeit schöpft *R. E. Lerner*, Ernst Kantorowicz and Theodor E. Mommsen, in: An Interrupted Past, hg. von *H. Lehmann* und *J. J. Sheehan* (1991). Eine für Diskussionen wichtige «intellektuelle Biographie» brachte *Marina Valensise*, Ernst Kantorowicz, in: Rivista storica italiana 101 (1989). Die deutsche Übersetzung von «The King's Two Bodies» wurde von mehreren Beiträgen begleitet; der Übersetzung selbst («Die zwei Körper des Königs. Eine Studie zur politischen Theologie des Mittelalters», 1990) ist ein «Geleitwort» von *J. Fleckenstein* beigegeben, der als Nachfolger auf dem Frankfurter Lehrstuhl auch einen Nekrolog verfaßt hat, in: Frankfurter Universitätsreden 34 (1964). Unter der Überschrift «Die Unsterblichkeit ist eine Erfindung des Menschen» gedachte *G. Seibt* des «zweiten Hauptwerks von Kantorowicz», in: Frankfurter Allgemeine Zeitung vom 25. März 1991, und *H. Fuhrmann* erweiterte die Besprechung zu einem Appell: Die Heimholung des Ernst Kantorowicz, in: Die ZEIT vom 22. März 1991. Vielversprechend war ein Doppelkolloquium, das im Dezember 1993 in Frankfurt und im November 1994 in Princeton abgehalten wurde. Ein Teil dieser Beiträge ist erschienen: *R. Benson – J. Fried*, Ernst Kantorowicz. Erträge der Doppeltagung Inst. for Advanced Study, Princeton, J. W. Goethe-Univ. Frankfurt (1997). Auch in Kantorowicz' Geburtsstadt Posen gedachte man des Historikers in einer wissenschaftlichen Tagung des Historischen Institutes der Universität Poznań am 23. und 24. November 1995: Ernst Kantorowicz (1895–1963). Soziales Milieu und wissenschaftliche Bedeutung (als Buch erschienen 1996). Für das Interesse in Polen stehen auch zwei Beiträge von *J. Strzelczyk*, Z Poznania do Berlina i Princeton, in: Kronika Wielkopolski 1995, Nr. 2 (73) und: W stulecie urodzin Ernesta Kantorowicza, in: Przegląd humanistyczny 1 (1995). Ein weiterer Sammelband gilt der Ausstrahlung Kantotowiczs auf andere Fächer: Geschichtskörper. Zur Aktualität von E. H. Kantorowicz, hg. von *W. Ernst* u. *C. Vismann* (1998). In Aufnahme der Selected Studies (1965) sind diese Aufsätze auf Deutsch erschienen: Götter in Uniform (1998) mit einer Einleitung von *J. Fried* und einem Nachwort von *E. Grünewald*.

Abbildungsnachweise

Basel, Öffentliche Kunstsammlung, Kupferstichkabinett (Inv. 1662. 166 fol. K): *Randzeichnung Hans Holbeins d. J. zu Erasmus' «Lob der Torheit» Basel 1515*

Berlin, Staatliche Schlösser und Gärten, Schloß Charlottenburg (Foto Jörg P. Anders): *Orden Pour le mérite*

Berlin, Bildarchiv Preußischer Kulturbesitz: *Quedlinburger Reliquienostensorium*

Berlin, Nationalgalerie: *Prinzessin Anna Amalie von Preußen*

Berlin, Ullstein Bilderdienst: *Heinrich Himmler in Quedlinburg*

Bildarchiv Foto Marburg: *Jüngstes Gericht vom Fürstenportal des Bamberger Doms*

Bonn, Bundesministerium des Innern: *Orden Pour le mérite für Wissenschaften und Künste*

Bonn, Rheinisches Landesmuseum: *Gedenkstein für den römischen Centurio Marcus Caelius*

D'Arcy Jonathan D. Boulton, The Knights of the Crown, Woodbridge / Suffolk 1987: *Hosenbandorden*

Brüssel, Musée des Beaux-Arts: *Verkündigung nach dem Meister von Flémalle*

Brüssel, Fondation Cultura: La librairie de Bourgogne et quelques Acquisitions de la Bibliothèque Royale Albert Ier, Nr. 49: *Philipp der Gute von Burgund*

Enciclopedia italiana 29, 1951: *Alberto da Giussano (Denkmal der Schlacht von Legnano)*

A. Haidacher, Geschichte der Päpste in Bildern, Heidelberg 1965: *Porträtskizze Papst Johannes' XXII.*

N. Huse–W. Wolters, Venedig. Die Kunst der Renaissance, München 1986: *Tullio Lombardo, Wucherpredigt des hl. Antonius*

E. Kantorowicz, Kaiser Friedrich der Zweite, Berlin 1927: *Titel und Vorbemerkung*

E. Kantorowicz, Selected Studies, Locust Valley 1965: *Porträtphoto*

Koblenz, Landesarchiv: *Bilderchronik Balduins von Trier*

München, Bayerische Staatsbibliothek: *Buxheimer Christophorus*; *Einblattdruck mit dem hl. Christophorus Ende 15. Jh.*; *Flugblatt des Nürnberger Dichters Hans Folz*; *clm 4535 fol. 201v*; *clm 17161 fol. 91r*

München, Glyptothek (Foto H. Koppermann, Deutscher Kunstverlag, München): *Augustus mit der Bürgerkrone*

Münster, Landesdenkmalamt Westfalen: *Cappenberger Bronzekopf Kaiser Friedrichs I. Barbarossa*

Nürnberg, Staatsarchiv, R. St. Nürnberg U 760: *Urkunde König Karls IV. für Nürnberg*

I. Origo, «Im Namen Gottes und des Geschäfts», München 1986: *Wechsel des Francesco di Marco Datini*

Paris, Musée national de la Légion d'honneur et des ordres de chevalerie: *Kleinod der Ehrenlegion Napoleons I.*

Città del Vaticano, Biblioteca Apostolica Vaticana: *Kaiserkrönung Lothars III. 1133 (Barb. lat. 2738 fol. 104v-105r)*; *Kaiser Friedrich I. Barbarossa als Kreuzfahrer (Vat. lat. 2001)*; *jüdisches Schuldenverzeichnis (Vat. Ebr. 148 fol. 1v)*; Monumenti, musei e gallerie pontificie, Archivio fotografico XXXIII.29.42: *Stratordienst Kaiser Konstantins im Lateranpalast*

Weimar, Foto Constantin Beyer: *Quedlinburg, Schloßberg*; *Grabplatte der Äbtissin Adelheid I.*

Register

Folgende Abkürzungen sind verwendet: B. = Bischof, dt. = deutsch, Eb. = Erzbischof, Gem. = Gemahlin, Gf. = Graf, Hg. = Herzog, Hl. = Heilige(r), Jh. = Jahrhundert, K. = Kaiser, Kg. = König, Kl. = Kloster, MA. = Mittelalter, ma. = mittelalterlich, P. = Papst.
Die Literaturhinweise (S. 273ff.) sind im Register nicht berücksichtigt.